Das Tarifwechselrecht gemäß § 178 f VVG im Spannungsfeld zwischen Wettbewerbsbeschränkung und Versicherungsnehmerschutz

AF816025

Europäische Hochschulschriften
Publications Universitaires Européennes
European University Studies

Reihe II
Rechtswissenschaft

Série II Series II
Droit
Law

Bd./Vol. 3554

PETER LANG
Frankfurt am Main · Berlin · Bern · Bruxelles · New York · Oxford · Wien

Christina Achenbach

Das Tarifwechselrecht gemäß § 178 f VVG im Spannungsfeld zwischen Wettbewerbsbeschränkung und Versicherungsnehmerschutz

PETER LANG
Europäischer Verlag der Wissenschaften

Bibliografische Information Der Deutschen Bibliothek
Die Deutsche Bibliothek verzeichnet diese Publikation in der Deutschen Nationalbibliografie; detaillierte bibliografische Daten sind im Internet über <http://dnb.ddb.de> abrufbar.

D 180
ISSN 0531-7312
ISBN 3-631-50151-X

© Peter Lang GmbH
Europäischer Verlag der Wissenschaften
Frankfurt am Main 2003
Alle Rechte vorbehalten.

Das Werk einschließlich aller seiner Teile ist urheberrechtlich geschützt. Jede Verwertung außerhalb der engen Grenzen des Urheberrechtsgesetzes ist ohne Zustimmung des Verlages unzulässig und strafbar. Das gilt insbesondere für Vervielfältigungen, Übersetzungen, Mikroverfilmungen und die Einspeicherung und Verarbeitung in elektronischen Systemen.

www.peterlang.de

Meinen Großmüttern

Vorwort

Die vorliegende Arbeit wurde im Sommersemester 2002 von der juristischen Fakultät der Universität Mannheim als Dissertation angenommen.

Meinem verehrten Doktorvater Herrn Professor Dr. Egon Lorenz gilt für die Betreuung der Arbeit mein ganz besonderer Dank. Er ermöglichte nicht nur diese Arbeit, sondern stand mir mit konstruktiven Anregungen und seinem fachlichen Rat jederzeit zur Seite. Herrn Professor Dr. Pirmin Spieß danke ich herzlich für die Übernahme des Zweitgutachtens.

Mein weiterer Dank gilt Herrn Dr. Sever Cristea, Herrn Niels Ackermann und Frau Monika Detmer für Ihre Diskussionsbereitschaft zum Themenbereich der Dissertation und Ihre wertvollen Anregungen, sowie Frau Hatice Kara für Ihre Hilfe beim Korrekturlesen der Arbeit. Insbesondere möchte ich aber allen für Ihren steten Glauben an mich danken.

Von ganzem Herzen danke ich auch meinen Eltern, die mich stets bei meinen Vorhaben unterstüzt und somit in nicht unerheblichen Maße zu dessen Verwirklichung beigetragen haben.

Mannheim, im August 2002

Christina Achenbach

Inhaltsübersicht

Inhaltsverzeichnis

Abkürzungsverzeichnis

ABl.	Amtsblatt
ABl.EG	Amtsblatt der europäischen Gemeinschaft
AcP	Archiv für die civilistische Praxis (Zeitschrift)
AfP	Archiv für Presserecht (Zeitschrift)
AG	Amtsgericht
AGBG	Gesetz zur Regelung des Rechts der Allgemeinen Geschäftsbedingungen
AktG	Aktiengesetz
ALR	Allgemeines Landrecht für die Preußischen Staaten von 1794
Anm.	Anmerkung
AöR	Anstalt des öffentlichen Rechts
ArbGG	Arbeitsgerichtsgesetz
Art.	Artikel
ASP	Arbeit und Soziales (Zeitschrift)
AVB	Allgemeine Versicherungsbedingungen
BAV	Bundesaufsichtsamt für das Versicherungswesen
BGB	Bürgerliches Gesetzbuch
BGBl.	Bundesgesetzblatt
BGH	Bundesgerichtshof
BR	Bundesrat
BSG	Bundessozialgericht
BSGE	Entscheidungen des Bundessozialgerichts
BT	Bundestag
BVerfG	Bundesverfassungsgericht
BVerfGE	Entscheidungen des Bundesverfassungsgerichts

BVerwG	Bundesverwaltungsgericht
BVerwGE	Entscheidungen des Bundesverwaltungsgerichts
bzgl.	bezüglich
bzw.	beziehungsweise
Diss.	Dissertation
Dok. KOM	Dokument der Kommission
DVBl.	Deutsches Verwaltungsblatt (Zeitschrift)
EEA	Einheitliche Europäische Akte
EG	Europäische Gemeinschaft
EU	Europäische Union
EuGH	Gerichtshof der Europäischen Gemeinschaften
EGV	Vertrag zur Gründung der Europäischen Gemeinschaft
EuGH	Europäischer Gerichtshof
EuR	Europarecht (Zeitschrift)
EuZW	Europäische Zeitschrift für Wirtschaftsrecht
e.V.	eingetragener Verein
EWG	Europäische Wirtschaftsgemeinschaft
ff.	folgende
Fn.	Fußnote
GDV	Gesamtverband der Deutschen Versicherungswirtschaft
GG	Grundgesetz für die Bundesrepublik Deutschland
ggf.	gegebenenfalls
GKG	Gesetzliche Krankenversicherung
GmbH	Gesellschaft mit beschränkter Haftung
GRG	Gesundheits-Reformgesetz
GRUR	Gewerblicher Rechtsschutz und Urheberrecht
GSG	Gesundheitsstrukturgesetz
HGB	Handelsgesetzbuch

hM	herrschende Meinung
Hrsg.	Herausgeber
idF	in der Fassung
insbes.	Insbesondere
i.V.m.	in Verbindung mit
JRPV	Juristische Rundschau für die Privatversicherung (Zeitschrift)
Jura	Juristische Ausbildung (Zeitschrift)
JuS	Juristische Schulung (Zeitschrift)
JZ	Juristen-Zeitung (Zeitschrift)
KalV	Kalkulationsverordnung
KG	Kammergericht
LG	Landgericht
lit.	litera (Buchstabe)
MB/KK 94	Musterbedingungen 1994 für die Krankheitskosten- und Krankenhaustagesgeldversicherung
MB/KT 94	Musterbedingungen 1994 für die Krankentagegeldversicherung
Mio.	Millionen
m.w.N.	mit weiteren Nachweisen
NJW	Neue Juristische Wochenschrift (Zeitschrift)
Nr.	Nummer
NVersZ	Neue Zeitschrift für Versicherung und Recht
NVwZ	Neue Zeitschrift für Verwaltungsrecht
ÖOGH	Oberster Gerichtshof der Republik Österreich
OLG	Oberlandesgericht
PKV	Private Krankenversicherung
RabelsZ	Zeitschrift für ausländisches und internationales Privatrecht

RechVerV	Verordnung über die Rechnungslegung von Versicherungsunternehmen
RfB	Rückstellung für Beitragsrückerstattung
RG	Reichsgericht
RGBl.	Reichsgesetzblatt
RGZ	Amtliche Sammlung von Entscheidungen des Reichsgerichts in Zivilsachen
RiLi	Richtlinie
Rn.	Randnummer
Rs.	Rechtssache
RVO	Reichsversicherungsordnung
S.	Seite
SGB V	Fünftes Buch Sozialgesetzbuch
sog.	sogenannte
Tsd.	Tausend
u.a.	unter anderem
ÜbschV	Überschußverordnung
UEK	Unabhängige Expertenkommission zur Untersuchung der Problematik steigender Beiträge der privat Krankenversicherten im Alter
Univ.	Universität
Urt.	Urteil
UWG	Gesetz gegen den unlauteren Wettbewerb
VA	Veröffentlichungen des Reichsaufsichtsamtes für Privatversicherung bzw. des Zonenamtes des Reichsaufsichtsamtes für das Versicherungswesen (Zeitschrift)
VAG	Versicherungsaufsichtsgesetz
VdPKV	Verband der privaten Krankenversicherung e.V.

VerBAV	Veröffentlichungen des Bundesaufsichtsamtes für das Versicherungswesen (Zeitschrift)
VerbrKrG	Gesetz über Verbraucherkredite
VersR	Versicherungsrecht (Zeitschrift)
VersWissArch	Versicherungswissenschaftliches Archiv, später: Zeitschrift für die gesamte Versicherungswissenschaft
vgl.	vergleiche
vH	von Hundert
VN	Versicherungsnehmer
VP	Versicherungspraxis (Zeitschrift)
VVaG	Versicherungsverein auf Gegenseitigkeit
VVG	Versicherungsvertragsgesetz
VW	Versicherungswirtschaft
WM	Zeitschrift für Wirtschafts- und Bankrecht
WRP	Wettbewerb in Recht und Praxis (Zeitschrift)
z.B.	zum Beispiel
ZEuP	Zeitschrift für Europäisches Privatrecht
ZfRV	Zeitschrift für Rechtsvergleichung
ZfV	Zeitschrift für Versicherungswesen
ZHR	Zeitschrift für das gesamte Handels- und Wirtschaftsrecht
ZIP	Zeitschrift für Wirtschaftsrecht; bis 1982: Zeitschrift für Wirtschaftsrecht und Insolvenzpraxis
ZRP	Zeitschrift für Rechtspolitik
ZVersWiss	Zeitschrift für die gesamte Versicherungswissenschaft

Teil 1 Problemstellung und Einführung in die geschichtlichen und gegenwärtigen Rahmenbedingungen der privaten Krankenversicherung

A. Das Tarifwechselrecht gem. § 178 f VVG im Spannungsfeld zwischen Wettbewerbsbeschränkung und Versicherungsnehmerschutz

Es scheint ein Zeichen unserer Zeit zu sein, daß erst eine breite Behandlung in den Massenmedien zumeist aus aktuellem Anlaß notwendig ist, damit schon lange überfällige Diskussionen geführt werden. Diese Tendenz läßt sich auch im Hinblick auf das Problem von Wettbewerbsbeschränkung und Versicherungsnehmerschutz im Zusammenhang mit dem Tarifwechselrecht gem. § 178 f VVG beobachten.

Eine breite rechtswissenschaftliche Behandlung hat das Tarifwechselrecht nämlich weder vor noch nach seiner gesetzlichen Fixierung in § 178 f VVG erfahren, obwohl seine Entstehungsgeschichte eng mit der öffentlichen Diskussion der Kostenexplosion im Gesundheitswesen und dem daraus resultierenden Problem steigender Beiträge im Alter verbunden ist[1]. Vielmehr scheint das Tarifwechselrecht infolge der wenigen Beachtung in der Öffentlichkeit in einem jahrelangen „Dornröschenschlaf" dahingedämmert zu sein, um dann durch Umgehungstendenzen auf Seiten der Versicherer sowie durch ein Urteil des BVerwG v. 5.3.1999[2] - gleich einem „Kuß eines Prinzen" - in den Mittelpunkt des öffentlichen Interesses zu rücken.

In letzter Zeit waren nämlich zum einen Bestrebungen der Versicherungsunternehmen zu erkennen, das den Versicherungsnehmern gesetzlich eingeräumte Recht auf Wechsel ihres Tarifs unter Mitnahme der erworbenen Rechte und der Alterungsrückstellung zu umgehen. Neue Tarife wurden nicht durch das Mutterunternehmen, sondern durch hierfür eigens

---

[1] Vgl. die amtliche Begründung zu § 178 f VVG BT Drucksache 12/ 6959 S. 105; sowie die Einberufung der Unabhängigen Expertenkommission (UEK) im Jahre 1994 zur Untersuchung der Problematik steigender Beiträge der privat Krankenversicherten im Alter, vgl. das Gutachten der UEK BT Drucksache 13/4945 S. 13.

[2] Vgl. BVerwG – 1 A 1/97, NVersZ 1999, 376 ff.

geschaffene Tochtergesellschaften angeboten, sogenannte Ausgründungen von Versicherungen[3]. Woraufhin das Bundesaufsichtsamt für Versicherungswesen (BAV) zur wirkungsvollen Begegnung derartiger Umgehungstendenzen eine Änderung des § 178 f VVG mit dem Ziel vorschlug, auch einen Wechsel innerhalb des Konzerns zu ermöglichen[4].

Zum anderen kam es zum gerichtlichen Streit zwischen dem BAV und einem Versicherungsunternehmen[5] in bezug auf die Handhabung des Wechselrechts. Das Versicherungsunternehmen verweigerte teilweise den Tarifwechsel mit der Begründung, daß der Versicherungsnehmer den neuen Tarif nur zu den Bedingungen haben könne, wie sie für alle anderen gelten, die diesen Tarif neu abschließen. Der Versicherungsnehmer könne seine persönliche Risikosituation - wie sie seit Versicherungsbeginn bestanden habe und noch andauere - nicht durch einen Tarifwechsel aus der Welt schaffen. Dies würde den Grundsatz der gleichmäßigen Behandlung aller Versicherten in der Krankenversicherung gem. § 21 Abs. 1 VAG verletzen. Demzufolge vertrat das Unternehmen die Auffassung auch bei einem Tarifwechsel nach § 178 f VVG in Tarife mit gleichbleibendem bzw. niedrigerem Leistungsumfang eine Risikoprüfung, aber auf Grundlage der Antworten des

---

[3] In der jüngsten Vergangenheit sind zwei rechtlich selbstständige Krankenversicherer als Töchter bereits etablierter Krankenversicherungsunternehmen gegründet worden. Im einen Falle handelt es sich um die HANSE REGIONAL KRANKEN, im anderen um die BALANCE KRANKEN. Die BALANCE wurde am 17. September 1997 als Aktiengesellschaft von der DEUTSCHEN RING KRANKEN (75,1 vH) und dem größten niederländischen Krankenversicherer, der OHRA (24,9 vH) mit Sitz in Arnheim gegründet. Die HANSE REGIONAL ist eine Tochter der HANSE MERKUR KRANKEN; sie ist im Gegensatz zur BALANCE jedoch nicht bundesweit, sondern nur regional (Niedersachsen und Bremen) tätig. Da beide Neugründungen das substitutive Krankenversicherungsgeschäft betreiben, stehen sie in einem unmittelbaren Konkurrenzverhältnis zu ihren Müttern und damit voll in der Problematik des § 178 f VVG. Dasselbe gilt für die ASSTEL KRANKEN, die am 11.3.1998 die Zulassung zum Geschäftsbetrieb erhalten hat. Es handelt sich hierbei um eine „Schwestergesellschaft" der BERLIN-KÖLNISCHE KRANKEN und GOTHAER KRANKEN, die alle zum PARION-Konzern gehören.

[4] Vgl. den Bericht des Bundesministeriums der Finanzen – mit dem Bundesressorts abgestimmt – 1998, S. 4.

[5] Vgl. Streit des BAV mit der Halleschen Nationale Krankenversicherung, beschieden durch Urteil des BVerwG vom 5.3.1999 in: NVersZ 1999, 376 ff.

Versicherungsnehmers auf die Gesundheitsfragen bei der ursprünglichen Antragstellung vornehmen zu dürfen[6].

Nicht das plötzliche öffentliche Interesse, sondern eine derartige Vernachlässigung hinsichtlich einer eingehenden Auseinandersetzung mit der Norm des § 178 f VVG ist verwunderlich. Eine Regelung wie § 178 f VVG steht aufgrund ihres Normzwecks, Mißstände infolge eines Kräfteungleichgewichts durch Setzung eines fest fixierten Rahmens von Rechten und Pflichten der Parteien innerhalb eines bestimmten Lebenssachverhalts zu korrigieren, - per se - im Spannungsfeld unterschiedlicher Interessenpositionen[7].

Derartige Spannungslagen lassen sich grundsätzlich nicht verhindern. Eine andere Frage ist aber der Umgang mit diesen, insbesondere im Hinblick auf eine Lösung des Konflikts. Hierbei ist entscheidend, daß die Norm eine Entspannung der gegensätzlichen Positionen und nicht eine Verdichtung der Ausgangssituation oder eine Verlagerung des Kräfteverhältnisses zuungunsten der ehemals stärkeren Partei erzielt.

Aus diesen Gründen hätte die Spannungslage innerhalb eines solch sensiblen Bereichs wie der privaten Krankenversicherung, die mit der Bewältigung einer Harmonisierung von sozialpolitischen Forderungen mit marktwirtschaftlichen Unternehmertum konfrontiert ist, ausreichend sein sollen, nach einer gewissen Zeit der gesetzlichen Einführung des § 178 f VVG eine Zäsur vorzunehmen. Diese hätte genutzt werden können, um zum einen die Effektivität der Norm durch Vergleich der an sie bei Schaffung gesetzten Anforderungen mit der Realität zu überprüfen, zum anderen um die getroffene Regelung im Hinblick auf die Beschneidung von Rechten der ehemals stärkeren Partei nochmals auf ihre Angemessenheit zum gestellten Ziel, der Sicherstellung schutzwürdiger Interessen, zu kontrollieren. Es hätte dann nicht erst derartiger Umgehungstendenzen sowie möglicher Gegenmaßnahmen, - wie sie sich in der jüngsten Entwicklung darstellen - , als Reaktion auf die Regelung des § 178 f VVG bedurft, um sich der Diskussion hinsichtlich der Spannungspole von Wettbewerbs-

---

6 Vgl. Beschlußkammer Entscheidung vom 26.8.1996 in: VerBAV 1997, 38, 39.

7 Vgl. spätere Ausführungen unter Teil 3, B II 2. c) (2) S. 229 ff.

beschränkung und Versicherungsnehmerschutz im Zusammenhang mit dem Tarifwechselrecht zu stellen.

B. Zielsetzung und Aufbau der Arbeit

Mit der Nennung dieser Gesichtspunkte ist gleichfalls die Aufgabe der vorliegenden Arbeit umrissen: Im Mittelpunkt steht die umfassende Auseinandersetzung mit der Regelung des Tarifwechselrechts gem. § 178 f VVG:

- einerseits unter dem Gesichtspunkt der Gewährleistung eines effektiven Versicherungsnehmerschutzes, insbesondere im Hinblick auf eine mögliche Ausdehnung des Anwendungsbereichs des § 178 f Abs. 1 VVG auf den Konzern
- andererseits unter Berücksichtigung der negativen Folgen für Versicherer und Versicherungsnehmerkollektiv im Hinblick auf die durch § 178 f Abs. 1 VVG ausgelöste faktische Wettbewerbsbeschränkung.

Gerade die jüngsten Entwicklungen, auf mögliche Umgehungstendenzen infolge Ausgründungen durch eine Ausdehnung des Anwendungsbereichs des Tarifwechselrechts auf den Konzern reagieren zu wollen, sowie der Inhalt des BVerwG – Urteils v. 5.3.1999[8] werfen die Frage nach einer womöglich übersteigerten deutschen Verbraucherschutzgesetzgebung[9] in Bezug auf das Tarifwechselrecht auf. Es ist daher zu klären, ob es durch die konkrete Ausgestaltung des § 178 f VVG zu einer durch den Schutzzweck der Norm nicht mehr gerechtfertigten Verschiebung des Kräfteverhältnisses zwischen Versicherungsnehmer und Versicherer zuungunsten der Versicherer gekommen ist, bzw. durch die Ausdehnung des Anwendungsbereichs des Tarifwechselrechts auf den gesamten Konzern kommen wird. Wäre eine derartige Verschiebung zu bejahen, ist erneut nach einem gerechten Ausgleich der beiderseitigen Interessen durch Abänderungsvorschläge des § 178 f VVG zu suchen, was aber mit Blick auf den Entstehungshintergrund des Tarifwechselrechts gem. § 178 f VVG nicht unproblematisch ist.

---

[8] Vgl. BVerwG NVersZ 1999, 376 ff.

[9] Vgl. Dreher, Meinrad, Der Verbraucher – Das Phantom in den opera des europäischen und des deutschen Rechts, JZ 1997, 167, 172.

Die Regelung des § 178 f VVG ist in Umsetzung[10] der Vorgaben des Art. 54 der Dritten Richtlinie Schadenversicherung[11] durch den deutschen Gesetzgeber im Rahmen des Versicherungsvertragsgesetz (VVG) sowie des Versicherungsaufsichtsgesetz (VAG)[12] fixiert worden. Zwar beläßt die Richtlinie den Mitgliedstaaten grundsätzlich einen Gestaltungsspielraum hinsichtlich der Verwirklichung der Zielvorgaben[13]. Jedoch ist auch die Zulässigkeit sogenannter detaillierter Richtlinien anerkannt, die den Mitgliedstaaten gerade keinen bzw. einen durch die konkreten Vorgaben der Richtlinie stark eingeschränkten Spielraum einräumen[14]. Wie Art. 249 Unterabsatz 3 EGV zur Angleichung des nationalen Rechts an die Vorgaben der Richtlinie verpflichtet, so enthält die Vorschrift incidenter die Verpflichtung, im Rahmen einer späteren Abänderung des nationalen Rechts diese Richtlinienvorgaben weiterhin zu beachten[15]. Somit ist die Frage nach der Zulässigkeit einer Ausdehnung des Tarifwechselrechts auf den Konzern neben anderer nachträglicher rechtspolitischer Maßnahmen in bezug auf § 178 f VVG - um ein möglicherweise bestehendes Kräfteungleichgewicht zwischen Versicherern und Versicherungsnehmern auszugleichen - davon abhängig, ob sich die beabsichtigten Änderungen noch im Rahmen des dem nationalen Gesetzgeber durch die Richtlinie eröffneten Spielraums bewegen. Andernfalls ist von einer Sperrwirkung für den nationalen Gesetzgeber auszugehen. Es besteht dann lediglich die Möglichkeit, eine Anpassung des

---

[10] Vgl. Entwurf eines Dritten Gesetzes zur Durchführung versicherungsrechtlicher Richtlinien des Rates der Europäischen Gemeinschaften (Drittes Durchführungsgesetz/EWG zum VAG) in: BT Drucksache 12/6959.

[11] Vgl. Dritte Richtlinie 92/49/EWG des Rates v. 18.6.1992 zur Koordinierung der Rechts- und Verwaltungsvorschriften für die Direktversicherung (mit Ausnahme der Lebensversicherung) sowie zur Änderung der Richtlinien 73/239/EWG und 88/357/EWG, ABl.EG Nr. L 228/23 v. 11.8.1992.

[12] Vgl. § 12 Abs. 1 Nr. 4 VAG.

[13] Vgl. Art. 249 Unterabsatz 3 EGV.

[14] Vgl. Oppermann, Thomas, Europarecht, 2. Auflage, 1999, § 6 Rn. 551-552.

[15] Vgl. Timmermanns, Christiaan W. A., Die europäische Rechtsangleichung im Gesellschaftsrecht, RabelsZ 48 (1984), 1, 7; Oppermann, Thomas, Europarecht, 2. Auflage, 1999, § 6 Rn. 554.

angeglichenen Rechts durch eine Abänderung der Richtlinie auf Gemeinschaftsebene vornehmen zu lassen.

Demzufolge ist die Herausarbeitung von Inhalt und Umfang des durch Art. 54 der Dritten Richtlinie Schadenversicherung eröffneten nationalen Spielraums innerhalb des Zweiten Teils der Untersuchung eine Grundvoraussetzung, um nach einer umfassenden Auseinandersetzung mit der Regelung des Tarifwechselrechts innerhalb des Dritten Teils eine rechtspolitische Handlungsempfehlung sowohl hinsichtlich einer möglichen Ausdehnung des Anwendungsbereichs als auch sonstiger inhaltlicher Veränderungen der Norm des § 178 f VVG aussprechen zu können.

C. Private Krankenversicherung in Deutschland

I. Geschichtliche Entwicklung der Krankenversicherung

Die Geschichte der Krankenversicherung ist gleichermaßen wie die gesamte Versicherungsgeschichte durch die Herkunft der Assekuranz aus drei verschiedenen Wurzeln gekennzeichnet: genossenschaftliche Zusammenschlüsse, staatliche Initiative und die Versicherung auf kaufmännischer Grundlage[16].

Diese Herkunft aus solch unterschiedlichen Gedankenströmungen spiegelt sich an vielen Stellen in der Entwicklungslinie des Krankenversicherungsschutzes wider. Zum einen ist sie Ausdruck der zunehmenden Erkenntnis des einzelnen in die Bedeutung von Krankenversicherungsschutz bzw. von Sinn und Zweck von Versicherungen allgemein[17]. Zum anderen ist

---

[16] Vgl. Koch, Peter, Geschichte der Versicherung, in: Dieter Farny u.a. (Hrsg.), Handwörterbuch der Versicherungs (HdV), 1988, S. 223, 225.

[17] Dies wird besonders in gesellschaftlichen Umbruchzeiten deutlich. Zu nennen ist z.B. die technische Industrialisierung im 19. Jahrhundert. Diese brach die gesamte bestehende gesellschaftliche Struktur durch die Verlagerung der Bevölkerung in Ballungszentren auf. Die damit verbundene Auflösung von großen Familienverbänden zog ein Industriearbeitertum nach sich, das die Absicherung in Krankheit und Not über eine Großfamilie entbehren mußte. Ebenfalls exemplarisch für einen erhöhten Bedarf an Krankenversicherungsschutz ist die Verarmung des Mittelstandes bis zum Existenzminimum und das Schwinden der finanziellen Rücklagen des einzelnen infolge

sie zugleich auch Geschichte der Sozialgesetzgebung und insbesondere in den letzten 30 Jahren auch eine des wachsenden Verbraucherschutzes[18], die letztlich in der Forderung nach einem funktionierenden und bezahlbaren Krankenversicherungssystems aufgrund des Sozialstaatsprinzips mündet. Aber auch die durch kaufmännisches Denken geprägte Wurzel findet durch eine seit etwa 1850 einsetzende zunehmende Kommerzialisierung des Versicherungswesens innerhalb der Entwicklungslinie des Krankenversicherungsschutzes ihren Niederschlag[19]. Dabei kann die Geschichte der privaten Krankenversicherung nicht gesondert von der der gesetzlichen Krankenversicherung dargestellt werden, da sie an vielen Stellen miteinander verwoben sind und immense Entwicklungsschübe der privaten Krankenversicherung gerade auf die gesetzliche Krankenversicherung zurückzuführen ist.

1. Anfänge – Zünfte und Gesellenverbände

Unabhängig von ihrem zivilisatorischen Entwicklungsstand haben die Menschen versucht, sobald sie sich mit dem Übel Krankheit konfrontiert sahen, es zu bekämpfen, die Krankheit zu heilen, zu lindern und ihr vorzubeugen. Bis sie aber selbstständig und gezielt Schutz gegen die wirtschaftlichen Folgen einer Erkrankung im Sinne einer Risikoverlagerung suchten, bedurfte es zweier Grundvoraussetzungen: Es mußte die Möglichkeit der Heilung von Krankheiten gegen Entgelt sowie eine bestimmte wirtschaftliche und soziologische Gesellschaftsstruktur, die eine derartige Vorsorge notwendig erschienen ließ, bestehen[20]. Bis dahin vergingen in Deutschland viele Jahrhunderte, obwohl bereits die griechische und römische Antike sowie das Urchristentum Formen der sozialen

---

der verheerenden Folgen zweier Weltkriege in der ersten Hälfte des letzten Jahrhunderts, vgl. hierzu Brockhaus Die Enzyklopädie, „Soziale Frage“, Band 20, 19. Auflage, 1998, S. 464; Moser, Hans, Private Krankenversicherung; in: W. Grosse u.a. (Hrsg.), Versicherungsenzyklopädie, Band 5, 4. Auflage, 1991, S. 237, 244, 247.

[18] Vgl. Gärtner, Rudolf, Zum Standort des Verbraucherrechts, JZ 1992, 73.

[19] Bezeichnend ist hierfür die Bildung von Versicherungskonzernen, die Ausgestaltung der professionellen Rückversicherung sowie insbesondere einen verstärkten Wettbewerb unter den Gesellschaften, vgl. Koch, Peter, Geschichte der Versicherung, in: Dieter Farny u.a. (Hrsg.) Handwörterbuch der Versicherung (HdV), 1988, S. 223, 227.

[20] Vgl. Koch Peter, Von der Zunftlade zum rationellen Großbetrieb, 1971, S. 9.

Sicherung gegen das Risiko „Krankheit" kannten[21]. Bei diesen ersten Formen, - insbesondere dem Urchristentum - überwiegt aber das Element der Fürsorge, das durch karitative Betätigung privater und öffentlicher Organisationen für die Schwächeren der Gesellschaft geprägt ist[22].

Der Beginn einer kontinuierlichen Entwicklungslinie der Krankenversicherung ist erst im mittelalterlichen Zunftwesen der Handwerker zu sehen. Seit dem frühen Mittelalter unterstützten die Zünfte aus ihrem durch Beiträge erworbenen Vermögen die Mitglieder in Notfällen, wie Krankheit, Invalidität und Alter. Man kann diese Vorsorge und Unterstützungsmaßnahmen, die einen krankengeldähnlichen Charakter aufweisen, bereits als echte Versicherung bezeichnen, zumal eine Beitragspflicht als auch ein Rechtsanspruch auf Leistung in den meisten Satzungen festgelegt war[23]. An dieser Qualifizierung des Zunftwesens als echte Versicherung ändern auch die Tatsachen nichts, daß der Versicherungsgedanke durch Abstellen auf die Hilfsbedürftigkeit der Mitglieder zum Teil mit der Fürsorge verquickt war und die

---

[21] Vgl. Moser, Hans, Private Krankenversicherung, in: W. Große u.a. (Hrsg.), Versicherungsenzyklopädie, Band 5, 4. Auflage, 1991, S. 242; Koch; Peter, Von der Zunftlade zum rationellen Großbetrieb, 1971, S. 11. In Griechenland konnten Minderbemittelte öffentliche, im Dienst eines Stadtstaates stehende Ärzte oder die dem Heilgott Asklepios gewidmeten Kultstätten unentgeltlich in Anspruch nehmen. Darüber hinaus gewährten sogenannte Eranosvereine ihren Mitgliedern unter anderem kostenlose Behandlung durch angestellte Vereinsärzte und kostenlose Abgabe von Heilmitteln in Form von Naturalleistungen. Im römischen Reich übernahmen die collegia tenuiorum, eine Vereinigung von Leuten einfachen Standes, diese Aufgaben. Unbekannt ist, ob die collegia tenuiourm auch den Charakter von Unterstützungskassen für Unfall und Krankheit hatten. Dies kann aber dahinstehen, da ein kontinuierlicher Fortbestand der römischen collegia nicht nachweisbar ist.

Ebenso wurde auch schon im Urchristentum durch Unterstützungsvereine und Bruderschaften die soziale Fürsorge für Arme, Unterdrückte und Kranke als Ausdruck der brüderlichen Liebe praktiziert.

[22] Vgl. Brockhaus Enzyklopädie, „Fürsorge", Band 8, 19. Auflage, 1989, S. 53.

[23] Vgl. Fröhlich, Sigrid, Die Soziale Sicherung bei Zünften und Gesellenverbänden, 1976, S. 263; Koch, Peter/Uleer Christoph, Herausforderungen – Entwicklungslinien eines Versicherungszweiges von den Anfängen bis zur Gegenwart – Festschrift zum 50 jährigen Bestehen des Verbandes der privaten Krankenversicherung e.V., 1997, S. 22.

Unterstützungsleistungen nur eine von zahlreichen weiteren Aufgaben der Zünfte und Gesellenbruderschaften darstellten.

2. Selbstständiges Kassenwesen

Mit dem Niedergang der Zünfte nach dem Ende des Dreißigjährigen Krieges ist die Entwicklung zu einem selbstständigen Kassenwesen zu beobachten.

Die Vorsorge- und Unterstützungsaufgabe der Zünfte verselbstständigte sich zu eigenen Einrichtungen mit berufsständischer Ausrichtung. Man bezeichnete sie nach ihrem Ursprung als Toten-, Begräbnis- oder Krankenladen, später auch als Kranken- und Sterbekassen, die - allerdings noch ohne mathematisch-statistische Grundlagen - eine weite Verbreitung fanden[24]. Die Zerschlagung der Zunfthoheit und der Privilegien der Zünfte und Gesellenverbände duch die preußische Allgemeine Gewerbeordnung von 1845 bedeutete zwar das Ende der wirtschaftlichen Autonomie und des Einflusses der Zünfte auf dem handwerklichen Sektor, hatte aber keinerlei Einfluß auf das Fortbestehen ihrer sozialen Einrichtungen. Diese hatten eine zu lange Tradition und hatten sich zu sehr bewährt, zumal sie eine Entlastung der Fürsorgepflicht der Städte für ihre Bewohner bildeten[25].

Auch die industrielle Revolution begünstigte durch die Veränderung der wirtschaftlichen und soziologischen Gesellschaftsstrukturen eine Ausbreitung des Kassenwesens auf weitere Bevölkerungsschichten. Mit der Schaffung von Großbetrieben war eine Verlagerung der Bevölkerung in Ballungszentren unter Auflösung der ländlichen Familienverbände zu beobachten. Dies führte zu einer immer größer werdenden Bevölkerungsschicht ohne familiäre Verwurzelung und finanziellen Rückhalt für den Fall einer Erkrankung. Abhilfe wurde in der Gründung von Krankenkassen gesehen, die entweder als Betriebskrankenkassen von den Unternehmen oder auch von den Arbeitnehmern selbst ins Leben gerufen wurden.

---

[24] Vgl. Koch, Peter/Uleer, Christoph, Herausforderungen – Entwicklungslinien eines Versicherungszweiges von den Anfängen bis zur Gegenwart – Festschrift zum 50 jährigen Bestehen des Verbandes der privaten Krankenversicherung e.V., 1997, S. 22.

[25] Vgl. Fröhlich, Sigrid, Die Soziale Sicherung bei Zünften und Gesellenverbänden, 1976, S. 264.

3. Krankenversicherung auf kaufmännischer Grundlage

Seit 1850 sind die ersten Bestrebungen zur Aufnahme von Krankenversicherungsbetrieb auf kaufmännischer Grundlage zu beobachten. Diese blieben zwar nur von örtlicher Bedeutung und scheiterten, doch ihre entscheidenden Verdienste liegen in der Auseinandersetzung mit der Notwendigkeit der Kalkulation des Risikos. Besondere Bedeutung kommt hierbei der Initiative des Leipziger Versicherungsmathematikers Karl Friedrich Heym zu, der auf der Basis von englischen Kalkulationsgrundlagen in der Deutschen Wissenschaft die Krankenversicherungsmathematik einführte und 1855 die Leipziger Krankenkasse als rein kaufmännisches Unternehmen gründete[26]. Ein Anliegen der ersten kaufmännischen Krankenversicherer war es auch, die wohlhabenden Bevölkerungsschichten als Versicherte zu gewinnen; denn nur sie konnten auf lange Zeit gesehen ein Unternehmen auf erwerbswirtschaftlicher Grundlage tragen. Neben der Schaffung der statistischen Voraussetzungen für die Versicherung des Krankengeldes war die Entwicklung der Krankheitskostenversicherung ein weiteres wesentliches Erfordernis für den Betrieb dieses Versicherungszweigs auf kaufmännischer Basis. Nur die Möglichkeit, sich auch gegen diese Kosten zu versichern, war im Hinblick auf steigende Heilungskosten infolge des medizinischen Fortschritts für die wohlhabenderen Schichten von Interesse.

4. Staatliche Initiative

Zeitlich parallel zu der Entwicklung der Krankenversicherung auf kaufmännischer Grundlage vollzog sich seit der Mitte des 19. Jahrhunderts eine ganz andere Entwicklung, nämlich eine zunehmende staatliche Initiative, die schließlich zu den beiden völlig unterschiedlichen Systemen der privaten und gesetzlichen Krankenversicherung geführt hat. Ein Interesse des Staates an der Krankenversicherung zeichnet sich erstmals mit dem preußischen Landrecht von 1794 ab, das im Bestreben einer möglichst umfassenden rechtlichen Regelung aller Lebensbereiche auch die Gesellenladen und

---

[26] Vgl. Koch, Peter/Uleer, Christoph, Herausforderungen – Entwicklungslinien eines Versicherungszweiges von den Anfängen bis zur Gegenwart – Festschrift zum 50 jährigen Bestehen des Verbandes der privaten Krankenversicherung e.V., 1997, S. 22.

Knappschaftskassen[27] behandelte. Richtungsweisend ist auch die preußische Allgemeine Gewerbeordnung von 1845, die den Gemeinden das Recht einräumte, bestehende örtliche Krankenkassen zu Zwangskassen zu erklären sowie das Gesetz betreffend die gewerblichen Unterstützungskassen von 1854, das den Gemeinden darüber hinaus die Möglichkeit gab, durch Ortsstatuten die Pflicht zur Schaffung von Krankenkassen für Gesellen, Gehilfen und Fabrikarbeiter einzuführen. Neben diesen Zwangskassen entwickelten sich in ständig wachsender Zahl freie Kassen, denen jedoch eine für ganz Deutschland gültige gesetzliche Grundlage über Ausdehnung und Befugnisse fehlte. Diesem Mangel wurde im Zuge der Einigung Deutschlands[28] durch das „Reichsgesetz über die eingeschriebenen Hilfskassen vom 7. April 1876"[29] abgeholfen. Es enthielt die ersten Normativbestimmungen für die Krankenversicherung. Das Gesetz unterstellte die eingeschriebenen Hilfskassen gleichzeitig staatlicher Aufsicht, die sich aber nur auf die Befolgung der verwaltungsrechtlichen Vorschriften bezog. Das am 8. April 1876 erlassene, mit dem Hilfskassengesetz eng zusammengehörende „Gesetz betreffend Abänderungen des Titels VIII. der Gewerbeordnung von 1869"[30] regelte das Verhältnis der freien Kassen zu den Zwangskassen in dem Sinne, daß die Zugehörigkeit zu einer auf Grund freier Übereinkunft bestehenden eingeschriebenen Hilfskasse die Verpflichtung aufhob, einer Zwangskasse anzugehören. Diese Gesetze waren die Wegbereiter für den Aufbau einer Sozialversicherung durch Otto von Bismark. Im Zuge der Durchsetzung des Sozialistengesetzes von 1878, das Presse und Organisation der SPD untersagte, sah sich Bismark gezwungen, mögliche Proteste der breiten Öffentlichkeit durch Zugeständnisse zu verhindern. Einen Ausgleich sah er in Reformmaßnahmen, die geeignet waren, Not und Elend der arbeitenden Bevölkerung zu lindern. Eingeleitet wurden diese Bestrebungen durch eine Thronrede Kaiser Wilhelms I. am 15. Februar 1881, in der er erstmals den Willen „zur Heilung sozialer Schäden" zum Ausdruck brachte. Auf diesen Ansätzen baute

[27] Vgl. II 8 § 353 ALR.

[28] Nationale Einigung Deutschlands von 1866-1871, die in die Gründung des deutschen Kaiserreichs im Jahre 1871 mündete, vgl. Dtv-Atlas zur Weltgeschichte, 2000, S. 353.

[29] Vgl. RGBl. 1876/125.

[30] Vgl. RGBl. 1876/134.

die berühmte Kaiserliche Botschaft vom 17. November 1881 auf, - auch als Magna Charta der Sozialversicherung bezeichnet -, die das Ziel einer umfassenden Arbeiterversicherung gegen Krankheit, Unfall sowie Alter und Invalidität festschrieb. Als erster Zweig der Sozialversicherung wurde die Krankenversicherung geregelt. Das Gesetz vom 15. Juni 1883[31] betreffend die Krankenversicherung der Arbeiter führte einen allgemeinen Versicherungszwang für bestimmte Gruppen gewerblicher Arbeiter ein. Träger der Pflichtkrankenversicherung wurden die neugeschaffenen Betriebs-, Bau- und Ortskrankenkassen neben den schon bestehenden Innungs- und Knappschaftskrankenkassen.

Die Einführung der gesetzlichen Krankenversicherung war von entscheidender Bedeutung für die weitere Entwicklung der privaten Krankenversicherung. Zwar bedeutete der Versicherungszwang für bestimmte Personenkreise das Ende vieler kleineren berufsständischen Krankenkassen, denn nicht alle erfüllten die Voraussetzungen, um als „privilegierte" Hilfskassen und später nach der Reichsversicherungsordnung als sog. „Ersatzkassen" neben den übrigen anerkannten Versicherungsträgern im Rahmen der Sozialversicherung zugelassen zu werden[32]. Jedoch wurde gerade, indem die Notwendigkeit einer Absicherung des Krankheitsrisikos durch die gesetzliche Regelung deutlich herausgestellt wurde, das Interesse an entsprechenden Versicherungseinrichtungen auf privatwirtschaftlicher Grundlage bei den nicht einbezogenen Bevölkerungsschichten geweckt. Die Grundlage für das zweigegliederte deutsche System war durch eine stetige Entwicklung der privaten Krankenversicherung sowie die Möglichkeit der Abgrenzung durch die Herausarbeitung eigenständiger Profile geschaffen. Dies bedeutete aber kein Ende der wechselseitigen Impulse, die sich vielmehr von den Anfängen bis in die Gegenwart durch die Geschichte der Krankenversicherung zieht.

5. Moderne Krankenversicherung des 20. Jahrhundert

Das 20. Jahrhundert began wiederum mit Reformbestrebungen. Die kaufmännische Versicherung wurde unter die Aufsicht des 1901 gegründeten

---

31 Vgl. RGBl. 1883/73.

32 Vgl. Koch, Peter, Von der Zunftlade zum rationellen Großbetrieb, 1971, S. 42.

Kaiserlichen Aufsichtsamts für Privatversicherung[33] gestellt. 1908 erfolgte der Erlaß des Versicherungsvertragsgesetzes, jedoch ohne gesetzliche Regelung der privaten Krankenversicherung. Bestehende Mängel der bisherigen Sozialversicherungsgesetzgebung und eine immer weiter fortschreitende Industrialisierung mündeten schließlich in die Kodifikation des gesamten Sozialversicherungsrechts in der Reichsversicherungsordnung (RVO) vom 19. Juli 1911. Für die Beaufsichtigung der privaten Krankenkassen führte die Neuregelung des früheren Hilfskassensystems[34] dazu, daß 1911 die noch bestehenden Einrichtungen, soweit sie nicht Ersatzkassen geworden waren, unter Umwandlung in Versicherungsvereine auf Gegenseitigkeit in den Geltungsbereich des Versicherungsaufsichtsgesetzes aufgenommen wurden.

Insbesondere die beiden Weltkriege in der ersten Hälfte des letzten Jahrhunderts stellen einschneidende Ereignisse für die Entwicklung der privaten Krankenversicherung dar. Der Erste Weltkrieg und dessen verheerende Folgen führte zwar zu einer Hochkonjunktur für die private Krankenversicherung durch einen Anstieg von Krankenversicherungsbedarf auch bei der früher wohlhabenden und nun verarmten Mittelschicht, jedoch setzten ebenfalls nach Beendigung des Krieges Ausweitungsbestrebungen der gesetzlichen Krankenversicherung ein. Darüber hinaus gerieten zahlreiche private Kassen in finanzielle Schwierigkeiten, da die Krankheitskostenversicherung von den Gesellschaften ohne genügende statistische Unterlagen und medizinische Erfahrungen betrieben wurden, so daß vielfach nicht die Bedarfsprämie genommen wurde. Um diese Entwicklung in den Griff zu bekommen, begann die Aufsichtsbehörde mit reglementierenden Maßnahmen in die Tarifgestaltung einzugreifen und insbesondere den Gedanken der Spartentrennung zu entwickeln. Parallel hierzu ergriffen die privaten Krankenversicherer selbst die Initiative durch Schaffung einheitlicher Rechtsgrundlagen[35] sowie durch Aufstellen von

---

[33] Seine Gründung geht auf das Gesetz über die privaten Versicherungsunternehmen vom 12.5.1901 zurück.

[34] Vgl. „das Gesetz betreffend die Aufhebung des Hilfskassengesetzes" vom 20.12.1911, RGBl. 1911/985.

[35] Besondere Verdienste kommt dabei dem Leipziger Verband privater Krankenversicherungsunternehmen Deutschlands zu, der sich für die Vereinheitlichung der vertragsrechtlichen Grundsätze eingesetzt hat. Da dem Versicherungszweig der

Grundsätzen für die Prämienberechnung[36]. Ferner ist eine verstärkte Bündelung der Synergien durch Fusionen, Kapitalverbindungen und verbandsmäßige Zusammenarbeit zu beobachten. Die zwanziger und dreißiger Jahre waren daher durch Konsolidierung und Konzentration sowie dem Ausbau von Mathematik, Medizin und Recht[37] auf dem privaten Krankenversicherungssektor geprägt.

Nach dem Zweiten Weltkrieg bestimmte der Wiederaufbau Deutschlands die Entwicklung der Krankenversicherung. Hierbei hatten sowohl die gesetzliche als auch die private Krankenversicherung neben der Neuordnung des Versichertenbestandes die Krise der ersten Kostenexplosion im Gesundheitswesen durch den infolge des Krieges angestauten Bedarf zu bewältigen. Die fünfziger und sechziger Jahre prägte eine starke Ausdehnung

---

privaten Krankenversicherung eine gesetzliche Regelung fehlte, kam die Aufstellung einheitlicher Versicherungsbedingungen gleichsam einem Akt der Rechtssetzung gleich. Die Arbeiten des Verbandes führten unter Mitwirkung des Reichsaufsichtsamtes im Jahre 1929 zur Verabschiedung der Normativbedingungen, die von den meisten Krankenversicherungsunternehmen eingeführt worden sind, vgl. Koch, Peter, Von der Zunftlade zum rationellen Großbetrieb, 1971, S. 62.

36 Fragen der modernen Krankenversicherungsmathematik wurden erstmals im Jahre 1930 auf dem 9. Internationalen Aktuarkongreß in Stockholm erörtert. Im Jahr 1936 stimmte das Reichsaufsichtsamt dem ersten Geschäftsplan zu, bei dem die Prämie mit Hilfe versicherungsmathematischer Grundsätze unter Zugrundelegung eingehender statistischer Untersuchungen am eigenen Bestand des Unternehmens berechnet worden war. Schon damals wurde die Frage angesprochen, inwieweit durch rechtzeitige und ausreichende Rücklagenbildung auch dann entsprechende Leistungen ermöglicht werden könnten, wenn das von den Versicherern getragene Wagnis durch Älterwerden des Bestandes schwerer geworden sei. Der dauernden Erfüllbarkeit der Verträge dienten auch Ansätze einer Krankenversicherungsmedizin, die zur medizinisch richtigen Erfassung der Risiken beitrug, vgl. Koch, Peter/ Uleer Christoph, Herausforderungen – Entwicklungslinien eines Versicherungszweiges von den Anfängen bis zur Gegenwart – Festschrift zum 50 jährigen Bestehen des Verbandes der privaten Krankenversicherung e.V., 1997, S. 38.

37 Insbesondere ist hier der nicht zu Gesetzeskraft gelangte „Entwurf zur Regelung der privaten Krankenversicherung im VVG" durch den Ausschuß für Versicherungswesen im Rahmen der Akademie für Deutsches Recht von 1938 zu nennen. Dieser stellt sowohl von der Systematik als auch von seinem Inhalt eine beachtliche Leistung dar. Er nimmt zahlreiche Gedanken vorweg, die erst im Jahre 1994 in den §§ 178 a bis 178 o VVG ihre gesetzliche Regelung gefunden haben.

der gesetzlichen Krankenversicherung durch stetige Erhöhung der Versicherungspflichtgrenze und dem Bemühen der privaten Krankenversicherung, sich trotz dieser Ausdehnung ihre Alternativfunktion zu bewahren. Dies mündete Ende der sechziger Jahre in die Einführung eines gesetzesähnlichen Vertragsrechts, - den Musterbedingungen -, da der Gesetzgeber immer noch nicht zu besonderen vertragsrechtlichen Regelungen der privaten Krankenversicherung im VVG bereit war[38]. Ab den siebziger Jahren wuchs dann auch die Anerkennung der privaten Krankenversicherung als Bestandteil im System der sozialen Sicherung für den Krankheitsfall, die letztlich in der Anerkennung durch den Gesetzgeber im Jahre 1994 durch Schaffung eines Abschnitts zur privaten Krankenversicherung im VVG gipfelte.

II. Strukturprinzipien der privaten Krankenversicherung im Vergleich zur gesetzlichen Krankenversicherung

Das Krankenversicherungssystem der Bundesrepublik Deutschland ist, - wie aus seiner geschichtlichen Entwicklung hervorgeht - , neben den Niederlanden[39] durch ein Nebeneinander von gesetzlicher und privater Krankenversicherung gekennzeichnet. Die Besonderheit dieses zweigliedrigen Systems besteht darin, daß der privaten Krankenversicherung eine Substitutivfunktion zukommt, indem sie ganz oder teilweise an die Stelle des durch die Sozialversicherungssysteme gebotenen Schutzes im Krankheitsfall tritt[40]. Sie ist somit Bestandteil des sozialen Systems, mit der

---

[38] Vgl. Moser, Hans in: Bach/Moser/Wilmes, Private Krankenversicherung – MB/KK – und MB/KT Kommentar, 2. Auflage, 1993, Rn. 138.

[39] Vgl. de Wit, Wim, Technische Methoden der privaten Krankheitskostenversicherung in den Niederlanden, in: Timmer, Hans Georg, Technische Methoden der privaten Krankenversicherung in Europa, 1990, S.166 ff..

[40] Vgl. Art 54 Abs. 1 der Richtlinie 92/49/EWG des Rates vom 18. Juni 1992 zur Koordinierung der Rechts- und Verwaltungsvorschriften für die Direktversicherung (mit Ausnahme der Lebensversicherung) sowie zur Änderung der Richtlinien 73/239/EWG und 88/357/EWG (Dritte Richtlinie Schadenversicherung), ABl.EG Nr. L 228/1 vom 11.8.1992, sowie die anläßlich der Verabschiedung der Dritten Richtlinie Schadenversicherung im Jahre 1992 vom Rat der Europäischen Gemeinschaften

Folge, daß ihr sozialpolitische Verantwortung übertragen ist[41]. Dies impliziert, daß der privaten Krankenversicherung nur dann substitutive Funktion zukommen kann, wenn sie mindestens dem Leistungsniveau der gesetzlichen Krankenversicherung und einen nach Art und Qualtität vergleichbaren Schutz gegen das Krankheitsrisiko bietet[42]. Zur substitutiven Krankenversicherung zählt man daher die Krankheitskostenvollversicherung und die Krankentagegeldversicherung im Sinne einer Verdienstausfallversicherung[43].

Die gesetzliche und private Krankenversicherung arbeiten zwar im Ausgangspunkt beide nach dem Versicherungsprinzip „gemeinsame Deckung eines ungewissen, in seiner Gesamtheit schätzbaren Bedarfs durch Verteilung auf eine organisierte Vielheit“[44], ihre Finanzierungsgrundlagen und die dahinterstehenden Sichtweisen der vom jeweiligen System zu übernehmenden Aufgaben weisen jedoch erhebliche Unterschiede auf.

1. Funktionsweise der privaten Krankenversicherung

Bei der privaten Krankenversicherung handelt es sich um eine freiwillige Versicherung, die sich in ihren Grundprinzipien an dem Leitbild des Marktes[45] orientiert. Konstitutiv für einen Markt ist Angebot und

---

abgegebene Protokollerklärung zu Art. 54 der Dritten Richtlinie Schadenversicherung, vgl. Dokument 7297/92 vom 12 Juni 1992.

41 Vgl. Weyers, Hans Leo, Versicherungsvertragsrecht, 2. Auflage, 1995, Rn. 161, 684 a; Moser, Hans, Private Krankenversicherung, in: W. Grosse u.a. (Hrsg.), Versicherungsenzyklopädie, Band 5, 4. Auflage, 1991, S. 242; Greisler, Peter, Die Abgrenzung zwischen gesetzlichen Krankenkassen und privater Krankenversicherung, VW 1998, 883, 886.

42 Vgl. Sahmer, Sybille, Strukturen und Probleme der substitutiven Krankenversicherung, in ZfV 1996, 483, 484; Bastiani, Adriano, Die Private Krankenversicherung in ausgewählten Ländern der Europäischen Union, 1995, S. 4-5.

43 Vgl. Moser, Hans, Private Krankenversicherung, in: W. Große u.a. (Hrsg.), Versicherungsenzyklopädie, Band 5, 4. Auflage, 1991, S. 291 ff.

44 BSGE 6, 213, 218, 227; BVerfGE 75, 108, 146.

45 Vgl. Pfaff, Martin, Funktionsfähiger Wettbewerb innerhalb und zwischen den gesetzlichen und privaten Krankenkassen, ASP 1995, 12, 14.

Nachfrage[46], so daß neben der Bereitstellung von privatem Versicherungsschutz durch selbstständige Unternehmen[47] auch eine Nachfrage nach Versicherungsschutz, der wiederum auf der eigenen Erkenntnis der Bedeutung von Eigenvorsorge für das Krankheitsrisiko basiert, notwendig ist. Zwar können die privaten Unternehmen aufklärend in Bezug auf die Bedeutung von Krankenversicherungsschutz hinwirken, letztlich bedarf es mangels eines Zwanges zur Mitgliedschaft aber der eigenen Initiative des potentiellen Versicherungsnehmers. Im Gegensatz zur gesetzlichen Krankenversicherung ist von eigenverantwortlicher Vorsorge zu sprechen und der Versicherungsnehmer ist unter dem Blickwinkel eines verständigen Verbrauchers zu betrachten, der für seine Leistung eine nach seinen individuellen Maßstäben bestmögliche Gegenleistung erhalten möchte. Die jeweiligen individuellen Maßstäbe beeinflussen daher auch den Umfang des zu wählenden Krankenversicherungsschutzes, wobei nicht übersehen werden darf, daß eine Relativierung hinsichtlich der Freiwilligkeit und des Versicherungsschutzumfangs über den faktischen Zwang zum Abschluß einer sogenannten substitutiven Krankenversicherung[48] durch die Regelung zum Arbeitgeberzuschuß gem. § 257 Abs. 2 a SGB V eintritt.

Dennoch ermöglicht die private Krankenversicherung die Berücksichtigung der jeweiligen Bedürfnisse durch ein breitgefächertes Tarifangebot insbesondere im substitutiven Bereich. Auch läßt sie durch die Abwicklung der zu erbringenden Leistungen nach dem Kostenerstattungsprinzip[49] den Versicherten die erwünschte größtmögliche Freiheit bei der Inanspruchnahme

---

[46] Vgl. Nieschlag, Robert/Dichtl, Erwin/ Hörschgen, Hans, Marketing, 18. Auflage, 1998, § 2 S. 40.

[47] In den Unternehmensformen: Versicherungsvereine auf Gegenseitigkeit, Aktiengesellschaften und öffentlich-rechtliche Anstalten.

[48] Vgl. die Ausführungen unter Teil 3, A I 3. a) (2), S. 128 ff.

[49] Der privat Versicherte ist Adressat und Schuldner der für die ärztliche Inanspruchnahme sowie medikamentöse Behandlung anfallenden Kosten. Er tritt gegenüber seinen privaten Krankenversicherungsunternehmen zunächst in fianzielle Vorlage und erhält dies erst nachträglich, nach Einreichung der entsprechenden Kostenbelege, von diesem ersetzt.

medizinischer Leistungen[50]. Nicht solidarisches, sondern allein marktwirtschaftliches Denken der potentiellen Versicherungsnehmer beeinflußt daher die Entscheidung hinsichtlich der Wahl von Krankenversicherungsschutz eines bestimmten Unternehmens.

Die mangelnde Versicherungspflicht sowie der gegenseitige Wettbewerb verschiedener privater Unternehmen auf einem Markt um einen Bruchteil der von der Versicherungspflicht befreiten Bevölkerung erfordert eine völlig andere Finanzierungsgrundlage als die der gesetzlichen Krankenversicherung: Die private Krankenversicherung geht im Grundsatz davon aus, daß die gesamten Leistungen des Versicherungsunternehmens für jeden Versicherten durch seinen Beitrag gedeckt sein müssen[51], sog. individuelles Äquivalenzprinzip. Es muß für jede einzelne Person Versicherungsschutz kontrahiert werden, so daß auch risikogerechte Beiträge für nicht verdienende Familienmitglieder zu zahlen sind. Dabei wird entsprechend dem Versicherungsgedanken insoweit eine risikogerechte Pauschalierung vorgenommen, als die Kalkulation nicht genau auf die individuellen Krankheitsrisiken jedes einzelnen Versicherten abstellt, sondern auf die Krankheitsrisiken einer Gruppe von gleichartigen Versicherten[52]. Eine homogene Versichertengruppe wird aus solchen Versicherten gebildet, die gleiche Leistungsansprüche, gleiches Eintrittsalter und gleiches Geschlecht haben. Davon ausgehend werden gleiche Durchschnittsbeiträge für die Mitglieder dieser Gruppe ermittelt. Bei Vertragsbeginn individuell bestehende Vorerkrankungen kann aber durch Leistungsausschlüsse und Risikozuschläge Rechnung getragen werden. Diese Regelung entspricht ebenfalls dem Äquivalenzprinzip: Gruppen höherer Risikolagen, also mit höherer Leistungserwartung zahlen einen entsprechend höheren Beitrag als

---

[50] Vgl. Schirmer, Helmut, Private Krankenversicherung und das Gesundheitsreformgesetz, VersR 1991, 510, 512; Mayer, Hansjörg, Beitragsfestsetzung nach Tarifänderungen in der PKV, VW 1975, 359.

[51] Einschließlich der durch den Abschluß und die Verwaltung der Versicherung entstehenden Kosten.

[52] Innerhalb dieser Gruppe kommt es innerhalb einer Periode, beispielsweise innerhalb eines Jahres, wie in der Gesetzlichen Krankenversicherung (GKV) zu einer versicherungsimmanenten Umverteilung zwischen Gesunden und Kranken, sog. Risikoausgleich, vgl. Pfaff, Martin, Funktionfähiger Wettbewerb innerhalb und zwischen den gesetzlichen und privaten Krankenkassen, ASP 1995, 12, 14.

die Allgemeinheit. Damit wird sichergestellt, daß neu hinzukommmende Versicherte die Gemeinschaft nicht stärker belasten als vorgesehen. Nach Abschluß der Versicherung eingetretende individuelle Risikoveränderungen haben auf den Beitrag aber dann keinen Einfluß mehr[53].

Darüber hinaus orientieren sich die Beiträge nicht an den kurzfristigen, jährlich zu erwartenden Krankheitskosten dieser Gruppe. Ein solches System der Risikoprämienbildung würde nämlich dazu führen, daß infolge der progressiven Steigerung des Krankheitsrisikos mit zunehmenden Alter die Beiträge in der Jugend gering wären, aber im Alter sehr ansteigen würden. Die Aufgabe der Versicherung, gerade eine erhöhte finanzielle Belastung im Alter infolge vermehrter und höherer Krankheitskosten zu verhindern, würde ad absurdum geführt[54]. Vielmehr erfolgt eine Kalkulation nach dem Anwartschafts-deckungsverfahren, um einen über die Dauer des gesamten Versicherungsverhältnisses - unter der Bedingung von gleichbleibenden externen Faktoren - konstanten Beitrag zu erzielen[55]. Ein derartig konstanter Beitrag wird dadurch erreicht, daß von Abschluß des Versicherungsvertrages an zur Risikoprämie ein Zuschlag hinzugerechnet wird, sog. Sparanteil, der seinerseits mit wachsender Vertragsdauer geringer wird. Aus diesem Sparanteil werden durch eine ertragsbringende Anlage der Versicherungsunternehmen ausreichende Rückstellungen gebildet, die für die Deckung der erst in Zukunft fällig werdenden Versicherungsleistungen sorgen. Dabei wird als sicher angenommen, daß die Versicherungs-unternehmen mit den Kapitalanlagen aus solchen Sparanteilen mindestens einen Zinsertrag von 3,5 vH erwirtschaften, sogenannter rechnungsmäßiger Zinssatz. Aus dem Wert aller Sparanteile, verzinst mit dem rechnungsmäßigen Zinssatz von 3,5 vH wird eine Deckungrückstellung

---

[53] Vgl. Jäkel, Hans Karl, Die Beitragskalkulation der PKV, ASP 1996, 57, 58; Brünjes, Christian, Technische Methoden der PKV in Deutschland, in: Hans Georg Timmer (Hrsg.), Technische Methoden der privaten Krankenversicherung in Europa, 1990, S. 48-49.

[54] Vgl. Mayer, Hansjörg, Die Beitragsfestsetzung nach Tarifänderungen in der PKV, VW 1975, 359; Pfaff, Martin, Funktionsfähiger Wettbewerb innerhalb und zwischen den gesetzlichen und privaten Krankenkassen, ASP 1995, 12, 15.

[55] Sogenannte Berechnung der Prämie auf versicherungsmathematischer Grundlage nach Art der Lebensversicherung, so daß aus Gründen des Älterwerdens die Prämie nicht steigt, vgl. § 12 Abs. 1 VAG.

gebildet, die sogenannte Alterungsrückstellung i.S.d. § 341 f HGB. Beitragsmindernd wird bei dieser Kalkulation berücksichtigt, daß beim Ausscheiden eines Versicherten durch Tod oder Kündigung der für ihn noch vorhandene Teil der Alterungsrückstellung der Versichertengemeinschaft zugute kommt, sogenannte Vererbung.

Sobald nun bei steigendem Alter infolge des höheren Krankheitsrisikos die altersabhängige Risikoprämie die konstante Prämie übersteigt, ist der für den jeweiligen Versicherten vorgesehene Anteil aus der Alterungsrückstellung sukzessive zur Finanzierung des übersteigenden Teils der Risikoprämie heranzuziehen. Der Sparanteil ist so zu kalkulieren, daß die Alterungsrückstellung gerade ausreicht, um den Beitrag für die gesamte Lebensdauer des Versicherten konstant zu halten[56]. Durch das Anwartschaftsdeckungsverfahren findet somit ein Ausgleich des differierenden Krankheitsrisikos im Lebenszyklus des Einzelnen statt.

2. Funktionsweise der gesetzlichen Krankenversicherung

Die gesetzliche Krankenversicherung ist im Gegensatz zu der privaten Krankenversicherung als Pflichtversicherung konzipiert. Dies resultiert aus dem Zweck ihrer Einführung, nämlich dem sozial schutzbedürftigen Kreis der Bevölkerung, der nicht über die notwendigen Eigenmittel verfügt, ihr Krankheitsrisiko alleine zu tragen, durch die Vorteile einer kollektiven Risikotragung abzusichern. Dabei stellt der staatlich veranlaßte Zwang zur Mitgliedschaft bestimmter Personenkreise ein tragendes Element für das Funktionieren des Systems dar. Bei Einführung der gesetzlichen Krankenversicherung war das Bewußtsein in die Notwendigkeit von Eigenvorsorge für den Krankheitsfall in großen Teilen der Bevölkerung nicht ausgeprägt, was durch die schlechte wirtschaftliche Situation der erfaßten Personenkreise zusätzlich unterstützt wurde.

Aufgrund der Tatsache, daß die wirtschaftliche Situation nicht nur zwischen den unterschiedlichen Berufsgruppen, sondern auch zwischen alten und jungen Menschen sowie Alleinstehenden und Familien differiert, wurde vom Gesetzgeber erkannt, daß ein im Bedarfsfall gleicher Zugang zu den Gesundheitsleistungen sowie die Ermöglichung gleicher Versicherungs-

---

[56] Vgl. das Gutachten der UEK BT Drucksache 13/4945 S. 14 –15.

leistungen unabhängig von der eigenen wirtschaftlichen Situation, nur durch gegenseitige Solidarität - insbesondere für die Leistungsschwächeren der Gesellschaft - überbrückt werden kann[57]. Konstitutives Element der gesetzlichen Krankenversicherung ist daher das Solidaritätsprinzip.

Dies spiegelt sich sowohl in der Finanzierung und Beitragsbemessung als auch im Leistungsumfang wider. Die Beiträge richten sich allein nach der wirtschaftlichen Leistungsfähigkeit des beitragspflichtigen Versicherten. Die in den Krankenkassen zusammengeschlossenen Versicherten zahlen ohne Rücksicht auf ihr persönliches Risiko und die Anzahl der mitversicherten Familienangehörigen einen Beitrag, der sich gem. § 223 Abs. 2 SGB V nach ihren jeweiligen beitragspflichtigen Einnahmen bemißt[58]. Grundlage hierfür ist ein fester Prozentsatz an den beitragspflichtigen Einnahmen, begrenzt durch die Beitragsbemessungsgrenze[59]. Da die Beiträge nicht nach dem jeweiligen individuellen Risiko bemessen werden, folgt daraus nicht nur ein Risikoausgleich zwischen Gesunden und Kranken, sondern auch ein Solidarausgleich zwischen jung und alt, und Menschen mit höheren und niedrigeren Einkommen. Ebenfalls kommt ein Familienausgleich infolge der beitragsfreien Mitversicherung von Ehegatten und Kindern ohne eigenes Einkommen hinzu. Ferner führt dies zu einer Fianzierung nach dem Umlageverfahren, indem die Gesamtkosten periodisch auf alle beitragspflichtigen Versicherten umgelegt werden. Darüber hinaus ist es ein Kennzeichen der Sozialversicherung und des Solidaritätsprinzips, daß der Leistungsumfang für alle gleich ist. Dies wird durch das Sachleistungsprinzip, der Versicherte braucht nicht in finanzielle Vorlage zu

---

[57] Vgl. Mayer, Hansjörg, Die Beitragsfestsetzung nach Tarifänderungen in der PKV, VW 1975, 359; Wasem, Jürgen, Gesundheitsökonomie und Versicherung, ZVersWiss 1993, 123, 138; ausführlich zu diesen Themenkomplex: Gaefgen, Gerard, Gesundheit, Gerechtigkeit und Gleichheit, in: G. Gaefgen; P. Oberender (Hrsg.), Verteilungsziele und Verteilungswirkungen im Gesundheitswesen, 1989, S. 11-46.

[58] Vgl. §§ 226-240 SGB V.

[59] Der höchste Beitrag darf nur von einer bestimmten Einnahmenhöhe, die die sogenannte Beitragsbemessungsgrenze bildet, berechnet werden. Darüber liegende Einnahmen bleiben bei der Beitragsberechnung unberücksichtigt. Dies stellt eine Durchbrechung der Solidaritätshaftung aller Versicherten dar, vgl. Moser, Hans, Private Krankenversicherung, in: W. Große u.a. (Hrsg.), Versicherungsenzyklopädie, Band 5, 4. Auflage, 1991, S. 271-272.

treten, sowie das Gebot von ausreichenden, zweckmäßigen und wirtschaftlichen Leistungen, sog. Wirtschaftlichkeitsgebot[60] sichergestellt[61]. Ein derartiges auf dem Solidarprinzip und dem Umlageverfahren aufbauendes System ist aber nur durch eine infolge des gesetzlichen Zwangs abgesicherte kontinuierliche Zuführung von Mitgliedern möglich, wobei dem Gesetzgeber hinsichtlich der Abgrenzung des schutzbedürftigen Personenkreises verfassungsrechtlich ein weiter Regelungsspielraum zugestanden wird[62].

Die Sozialversicherung ist weder auf Arbeitnehmer noch auf die Sicherung gegen Notlagen beschränkt[63], vielmehr unterteilt sie die Personengruppen nach Versicherungspflichtigen und nicht der Versicherungspflicht Unterliegenden. Versicherungspflichtig sind ausschließlich die in § 5 SGB V genannten Personenkreise, wobei auch für diese zum Teil eine Befreiungsmöglichkeit bei Erfüllung der in § 8 SGB V genannten Voraussetzungen besteht. Hierzu zählen unter anderem: Arbeiter, Angestellte und Auszubildende, die bis zu einer bestimmten Einkommensgrenze grundsätzlich versicherungspflichtig sind, wenn sie gegen Arbeitsentgelt beschäftigt werden[64], Landwirte, Künstler, Arbeitslose, Renter, sofern sie eine bestimmte Vorversicherungszeit erfüllen oder zu den in § 1 oder § 17 a des Fremdrentengesetzes genannten Personen gehören[65], Studenten etc. Im Unterschied zu den der Versicherungspflicht unterliegenden Personenkreisen ist die Mitgliedschaft in der gesetzlichen Krankenversicherung den

---

60 Vgl. § 12 SGB V.

61 Vgl. Schirmer, Helmut, Die Private Krankenversicherung und Gesundheitsreformgesetz, VersR 1991, 510, 512; Pfaff, Martin, Funktionsfähiger Wettbewerb innerhalb und zwischen den gesetzlichen und privaten Krankenkassen, ASP 1995, 12, 14; Gutachten der UEK BT Drucksache 13/4945 S. 14.

62 Schirmer, Helmut, Private Krankenversicherung und Gesundheitsreformgesetz, VersR 1991, 510, 512.

63 Schirmer, Helmut, Private Krankenversicherung und Gesundheitsreformgesetz, VersR 1991, 510, 512; BverfGE 75, 108, 148f.

64 Vgl. Gerlach in: Hauck/Haines, Sozialgesetzbuch Kommentar - Gesetzliche Krankenversicherung SGB V, Band 1, 2000, § 5 Rn. 1, 4.

65 Vgl. Gerlach in: Hauck/Haines, Sozialgesetzbuch Kommentar - Gesetzliche Krankenversicherung SGB V, Band 1, 2000, § 5 Rn. 13.

sogenannten Versicherungsfreien Personengruppen, die in § 6 SGB V näher umschrieben werden, gem. § 9 SGB V freigestellt. Bei den in § 6 SGB V genannten Personengruppen handelt es sich um Gruppierungen, die zwar grundsätzlich der Versicherungspflicht unterliegen, aber hiervon durch den Gesetzgeber aufgrund besonderer Bestimmungen ausgenommen sind. Sie können daher freiwillig in der gesetzlichen Versicherung versichert bleiben, aber auch zu einem privaten Unternehmen wechseln. Dagegen besteht für die von vornherein nicht der Versicherungspflicht Unterliegenden lediglich die Möglichkeit über § 9 Abs. 1 Nr. 1 SGB V Versicherungsschutz durch die gesetzliche Krankenversicherung zu erhalten[66]. Ansonsten sind sie ausschließlich auf privaten Versicherungsschutz verwiesen.

Durch einen derartigen Zwang zur Absicherung werden die erfaßten Personenkreise im Rahmen ihrer finanziellen Möglichkeiten anteilig, - wenn auch nur mittelbar -, auch zur Eigenvorsorge herangezogen. Man könnte dies als sogenannnte anteilige Pflicht zur Eigenvorsorge nennen. Dies ist aber keinesfalls mit der Eigenvorsorge im Rahmen der privaten Krankenversicherung zu vergleichen.

III. Marktumfeld der privaten Krankenversicherung

1. Marktstruktur

Die private Krankenversicherung repräsentiert den drittgrößten inländischen Individualversicherungszweig nach der Lebens- und Kraftfahrt-

---

[66] Hierzu zählen Selbstständige, wobei sich wiederum eine Einschränkung über § 9 Abs. 1 Nr. 1 SGB V ergibt. Danach können sämtliche Personen, die als Mitglied aus der Versicherungspflicht ausgeschieden sind und eine bestimmte Vorversicherungszeit erfüllen, der Versicherung freiwillig beitreten. Grundsätzliche Voraussetzung ist also, daß zuletzt vor dem freiwilligen Beitritt eine Pflichtmitgliedschaft bestanden hat. Für die Beitrittsberechtigung ist unerheblich, ob und ggf. in welcher Weise die aus der Versicherungspflicht ausgeschiedenen Mitglieder danach berufstätig sind. Somit können auf diesem Wege auch Selbstständige, Beamte oder nicht Berufstätige Mitglied der gesetzlichen Krankenversicherung bleiben. Vgl. Gerlach in: Hauck/Haines, Sozialgesetzbuch Kommentar - Gesetzliche Krankenversicherung SGB V, Band 1, 2000, § 9 Rn. 22, 24.

versicherung[67]. Ferner bildet sie den mit Abstand größten nationalen Privatkrankenversicherungsmarkt in Europa[68], da es ihr in Deutschland infolge des bestehenden zweigegliederten Krankenversicherungssystems im Gegensatz zu den übrigen Sozialsystemen in Europa nicht nur möglich ist, den gesetzlichen Kranken- und Pflegeversicherungsschutz zu ergänzen, sondern auch zu ersetzen[69].

a) Leistungsanbieter

Der relevante Versicherungsmarkt spaltet sich Ende 1999 in 52 Anbieter auf, die im PKV-Verband zusammengeschlossen sind. Diese am Markt tätigen Unternehmen sind zugleich im substitutiven wie im nicht substitutiven Bereich - also den beiden Teilmärkten des deutschen Krankenversicherungsmarktes - tätig[70]. Von den 52 Verbandsunternehmen besitzen 30 die Rechtsform der Versicherungsaktiengesellschaft (AG) und 22 die Rechtsform des Versicherungsvereins auf Gegenseitigkeit (VVaG)[71].

---

[67] Vgl. VdPKV Zahlenbericht 1999/2000 S. 9 (Schaubild).

[68] Vgl. Peters, Nikolaus, Krankenversicherungssysteme im Ausland (III), VW 1998, 240, 241.

[69] Sogenannte substitutive Funktion der privaten Krankenversicherung, die zugleich den deutschen Krankenversicherungsmarkt in zwei Teilmärkte - den substitutiven und nicht substitutiven - aufspaltet.

[70] Verband der PKV (VdPKV), Zahlenbericht 1999/2000 S. 7. Die nachstehenden Ausführungen geben das Geschäftsergebnis der 52 Mitgliedsunternehmen des Verbandes für 1999 wider. In Deutschland existieren 1999 noch ca. 40 weitere kleine und kleinste Krankenversicherungsunternehmen, unter Bundes- und Landesaufsicht stehende Unterstützungskassen, die meist nur Zusatzleistungen anbieten. Sie sind häufig berufsständig orientiert und fast alle haben nur eine regionale Bedeutung. Ihr Anteil an den Beitragseinnahmen der gesamten Sparte Krankenversicherung beträgt lediglich 0,05 vH, vgl. VdPKV, Zahlenbericht 1999/2000 S. 8.

[71] VdPKV Zahlenbericht 1999/2000 S. 7.

Entwicklung der PKV-Anbieterzahl nach Rechtsform, 1980-1999[72]

Jahr	AG	Beitrags-anteil (%)[1]	VVaG	Beitrags-anteil (%)[1]	AöR	Beitrags-anteil (%)[1]	Untern. Gesamt[2]
1980	10	41,74	27	54,61	1	3,65	38
1985	14	39,46	25	57,06	1	3,48	40
1990	17	45,92	27	49,57	1	4,51	45
1995	27	49,65	27	50,35	[3]		54
1996	27	50,45	25	49,55			52
1997	27	50,78	25	49,22			52
1998	29	51,10	23	48,90			52
1999	30	51,44	22	48,56			52

(1) Anteil am gesamten Beitragsvolumen der PKV
(2) Bestand am Ende des jeweiligen Jahres
(3) Die Bayerische Beamtenkasse wurde Ende 1995 in eine AG umgewandelt
Quelle: VdPKV, Zahlenbericht, diverse Jahrgänge

Trotz dieser nicht geringen Anbieterzahl wird der deutsche Krankenversicherungsmarkt von wenigen großen und einigen mittleren, neben zahlreichen kleinen Unternehmen beherrscht. Diese Anbieterkonzentration - im Sinne einer hohen Konzentration großer Versichertenbestände bei einigen wenigen Unternehmen - stellt ein Spezifikum dieses Versicherungszweiges dar[73]. Sie erklärt sich aus den Wechselhemmnissen infolge der mangelnden Mitnahme der Alterungsrückstellung bei einem Unternehmenswechsel, die sich ihrerseits im höheren Alter und einer damit einhergehenden erhöhten Krankheitsanfälligkeit der Versicherungsnehmer noch verstärken. Die folgenden Tabellen verdeutlichen diese hohe Anbieterkonzentration innerhalb der privaten Krankenversicherung:

---

72 Von den ehemals 100 Mitgliedsunternehmen des Verbandes im Jahre 1950 sind durch Zusammenschlüsse und Bestandsübertragungen Anfang der achtziger Jahre nur 38 übriggeblieben. Seither ist ihre Anzahl wieder gestiegen.

73 Vgl. BAV Geschäftsbericht 1996 Teil B S. 9, der eine Darstellung der kumulierten Marktanteile nach Versicherungszweigen beinhaltet.

Größenverhältnisse der Unternehmen: nach der Zahl der vollversicherten Personen (31.12.1999)

Vollversicherte Personen			**Unternehmen**	**Vollversicherte Personen**	
Anzahl			**Anzahl**	**Anzahl (in Tsd.)**	**In %**
über	500.000		3	3.267,4	44,42
über	200.000	- 500.000	6	2.159,5	29,36
über	100.000	- 200.000	9	1.288,3	17,52
über	50.000	- 100.000	5	376,0	5,11
über	30.000	- 50.000	3	105,2	1,43
über	20.000	- 30.000	3	74,3	1,01
über	10.000	- 20.000	3	49,1	0,67
über	5.000	- 10.000	1	9,1	0,12
über	3.000	- 5.000	3	12,9	0,17
über	1.000	- 3.000	6	12,7	0,17
über	1	- 1.000	4	1,9	0,02
Keine			6	---	---
Insgesamt			**52**	**7.356,4**	**100,00**

Größenverhältnisse der Unternehmen: nach der Jahresbeitragseinnahme 1999 (31.12.1999)

Beitragseinnahmen			Unternehmen	Beitragseinnahmen [1]	
Mio. DM			Anzahl	DM (in Tsd.)	In %
über	1.000		10	28.330.089	72,75
über	700	- 1.000	6	5.402.168	13,87
über	500	- 700	4	2.351.456	6,04
über					
über	100	- 500	11	2.452.461	6,30
über	50	- 100	2	146.085	0,38
über	30	- 50	3	118.412	0,30
über	20	- 30	3	70.100	0,18
über	10	- 20	4	49.639	0,13
über	3	- 10	3	13.613	0,03
über	1	- 3	3	6.145	0,02
unter		- 1	3	378	---
Insgesamt			**52**	**38.940.543**	**100,00**

[1] Unabgegrenzte Beitragseinnahmen ohne Einmalbeiträge

Quelle: VdPKV, Zahlenbericht 1999/2000 S. 77

Dennoch sind seit 1980 vermehrt Neugründungen zu verzeichnen[74], die größtenteils auf das Spartentrennungsgebot zurückzuführen sind. Wollten die bereits am Versicherungsmarkt etablierten Nichtkranken-Versicherungsaktiengesellschaften ihren Geschäftsbereich auf das Krankenversicherungsgeschäft ausweiten, waren sie gezwungen hierfür rechtlich selbstständige Unternehmen zu gründen[75].

---

[74] Im Jahr 1980 GOTHAER; 1981 die LVM; 1987 die HUK sowie die R+V; 1988 die CONCORDIA; 1989 die GENERALI; 1990 die NÜRNBERGER, die QUELLE, die ALBINGIA, die BBV und die COSMOS; 1991 die MANNHEIMER; 1993 die GLOBALE; 1994 die DEVK; 1995 die DELFIN; 1996 HANSE REGIONAL; 1997 BALANCE; 1998 ASSTEL KRANKEN.

[75] Mit der Dritten Richtlinie Schadenversicherung wurde der Zwang zur Spartentrennung zwar aufgehoben. Dennoch hat Deutschland für inländische Unternehmen weiterhin die Aufrechterhaltung festgeschrieben. Für ausländische Unternehmen galt das Spartentrennungsgebot bis zu den Änderungen infolge des Gesundheitsreformgesetzes 2000 faktisch über § 257 Abs. 2 a Nr. 5 SGB V (alte Fassung) fort. Nun ist eine

Infolge des Verharrungsvermögens der Versicherungsnehmer durch die bestehenden Wechselhemmnisse gelingt es Neugründungen zwar nicht im nennenswerten Umfang Fremdgeschäft anzuziehen, sie sind daher vornehmlich auf das Neukundengeschäft verwiesen. Dies ermöglicht ihnen aber mit Beitrags- und Leistungsvorteilen auf den Markt treten zu können, mit denen die etablierten Krankenversicherungsunternehmen infolge einer durchmischteren Alters- und Risikostruktur ihrer bereits bestehenden Versichertenbestände nicht mithalten können[76]. Den neugegründeten Unternehmen gelingt es daher auch einen Großteil des PKV-Neugeschäfts zu attrahieren[77], was u.a. ein Beweggrund für eine insbesondere in den letzten Jahren zunehmende Fusionstätigkeit[78] innerhalb der Krankenversicherungsbranche, sowie für die Neugründungen von Töchtern und Schwestern bereits am Markt etablierter Krankenversicherungsunternehmen darstellt[79].

---

ausschließliche Verwendung der durch den Arbeitgeber bezuschußten Beiträge für die Krankenversicherung ausreichend, vgl. § 257 Abs. 2 a Nr. 5 SGB V in der Fassung des Gesundheitsreformgesetzes 2000, BGBl. I v. 29. Dezember 1999 S. 2644.

[76] Vgl. hierzu die Ausführungen unter Teil 3, B II 2 c) (2) (a) (2.) S. 233 ff.

[77] Vgl. Terhorst, Elmar, Wahlfreiheit und Wettbewerb in der privaten Krankenversicherung, 2000, S. 36.

[78] Vgl. die Versicherungszusammenschlüsse im Bereich der Versicherungs-AG: ERGO (Viktoria, Hamburg-Mannheimer, DKV und D.A.S.), AXA/COLONIA/ALBINGIA, Allianz/AGF, Generali/AMB, MÜNCHENER VEREIN/VHV Hannover. (Alte Leipziger und PARION haben hingegen ihre Gespräche hinsichtlich eines möglichen Zusammenschlusses am 23.11.1999 ohne Ergebnisse beendet). Im Bereich der VVaG sind folgende Zusammenschlüsse unter Bildung eines Gleichordungskonzerns zu verzeichnen: Gothaer/BERLIN-KÖLNISCHE (Parion), IDUNA NOVA/SIGNAL. Ferner wurden die Nordstern-Gesellschaften auf die Colonia verschmolzen.

[79] Vgl. die Gründung der HANSE REGIONAL KRANKEN, eine Tochter der HANSE MERKUR KRANKEN (60 vH) im Jahre 1996, an der die VGH VERSICHERUNGSGRUPPE HANNOVER (20 vH) und der NIEDERSÄCHSISCHE SPARKASSEN-UND GIROVERBAND (20 vH) beteiligt sind, sowie die Gründung der BALANCE im September 1997 als Aktiengesellschaft von der DEUTSCHER RING KRANKEN (75,1 vH) und dem größten niederländischen Krankenversicherer, der OHRA (24,9 vH). Ferner ASSTEL KRANKEN eine Schwester der BERLIN-

Inlandsengagements von ausländischen Unternehmen sind zur Zeit weder auf dem Niederlassungswege noch im Rahmen des freien Dienstleistungsverkehrs zu verzeichnen sondern lediglich auf dem Beteiligungsweg[80] und über Kooperationen[81].

b) Leistungsnachfrager

Sowohl die in der PKV versicherten Personenkreise als auch die quantitative Marktstruktur werden wesentlich durch die gesetzlichen Reglementierungen der Zugangsmöglichkeiten zu einer privaten Krankheitskostenvollversicherung bestimmt[82].

Ende 1999 waren in Deutschland ca. 14,9 Millionen Personen privatversichert. Dies entspricht 18 vH bei einer Gesamtbevölkerung von rund 82,7 Millionen Einwohnern. Hiervon entfallen rund 7,36 Millionen auf den Bereich der Krankenkostenvollversicherung, die Hauptversicherungsart der PKV, was einem Anteil von 8,9 vH an der Gesamtbevölkerung entspricht. Der Nettoneuzugang betrug im Jahr 1999 150.700 Personen, was einem Anstieg von 2,09 vH entspricht.

Der Großteil der privat Vollversicherten rekrutiert sich aus den Erwerbsgruppen der Beamten und Selbstständigen. Daneben bilden die Familienangehörigen und die Nichterwerbspersonen einen weiteren Schwerpunkt innerhalb des Vollversichertenbestandes. Arbeiter, Angestellte und Arbeitslose stellen infolge der hohen betragsmäßigen Versicherungs-

---

KÖLNISCHE KRANKEN und GOTHAER KRANKEN, die alle zum PARION-Konzern gehören.

80 Vgl. die Gründung der BALANCE im September 1997 als Aktiengesellschaft, der DEUTSCHER RING KRANKEN (75,1) und dem größten niederländischen Krankenversicherer, der OHRA (24,9 vH).

81 Z.B. die Vereinbarung der UNION KRANKEN mit der französischen LES MUTUELLES MIEUX ETRE vom 23.April 1997, die eine gemeinsame deutsch-französische Zusatzkrankenversicherung für Grenzgänger auf Euro-Basis zum Gegenstand hatte, vgl. ohne Verfasser, Deutsch-französische Zusatzkrankenversicherung auf Euro-Basis, VW 1997, 725 ff..

82 Vgl. §§ 5, 6, 8, 9 SGB V.

pflichtgrenze[83] hingegen den kleinsten Anteil im Rahmen der Krankheitskostenvollversicherung[84].

In die Gruppe der nichtsubstitutiven Krankenversicherung fallen alle zusatzversicherten Personen, die ihren Gundschutz in der GKV oder anderswo haben und die in der PKV u.a. eine Krankentagegeldversicherung oder eine ambulante oder stationäre Zusatzkrankenversicherung abgeschossen haben. Da anhand der Bestandsdaten der Unternehmen der Unternehmen nicht unterschieden werden kann, ob eine zusatzversicherte Person ihren Grundschutz in der GKV oder bei einem anderen privaten Krankenversicherungsunternehmen hat, ferner, ob noch bei weiteren PKV-Unternehmen Zusatzversicherungen bestehen, kann dieser Personenkreis nicht exakt ermittelt werden. Eine Abschätzung der Gesamtzahl kann aus den Werten des Mikrozensus abgeleitet werden. Die Zahl der in der PKV zusatzversicherten Personen liegt für das Jahr 1999 bei ca. 7,5 Millionen. Eine Aufteilung der Versicherten auf die bereits erwähnten Zusatzkrankenversicherungsarten anhand der Mikrozensusdaten ist jedoch nicht möglich, da diese Daten nicht erhoben werden. Allerdings kann von den PKV-Unternehmen die Anzahl der versicherten Personen in den einzelnen Versicherungsarten angegeben werden[85].

2. Marktgröße

a) Beitragsvolumen

Die Beitragseinnahmen einschließlich Pflegepflichtversicherung und Nebenleistungen, aber ohne Einmalbeiträge aus der Rückstellung für Beitragsrückerstattung (RfB) der Versicherten in der privaten Krankenversicherung belief sich Ende 1999 auf DM 38,9 (Vorjahr 37,8)

---

[83] Diese liegt im Jahre 2000 bei monatlich DM 6450,00 und erhöht sich voraussichtlich für das Jahr 2001 auf monatlich DM 6525,00, vgl. VdPKV Zahlenbericht 1999/2000 S. 13.

[84] Vgl. VdPKV Zahlenbericht 1996/1997 S. 19.

[85] Vgl. VdPKV Zahlenbericht 1999/2000 S. 17 ff.

Milliarden. Gegenüber dem Vorjahr entspricht dies einem Zuwachs von 3,05 vH[86]. Grund für diesen Anstieg ist zum einen die gestiegene Versichertenzahl in der privaten Krankenversicherung, zum anderen waren Beitragsanpassungen erforderlich[87].

Hiervon entfallen rund 25,5 Milliarden auf die Krankenkostenvollversicherung, das entspricht einem Beitragsanteil von 65,33 vH. Ungefähr 1,56 Milliarden - also 3,99 vH - entfallen auf die selbständige Krankenhaustagegeldversicherung. Die sonstigen selbständigen Teilversicherungen sowie die Krankentagegeldversicherung verzeichnen ein Prämienvolumen von jeweils 5,56 und 1,72 Milliarden DM und Beitragsanteilen von 14,28 und 4,43 vH[88].

Neben den unmittelbaren Beitragszahlungen der Versicherten zählen zu den Einnahmen der Unternehmen auch die der Rückstellung für Beitragsrückerstattung (RfB) entnommenen Einmalbeträge. Diese werden u.a. entnommen, um Beitragsanpassungen für den Bestand zu limitieren. Die Summe dieser Beiträge belief sich 1999 auf 5,15 Milliarden DM[89].

Ferner erwirtschafteten die im PKV-Verband zusammengeschlossenen Unternehmen von einem Vermögensbestand von 127,41 Milliarden DM Vermögenserträge aus Kapitalanlagen abzüglich der Aufwendungen für die Kapitalanlagen von 9,047 Milliarden DM. Dies entspricht einer Nettoverzinsung aus den Kapitalanlagen von 7,57 (Vorjahr 7,83) vH[90].

b) Einflüsse auf das Beitragsvolumen

Die Versicherungsleistungen einschließlich der Kosten hinsichtlich der Veränderung der Schadenrückstellung, der Zuführung zur Rückstellung für Beitragsrückerstattung sowie der Zuführung zur Alterungsrückstellung beliefen sich 1999 auf ca. DM 46,734 Milliarden[91]. Die Versicherungs-

---

[86] VdPKV Zahlenbericht 1999/2000 S. 23.

[87] VdPKV Zahlenbericht 1999/2000 S. 24.

[88] VdPkV Zahlenbericht 1999/2000 S. 26, 28-29.

[89] VdPKV Zahlenbericht 1999/2000 S. 30-31.

[90] VdPKV Zahlenbericht 1999/2000 S. 45, 47, 50.

[91] VdPKV Zahlenbericht 1999/2000 S. 33.

leistungen haben sich im Verhältnis zum Vorjahr insgesamt um 4,68 (Vorjahr 4,03) vH erhöht. Zu den größten Ausgabenblöcken zählten der stationäre mit 40,42 vH der Versicherungsleistungen in der Krankenversicherung, der ambulante Arzt- und zahnmedizinische Sektor mit 38,01 vH der Versicherungsleistungen[92].

IV. Krise im Gesundheitswesen

Allgemeine inflationäre Preissteigerungen sowie eine Kostenexplosion im Gesundheitswesen seit Anfang der siebziger Jahre prägen das Umfeld sowohl der privaten wie der gesetzlichen Krankenversicherungssysteme und stellen diese vor eine harte Bewährungsprobe. Hierbei offenbaren sich Mängel der jeweiligen Systeme, die es durch gezielte und effektive Maßnahmen unter Beachtung der elementaren Bedeutung von Krankenversicherungsschutz für den einzelnen in den Griff zu bekommen gilt[93]. Dies gilt umso mehr, als daß der Krise im Gesundheitswesen auch ein Systemvergleich hinsichtlich einer möglichen Überlegenheit eines der Finanzierungssysteme immanent ist.

1. Ursachen

Eine derartige Krise im Gesundheitswesen war zwar schon einmal nach dem Zweiten Weltkrieg zu bewältigen[94], jedoch lassen sich hieraus nur bedingt Rückschlüsse auf mögliche Ursachen für die momentane Situation ziehen. Zum einen war diese erste Kostenexplosion im Gesundheitswesen stark durch die Entbehrungen des Krieges geprägt, zum anderen sind viele Einflußfaktoren erst durch den technischen und soziologischen Fortschritt entstanden.

---

92 VdPKV Zahlenbericht 1999/2000 S. 37.

93 Die Bedeutung dieser Thematik spiegelt sich auch durch die Einsetzung einer unabhänigen Expertenkommission zur Untersuchung der Problematik „Steigender Beiträge der privat Krankenversicherten im Alter" durch Beschluß des Deutschen Bundestages vom 19. Mai 1994 wider. Veröffentlicht sind die Ergebnisse der Kommission in BT Drucksache 13/4945 vom 18. Juni 1996.

94 Vgl. Koch, Peter, Von der Zunftlade zum rationellen Großbetrieb, 1971, S. 74–75.

a) Demographische Veränderungen

Demographische Veränderungen resultieren aus dem Zusammenspiel von zwei Faktoren: der natürlichen Bevölkerungsentwicklung, gekennzeichnet durch Geburten- und Sterbezahlen, sowie den Gebietsgrenzen überschreitenden Zu- und Abwanderungen[95]. Hierbei stellt die natürliche Bevölkerungsentwicklung eine bedeutende Einflußgröße auf die gesamten Gesundheitskosten in einer Gesellschaft dar, weil die Pro-Kopf-Ausgaben für Gesundheit infolge des wachsenden Krankheitsrisikos mit dem Lebensalter stark ansteigen[96]. Umfang, Struktur und Entwicklung der Bevölkerung hängt entscheidend von ihrem generativen Verhalten ab, wobei die Reproduktionsgeschwindigkeit einer Bevölkerung, die Nettoreproduktionsrate, besondere Bedeutung erhält. Diese gibt an, in welchem Maße eine Müttergeneration sich durch ihre Töchter ersetzt, indem sie die Anzahl der Töchter, die das Reproduktionsalter erreichen, zu einer Generation von 1.000 Müttern in Verhältnis setzt. Die Nettoreproduktionsrate ist also gleich eins und damit die Bevölkerungszahl langfristig konstant, wenn 1.000 Mütter genau 1.000 Töchter ins reproduktionsfähige Alter bringen[97].

In den letzten dreißig Jahren ist in Deutschland ein deutlicher Geburtenrückgang mit einem Schrumpfen der Nettoreproduktionsrate von 1,19 im Jahre 1966 auf 0,63 im Jahre 1978, der sich bis heute wenig verändert hat, zu beobachten[98]. Das heißt, daß eine Müttergeneration sich durch ihre Töchter nur noch zu zwei Drittel ersetzt. Zwar wirkt sich diese

---

[95] Vgl. Felderer, Bernhard, Demographische Entwicklung und Versicherungswirtschaft, ZVersWiss 1992, 45.

[96] Vgl. Wasem, Jürgen, Stand der Reformbestrebungen in der Krankenversicherung unter besonderer Berücksichtigung des Gutachtens der Kommission Krankenversicherung, 1997, S. 11; Bauer, Rolf, Die PKV, in: Rolf Bauer (Hrsg.), Die private Krankenversicherung auf dem Weg zur substitutiven Krankenversicherung, 1994, S. 8.

[97] Vgl. Felderer, Bernhard, Demographische Entwicklung, Nettoprämie und Alterungsrückstellung in der PKV, ASP 1991, 30; Brinkmann, Theodor, Die demographische Entwicklung in Deutschland und ihre Konsequenzen für die Versicherungswirtschaft, 1991, S. 3.

[98] Laut dem Landesinstitut für den öffentlichen Gesundheitsdienst NRW (Stand Dezember 2000) ist gegenwärtig von einer Nettoreproduktionsrate von 0,65 auszugehen.

negative Geburtenziffer aufgrund von reduzierten Sterblichkeitsraten infolge des medizinischen Fortschritts und des damit verbundenen Anstiegs der Lebenserwartung auf die Gesamtbevölkerungszahl noch nicht aus, doch die Kumulation von Geburtenrückgang und Verlängerung der Lebenserwartung zieht eine nicht zu unterschätzende Veränderung der Altersstruktur der Bevölkerung nach sich. Aufgrund dieser Altersstruktur wird die Bundesrepublik Deutschland in den kommenden vierzig Jahren mit einer abnehmenden Zahl der Erwerbstätigen, einer zunehmenden Zahl älterer Menschen sowie langfristig bei unverändertem generativen Verhalten und unter Annahme sogar nur noch langsam steigender Lebenserwartung mit einem Bevölkerungsrückgang von Generation zu Generation konfrontiert sein, der auch durch Zuwanderungen nicht ausgeglichen werden kann[99]. Diese demographische Entwicklung läßt eine Zunahme der Pro-Kopf-Gesundheitsausgaben erwarten, die - je nach Modellannahmen - auf zwischen 20 und 40 vom Hundert geschätzt wird[100], und die Krankenversicherungssysteme infolge divergierender Finanzierungsgrundlagen unterschiedlich stark belasten.

b) Einkommensentwicklungen

Die Wirtschaftskraft wird als relevant angesehen, weil international vergleichende Untersuchungen regelmäßig zu dem Ergebnis kommen, daß zwischen ihr und den Gesundheitsausgaben eines Landes ein statistisch signifikanter Zusammenhang besteht: Nicht nur steigen mit dem Bruttoinlandsprodukt pro Kopf die absoluten Ausgaben für Gesundheit, sondern auch die sogenannte „Gesundheitsquote", also der Anteil des Bruttoinlandsproduktes, der für Gesundheit ausgegeben wird[101]. Bei

---

[99] Vgl. Wasem, Jürgen, Stand der Reformbestrebungen in der Krankenversicherung unter besonderer Berücksichtigung des Gutachtens der Kommission Krankenversicherung, 1997, S. 11-12; Brinkmann, Theodor, Die demographische Entwicklung in Deutschland und ihre Konsequenzen für die Versicherungswirtschaft, 1991, S. 3, 6-7.

[100] Vgl. einen Überblick bei Wasem, Jürgen, Die Ursachen der Ausgabenanstiege in der medizinischen Versorgung, in: Michael Arnold; Karl W. Lauterbach; Klaus Jürgen Preuß (Hrsg.) Managed Care: Konzepte und Wirkungen, 1997, S. 72- 96.

[101] Vgl. Maletz, Hermann H., Wandel des Morbiditätssprektum, ZVersWiss 1992, 59, 76; Bauer, Rolf, Die PKV, in: Rolf Bauer (Hrsg.), Die private Krankenversicherung auf dem Weg zur substitutiven Krankenversicherung; 1994, S. 8.

steigender realer Wirtschaftskraft scheinen dynamische Kräfte, die auf eine Expansion der Erbringung von Gesundheitsleistungen ausgerichtet sind, wirksam zu werden[102]. Dieses Ergebnis überrascht aber nicht, sondern stützt vielmehr die These, daß Gesundheit als ein „superiores Gut“[103] zu qualifizieren ist, was einen gewissen Wohlstand eines Landes voraussetzt. Zwar zählt die Suche nach Abhilfe gegen Krankheit, die sogenannte kuratorische Medizin, zu den fundamentalen physiologischen Bedürfnissen der Menschen und steht damit in der Bedürfnispyramide[104] ganz unten. Jedoch besteht je nach wirtschaftlichen, soziologisch-politischen und infrastrukturellen Gegebenheiten eine unterschiedliche Wertigkeit des Inhalts und Umfangs derartiger medizinischer Grundbedürfnisse. Mit steigendem Wohlstand nimmt das Sicherheitsbedürfnis stark zu[105], so daß sich die Grundbedürfnisse zusätzlich zur kurativen Medizin sich in Richtung Präventivmedizin verschieben, die ihrerseits einen beachtlichen Teil der Gesundheitskosten vereinnimmt. Hierzu zählen alle Maßnahmen zur Gesundheitserziehung, -aufklärung und –beratung, sowie Maßnahmen zur Eliminierung oder zumindest Minimierung der gesundheitsschädigenden Faktoren nach Eintritt einer Krankheit[106]. Die Notwendigkeit derartig vorbeugender, zum Teil sehr kostenintensiver Medizin besteht nicht, wenn in einem Land nicht einmal die existenzielle Grundversorgung mit Nahrung, Wasser und Standardmedikamenten gewährleistet werden kann, zumal ein Teil der Präventivmaßnahmen erst aufgrund eines stetig zunehmenden Wohlstandes notwendig werden. Mit wachsendem Bedürfnis auf Nachfragerseite geht zwangsläufig eine Expansion auf Leistungserbringerseite einher, welche eng mit dem „moral hazard“ in der

---

[102] Vgl. Wasem, Jürgen, Stand der Reformbestrebungen in der Krankenversicherung unter besonderer Berücksichtigung des Gutachtens der Kommission Krankenversicherung, 1997, S. 10-11.

[103] Vgl. zu dieser Debatte Wasem Jürgen, Stand der Reformbestrebungen unter Berücksichtiung des Gutachtens der Kommission Krankenversicherung, 1997, S. 10 m.w.N.

[104] Vgl. zur Bedürfnispyramide Nieschlag/Dichtl/Hörschgen, Marketing, 18. Auflage, 1998, § 8 S. 562.

[105] Vgl. Felderer, Bernhard, Demographische Entwicklung, Nettoprämie und Alterungsrückstellung in der PKV, ASP 1991, 30, 31-32.

[106] Vgl. Maletz, Hermann H., Wandel des Morbiditätsspektrums, ZVersWiss 1992, 59, 62.

Krankenversicherung sowie der Möglichkeit von der Schaffung angebotsinduzierender Nachfrage auf Anbieterseite verbunden ist. Steigende Gesundheitsausgaben sind somit ein unvermeidliches Kennzeichen von zunehmender Wirtschaftskraft.

c) Technologischer Wandel

Der grundlegende technologische Wandel des zwanzigsten Jahrhunderts sowie die fortschreitenden Entdeckungen auf allen wissenschaftlichen Gebieten führte auch im medizinischen Bereich zu einem immensen technischen Fortschritt, der sich im Einsatz modernster Technologien in der Gegenwart widerspiegelt. Im Gegensatz zu anderen Wirtschaftszweigen führt der technische Fortschritt in der Medizin aber nicht nur zu einer teilweisen Kostensenkung durch Rationalisierung, sondern schafft gerade neue Kosten, die das Gesundheitswesen wiederum stark belasten.

Hierbei erhalten vielfältige, in ihrer Gesamtheit aufeinander aufbauende und sich gegenseitig verstärkende Faktoren an Bedeutung: Zum einen vergrößert sich das Spektrum behandlungsbedürftiger und auch behandlungsfähiger Krankheiten, zum anderen wirken sich die immer komplexer werdenden Behandlungsmethoden kostentreibend aus. Infolge des Einsatzes innovativer Technologien werden nämlich verbesserte und zum Teil völlig neuartige Diagnose- und Therapiemöglichkeiten geschaffen[107], die per se sehr kostenintensiv sind.

Viel entscheidender ist aber die Folge eines derartig gesteigerten medizinischen Fortschritts, nämlich die dadurch bedingte Begünstigung der Erhöhung der Lebenserwartung[108]. Diese ist zum einen das Ergebnis insbesondere in den letzten Lebensjahren einsetzenden lebensverlängernder Intensivmedizin sowie gesteigerter Präventivmaßnahmen. Der Eintritt einer derartigen Wechselwirkung zwischen dem medizinischen Fortschritt und der Bevölkerungszahl und -struktur führt zu einer Kostenspirale. Mit steigender

---

[107] Vgl. Bauer, Rolf, Die PKV, in: Rolf Bauer (Hrsg.), Die private Krankenversicherung auf dem Weg zur substitutiven Krankenversicherung, 1994, S. 9.

[108] Vgl. Boetius, Jan, Thesen zur Podiumsdiskussion: Die Zukunft der Krankenversicherung, in: Verband der privaten Krankenversicherung e.V. (Hrsg.), Die Zukunft der Krankenversicherung, 1997, S. 59; Schanz, Gerhard, Private Krankenversicherung in der Regulierungsfalle, VW 1996, 961.

Lebenserwartung vergrößert sich die Zahl von Inanspruchnehmern von Gesundheitsleistungen in höheren Alter. Darüber hinaus wird gerade auch die Multimorbidität[109] und eine sich daraus ergebende Behandlungsintensität gefördert[110]. Das Sinken der Sterblichkeit führt darüber hinaus zum Überleben von anfälligeren Personen, die in ihren zusätzlichen Lebensjahren öfter und schwerer erkranken als die Personen, die auch bei einer höheren Sterblichkeit überlebt hätten[111].

d) Angebotsinduzierte Nachfrage und moral hazard

Eine Zunahme der Behandlungsintensität ist aus Sicht der Anbieter von Gesundheitsleistungen aber auch notwendig, da der Einsatz von Hochleistungstechnologien mit gewaltig gestiegenen Anschaffungs- und Unterhaltungsinvestitionen einhergeht. Die sich daraus ergebenden Amortisationszwänge verleiten darüber hinaus aber auch zu einer Steigerung der angebotsinduzierten Nachfrage sowie einer Leistungsausweitung. Dies ist nur deshalb möglich, da es sich bei dem Gesundheitsmarkt mangels Markttransparenz um einen unvollkommenen Markt[112] handelt. Beide Seiten verfügen gerade nicht über alle in einer Bedarfssituation erforderlichen Informationen, vielmehr verläßt sich der Patient auf das Urteil des Arztes hinsichtlich des Ob und Wie der Heilbehandlung. Infolge der Informationsasymmetrie zwischen Anbietern und Nachfragern bzw. Arzt und Patient werden die Präferenzen nicht vom Nachfrager, sondern vom Anbieter vorgegeben, so daß der Anbieter die Möglichkeit hat, Nachfrage selber zu

---

[109] Mit Multimorbidität wird das gleichzeitige Vorliegen mehrerer therapiebedürftiger Krankheiten, welche mit steigendem Lebensalter fast gesetzmäßig an Häufigkeit zunehmen, bezeichnet. Vgl. zu diesem schwierigen Kapitel zukünftiger Aufgaben der Medizin: Maletz, Hermann H., Wandel des Morbiditätsspektrums, ZVersWiss 1992, 59, 69.

[110] Vgl. Wasem, Jürgen, Stand der Reformbestrebungen in der Krankenversicherung unter besonderer Berücksichtigung des Gutachtens der Kommission Krankenversicherung, 1997, S. 13.

[111] Vgl. Felderer, Bernhard, Demographische Entwicklung und Versicherungswirtschaft, ASP 1991, 30, 33.

[112] Vgl. zu den Charakteristika eines vollkommenen bzw. unvollkommenen Marktes: Nieschlag/Dichtl/Hörschgen, Marketing, 18. Auflage, 1998, § 2 S. 36- 37.

schaffen bzw. sie beliebig zu vermehren. Verstärkt wird diese Anreizsituation durch das Vergütungssystem im Gesundheitswesen nach Behandlungsleistungen statt Behandlungserfolg sowie eine ständige Zunahme der Ärztedichte[113]. Die Überkapazitäten in der Gesundheitsversorgung suchen nach Einkommen und Deckungsbeiträgen, so daß Mengen- und Preismaximierungen die zwangsläufige Folge sind[114]. Als äußerst problematisch erweist sich in diesem Zusammenhang, daß der Patient selbst ein hohes Interesse hat, möglichst rasch und intensiv an medizinischen bzw. medizinisch-technischen Neuerungen zu partizipieren, zumal durch den Krankenversicherungsschutz nicht nur direkte monetäre Zugangskosten einer Leistungsinanspruchnahme, sondern auch jegliche Kostenverantwortung für die Versicherten weitgehend entfallen[115]. Dieses auch als moralisches Risiko bezeichnete Phänomen läßt einen nennenswerten Widerstand gegen das anreizstrukturinduzierte Interesse der Leistungserbringer von Seiten der Nachfrager nicht erwarten, vielmehr ist durch die Existenz einer Versicherung das Gegenteil zu beobachten. Versicherte treffen weniger Vorsorgemaßnahmen bzw. nehmen mehr und aufwendigere Leistungen in Anspruch als ohne Versicherung. Die Verbindung von angebotsinduzierter Nachfrage mit der kritiklosen Akzeptanz jedes noch so aufwendigen Angebots erzeugt im Gesundheitswesen einen nicht zu unterschätzenden kostentreibenden Faktor[116].

---

[113] Seit 1965 hat die Zahl der Ärzte pro Kopf der Bevölkerung um über 130 % zugenommen, vgl. Boetius, Jan, Thesen zur Podiumsdiskussion: Die Zukunft der Krankenversicherung, in: Verband der privaten Krankenversicherung e.V. (Hrsg.), Die Zukunft der Krankenversicherung, 1997, S. 59.

[114] Vgl. Boetius, Jan, Thesen zur Podiumsdiskussion: Die Zukunft der Krankenversicherung, in: Verband der privaten Krankenversicherung e.V. (Hrsg.), Die Zukunft der Krankenversicherung, 1997, S. 59-60.

[115] Vgl. Wasem, Jürgen, Stand der Reformbestrebungen in der Krankenversicherung unter besonderer Berücksichtigung des Gutachtens der Kommission Krankenversicherung, 1997, S. 12-13; Bauer Rolf, Die PKV, in: Rolf Bauer (Hrsg.), Die private Krankenversicherung auf dem Weg zur substitutiven Krankenversicherung, 1994, S. 9.

[116] Vgl. Bauer, Rolf, Die PKV, in: Rolf Bauer (Hrsg.), Die private Krankenversicherung auf dem Weg zur substitutiven Krankenversicherung, 1994, S. 9.

2. Auswirkungen der Kostenexplosion

Steigende Kosten im gesamten Gesundheitswesen stellen gleichermaßen für die GKV wie für die PKV eine Gefahr für die Beitragssatzstabilität dar. Bei im übrigen unveränderten Bedingungen ist ein entsprechender Beitragssatzanstieg die notwendige Konsequenz. Unterschiede ergeben sich jedoch wegen der verschiedenen Finanzierungssysteme in Höhe und Verteilung der zu erwartenden Beitragsbelastung sowie hinsichtlich des Einflusses der jeweiligen Ursachenfaktoren.

a) in der gesetzlichen Krankenversicherung

In einem umlagefinanzierten System - wie der GKV - stellt die negative demographische Entwicklung nicht nur einen zusätzlichen belastenden Faktor für die Beitragssatzstabilität dar, sondern gefährdet das dahinterstehende Solidarprinzip. Zum einen wächst der Anteil der älteren Versicherten mit relativ höheren Krankheitskosten, zum anderen schrumpft infolge der erhöhten Lebenserwartung und des deutlichen Geburtenrückgangs[117] die Zahl erwerbstätiger Personen, mit der Folge der Zunahme von Personen im Rentenalter, die deutlich verminderte Beiträge zahlen. Es findet eine Verlagerung der Deckung immer höherer Gesundheitsausgaben auf einen immer kleiner werdenden Kreis von erwerbstätigen Beitragszahlern statt, die im Verhältnis zur vorhergehenden Generation auch prozentual gesehen immer größere Anteile der stetig zunehmenden Gesundheitskosten mit ihren Beiträgen decken müssen. Hierdurch drängen sich Fragen zur intergenerationellen Gerechtigkeit und zum Generationenvertrag auf[118].

Als Gegenmaßnahmen zur Kostenexplosion im Gesundheitswesen ergingen sowohl Kostendämpfungsgesetze als auch Gesundheitsreformgesetze.

---

[117] Vgl. zu diesem Themenkomplex die Ausführungen unter Teil 1, C IV 1. a) S. 33 ff.

[118] Vgl. zu diesen Fragenkomplex Schulenburg, J.-Matthias Graf von der /Kleindorfer, Paul R., Wie stabil ist der Generationenvertrag in der sozialen Krankenversicherung, in: Gerard Gäfgen (Hrsg.), Ökonomie des Gesundheitswesens, 1986, S. 413-434.

b) in der privaten Krankenversicherung

Die Kostenexplosion im Gesundheitswesen führt auch in der PKV zu einem Beitragsanstieg. Als problematisch erweist sich in diesem Zusammenhang weniger die demographische Entwicklung, denn durch die Erhebung der Prämien nach dem Äquivalenzprinzip[119] wird eine weitgehende Unabhängigkeit der Prämie hiervon ermöglicht[120]. Vielmehr stehen die hohen Beitragssteigerungen insbesondere für ältere Versicherte im Mittelpunkt. Diese sind systembedingt und ergeben sich daraus, daß das Finanzierungssystem nach dem Anwartschaftsdeckungsverfahren allein die steigenden Krankheitsrisiken mit zunehmenden Alter berücksichtigt, aber ansonsten von gleichbleibenden Verhältnissen ausgeht. Die Alterungsrückstellung wird so gebildet, das sie für den Fall gleichbleibender Verhältnisse einen lebenslang konstanten Beitrag gewährleisten kann. Bei nachträglich eintretenden Kostensteigerungen[121] und auch bei einer nachträglichen Verbesserung der Lebenserwartung reicht die zunächst kalkulierte Alterungsrückstellung nicht aus, eine Nachkalkulation wird notwendig. Dabei erfolgt die Nachkalkulation nicht auf der Basis des Eintrittsalters des Versicherten, sondern seines inzwischen erreichten risikoträchtigeren Alters. Indem nicht nur die höheren Schadenbelastungen zu berücksichtigen sind, sondern auch die bereits gebildeten Alterungsrückstellungen nachzuführen sind - um so stärker, je weniger Zeit dafür nach statistischer Lebenserwartung noch bleibt - gehen die Beitragserhöhungen in ihrem relativen Umfang über die eigentliche Kostenentwicklung hinaus[122]. Dies geschieht umso stärker, je älter der Versicherte ist.

---

[119] Die private Krankenversicherung geht im Grundsatz davon aus, daß die gesamten Leistungen des Versicherungsunternehmens für jeden einzelnen Versicherten durch seinen Beitrag gedeckt sein müssen, sog. individuelles Äquivalenzprinzip.

[120] Vgl. Felderer, Bernhard, Demographische Entwicklung und Versicherungswirtschaft, ASP 1991, 30, 35.

[121] Hierzu zählen sowohl inflationsbedingte Preis- als auch die zuvor skizzierten speziellen Kostensteigerungen, vgl. unter Teil 1, C IV S. 32 ff..

[122] Vgl. Terhorst, Elmar, Wahlfreiheit und Wettbewerb in der privaten Krankenversicherung, 2000, S. 82; Schanz, Gerhard, Private Krankenversicherung in der Regulierungsfalle, VW 1996, 961.

Die Kostenexplosion zieht aber nicht nur steigende Beiträge nach sich, sondern führt darüber hinaus insbesondere aus Wettbewerbsgründen zu einer Schaffung immer neuer Tarife für den Neuzugang. Der Neuzugang nimmt in der Folgezeit in den stark kostenbelasteten Alttarifen zugunsten der neuen oftmals billigeren Neutarife ab. Den Alttarifen droht letztlich die Tarifvergreisung, was durch eine Tarifschließung noch unterstützt wird. Mangels Mitnahme der Alterungsrückstellung ist es kostenintensiven, meist älteren Versicherungsnehmern im Unterschied zu den Versicherungsnehmern, die gute Risiken darstellen, nicht möglich, den Tarif durch einen Unternehmenswechsel zu verlassen. Die interne Risikostruktur wird durch die höhere Inanspruchnahme von Leistungen und die zunehmenden Kosten immer schlechter, eine Beitragsanpassungsspirale und die Problematik „immens steigender Beiträge im Alter" wird zusätzlich gefördert[123].

Für den Gesetzgeber stellt sich die rechtspolitische Frage, inwieweit ein Altbestand mit seiner eigenen Risikostruktur und einer wachsenden Kostenbelastung im Alter auch in einem privatwirtschaftenden System alleine gelassen werden darf. In Reaktion hierauf ergingen unter anderem die Vorschrift des Tarifwechselrechts nach § 178 f Abs. 1 VVG sowie die Maßnahmen zur Direktgutschrift nach § 12 a VAG, die ihrerseits erst infolge einer starken Einflußnahme des BAV und der deutschen privaten Krankenversicherung im Rahmen der Schaffung der Dritten Richtlinie Schadenversicherung, insbesondere Art. 54 der Dritten Richtlinie Schadenversicherung, möglich wurden.

---

[123] Vgl. Heidemann, Jörg, Die Beitragsanpassung in der privaten Krankenversicherung, VP 1993, 82, 90.

Teil 2 Europäische Einigung und Liberalisierung des Versicherungswesens

Zwei durch nationalstaatliches Denken bedingte Kriege in der ersten Hälfte des 20. Jahrhunderts waren Wegbereiter für die europäische Einigung. Darin spiegelt sich die Einsicht wider, daß allein durch einen engeren Zusammenschluß der europäischen Völker Friede und Stabilität sowie Sicherheit und Wohlstand zu erreichen sind. Ein zentrales Ziel der Europäischen Union (EU) ist die Schaffung eines einheitlichen Wirtschaftsraumes[124] als notwendigen Zwischenschritt zur politischen Union[125]. Man hatte erkannt, daß eine Aufbrechung des nationalstaatlichen Denkens und somit das übergeordnete Ziel einer politischen Union nur schrittweise durch eine allmähliche politische Annäherung erreicht werden kann. Diese sah man am leichtesten auf wirtschaftlichem Gebiet zu erzielen, da für die Schaffung eines einheitlichen Wirtschaftsraumes infolge der ehemals weltwirtschaftlichen Integration vor Ausbruch des Ersten Weltkrieges[126] ein breiter Konsens bestand. Ebenso erforderte eine Marktöffnung als Grundvoraussetzung für einen einheitlichen Wirtschaftsraum eine gewisse Angleichung der Wirtschaftspolitik in den beteiligten Ländern und somit zwangsläufig eine politische Annäherung.

---

[124] Dieser ist durch die Errichtung eines Gemeinsamen Marktes, sowie einer Wirtschafts- und Währungsunion geprägt, vgl. Art. 2 und Art. 3, 4 EVG.

[125] Diese Zielsetzung der europäischen Integration wird in der Erklärung der französischen Regierung vom 9. Mai 1950 über die Vereinigung der deutschen und französischen Kohle- und Stahlindustrie (Schumann-Plan) deutlich. Dort heißt es, daß „die Zusammenlegung der Kohle- und Stahlproduktion unmittelbar die Grundlage gemeinsamer wirtschaftlicher Entwicklung schaffen wird, als eine Etappe der europäischen Föderation". Ausdrücklich auf eine politische Union weist Art. 1 der Einheitlichen Europäischen Akte (EEA) vom 28. Februar 1986 hin. „Die Europäischen Gemeinschaften und die Europäische Politische Zusammenarbeit verfolgen das Ziel, gemeinsam zu konkreten Fortschritten auf dem Weg zur Europäischen Union beizutragen".

[126] Einen guten Überblick liefert in diesem Zusammenhang Schuhmann, Harald, „Die Globalisierung", aus der Reihe „Spiegel des 20. Jahrhunderts", Spiegel Nr. 25/1999, S. 121-137.

A. Harmonisierung des Versicherungsmarktes

I. Die Verträge von Rom von 1957 (EWG-Vertrag)[127]

Mit den Römischen Verträgen, die am 1. Januar 1958 in Kraft traten und die Gründung der Europäischen Wirtschaftsgemeinschaft (EWG) vorsahen, war die Grundsatzentscheidung für eine Öffnung der Märkte hin zu einem gemeinsamen europäischen Markt getroffen. Die Integration Europas auf wirtschaftlichem Gebiet sollte durch eine Abschaffung aller zwischenstaatlichen Beschränkungen für einen freien Waren-[128], Personen-[129], Dienstleistungs-[130] und Kapitalverkehr[131] erreicht werden[132].

Schon der Vertrag von Rom sah die Schaffung eines einheitlichen europäischen Versicherungsmarktes vor. Zwar ist nur an einer einzigen Stelle, in Art. 56 Abs. 2 EGV, das Wort „Versicherung" zu finden, darin wird aber ausdrücklich auf eine „Liberalisierung der mit dem

---

[127] Durch diesen Vertrag wurde die Europäische Wirtschaftsgemeinschaft (EWG) gegründet, vgl. BGBl. 1957 II, S. 808; Dieser Vertrag wurde am 1.11.1993 in den Vertrag zur Gründung der Europäischen Gemeinschaft (EGV) umbenannt, vgl. BGBl. 1992 II, S. 1253. In seiner durch den Amsterdamer Vertrag geänderten Fassung ist der Vertrag am 1.5.1999 in Kraft getreten. Die Normen des Vertrages werden deshalb im folgenden mit der neuen Bezeichnung wiedergegeben.

[128] Vgl. Art. 23 ff., 28 ff. EGV zum freien Warenverkehr.

[129] Die Freiheit des Personenverkehrs besteht aus zwei Elementen: der Freizügigkeit der Arbeitnehmer; Art. 39-42 EGV, sowie der Niederlassungsfreiheit, 43-48 EGV.

[130] Vgl. Art. 49 ff. EVG zur Dienstleistungsfreiheit.

[131] Vgl. Art. 56, 57 ff. EGV zum freien Kapitalverkehr. Beschränkungen des Kapital- und Zahlungsverkehr wurden bereits im Jahre 1960 durch eine RiLi, die den Geldtransfer im Rahmen von Versicherungsverträgen weitgehend liberalisiert, vgl. 1. RiLi v. 11.5.1960 zur Durchführung des Art. 67 EWGV, Abl.EG Nr. 43 v. 12.7.1960, S. 921. Diese wurde sodann im Jahre 1988 durch eine Richtlinie (RiLi), die eine vollständige Liberalisierung des Kapitalmarktes für alle Finanzsektoren vorsieht, ersetzt. Vgl. RiLi 88/361 EWG des Rates v. 24.6.1988 zur Durchführung von Art. 67 EWGV, Abl.EG Nr. L 178/5.

[132] Diese vier Grundfreiheiten stellen die wesentlichen Bestandteile des Binnenmarktes dar, und werden durch den freien Zahlungsverkehr (Art. 56 Abs. 2 EGV), auch als „fünfte Freiheit" bezeichnet, ergänzt.

Kapitalverkehr verbundenen Dienstleistungen der Banken und Versicherungen“[133] hingewiesen. Nähere Konkretisierung erhielt die Zielsetzung durch ein im Jahre 1961 verabschiedetes Programm[134], das eine stufenweise bwohl das Urteil des EuGHUmsetzung der Niederlassungs- und Dienstleistungsfreiheit auch für den Assekuranzbereich vorsah[135]. Die Verwirklichung dieses Stufenplans sollte in einem Zeitraum von 12, höchstens 15 Jahren erfolgen[136], konnte aber infolge der verstärkten Konzentration auf den Abbau zolltariflicher Hemmnisse für den freien Warenverkehr unter Vernachlässigung des Dienstleistungssektors nicht eingehalten werden. Darüber hinaus scheint man bei Setzung des Zeitrahmens die zahlreichen Probleme unterschätzt zu haben, die bei der Zusammenführung von derartig unterschiedlichen, jeweils ihren eigenen Regeln unterworfenen, nationalen Wirtschaftsräumen auftreten[137].

Lediglich die Liberalisierung im Bereich der Rückversicherung konnte durch die Verabschiedung der Rückversicherungsrichtlinie im Jahre 1964[138]

---

[133] Art. 56 Abs. 2 EGV.

[134] ABl.EG 1962, S. 32 ff. und 36 ff.

[135] Beide Freiheiten sollten zunächst im Bereich der Rückversicherung verwirklicht werden. Sodann sollte Zug um Zug die Niederlassungsfreiheit für direkte Schadenversicherungen und für direkte Lebensversicherungen sowie der freie Dienstleistungsverkehr für direkte Schadenversicherungen und schließlich der freie Dienstleistungsverkehr für direkte Lebensversicherungen folgen, vgl. ABl.EG 1962, S. 32 ff. und 36 ff.; Pool, Bill, Der Binnenmarkt für Versicherungen, 1991, S. 7.

[136] Vgl. Art 7 EGV in der Fassung des Vertrages über die Europäische Union v. 7.2.1992, BGBl. II S. 1253/1255, geändert durch Beitrittsvertrag vom 24.6.1994, BGBl. II S. 2022, i.d.F. des Beschlusses vom 1.1.1995, ABl.EG Nr. L 1/1 (auch bekannt als der Vertrag von Maastricht).

[137] Insbesondere der Versicherungsbereich ist, wie später zu sehen ist, infolge des Produkts „Versicherung“ durch national sehr unterschiedliche Rahmen- und Vertragsbedingungen geprägt, so daß eine Harmonisierung des Aufsichtsrechts sowie eine Mindestharmonisierung des Vertragsrechts notwendig wurde, vgl. Hübner, Ulrich/Matusche-Beckmann, Annemarie, Auswirkungen des Gemeinschaftsrechts auf das Versicherungswesen, EuZW 1995, 263. Vgl. zur Vertragsrechtsharmonisierung Fußnote (Fn.) 162.

[138] Die Richtlinie des Rates (64/225/EWG) v. 25.2.1964 stellt den ersten Schritt zur Aufhebung der Beschränkungen der Niederlassungsfreiheit und des freien

im vorgeschriebenen zeitlichen Rahmen erfolgen. Dies war relativ problemlos möglich, da es sich zum einen um eine bereits international verflochtene Branche mit vergleichsweise wenigen Handelsbeschränkungen und einem geringen Maß an nationaler Kontrolle handelte, zum anderen Beteiligte im gewerblichen Bereich betroffen waren, so daß Fragen zum Verbraucherschutz nicht relevant wurden. Im Gegensatz dazu unterlagen die traditionellen Sparten der Erstversicherer[139] in den einzelnen Mitgliedstaaten sehr unterschiedlichen Aufsichtssystemen, die einer Harmonisierung bedurften, so daß sich die Liberalisierung in diesem Bereich wesentlich schwieriger gestaltete. Im Rahmen dieser nur zögerlich voranschreitenden Entwicklung der Liberalisierung läßt sich auf drei Richtliniengenerationen zurückblicken.

II. Die Erste Richtlinie Schadenversicherung von 1973[140]

Der erste Schritt auf dem Weg zu einem „Gemeinsamen Markt" war die Realisierung der Niederlassungsfreiheit, d.h. der Erleichterung einer Errichtung von Zweigstellen, Agenturen und vergleichbaren Niederlassungsformen innerhalb der EU[141]. Um Diskriminierungen und Wettbewerbsverzerrungen zu vermeiden, war zunächst eine Aufhebung derjenigen Vorschriften in den Mitgliedstaaten erforderlich, die die Tätigkeit ausländischer Gesellschaften beschränkten und diese gegenüber den Inländern diskriminierten, sowie eine Rechtsharmonisierung der Zugangvorschriften für die Tätigkeit ausländischer Unternehmen auf dem inländischen Markt erforderlich.

Dienstleisungsverkehrs auf dem Gebiet der Rückversicherung und der Retrozession dar, vgl. Abl.EG Nr. L 878/64 vom 4.4.1964.

139 Die Schadenrichtlinien verwenden den Begriff der „Direktversicherung" synonym für „Erstversicherer".

140 Erste Richtlinie 73/239/EWG des Rates v. 24.7.1973 zur Koordinierung der Rechts- und Verwaltungsvorschriften betreffend die Aufnahme und Ausübung der Tätigkeit der Direktversicherung (mit Ausnahme der Lebensversicherung), ABl.EG Nr. L 228/1 ff. v. 16.8.1973.

141 Vgl. GDV, Die deutsche Versicherungswirtschaft im EG-Binnenmarkt, 1993, S. 22; Hübner, Ulrich/Matusche-Beckmann, Annemarie, Auswirkungen des Gemeinschaftsrechts auf das Versicherungswesen, EuZW 1995, 263, 264.

Durch die Erste Koordinierungsrichtlinie Schaden wurde ein EG-einheitliches Zulassungssystem für die Errichtung von Niederlassungen und die Ausübung der Versicherungstätigkeit über diese Niederlassungen geschaffen[142]. Ferner legte sie schon Vorschriften für die Eigenmittelausstattung der Versicherungsunternehmen in Form einer einheitlichen Solvabilitätsspanne fest, die aus den freien unbelasteten Eigenmitteln des jeweiligen Unternehmen bestehen muß[143]. Nicht harmonisiert wurden durch die erste Schadenversicherungsrichtlinie die Bildung versicherungstechnischer Rückstellungen und deren Bedeckung sowie die Vermögensanlagevorschriften.

III. Die Zweite Richtlinie Schadenversicherung von 1988[144]

Während der Niederlassungsfreiheit schon durch die 1. Richtlinien weitgehend der Weg geebnet worden war, kam die Realisierung der Dienstleistungsfreiheit nur zögerlich voran, o vom 3.12.1974[145] feststellte,

---

[142] Vgl. Erste Richtlinie des Rates zur Koordinierung der Rechts- und Verwaltungsvorschriften betreffend die Aufnahme und Ausübung der Tätigkeit der Direktversicherung (mit Ausnahme der Lebensversicherung) vom 24. Juli 1973 (73/239/EWG), ABl.EG Nr. L 228/3 vom 16.8.1973.

[143] Es blieb den Mitgliedstaaten aber weiterhin unbenommen, die Zulassung von einer Genehmigung der Satzung, der Allgemeinen und Besonderen Versicherungsbedingungen und der Tarife vorzuschreiben (Art. 8 Abs. 3. RiLi 73/239/EWG). Auch blieb es zunächst dabei, daß Zweigstellen eines Unternehmens der behördlichen Zulassung durch das Tätigkeitsland bedurften und ausreichende technische Reserven zu bilden hatten, die in dem Land anzulegen waren, in dem sich das versicherte Risiko befand (Art. 6, 15 RiLi 73/239/EWG). Art und Umfang der Aufsicht unterschieden sich somit nach wie vor wesentlich von einem Markt zum anderen. Mit der 1. Schadenrichtlinie ist daher lediglich eine minimale Harmonisierung der nationalen Aufsichtssysteme erreicht worden.

[144] Zweite Richtlinie 88/357/EWG des Rates v. 30.5.1988 zur Koordinierung der Rechts- und Verwaltungsvorschriften für die Direktversicherung (mit Ausnahme der Lebensversicherung) und zur Erleichterung der tatsächlichen Ausübung des freien Dienstleistungsverkehrs sowie zur Änderung der Richtlinie 73/239/EWG, ABl.EG Nr. L 172/1 ff. v. 4.7.1988.

[145] EuGH Urt. v. 3.12.1974 in der Rechtssache 33/74 (van Binsbergen) Slg. 1974, S. 1299 ff.; dies wurde auch für die Niederlassungsfreiheit im EuGH Urt. v. 21.6.1974 (Reyners) Slg. 1974, S. 631 festgestellt.

daß mit Ablauf der im EWG-Vertrag vorgesehenen Übergangsphase[146] am 31. Dezember 1969 die Dienstleistungsfreiheit unmittelbar geltendes Recht sei. Künftig würde die Funktion der Richtlinien darin bestehen, die „Ausübung“ des im Vertrag selbst niedergelegten Rechts auf freien Dienstleistungsverkehr zu „erleichtern“. An diesem Urteil entzündete sich dann auch der Interessenkonflikt zwischen vollständiger Liberalisierung und Verbraucherschutzerwägungen, der den Inhalt der nächsten Richtliniengenerationen zur Vollendung des Gemeinsamen Marktes sowie die gesamte Politik der EU entscheidend beeinflussen sollte.

Die Kommission vertrat, dem Urteil des EuGH vom 3.12.1974[147] folgend, die Auffassung, daß ein Versicherer mit Sitz in einem Mitgliedstaat gemäß dem EWG-Vertrag das Recht habe, in einem anderen Mitgliedstaat die gleiche Versicherung anzubieten wie im Sitzland, wobei er einer weitgehenden Kontrolle durch das Sitzland unterliege. Die Dienstleistungsfreiheit gewährleistet für die in den Mitgliedstaaten Ansässigen gerade das Recht, direkt von ihrem Sitz aus grenzüberschreitend in einem anderen EG-Mitgliedstaat tätig zu werden, ohne daß die Gründung oder Einschaltung einer Niederlassung erforderlich ist. Dagegen wendeten einige Mitgliedstaaten ein, daß der freie Dienstleistungsverkehr nach dem Vertrag ein Recht darstellt, es jedoch keinen Vorrang vor ihrer Pflicht zum Schutz der Verbraucher hätte. Dieser Pflicht könnten sie nur nachkommen, wenn der Versicherer ihrem Recht unterliegt, welches nur durch eine Niederlassung in dem jeweiligen Land zur Anwendung gebracht werden könne[148].

---

[146] Gem. Art. 7 EGV in der Fassung des Vertrages über die Europäische Union v. 7.2.1992, BGBl. II S. 1253/1255, geändert durch Beitrittsvertrag vom 24.6.1994, BGBl. II S. 2022, i.d.F. des Beschlusses vom 1.1.1995, ABl.EG Nr. L 1/1 wurde eine Übergangszeit von zwölf, höchstens aber fünfzehn Jahren von Inkrafttreten des Vertrages an festgelegt, in denen die verschiedenen Freiheiten durchgesetzt werden sollten.

[147] EuGH Urt. v. 3.12.1974 in der Rechtssache 33/74 (van Binsbergen) Slg. 1974, S. 1299 ff.

[148] Dies ergibt sich aus der 1. RiLi Schadenversicherung. Zur Entwicklung und Annäherung der unterschiedlichen Positionen, vgl. Pool, Bill, Der Binnenmarkt für Versicherungen, 1991, S. 48-49 sowie die fortfolgenden Seiten.

Ein entscheidender Impuls für die Sicherstellung von Verbraucherschutz im Rahmen der Verwirklichung der Dienstleistungsfreiheit ging von dem sogenannten Versicherungs-Urteil[149] des EuGH im Jahre 1986 aus. Gegenstand dieses Grundsatzurteils war zum einen die Frage des Niederlassungserfordernisses eines Versicherungsunternehmens, das über Vermittler im Ausland agierte[150], zum anderen die Umsetzung einer

[149] EuGH Urt. v. 4.12.1986 in der Rechtssache 205/84 (Kommission/Bundesrepublik Deutschland) Slg. 1986, V – 3755 ff. = VersR 1986, S. 1225 ff. (im folgenden Versicherungs-Urteil).

[150] Fall „Schleicher": Über mehrere Jahre hatte der in Bayern ansässige Versicherungsmakler Schleicher Versicherungen für Pelzlager seiner Kunden in Deutschland über einen britischen Versicherungsmakler mit verschiedenen in London ansässigen Versicherern vermittelt, die über keine deutsche Zulassung verfügten. Voraussetzung für die Zulassung der Versicherer wäre eine Niederlassung in Deutschland gewesen. Mit dem Vermittlungsgeschäft verstieß Herr Schleicher gegen eine spezielle Bestimmung des deutschen Versicherungsaufsichtsgesetzes. Das BAV verhängte gegen ihn eine Geldstrafe, die durch Gerichtsurteil bestätigt wurde. Schleicher legte Berufung ein mit der Begründung, daß das betreffende Gesetz gegen den EWG-Vertrag und insbesondere gegen Art. 49 EGV verstoße. Das angerufene Kammergericht führte an, falls die Bundesrepublik Deutschland ihren Verpflichtungen zur Verwirklichung des freien Dienstleistungsverkehrs im Versicherungssektor nicht nachkäme, sollte die Einhaltung ihrer Verpflichtung im Wege der Klage nach Art. 226 oder 227 des EWG-Vertrages herbeigeführt werden. Die Kommission erweiterte daraufhin die im Zusammenhang mit der Umsetzung der Mitversicherungsrichtlinie laufende Klage gegen die Bundesrepublik Deutschland, vgl. EuGH Urt. v. 4.12.1986 in der Rechtssache 205/84 (Kommission/Bundesrepublik Deutschland) Slg. 1986, V – 3755 ff.

Richtlinie zur Mitversicherung[151]. Der EuGH führte in seinem Urteil aus, daß das im deutschen Versicherungsaufsichtsgesetz verankerte Erfordernis einer Niederlassung für den Betrieb von Versicherungsgeschäften in Deutschland den nach Ablauf der Übergangszeit unmittelbar anwendbar gewordenen Art. 49 und 50 EGV[152] widerspricht, da es die grenzüberschreitende Erbringung von Dienstleistungen verhindert[153]. Es ist aber zu beachten, daß der Versicherungssektor einen im Hinblick auf den Schutz des Verbrauchers als Versicherungsnehmer (VN) und Versicherter besonders sensiblen Bereich darstellt. Dies ergibt sich vor allem aus dem besonderen Charakter der Leistung des Versicherers, die von zukünftigen Ereignissen abhängt, deren Eintritt oder jedenfalls der Moment des Eintritts zur Zeit des Vertragsschlusses noch ungewiß ist. Ebenso kann der VN im allgemeinen nur äußerst schwer beurteilen, ob ihm die voraussichtliche Entwicklung der finanziellen Situation des Versicherers und die Versicherungsbedingungen, die ihm dieser meistens vorschreibt, eine ausreichende Garantie dafür bieten, daß er im Versicherungsfall entschädigt wird[154]. Darüber hinaus ist zu berücksichtigen, daß die Versicherung in bestimmten Sparten ein Massenphänomen geworden ist. Es werden Verträge von einer so großen Zahl von VN geschlossen, daß der Schutz der Interessen der Versicherten und der geschädigten Dritten praktisch die

---

[151] Richtlinie 78/473/EWG des Rates vom 30.5.1978 zur Koordinierung der Rechts- und Verwaltungsvorschriften auf dem Gebiet der Mitversicherung auf Gemeinschaftsebene, Abl.EG Nr. L 151/25 vom 7.6.1978. Im Zusammenhang mit dieser RiLi sahen vier Mitgliedstaaten, u.a. die Bundesrepublik Deutschland, vor, daß der führende Versicherer eines Mitversicherungsgeschäfts in dem Land, in welchem das Risiko belegen ist, zu- bzw. niedergelassen sein müsse. Daraufhin unterbreitete die Kommission dem EuGH die Frage, ob es nicht bereits im Hinblick auf die im EG-Vertrag festgeschriebene Dienstleistungsfreiheit unzulässig sei, wenn ein Mitgliedstaat Versicherungsprodukte mit der Begründung abweist, daß diese von einem nicht in demselben Mitgliedstaat ansässigen und zugelassenen Unternehmen angeboten werden, vgl. EuGH Urt. v. 4.12.1986 in der Rechtssache 205/84 (Kommission/Bundesrepublik Deutschland) Slg. 1986, V – 3755 ff.

[152] Vgl. Versicherungs-Urteil des EuGH, in: VersR 1986, 1225, 1227 (Rn. 25).

[153] Vgl. Versicherungs-Urteil des EuGH, in: VersR 1986, 1225, 1229 (Rn. 52).

[154] Vgl. Versicherungs-Urteil des EuGH, in: VersR 1986, 1225, 1228 (Rn. 30).

gesamte Bevölkerung angeht[155]. Einschränkungen der Dienstleistungsfreiheit zum Schutz der Versicherungsnehmer sind dem Mitgliedstaat möglich, in dem die Versicherungsleistungen erbracht werden. Es können besondere Anforderungen an die Leistungserbringer gestellt werden. Sie müssen aber durch sachlich gebotene Regelungen[156] vorgenommen werden, die durch das Allgemeininteresse gerechtfertigt sind, für in- und ausländische Personen und Unternehmen gleichermaßen gelten und deren Zweck nicht bereits durch Regelungen des Sitzlandes erfüllt werden[157].

Weiterhin wurde allerdings festgestellt, daß dieses Schutzbedürfnis nicht für alle Versicherungsnehmer gleichermaßen geboten ist. So räumt der Europäische Gerichtshof[158] ein, daß es Fälle geben kann, in denen es wegen der Eigenart des Risikos und des Versicherungsnehmers keines Schutzes durch nationale Zulassungs- und Aufsichtsverfahren bedarf. Vor diesem Hintergrund kam es zu der Zweiten Schadenversicherungsrichtlinie aus dem Jahre 1988[159], die die Dienstleistungsfreiheit für Großrisiken einführte. Ziel dieser Richtlinie war, denjenigen Versicherungsnehmern, die aufgrund ihrer industriellen oder ihrer gewerblichen Tätigkeit und aufgrund der Größe ihrer Unternehmen über genügend Sachkenntnis hinsichtlich Risikobeurteilung und Versicherungsschutz verfügen, oder sich umfassender, professioneller Hilfe bedienen können, die uneingeschränkte

---

[155] Vgl. Versicherungs-Urteil des EuGH, in: VersR 1986, 1225, 1228 (Rn. 31).

[156] Das Versicherungs- Urteil des EuGH spricht von „Anforderungen des Bestimmungsstaats, die nicht über das Erforderliche hinausgehen", vgl. VersR 1986, 1225, 1228 (Rn. 33). Gemeint ist damit das Prinzip der geringstmöglichen Beschränkung im Sinne einer Verhältnismäßigkeitsprüfung.

[157] Vgl. Versicherungs-Urteil des EuGH, in: VersR 1986, 1225, 1227-1228 (Rn. 27, 33).

[158] Vgl. Versicherungs-Urteil des EuGH in: VersR 1986, 1225, 1229 (Rn. 49).

[159] Zweite Richtlinie 88/357/EWG des Rates v. 30.5.1988 zur Koordinierung der Rechts- und Verwaltungsvorschriften für die Direktversicherung (mit Ausnahme der Lebensversicherung) und zur Erleichterung der tatsächlichen Ausübung des freien Dienstleistungsverkehrs sowie zur Änderung der Richtlinie 73/239/EWG, ABl.EG Nr. L 172/1 ff. v. 4.7.1988.

Freiheit bei der wirtschaftlichen Betätigungswahl auf einem möglichst breiten Versicherungsmarkt einzuräumen[160].

Eine wichtige Neuerung in diesem Bereich stellt die Abschaffung der Genehmigung der Allgemeinen und Besonderen Versicherungsbedingungen wie auch der Tarife dar. Soweit es sich um ausländische Unternehmen aus einem anderen EG-Land handelt, sind sie zu einer besonderen Rechnungslegung im Tätigkeitsland nicht mehr verpflichtet. Das Herkunftslandprinzip wurde für Großrisiken dadurch gefördert, daß die Mitgliedstaaten, in denen ein ausländischer Versicherer tätig werden wollte, keine spezielle Zulassung mehr verlangen durften. Hierin liegt auch der nennenswerte Erfolg der Richtlinie, da - zwar begrenzt auf Großrisiken - der Durchbruch für eine Sitzlandkontrolle mit gegenseitiger Anerkennung der Anforderungen erzielt wurde.

IV. Die Dritte Richtlinie Schadenversicherung von 1992[161]

Vor dem Hintergrund der unterschiedlichen nationalen Verbraucherschutzniveaus und Aufsichtssysteme gerade im Hinblick auf die Festlegung, welche Produkte vertrieben und nicht vertrieben werden dürfen, stellte die Begrenzung des freien Dienstleistungsverkehrs auf Großrisiken durch die Zweiten Richtlinien Schadenversicherung eine zu diesem Zeitpunkt notwendige Maßnahme zugunsten der Verbraucher dar. Im Umkehrschluß ergab sich aber daraus, daß nach Sicherstellung eines für alle Mitgliedstaaten akzeptablen Verbraucherschutzniveaus durch Angleichung der Aufsichtssysteme und eine Mindestvertragsrechtsharmonisierung[162] eine

---

[160] Vgl. Erwägungsgründe zu der Zweiten Schadenversicherungsrichtlinie 88/357/EWG, ABl.EG Nr. L 172/1 v. 4.7.1988.

[161] Dritte Richtlinie 92/49/ EWG des Rates v. 18.6.1992 zur Koordinierung der Rechts- und Verwaltungsvorschriften für die Direktversicherung (mit Ausnahme der Lebensversicherung) sowie zur Änderung der Richtlinien 73/239/EWG und 88/357/EWG, ABl.EG Nr. L 228/1 ff. v. 11.8.1992.

[162] Eine Vertragsrechtsharmonisierung wurde angesichts der teilweise gravierenden Unterschiede im Vertragsrecht der Mitgliedstaaten verworfen. Es sind lediglich Teilbereiche des Vertragsrechts harmonisiert worden. Hierbei erlangt die Umsetzung der Richtlinie über mißbräuchliche Klauseln in Verbraucherverträgen (RiLi 93/13/EWG, ABl.EG Nr. L 95 v. 21.5.1993) an Bedeutung. Erwägungsgrund (18), der Dritten Richtlinie Schadenversicherung (92/49/EWG) stellt ausdrücklich klar, daß eine

Ausdehnung auch auf Massenrisiken und somit die Vollendung des gemeinsamen Binnenmarktes für Versicherungen möglich wäre[163]. Die Kommission war nun vor die Aufgabe gestellt, innerhalb des Binnenmarktes die gegensätzlichen Ziele von Verbraucherschutz und einer umfassenden Dienstleistungsfreiheit mit weitgehenden Produkt- und Unternehmenswahlmöglichkeiten in Einklang zu bringen[164].

An diesen Zielvorgaben ist auch die Dritte Richtlinie Schadenversicherung ausgerichtet: Mit dieser Richtlinie hat die Kommission die Dienstleistungsfreiheit auf die gesamte Versicherungswirtschaft übertragen. Die Versicherungsunternehmen sollen ihre Produkte überall in der Gemeinschaft anbieten und die Versicherungskunden aus einem in Bezug auf Produktgestaltung und Preis möglichst großen Angebot auswählen können[165]. Die Herkunftslandkontrolle gilt nun auch für Massenrisiken. Künftig genügt eine einzige für den Bereich der ganzen EG geltende Zulassung durch die Aufsichtsbehörde, in dem das Unternehmen seinen Sitz hat[166], zur Ausübung der Versicherungstätigkeit im Niederlassungs- oder Dienstleistungswege in allen anderen EG-Mitgliedstaaten. Beide Tätigkeiten können nebeneinander ausgeübt werden. Die Finanzaufsicht über die Versicherungsunternehmen obliegt fortan der alleinigen Zuständigkeit der Herkunftsmitgliedstaaten[167]. Darüber hinaus dürfen die

---

Versicherungsvertragsrechtsharmonisierung keine Vorbedingung für die Verwirklichung des Binnenmarktes ist. Eine hinreichende Sicherung der schutzbedürftigen Versicherungsnehmer (VN) wird durch die den Mitgliedstaaten belassene Möglichkeit, die Anwendung ihres eigenen Rechts für Versicherungsverträge vorzuschreiben, gewährleistet.

[163] Vgl. hierzu den Inhalt des Erwägungsgrundes (5), der Dritten Richtlinie Schadenversicherung (92/49/EWG).

[164] Vgl. Dies spiegelt sich in den Ergwägungsgründen (3) und (19), der Dritten Richtlinie Schadenversicherung (92/49/EWG) wider.

[165] Vgl. Erwägungsgrund (19), der Dritten Richtlinie Schadenversicherung (92/49/EWG); Jürgens, Ulrich/Rabe, Thomas, Wozu dienen die Vorschläge der Dritten EG-Richtliniengeneration, VW 1992, 663.

[166] Sogenannte Herkunfts- oder Sitzlandbehörde.

[167] Art. 9 ff. der Dritten Richtlinie Schadenversicherung (92/49/EWG).

Aufsichtsbehörden im Rahmen des Zulassungsverfahrens eine vorherige systematische Bedingungs- und Tarifkontrolle nicht mehr durchführen[168].

Jedoch wurde den Mitgliedstaaten die Möglichkeit eingeräumt, eine Pflicht zur vorherigen Mitteilung von Versicherungsbedingungen für Pflichtversicherungen[169] sowie für Versicherungsbedingungen und die technischen Grundlagen bei der privaten substitutiven Krankenversicherung[170] vorzusehen. Im Zusammenhang mit den Motiven für diese Ausnahmeregelung, die für die substitutive Krankenversicherung in Art. 54 der Dritten Richtlinie Schadenversicherung normiert ist, steht auch die Einführung des Tarifwechselrechts.

B. Rechtliche Auswirkungen der Dritten Richtlinie Schadenversicherung auf den privaten Krankenversicherungsmarkt in Deutschland

Die Richtlinie gehört neben der Verordnung, der Entscheidung, der Empfehlung und der Stellungnahme zu den in Art. 249 EGV genannten Rechtsakten, die als sekundäres Gemeinschaftsrecht[171] vom Rat oder der Kommission erlassen werden dürfen. Wie aus der Reihenfolge der Nennung in Art. 249 EGV hervorgeht, stellt der Erlaß von Richtlinien ein wichtiges Handlungsinstrument der Gemeinschaft dar, da sie für jeden Mitgliedstaat, an den sie gerichtet werden, hinsichtlich des zu erreichenden Zieles verbindlich sind. Es handelt sich nicht um unmittelbar anwendbares Recht, sondern um allgemeine, aber verbindliche Zielvorgaben, die der Umsetzung in innerstaatliches Recht bedürfen[172], und den Mitgliedstaaten grundsätzlich

---

[168] Art. 6, 29, 39 der Dritten Richtlinie Schadenversicherung (92/49/EWG).

[169] Art. 30 Abs. 2 der Dritten Richtlinie Schadenversicherung (92/49/EWG).

[170] Art. 47, 54 der Dritten Richtlinie Schadenversicherung (92/49/EWG).

[171] Im Unterschied dazu wird das Vertragswerk des EG-Vertrages üblicherweise als primäres Gemeinschaftsrecht bezeichnet, vgl. Schmidt, Gudrun in: Groeben/Thiersing/Ehlermann (Hrsg.),EU-EG-Vertrag, Band 4, 5. Auflage, 1997, Art 189, Rn. 21 ff.

[172] Für den Mitgliedstaat besteht aus Art. 249 Unterabsatz 3 EGV die Verpflichtung, innerhalb einer bestimmten festgelegten Frist seine nationale Rechtsordnung mit den Anforderungen der jeweiligen Richtlinie in Einklang zu bringen. Richtlinien sind somit Instrumente eines zweistufigen Rechtssetzungsverfahrens: Auf der ersten Stufe

einen Gestaltungsspielraum hinsichtlich der Wahl der Form und der Mittel zugestehen.

Der Gestaltungsspielraum der Mitgliedstaaten rechtfertigt sich aus mehreren Überlegungen: Erstens soll den Mitgliedstaaten die Möglichkeit gegeben werden, die Vorgaben der Richtlinie unabhängig von der Gemeinschaft in die nationalen Rechtssysteme zu integrieren, um so nationale Besonderheiten berücksichtigen zu können[173]. Zweitens führt der Umsetzungsspielraum der Mitgliedstaaten dazu, daß die Souveränität der Mitgliedstaaten und insbesondere ihrer nationalen Parlamente so weit wie möglich geschont wird[174]. Und drittens wird die Integrationsbereitschaft gestärkt, wenn Normen nicht vereinheitlicht, sondern nur angeglichen werden, da so der Eingriff in die nationale Rechtsordnung auf ein Mindestmaß beschränkt wird[175]. Richtlinien der Gemeinschaft im Sinne von Art. 249 Unterabsatz 3 EGV dienen daher in erster Linie der Harmonisierung der unterschiedlichen nationalen Rechtsordnungen und nicht wie Verordnungen der Rechtsvereinheitlichung[176].

In der Praxis der EG ist darüber hinaus aber auch die Zulässigkeit sogenannter „detaillierter Richtlinien" anerkannt[177], da in vielen Fällen nur auf diese Weise eine gleichwertige materielle Regelung erreicht werden

---

wird den Mitgliedstaaten eine Verpflichtung zur Rechtsgestaltung auferlegt, auf der zweiten Stufe, in Gestalt der nationalen Durchführungsmaßnahmen, wird die Rechtsstellung der Gemeinschaftsbürger verändert, vgl. Brechmann, Winfried, Die richtlinienkonforme Auslegung, 1994, S. 8-9.

[173] Vgl. Bleckmann in: Albert Bleckmann (Hrsg.), Europarecht, 6. Auflage, 1997, § 7 Rn. 417.

[174] Vgl. Beutler/Bieber/Pipkorn/Streil, Die Europäische Union, 4. Auflage, 1993, S. 195-196; Bleckmann in: Albert Bleckmann (Hrsg.), Europarecht, 6. Auflage, 1997, § 7 Rn. 417.

[175] Vgl. Everling, Ulrich, Zur direkten innerstaatlichen Wirkung der EG-Richtlinien, in: Bodo Börner (Hrsg.), Einigkeit und Recht und Freiheit, Festschrift für Karl Carstens zum 70. Geburtstag, S. 103.

[176] Vgl. Scherzberg, Arno, Mittelbare Rechtssetzung durch Gemeinschaftsrecht, Jura 1992, 572, 575.

[177] Vgl. EuGH Slg. 1987, 4069, 4088 ff.

kann[178]. Indem die Richtlinie grundsätzlich frei ist in ihrer materiellen Regelungsintensität[179], können bestimmte Sachverhalte auch konkret und abschließend durch Richtlinien geregelt werden, so daß den Mitgliedstaaten hinsichtlich der inhaltlichen Ausgestaltung der Zielvorgabe gerade kein bzw. ein durch die konkreten Vorgaben stark eingeschränkter Spielraum verbleibt[180]. Etwaige Grenzen der Normsetzungsbefugnis ergeben sich für die Richtlinien einzig aus der jeweiligen Kompetenznorm, aufgrund dessen die Richtlinie erlassen worden ist[181]. Demzufolge besteht je nach Stärke der materiellen Regelungsintensität eine mehr oder weniger strenge inhaltliche Bindung des nationalen Gesetzgebers bei der konkreten Umsetzung der Zielvorgaben in nationale Normen[182]. Dies ist bei einer inhaltlichen Überprüfung der nationalen Normen in bezug auf eine Einhaltung von Umfang und Grenzen möglicher europarechtlicher Vorgaben der Richtlinie zu beachten.

Ferner erhält das Erfordernis der inhaltlichen Vereinbarkeit der national geschaffenen Normen mit den Vorgaben der Richtlinie auch bei einer eventuellen nachträglichen inhaltlichen Veränderung derartiger Normen

---

[178] Vgl. Brechmann, Winfried, Die richtlinienkonforme Auslegung, 1994, S. 10-11.

[179] Dies ist auch im Schrifttum anerkannt, vgl. Oppermann, Thomas, Europarecht, 2. Auflage, 1999, § 6 Rn. 551; Bleckmann, in: Albert Bleckmann (Hrsg.), Europarecht, 6. Auflage, 1997, § 7 Rn. 425; Beutler/Bieber/Pipkorn/Streil, Die Europäische Union, 4. Auflage, 1993, S. 196; Scherzberg, Arno, Mittelbare Rechtssetzung durch Gemeinschaftsrecht, Jura 1992, 572, 575.

[180] Von der Verordnung unterscheiden sich solche Richtlinien nur noch dadurch, daß ihre Regelungen erst aufgrund einer innerstaatlichen Umsetzungsmaßnahme in den betreffenden Mitgliedstaaten, insbesondere auf einzelne, anwendbar werden, vgl. Magiera, Siegfried, Die Rechtsakte der EG-Organe, Jura 1989, 595, 600.

[181] Vgl. Beutler/Bieber/Pipkorn/Streil, Die Europäische Union, 4. Auflage, 1993, S. 196; Scherzberg, Arno, Mittelbare Rechtssetzung durch Gemeinschaftsrecht, Jura 1992, 572, 574.

[182] Nach Auffassung Timmermans steckt eine Angleichungsrichtlinie den Rahmen ab, in dem sich der nationale Gesetzgeber fortan bewegen muß. Je mehr eine Richtlinie ins Detail geht, desto enger wird dieser Rahmen sein. Ein nationaler Gesetzgebungsakt, der diesen Rahmen überschreitet und in Widerspruch zu der Richtlinie gerät, ist nicht richtlinienkonform. Vgl. Timmermans, Christiaan W. A., Die europäische Rechtsangleichung im Gesellschaftsrecht, RabelsZ 48 (1984), 1, 7.

durch den nationalen Gesetzgeber entscheidende Bedeutung. Wie Art. 249 Unterabsatz 3 EGV zur Angleichung des nationalen Rechts an die Vorgaben der Richtlinie verpflichtet (Gebot), so enthält die Vorschrift incidenter auch das Verbot, das richtlinienkonforme nationale Recht durch spätere Rechtsetzungsakte richtlinienwidrig abzuändern[183]. Diese klare und im Grunde unbestrittene Sperrwirkung der Richtlinie gilt aber nur gegenüber richtlinienwidrigen neuem nationalen Recht und führt dazu, daß eine gewünschte Anpassung des angeglichenen Rechts - etwa an die gesellschaftliche Entwicklung oder den technischen Fortschritt - nur noch auf Gemeinschaftsebene stattfinden kann[184]. Hält sich die beabsichtigte Änderung hingegen im Rahmen der von der Richtlinie eröffneten Spielräumen[185], so besteht auch noch lange nach der Umsetzung der Richtlinie für den nationalen Gesetzgeber die Möglichkeit, entsprechende Änderungen und Ergänzungen seines nationalen Rechts vorzunehmen[186]. Demzufolge ist die Kenntnis von Inhalt und Umfang der durch die Richtlinie eröffneten Spielräume Grundvoraussetzung, um beabsichtigte nachträgliche Änderungen im Hinblick auf die Gefahr einer möglichen Richtlinienwidrigkeit infolge Überschreitung der Spielräume untersuchen zu können. Somit ist mit Blick auf die Ausgangsfrage der Ausdehnung des Tarifwechselrechts auf den Konzern als Bestandteil der grundsätzlichen Frage nach der Zulässigkeit nachträglicher rechtspolitischer Maßnahmen in bezug auf § 178 f VVG das Ziel des vorliegenden Kapitels vorgegeben:

---

[183] Vgl. Timmermans, Christiaan W. A., Die europäische Rechtsangleichung im Gesellschaftsrecht, RabelsZ 48 (1984), 1, 7; Oppermann, Thomas, Europarecht, 2. Auflage, 1999, § 6 Rn. 554; Beutler/Bieber/Pipkorn/Streil, Die Europäische Union, 4. Auflage, 1993, S. 197.

[184] Vgl. Timmermans, Christiaan W. A., Die europäische Rechtsangleichung im Gesellschaftsrecht, RabelsZ 48 (1984), 1, 7.

[185] Diese Spielräume sind nach dem EG-Recht im Zeitpunkt der nationalen Änderungsgesetzgebung zu beurteilen. Hatte die ursprüngliche Richtlinie weite Spielräume gegeben, eine Änderung der Richtlinie diese aber eingeschränkt, so gilt nun die engere Grenze, vgl. Lutter, Marcus, Zum Umfang der Bindung durch Richtlinien, in: Marcus Lutter, Jürgen Schwarze (Hrsg.), Ole Due, Festschrift für Ulrich Everling I, 1995, 765, 781.

[186] Vgl. Timmermans, Christiaan W. A., Die europäische Rechtsangleichung im Gesellschaftsrecht, RabelsZ 48 (1984), 1, 7.

Es sollen mögliche Vorgaben der Dritten Richtlinie Schadenversicherung sowie deren Reichweite in bezug auf die private Krankenversicherung, insbesondere auf das Tarifwechselrecht, herausgearbeitet werden.

I. Vorgaben für die substitutive Krankenversicherung durch Art. 54 der Dritten Richtlinie Schadenversicherung

Bei der Beantwortung der Frage hinsichtlich Vorgaben für die substitutive Krankenversicherung durch die Dritte Richtlinie Schadenversicherung[187] ist

---

[187] Richtlinie 92/49/EWG des Rates vom 18. Juni 1992 zur Koordinierung der Rechts- und Verwaltungsvorschriften für die Direktversicherung (mit Ausnahme der Lebensversicherung) sowie zur Änderung der Richtlinien 73/239/EWG und 88/357/EWG (Dritte Richtlinie Schadenversicherung) in: ABl.EG Nr. L 228/23:

Art 54

(1) „Ungeachtet gegenteiliger Vorschriften kann ein Mitgliedstaat, in dem Verträge zur Deckung von unter den Zweig 2 von Buchstabe A des Anhangs der Richtlinie 73/239/EWG eingestuften Risiken die im gesetzlichen Sozialversicherungssystem vorgesehenen Krankenversicherung ganz oder teilweise ersetzen können, verlangen, daß der Vertrag den von diesem Mitgliedstaat erlassenen spezifischen Rechtsvorschriften zum Schutz des Allgemeininteresses in bezug auf diesen Versicherungszweig entspricht und daß den zuständigen Behörden dieses Mitgliedstaats die allgemeinen und besonderen Versicherungsbedingungen vor deren Verwendung mitgeteilt werden.

(2) Die Mitgliedstaaten können vorschreiben, daß die Krankenversicherung im Sinne von Absatz 1 in technischer Hinsicht nach Art der Lebensversicherung zu betreiben ist, wenn

- die Beiträge unter Zugrundelegung von Wahrscheinlichkeitstafeln und anderen einschlägigen statistischen Daten, die für den Mitgliedstaat, in dem das Risiko belegen ist, maßgeblich sind, entsprechend der versicherungsmathematischen Methode berechnet werden;
- eine Alterungsrückstellung gebildet wird;
- der Versicherer den Vertrag nur innerhalb einer bestimmten Frist, die von dem Mitgliedstaat festgelegt wird, in dem das Risiko belegen ist, kündigen kann;
- in dem Vertrag die Möglichkeit einer Beitragserhöhung oder einer Senkung der Zahlungen selbst bei laufenden Verträgen vorgesehen ist;
- in dem Vertrag die Möglichkeit vorgesehen ist, daß der Versicherungsnehmer seinen laufenden Vertrag in einen neuen Vertrag gemäß Absatz 1 umwandeln

- wie sich aus Art. 249 EGV ergibt - zunächst einmal das durch die Richtlinie angestrebte Ziel von Bedeutung. Diese Zielvorgaben manifestieren sich an unterschiedlichen Stellen in der Richtlinie. Zum einen in den konkreten Artikeln, zum anderen in den Erwägungsgründen, die sowohl in einem engen Zusammenhang mit den konkreten Artikeln stehen, als auch vor dem Hintergrund der Zielsetzung der gesamten Richtliniengeneration zu sehen sind.

Es besteht für die substitutive Krankenversicherung eine ausdrückliche Regelung in Art. 54 der Dritten Richtlinie Schadenversicherung, die durch die Erwägungsgründe (22) – (25) erläutert wird. Art. 54 der Dritten Richtlinie Schadenversicherung unterteilt sich in zwei Absätze, wobei der zweite Absatz den allgemeingehaltenen Absatz 1 näher konkretisiert. Absatz 1 ermöglicht den Mitgliedstaaten - ungeachtet gegenteiliger Vorschriften - die gesetzliche Unterwerfung von Verträgen, die die im gesetzlichen Sozialversicherungssystem vorgesehene Krankenversicherung ganz oder teilweise ersetzen können, unter die von diesem Mitgliedstaat erlassenen spezifischen Rechtsvorschriften zum Schutz des Allgemeininteresses. Ferner kann die Mitteilung der allgemeinen und besonderen Versicherungsbedingungen an die zuständigen Behörden dieses Mitgliedstaates verlangt werden.

---

kann, der von demselben Versicherungsunternehmen oder derselben Niederlassung unter Berücksichtigung seiner erworbenen Rechte angeboten wird. Hierbei ist insbesondere der Alterungsrückstellung Rechnung zu tragen, und eine erneute ärztliche Untersuchung kann nur bei einer Erhöhung des Versicherungsschutzes verlangt werden.

In diesem Fall veröffentlichen die Behörden dieses Mitgliedstaats die in Unterabsatz 1 genannten Wahrscheinlichkeitstafeln und anderen einschlägigen statistischen Daten und übermitteln sie den Behörden des Herkunftsmitgliedstaats. Die Beiträge müssen entsprechend vernünftigen versicherungsmathematischen Prognosen ausreichend sein, um die Unternehmen in die Lage zu versetzen, allen ihren Verpflichtungen unter Berücksichtigung sämtlicher Aspekte ihrer Finanzlage nachzukommen. Der Herkunftsmitgliedstaat verlangt, daß der zuständigen Behörde dieses Mitgliedstaats die technische Grundlage für die Beitragsberechnung mitgeteilt wird, bevor das Versicherungsprodukt angeboten wird. Dieser Absatz gilt auch für die Änderung bestehender Verträge."

Es handelt sich um eine Norm mit „ermächtigendem Charakter“, bei der gerade keine Vorgabe hinsichtlich des „Ob“ einer derartigen Anordnung besteht. Durch die Formulierung „kann“ sowohl in Art. 54 Absatz 1 als auch Absatz 2 der Dritten Richtlinie Schadenversicherung wird der Erlaß einer derartigen Anordnung vielmehr allein in das gesetzgeberische Ermessen des jeweiligen Mitgliedstaates gestellt. Es fragt sich aber, ob nicht durch die nähere Konkretisierung der in Betracht kommenden nationalen Rechtsvorschriften hinsichtlich “Inhalt und Umfang“ der Anordnung konkrete Vorgaben durch die Richtlinie bestehen. Dies könnte im Rahmen des Absatz 1 durch die nähere Konkretisierung der nationalen Rechtsvorschriften „zum Schutz des Allgemeininteresses“ sowie durch die Normierung eines Anforderungskatalogs bei Betreiben der substitutiven Krankenversicherung nach Art der Lebensversicherung in Absatz 2 des Art. 54 der Dritten Richtlinie Schadenversicherung geschehen sein.

1. Vorgaben durch Art. 54 Abs. 1 der Dritten Richtlinie Schadenversicherung

Bei dem Begriff des „Allgemeininteresses“ handelt es sich um einen unbestimmten Rechtsbegriff, der der Ausfüllung bedarf. Hierbei ist zunächst der durch das „Allgemeininteresse“ erfaßte Schutzbereich herauszuarbeiten. Es besteht Einigkeit, daß von dem Begriff des „Allgemeininteresses“ der Schutz des Verbrauchers, Gründe kulturpolitischer Art, der Schutz des geistigen Eigentums, soziale Belange und Schutzbedürfnisse im Bereich des Arbeitsschutzes und des Rechts der sozialen Sicherheit umfaßt werden[188]. Somit kommen als Rechtsvorschriften im Sinne des Art. 54 Abs. 1 der Dritten Richtlinie Schadenversicherung nur diejenigen Vorschriften in Betracht, deren Schutzzweck die vorgenannten Bereiche berührt. Für Verträge der substitutiven Krankenversicherung bedeutet dies zunächst, daß sie allen deutschen Rechtsvorschriften mit verbraucherschützender

---

[188] Ein Katalog von in der Rechtsprechung des EuGH anerkannten „zwingenden Gründen des Allgemeininteresses“ findet sich in den Urteilen vom 25.7.1991 EuZW 1992, 56, 57 Rn. 18 sowie vom 25.7.1991 EuZW 1991, 699, 700 Rn. 14; Roth, Wulf-Henning, Das Allgemeininteresse im europäischen Internationalen Versicherungsvertragsrecht, VersR 1993, 129, 134 m.w.N.

Zielrichtung in bezug auf diesen Versicherungszweig entsprechen müssen[189].

Es stellt sich die Frage, ob der europäische Gesetzgeber eine derart weitgehende Ermächtigung in Art. 54 Abs. 1 der Dritten Richtlinie Schadenversicherung für die Mitgliedstaaten statuieren wollte. Art. 54 Abs. 1 der Dritten Richtlinie Schadenversicherung stellt nämlich eine Durchbrechung der Dienstleistungsfreiheit für den Bereich der substitutiven Krankenversicherung dar. Der Wortlaut dieser Norm steht in engem Zusammenhang mit dem Versicherungs-Urteil des EuGH von 1986[190], in dem die bereits durch das Urteil des EuGH vom 3.12.1974 (van Binsbergen)[191] aufgestellten Kriterien zur zulässigen Beschränkung der Dienstleistungsfreiheit aus Gründen des Allgemeininteresses in bezug auf den Verbraucherschutz näher präzisiert worden sind. Darin heißt es, daß im Versicherungssektor zwingende Gründe des Allgemeininteresses die Beschränkungen des freien Dienstleistungsverkehrs rechtfertigen können. Allerdings unter der Voraussetzung, daß sie für in- und ausländische Unternehmen glichermaßen gelten, sowie verhältnismäßig sind. Die Vorschriften des Niederlassungsstaates dürfen gerade nicht ausreichen, um das notwendige Schutzniveau zu erreichen, wobei die Anforderungen des Bestimmungsstaates auch nicht über das „Erforderliche" hinausgehen dürfen[192]. Es geht um die Erreichung eines notwendigen Schutzniveaus,

---

[189] Vgl. Müller, Bianca, Verbraucherschutz durch das Bundesaufsichtsamt für das Versicherungswesen, 1998, S. 99 m.w.N.

[190] EuGH Urteil v. 4.12.1986 in der Rechtssache 205/ 84 (Kommission/Bundesrepublik Deutschland) Slg. 1986, V 3755 ff. = VersR 1986, 1225, 1227 ff.

[191] Die Entwicklung des „Allgemeininteresses" als Beschränkung der Dienstleistungsfreiheit fand in dem Urteil van Binsbergen ihren Ursprung. Der EuGH vertrat dort die Ansicht, daß die Dienstleistungsfreiheit nicht nur Tatbestände der Ausländerdiskriminierung umfasse, sondern auch Beschränkungen, die „in anderer Weise geeignet sind, die Tätigkeit des Leistenden zu unterbinden oder zu behindern. [...] In Anbetracht der Besonderheit der Dienstleistungen dürfen jedoch diejenigen an den Leistungserbringer gestellten Anforderungen nicht als mit dem Vertrag unvereinbar angesehen werden, die sich aus der Anwendung durch das Allgemeininteresse gerechtfertigter Berufsregelungen [...] ergeben", EuGH Urt. v. 3.12.1974, Rs. 33/74 (van Binsbergen), Slg. 1974, S. 1299 Rn. 10-12.

[192] Vgl. Versicherungs-Urteil des EuGH, in: VersR 1986, 1225, 1228 (Rn. 33).

aber unter Beachtung des Verhältnismäßigkeitsgrundsatzes[193]. Zwar wird keine konkrete Aussage darüber gemacht, von wessen Wertungen das notwendige Schutzniveau abhängt, aber zumindest ist über den Zwang zur Beachtung des Verhältnismäßigkeitsgrundsatzes eine Kontrollinstanz eingebaut[194], die zu einer Begrenzung des notwendigen Schutzniveaus nach oben führen kann.

In Parallele zu diesem Urteil stellt sich nun die Frage, ob eine Begrenzung der anwendbaren Normen im Rahmen des Art. 54 Abs. 1 der Dritten Richtlinie Schadenversicherung nicht nur hinsichtlich des Schutzzwecks, sondern auch hinsichtlich des Schutzniveaus durch den europäischen Gesetzgeber angestrebt ist. Wäre eine Begrenzung des Schutzniveaus im Rahmen des Art. 54 Abs. 1 oder Abs. 2 der Dritten Richtlinie Schadenversicherung festzustellen, dann würde sich dies sowohl auf die Frage der Zulässigkeit der Ausdehnung des Tarifwechselrechts auf den Konzern als auch auf etwaige rechtspolitische Abänderungsmaßnahmen des § 178 f VVG auswirken. Es wäre zu klären, ob derartige Maßnahmen noch von dem in Art. 54 der Dritten Richtlinie Schadenversicherung statuierten Schutzniveau umfaßt wären.

Eine Begrenzung der anwendbaren Normen könnte zunächst über den unbestimmten Rechtsbegriff des „Allgemeininteresses" in Betracht kommen. Entscheidend ist, inwieweit bei der Konkretisierung dieses Begriffs nationale Wertungen einfließen dürfen bzw. auf

---

[193] Der Verhältnismäßigkeitsgrundsatz stellt einen allgemeinen Rechtsgrundsatz des Gemeinschaftsrechts dar, vgl. Zuleeg, Manfred in: Groeben/Thiersing/Ehlermann, EU-/EG-Vertrag, Band 1, 5. Auflage, 1999, Art. 3 b EGV Rn. 29 m.w.N. Überragende Bedeutung entfaltet er im Bereich der Grundrechte und Grundfreiheiten als Schranken-Schranke, vgl. Kugelmann, Dieter, Der Rundfunk und die Dienstleistungsfreiheit des EWG-Vertrages, 1991, S. 245. Im Versicherungs-Urteil des EuGH wird zwar nicht ausdrücklich von „Verhältnismäßigkeit" gesprochen, vielmehr wird teils der Begriff der Erforderlichkeit (Rn. 33), teils der der Gebotenheit (Rn. 27) verwendet. Dies sind aber Bestandteile des Verhältnismäßigkeitsgrundsatz, so daß als Überbegriff in diesem Zusammenhang auch von „Verhältnismäßigkeit" gesprochen werden kann.

[194] So auch Kugelmann, Dieter, Der Rundfunk und die Dienstleistungsfreiheit des EWG-Vertrages, 1991, S. 255.

gemeinschaftsrechtliche Aspekte abzustellen ist[195]. Nur wenn die nähere Ausfüllung des Begriffs des „Allgemeininteresses" bzw. seiner einzelnen Schutzbereiche nicht bzw. nicht allein von nationalen Wertungen abhängt, und diese nationalen mit den gemeinschaftsrechtlichen Aspekten divergieren, könnte eine Beschränkung der anwendbaren Rechtsnormen auch hinsichtlich des Schutzniveaus infolge der Wahl dieses Begriffs in Art. 54 Abs. 1 der Dritten Richtlinie Schadenversicherung durch den europäischen Normgeber bestehen.

Aus diesen Gründen ist zunächst zu klären, ob hinsichtlich des Verbraucherschutzes, insbesondere des Verbraucherschutzniveaus, unterschiedliche Wertungen auf deutscher und europäischer Ebene bestehen, so daß eine Diskrepanz zwischen den nationalen und gemeinschaftsrechtlichen Schutzniveau festzustellen ist. Unterscheiden sich das nationale (im vorliegenden Fall: das deutsche) und das europäische Schutzniveau nicht voneinander, kann es nämlich dahinstehen, von wessen Wertungen der Begriff des „Allgemeininteresses" maßgeblich ausgefüllt wird. In beiden Fällen würde man zum selben Ergebnis gelangen.

Lediglich im Fall, daß das gemeinschaftsrechtliche Schutzniveau niedriger als das deutsche Schutzniveau zu bewerten ist, wäre als weitere Voraussetzung für die Bejahung einer Begrenzung der anwendbaren Normen des Art. 54 Abs. 1 der Dritten Richtlinie Schadenversicherung eine maßgebliche Ausfüllung dieses unbestimmten Rechtsbegriffs durch europäische Wertungen notwendig. Die nähere Konkretisierung des unbestimmten Rechtsbegriffs des „Allgemeininteresses" stellt sich somit erst im Anschluß.

a) Konkretisierung des Verbraucherschutzes

(1) Gemeinschaftsrechtliche Grundlagen des Verbraucherschutzes

Der Verbraucherschutz stellt sowohl im nationalen Bereich als auch auf gemeinschaftsrechtlicher Ebene eine gewachsene Materie dar, die sich im

---

[195] Vgl. Hübner, Ulrich/Matusche-Beckmann, Annemarie, Auswirkungen des Gemeinschaftsrechts auf das Versicherungswesen, EuZW 1995, 263, 267.

nationalen Recht historisch weit zurückverfolgen läßt[196]. Im Unterschied hierzu prägten vor allem die letzten dreißig Jahre die Verbraucherschutzentwicklung auf europäischer Ebene[197]. Initiiert wurde die Verbraucherschutzpolitik auf Gemeinschaftsebene durch die Pariser Gipfelkonferenz von 1972[198], die zu einem ersten Verbraucherschutzprogramm im Jahre 1975[199] führte, das einen noch heute gültigen Rahmen für die Ziele und die Grundzüge der gemeinschaftlichen Verbraucherpolitik setzt. Hierin werden fünf Rechte des Verbrauchers herausgestellt, die heute - mangels einer Definition von Verbraucher und Verbraucherschutz sowohl im europäischen als auch im nationalen Recht - zur inhaltlichen Bestimmung dieses Begriffes herangezogen werden[200]. Diese umfassen (1) das Recht auf Schutz von Gesundheit und Sicherheit, (2) das Recht auf Schutz der wirtschaftlichen Interessen, (3) das Recht auf Beratung, Beistand und Schadenersatz, (4) das Recht auf Unterrichtung und Bildung und (5) das Recht auf Vertretung, d.h. das Recht gehört zu

---

[196] Vgl. Hippel, Eike von, Verbraucherschutz, 3. Auflage, 1986, S. 21, mit weiterführenden Hinweisen unter Anm. 105. Für Deutschland kann beispielhaft auf das Gesetz betreffend die Abzahlungsgeschäfte aus dem Jahr 1894 hingewiesen werden.

[197] Vgl. Gärtner, Rudolf, Zum Standort des Verbraucherrechts, JZ 1992, 73.

[198] Zwar wurde der Verbraucher im Text des EWG-Vertrages von 1957 an mehreren Stellen erwähnt: Während die Art. 33 Abs. 1 e) und 34 Abs. 2, Unterabsatz 2 den Verbraucher von Agragerzeugnissen schützen, beinhalten die Art. 81 Abs. 3 und 82 den Schutz vor Kartellbildungen und Art. 87 Abs. 2 a) Regelungen für Beihilfen. Den angeführten Bestimmungen ist gemeinsam, daß sie den Verbraucher als Zielobjekt einzelner Politiken oder Maßnahmen anführen. Von Rechten und Pflichten des Verbrauchers, von Handlungsmöglichkeiten oder von dem Auftrag an die Organe der Gemeinschaft, bestimmte Maßnahmen zu ergreifen, um die Stellung des Verbrauchers am Markt zu verbessern, war weder in den genannten Vorschriften noch in sonstigen Bestimmungen des EG-Vertrages die Rede. Somit läßt sich eine Politik der Gemeinschaft mit dem Ziel des Verbraucherschutzes nicht bereits auf die Gründungsverträge gründen. Vgl. Krämer, Ludwig in: Groeben/Thiersing/Ehlermann, EU-/EG-Vertrag, Band 3, 5. Auflage, 1999, Art. 129 a Rn. 1.

[199] „Erstes Programm der Europäischen Wirtschaftgemeinschaft für eine Politik zum Schutz und zur Unterrichtung der Verbraucher" vgl. ABl.EG 1975 Nr. C 92/1.

[200] Vgl. Krämer, Ludwig in: Groeben/Thiersing/Ehlermann, Eu-/EG-Vertrag, Band 3, 5. Auflage, 1999, Art. 129 a Rn. 3.

werden[201]. Darauf folgte 1981 ein zweites Verbraucherschutzprogramm[202]. Neben einer Bestandsaufnahme im Sinne der fünf Verbraucherrechte des ersten Programms wurden diese auch auf andere Bereiche ausgedehnt. Nach der Verabschiedung dieses zweiten Verbraucherschutzprogramms griff der Gesetzgeber in das sich verändernde Umfeld lediglich sekundärrechtlich ein. Erst im Jahre 1987 fand der Schutz des Verbrauchers über die Einfügung des Art. 100 a EGV[203] infolge der Einheitlichen Europäischen Akte[204] Eingang in den EWG-Vertrag. Zwar führte dies nicht zu einer Einführung von Bestimmungen über den Schutz der Verbraucher, doch die ausdrückliche Festlegung eines „hohen Verbraucherschutzniveaus" bei Vorschlägen der Kommission im Rahmen der Binnenmarktgesetzgebung in dessen Absatz 3 zeigte, daß sich die Gemeinschaft nicht nur der generellen Notwendigkeit einer gemeinschaftsrechtlichen Verbraucherschutzpolitik, sondern auch der Festlegung eines gemeinschaftsweiten Schutzniveaus bewußt war.

Aber erst mit dem Vertrag von Maastricht von 1993[205] wurde der Verbraucherschutz durch die Einfügung des Art. 3 lit. s) EGV[206], wonach die Tätigkeit der Gemeinschaft „einen Beitrag zur Verbesserung des Verbraucherschutzes" umfaßt, zu einer gleichberechtigten Zielbestimmung neben den übrigen Politiken der Gemeinschaft. Das Ziel des Verbraucherschutzes war nun auch legislatorisch im EG-Vertrag

---

[201] ABl.EG 1975 Nr. C 92/2 und 4 ff.

[202] ABl.EG 1981 Nr. C 133/1; ergänzt durch die Ratsentschließung für die Integration der Verbraucherpolitik in die anderen Politiken, ABL.EG 1987 Nr. C 3/1; vgl. weiterhin die Ratsentschließung über Prioritäten bei der Neubelebung der Verbraucherschutzpolitik, ABL.EG 1989 Nr. C 294/1.

[203] Infolge der Neuordnung durch den Amsterdamer Vertrag ist der Inhalt mit einigen kleineren Änderungen nun in Art. 95 EGV niedergelegt.

[204] Einheitliche Europäische Akte (EEA) v. 28.2.1986 BGBl. II S. 1102; ABl.EG 1987 Nr. L 169/1; i.d.F. des Europäischen Unionsvertrages v. 7.2.1992, BGBl. 1993 II S. 1253/1255.

[205] Vgl. Vertrag über die Europäische Union v. 7.2.1992, BGBl. 1993 II S. 1947.

[206] Entspricht infolge der Neuordnung durch den Amsterdamer Vertrag nun Art. 3 lit. t) EGV.

anerkannt[207]. Gleichzeitig wurde ein eigener Titel XI[208], „Verbraucherschutz“, in den Vertrag eingefügt. Der darunter neugeschaffene Art. 129 a Abs. 1 EGV griff im wesentlichen die schon in den Verbraucherschutzprogrammen formulierten Zielsetzungen auf und erwähnte nochmals das Ziel der Erreichung eines „hohen Niveaus an Verbraucherschutz“. Damit hatte die Gemeinschaft klargestellt, daß der Verbraucherschutz nicht bloß als eine flankierende Begleiterscheinung bei der Verwirklichung der wirtschaftlichen Freiheiten zu betrachten ist.

Ein Markt wird nämlich gleichermaßen von Angebot und Nachfrage bestimmt, so daß die Realisierung der Binnenmarktidee nur dann effektiv ist, wenn neben der grenzüberschreitenden Anbietertätigkeit auch eine entsprechende Nachfragetätigkeit stimuliert werden kann[209]. Insbesondere der Erwerb des Vertrauens der Konsumenten stellt einen wesentlichen Bestandteil zur Unterstützung der Nachfragetätigkeit dar. Verbraucherschützende Maßnahmen bieten dem Nachfrager Sicherheit und stärken ihrerseits sein Vertrauen in den gemeinsamen Markt. Der Verbraucherschutz ist somit als eigenständiger Bestandteil der Gemeinschaftspolitik zu begreifen[210], auch wenn der Sachbereich als eigenständige Materie nur schwer zu umreißen ist.

Die Weite seiner Zielbestimmung im Sinne von Konsumentenschutz[211] eröffnet nämlich die Möglichkeit, viele unterschiedliche Maßnahmen, die

---

[207] Vgl. Ahlfeld, Martin, Zwingende Erfordernisse im Sinne der Cassis-Rechtsprechung des Europäischen Gerichtshofs zu Art. 30 EGV, 1997, S. 105.

[208] Entspricht infolge der Neuordnung durch den Amsterdamer Vertrag dem Titel XIV, welcher nun Art. 153 EGV anstatt des ursprünglichen Art. 129 a EGV beinhaltet.

[209] Vgl. Heiss, Helmut, Verbraucherschutz im Binnenmarkt, ZEuP 1996, 625, 626; Beschluß ·Nr. 283/1999/EG v. 25.1.1999 über einen allgemeinen Rahmen für Gemeinschaftstätigkeiten zugunsten der Verbraucher in: ABl.EG Nr. L 34/1.

[210] Vgl. Micklitz, Hans W., Reich, Norbert, Verbraucherschutz im EU-Vertrag, EuZW 1992, 593, 597.

[211] Die in der wirtschafts- und rechtswissenschaftlichen Literatur anzutreffenden Definitionen der Begriffe „Verbraucher“ und „Verbraucherpolitik“ sind mannigfaltig. Eine aus vielen: „Als Verbraucher wird jede natürliche Person angesehen, die [...] Güter oder Dienstleistungen marktmäßig zum privaten Verbrauch erwirbt bzw. in Anspruch nimmt, und zwar von einem Gegenüber, der gewerbsmäßig tätig ist“.

ihrerseits wiederum andere Politikbereiche berühren, darunter zu fassen. Hieraus entwickelt sich eine Eigendynamik, die nicht nur zu einer ständigen Veränderung seines Inhalts führt, sondern zwangsläufig eine Durchdringung der anderen Politiken durch den Verbraucherschutz fördert. Andererseits ist hierdurch der Verbraucherschutz als eine umfassende Querschnittsaufgabe auf Gemeinschaftsebene, ähnlich der Querschnittsklausel des Art. 175 EGV im Umweltschutzrecht, zu begreifen[212]. Dieses ist nun auch in der Neufassung von Art. 129 a EVG in Art. 153 Abs. 2 EVG infolge des Amsterdamer Vertrages von 1997[213] ausdrücklich festgeschrieben worden[214], wodurch seine umfassende Bedeutung als eigenständiger Bestandteil der Gemeinschaftspolitik nochmals hervorgehoben wird. Darüber hinaus hat der Amsterdamer Vertrag zu einer Neunumerierung von EGV und EUV sowie kleineren Veränderungen und Klarstellungen der Artikel geführt, insbesondere derjenigen, die Bezug zum Verbraucherschutz aufweisen.

(2) Niveaubestimmung des europäischen sowie deutschen Verbraucherschutzes

Zur näheren Konkretisierung des europäischen Verbraucherschutzniveaus könnten die Wertungen, die im europäischen Recht bereits im Primärrecht bestehen, heranzuziehen sein. Wie bereits an anderer Stelle dargelegt, wird der Verbraucherschutz an drei Stellen im EGV erwähnt. Während Art. 3 lit. t) EGV lediglich von einem „Beitrag zur Verbesserung des Verbraucherschutzes" spricht, wird sowohl in Art. 95 Abs. 3 EGV als auch in Art. 153 Abs. 1 EGV von einem „hohen Verbraucherschutzniveau" gesprochen. In Ermangelung einer näheren Definition dieses Begriffes durch den europäischen Normgeber ist zunächst nach einer Vergleichsgröße zu suchen, um das konkrete Maß des europäischen Schutzniveaus bestimmen zu können. Von einem „hohen Schutzniveau" kann nämlich nur gesprochen werden, wenn der Bezug zu einer Größe hergestellt wird, die

[212] Vgl. Oppermann, Thomas, Europarecht, 2. Auflage, 1999, § 29 Rn. 2038.

[213] Amsterdamer Vertrag vom 2.10.1997, BGBl. 1998 II S. 387, ber. BGBl. 1999 II S. 416.

[214] Art. 153 Abs. 2 EGV verlangt, daß „den Erfordernissen des Verbraucherschutzes bei der Festlegung und Durchführung der anderen Gemeinschaftspolitiken und -maßnahmen Rechnung getragen wird".

entweder ein wesentlich geringeres Niveau beschreibt, oder bereits selbst als Bewertungsmaßstab für ein „hohes Niveau“ herangezogen werden kann.

Hierbei erlangt die Ausgangslage für die Entwicklung einer gemeinschaftsrechtlichen Verbraucherschutzpolitik entscheidende Bedeutung. Mit zunehmender Liberalisierung und Deregulierung, insbesondere der Verwirklichung der Niederlassungs- und Dienstleistungsfreiheit, wurde auf den mitgliedstaatlichen Verbraucherschutz eingewirkt. Regelungen über die Niederlassungs- und Dienstleistungsfreiheit regeln direkt oder indirekt den Schutz der Verbraucher, weil die Bedingungen für die freie Niederlassung oder die Erbringung von Dienstleistungen gemeinschaftsweite Regeln enthalten, die die einzelstaatlichen Regeln des Verbraucherschutzes ersetzen oder jedenfalls ergänzen[215]. Die Gemeinschaft war vor die Aufgabe gestellt, eine gemeinschaftsrechtliche Verbraucherschutzpolitik zu entwickeln, die den unterschiedlichen mitgliedstaatlichen Sicherheitsbedürfnissen - die sich wiederum in einander divergierenden Verbraucherschutzniveaus widerspiegeln - angemessen Rechnung trägt, so daß in Anbetracht dieser Ausgangslage die Vergleichsgröße aus den mitgliedstaatlichen Verbraucherschutzniveaus zu ziehen ist.

Fraglich erscheint hierbei nur, ob der europäische Normgeber als maßgebliche Bezugsgröße das durchschnittliche Verbraucherschutzniveau der Mitgliedstaaten ansieht, oder aber von der jeweiligen Extremposition ausgeht. Bedeutung erlangt hierbei, daß ein Ausgleich unterschiedlichster Positionen grundsätzlich zu Lasten von Extrempositionen geht und sich meist auf einem durchschnittlichen Niveau einpendelt. Demzufolge kann das gemeinschaftliche Verbraucherschutzniveau niemals das höchstmögliche Maß an Verbraucherschutz umfassen, so daß der Mitgliedstaat mit dem höchsten Maß an Verbraucherschutz als Vergleichsgröße nicht herangezogen werden kann. Auch kommt nicht das geringste Maß an Verbraucherschutz, das unter den Mitgliedstaaten zu finden ist, als Vergleichsgröße in Betracht. Die Wortwahl „hohes Verbraucherschutzniveau“ im Zusammenhang mit der Aussage des Art. 3 lit. t) EGV, der von einem „Beitrag zur Verbesserung des

---

[215] Krämer, Ludwig in: Groeben/Thiersing/Ehlermann, EU-/EG-Vertrag, Band 3, 5. Auflage, 1999, Art. 129 a, Rn. 7.

Verbraucherschutzes“ spricht, zeigt, daß die gemeinschaftlichen Maßnahmen nicht zu einer allgemeinen Verminderung des bestehenden Verbraucherschutzes führen dürfen.

Es geht vielmehr um eine Verbesserung des Verbraucherschutzes in der Gemeinschaft insgesamt, was nicht notwendigerweise zugleich eine Verbesserung in jedem einzelnen Mitgliedstaat impliziert[216]. Würde man aber als Vergleichsgröße zu dem geforderten „hohen Verbraucherschutzniveau“ dieses geringste Maß heranziehen, dann wäre nicht gewährleistet, daß die verbraucherschützenden Maßnahmen auch zwangsläufig das durchschnittliche Schutzniveau der Mitgliedstaaten erreichen würden. Von einem „hohen Verbraucherschutzniveau“ wäre bei der Wahl dieser Bezugsgröße schon dann auszugehen, wenn das Niveau lediglich geringfügig darüberliegen würde, was nicht zwangsläufig auch dem durchschnittlichen mitgliedstaatlichen Schutzniveau schon entsprechen müßte. Das Ziel der Verbesserung des Verbraucherschutzes wäre insgesamt gefährdet. Als Vergleichsgröße zur Ausfüllung des Begriffs des „hohen Schutzniveaus“ ist somit das durchschnittliche mitgliedstaatliche Schutzniveau heranzuziehen. Um dessen Verbesserung geht es bei Maßnahmen der Gemeinschaft, so daß das Schutzniveau der Gemeinschaft über diesem durchschnittlichen Schutzniveau der Mitgliedstaaten liegen muß[217].

Als weiterer Beleg für die zuvor gewählte Auslegung dieses unbestimmten Begriffs kann angeführt werden, daß die Gemeinschaft sich bei der Verwirklichung des Binnenmarktes in einer Spannungslage befindet, die nicht nur eine Berücksichtigung von Verbraucherschutzinteressen erfordert, sondern auch die Interessen von Herstellern, Händlern und der Allgemeinheit zu beachten hat[218]. Durch das Anstreben eines Höchstmaßes an Verbraucherschutz wäre dem Schutz des Verbrauchers stets ein Vorrang

---

[216] Vgl. Krämer, Ludwig in: Groeben/Thiersing/Ehlermann, EU-/EG-Vertrag, Band 3, 5. Auflage, 1999, Art. 129 a Rn. 12; Reich, Norbert, Zur Theorie des Europäischen Verbraucherrechtes, ZEuP 1994, 381, 394.

[217] Vgl. Krämer, Ludwig in: Groeben/Thiersing/Ehlermann, EU-/EG-Vertrag, Band 3, 5. Auflage, 1999, Art. 129 a Rn. 12.

[218] Vgl. Krämer, Ludwig in: Groeben/Thiersing/Ehlermann, EU-/EG-Vertrag, Band 3, 5. Auflage, 1999, Art. 129 a Rn. 12.

gegenüber den anderen Zielen eingeräumt, der faktisch die Verwirklichung des Binnenmarktes in Frage stellen würde.

Nachdem das Maß des europäischen Schutzniveaus näher analysiert worden ist, bedarf es nun der Untersuchung des deutschen Verbraucherschutzniveaus. Das gemeinschaftsrechtliche Schutzniveau kann auf das deutsche Schutzniveau nur beschränkenden Einfluß ausüben, wenn das deutsche Verbraucherschutzniveau wesentlich über dem durchschnittlichen Schutzniveau der Mitgliedstaaten liegt und eine Sperrwirkung für schutzintensiveres nationales Verbraucherrecht entfaltet.

Im deutschen Recht fehlt eine Regelung des Verbraucherschutzes auf Primärebene. Er erscheint nicht einmal in den Kompetenzvorschriften des Grundgesetzes[219], obwohl das einfache Gesetzesrecht mit zahlreichen verbraucherschützenden Normen durchzogen ist[220]. Infolgedessen sind für die weitere Untersuchung konkrete Wertungen heranzuziehen, die den Begriff des Verbraucherschutzes gleichermaßen auf europäischer als auch auf deutscher Ebene näher ausfüllen, um auf diese Weise eine Vergleichsgröße zur Feststellung von möglicherweise einander differierenden Schutzniveaus zu erhalten.

In diesem Zusammenhang erlangt das Verbraucherleitbild besondere Bedeutung. Hierunter wird das Bild verstanden, welches sich der Gesetzgeber von den schutzwürdigen Rechtspersonen macht, denen er unter dem Schlagwort des Verbraucherschutzes seine Maßnahmen angedeihen läßt.

Das Verbraucherleitbild im europäischen Verbraucherrecht wird stark durch das europäische Verständnis der Verbraucherpolitik als im Kern „Wirtschaftspolitik" geprägt[221]. Der Verbraucher als Nachfrager ist nicht nur ein passiver Empfänger, sondern ein aktives Glied, ohne das Wettbewerb

---

[219] Nach BverfGE 26, 246, 254 fällt es allerdings unter das „Recht der Wirtschaft" nach Art. 74 Abs. 1 Nr. 11 GG.

[220] Vgl. die Nachweise z.B. bei Hippel, Eike von, Verbraucherschutz, 3. Auflage, 1986, S. 10; Kemper, Rainer, Verbraucherschutzinstrumente, 1994, S. 25-29.

[221] Vgl. Heiss, Helmut, Verbraucherschutz im Binnenmarkt, ZEuP 1996, 625, 628.

und somit ein funktionierender Markt nicht möglich ist[222]. Demnach stellt sich Verbraucherpolitik als Verwirklichung von Wahlfreiheit durch die Gewährleistung von Marktzugangsrechten für den „aktiven Marktbürger" bis zu Nachfragefreiheiten für den „Konsumbürger" neben dem Schutz spezifischer Rechtsgüter wie Sicherheit, Gesundheit etc.[223] dar, die ihrerseits mehr von dem Gedanken des „Schutz des Schwächeren" geprägt sind[224].

Der Verwirklichung des Wahlfreiheitspostulates dient die Informationspolitik[225]. Informationen für den verständigen und informierbaren Verbraucher[226] werden somit zu einer Möglichkeit des Selbstschutzes[227]. Und genau diesem Verständnis entspricht es, wenn heute

---

[222] Vgl. Heiss, Helmut, Verbraucherschutz im Binnenmarkt, ZEuP 1996, 625, 626; Beschluß Nr. 283/1999/EG v. 25.1.1999 über einen allgemeinen Rahmen für Gemeinschaftstätigkeiten zugunsten der Verbraucher in: ABl.EG Nr. L 34/1.

[223] Hierbei handelt es sich um die Bereiche Sicherheit, Gesundheit, Zugang zum Recht und Mitwirkung an der Rechtsdurchsetzung, welche schon in den ersten Verbraucherschutzprogrammen der Gemeinschaft ihren Niederschlag gefunden haben, vgl. die Ausführungen unter Teil 2, B I 1 a) (1) S. 63 ff.

[224] Vgl. Reich, Norbert, Zur Theorie des Europäischen Verbraucherrechtes, ZEuP 1994, 381, 387; Dreher, Meinrad, Der Verbraucher – Das Phantom in den opera des europäischen und deutschen Rechts, JZ 1997, 167, 171.

[225] Die Organe der Europäischen Gemeinschaft haben in ihren Festlegungen zur Verbraucherpolitik von Anfang an die besondere Priorität der Verbraucherinformation betont, vgl. die Verbraucherschutzprogramme von 1975, ABl.EG 1975, Nr. C 92/1, und von 1981, Abl.EG 1981, Nr. C 133/1, sowie die Entschließung des Rates v. 23.6.1986 betreffend die künftige Ausrichtung der Politik der Gemeinschaft zum Schutz und zur Förderung der Interessen der Verbraucher, ABl.EG 1986, Nr. C 167/1ff.; den Aktionsplan 1993-1995 auch erschienen als BR Drucksache 724/93 sowie die verbraucherpolitischen Prioritäten 1996-1998 Dok. KOM (95) 519 vom 31.10.1995.

[226] Der „verständige" Verbraucher als europarechtliches normatives Leitbild, vgl. hierzu schon EuGH, Urt. v. 20.2.1979 – Rs. 120/78 = Slg. 1979, 649 ff. (Cassis de Dijon) = NJW 1979, 1766. Es handelt sich hierbei um eine sehr frühe Entscheidung des EuGH, die dieses Leitbild bereits vorgezeichnet hat.

[227] Vgl. Dreher, Meinrad, Der Verbraucher – Das Phantom in den opera des europäischen und deutschen Rechts, JZ 1997, 167, 171; wie ein roter Faden zieht sich die Prämisse des EuGH durch das Fallrecht, der Information den Vorzug gegenüber umfassenderen Schutzvorschriften zu geben, vgl. neben Rs. C-362/88 GB-Inno-BM, Slg. 1990, I-667

in Anlehnung an die Judikatur des EuGH von einem „mündigen Verbraucher“ gesprochen wird[228], von dem auch ein Mindestmaß an Kritikfähigkeit erwartet werden kann[229]. Dieser soll im Binnenmarkt als ein privatautonom handelnder Akteur auftreten; damit bedarf er keiner paternalistischer Fürsorge, sehr wohl aber einer Sicherung seiner privatautonomen Entscheidungsfähigkeit[230]. Letztlich und wiederum in Anlehnung an die Judikatur des EuGH wird konsequent gefordert, Verbraucherschutz im Binnenmarkt müsse - jedenfalls soweit möglich - im Wege marktkomplementärer Schutzinstrumente verwirklicht werden[231].

Einen ersten Indikator dafür, welchem Verbraucherleitbild Deutschland im Vergleich zu Europa folgt, stellt die Umsetzungsgesetzbegung dar. Hier zeigt sich, daß der deutsche Gesetzgeber immer wieder ganz erheblich über die gesetzen Mindestanforderungen bestimmter verbraucherschützenden EG-Richtlinien[232] hinausgeht. Er hält den Verbraucher für wesentlich schutzwürdiger als der europäische Gesetzgeber[233]. Insbesondere sieht er die Verbraucherinformation nicht als ausreichende Schutzmaßnahme an. Bezeichnend für diese Sichtweise ist zum Beispiel die Umsetzung der

---

(Befristete Sonderangebote und Eigenpreisvergleiche) z.B. auch Rs. C-126/91 Yves Rocher, Urteil vom 18.5.1993 (Preisgegenüberstellungen) Rn. 16-18.

[228] Vgl. Reich, Norbert, Europäisches Verbraucherschutzrecht, 2. Auflage, 1993, S. 83 unter Verweis auf EuGH 25.4.1985 Slg. 1985, 1201; Meyer, Alfred Hagen, Das Verbraucherleitbild des Europäischen Gerichtshofs – Abkehr vom „flüchtigen Verbraucher“, WRP 1993, 215ff.

[229] Vgl. Dauses, Manfred A., Die Rechtsprechung des EuGH zum Verbraucherschutz und zur Werbefreiheit im Binnenmarkt, EuZW 1995, 425, 429.

[230] Vgl. Krämer, Ludwig, EWG-Verbraucherrecht, 1985, S. 113ff.; Reich, Norbert, Privatrecht und Verbraucherschutz, 1995, S. 11-12. Auch das BVerfG versteht Information als Voraussetzung des paritätischen Verhandlungsgleichgewichts, das Privatautonomie erst ermöglicht, vgl. BVerfGE 89, 214, 231 ff. = NJW 1994, 36.

[231] Vgl. Reich, Norbert, Europäisches Verbraucherschutzrecht, 2. Auflage, 1993, S. 399.

[232] Vgl. z.B. das deutsche Haustürwiderrufgesetz im Vergleich zur entsprechenden Richtlinie 85/577/EWG, ABl.EG 1985, Nr. L 372/31-32.

[233] Vgl. Dreher Meinrad, Der Verbraucher – Das Phantom in den opera des europäischen und deutschen Rechts, JZ 1997, 167, 172.

Verbraucherkredit-Richtlinie[234]. Hier hat es der deutsche Gesetzgeber nicht bei den vorgeschriebenen Informationszwängen der Kreditgeber gegenüber den Verbrauchern als Kreditnehmern belassen. Er hat vielmehr - weit über die Richtlinie hinausgehend - dem Verbraucher auch ein Widerrufsrecht zugestanden[235]. Auch das deutsche Wettbewerbsrecht zeichnet das Bild eines hilflosen durch Information überforderten - insbesondere von Irreführung bedrohten - Verbrauchers nach[236]. Dieses Bild wird auch von der deutschen Rechtsprechung durch die Vorstellung vom flüchtigen und unkritischen Verbraucher geteilt[237], und manifestiert sich letztlich in der mittlerweile auch das Zivilrecht[238] beherrschenden Auffassung vom Verbraucher als einem unmündigen, hilflosen und daher in weitem Umfang staatlicher Rechtsfürsorge bedürfenden Subjekt.

Diese Vorstellung von einem unmündigen im Vergleich zu einem mündigen, informierbaren Verbraucher im EG-Recht verlangt - per se - ein wesentlich über dem europäischen Niveau angesiedeltes deutsches Schutznivau. Ein geringeres Maß an Verbraucherschutz kann nämlich nur durch die Möglichkeit von Selbstschutz kompensiert werden, welches eine Sichtweise von Eigenverantwortlichkeit und Mündigkeit des Verbrauchers

---

[234] ABl.EG Nr. L 42/48-53 v. 12.2.1987.

[235] Vgl. § 7 VerbrKrG.

[236] Vgl. hierzu unter anderem § 6a und 6b UWG, wonach auf die Hersteller- und Großhändlereigenschaft nur unter den dort genannten Voraussetzungen hingewiesen werden darf. Dahinter steht eine besondere Schutzwürdigkeit der Verbraucher, da mit dem Hinweis auf die Hersteller- oder Großhändlereigenschaft typischerweise die Irreführung des Verbrauchers verbunden sei, stets preisgünstig einzukaufen. Vgl. auch Köhler, Helmut, EG-Recht, nationales Wettbewerbsrecht und Verbraucherschutz, JuS 1993, 447, 449.

[237] Vgl. KG EuZW 1994, 541 Leitsatz 1 und 2; BGH GRUR 1991, 850, 851.

[238] Vgl. hierzu die strenge Rechtsprechung zu den Instruktions- und Produktbeobachtungspflichten der Hersteller, z.B. BGH ZIP 1994, 374, 377 (Kindertee II) sowie BGH ZIP 1995, 747 (Kindertee III); die Rechtsprechung zur Widerrufsbelehrung im Versicherungsrecht, vgl. BGH VersR 1996, 221, 222; die Rechtsprechung zur ausdehnenden Rechtsprechung des Verbraucherkreditgesetzes, z.B. BGH WM 1996, 1258 zur analolgen Anwendung des VerbrKrG auf den Beitritt einer GmbH-Geschäftsführerin zur Schuld der GmbH unter Berufung auf den notwendigen Verbraucherschutz.

voraussetzt[239]. Im Umkehrschluß hieraus erfordert das deutsche Verbraucherleitbild des unmündigen Verbrauchers nahezu einen höchstmöglichen Verbraucherschutz, so daß eine Divergenz zwischen dem deutschen und dem europäischen Verbraucherschutzniveau zu bejahen ist.

(3) Durchsetzbarkeit des europäischen Schutzniveaus

Trotz der bestehenden Divergenz zwischen deutschem und europäischem Verbraucherschutzniveau wäre diese im Hinblick auf unsere Ausgangsfrage[240] nur beachtlich, wenn das europäische Schutzniveau auch verbindlich - im Sinne einer Sperrwirkung für schutzintensiveres nationales Recht - durchgesetzt werden könnte. Eine eigene europäische Ausprägung des Verbraucherschutzes würde dann auch faktisch Bedeutung erlangen, indem die Möglichkeit für eine eigenständige von den Wertungen einzelner Mitgliedstaaten losgelöste Verbraucherschutzpolitik eröffnet ist[241]. Letztlich geht es hierbei um die generelle Frage des Umfangs der Bindung durch Richtlinien, so daß im folgenden zu klären ist, inwiefern im Rahmen des Verbraucherschutzrechts eine Harmonisierung auch mit festen Standards in die Kompetenz der Gemeinschaft fällt. Wäre dies zu verneinen, weil man zu der Auffassung gelangt, daß im Verbraucherschutzrecht schlechthin das Mindeststandardprinzip herrscht, wäre die Divergenz zwischen dem europäischen und deutschen Schutzniveau für die weitere Untersuchung irrelevant. Den Mitgliedstaaten wäre ausdrücklich zugestanden, höhere Schutzniveaus anzulegen, so daß ein niedrigeres europäisches Verbraucherschutzniveau gerade keinen beschränkenden Einfluß mehr ausüben könnte.

---

[239] So auch Ahlfeld, Martin, Zwingende Erfordernisse im Sinne der Cassis-Rechtsprechung des Europäischen Gerichtshofs zu Art. 30 EGV, 1997, S. 119, der der Auffassung ist, daß ein umsichtiger und durchschnittlicher Verbraucher weniger Schutz bedarf als ein unmündiger und uninformierter (flüchtiger Verbraucher), da ersterer sich bis zu einem gewissen Grad selbst zu schützen vermag.

[240] Vgl. die Ausführungen unter Teil 2 B I 1 S. 60 ff.

[241] In diesem Sinne äußert sich auch Köhler, Helmut, EG-Recht, nationales Wettbewerbsrecht und Verbraucherschutz, JuS 1993, 447, 449, 450, der als Fazit seiner Untersuchung einiger EuGH-Fälle feststellt, „daß der EuGH den Begriff des „Verbraucherschutzes“ eigenständig und nicht unter Rückgriff auf nationale Regelungen definieren will“.

Zwar beschränkt Art 3 lit. t) EGV die Tätigkeit der Gemeinschaft auf einen „Beitrag zur Verbesserung des Verbraucherschutzes". Dies besagt aber nur, daß der Verbraucherschutz nicht als Ganzes in die Hände der Gemeinschaft gelegt werden soll, sondern daß neben der Gemeinschaft auch die Mitgliedstaaten für den Schutz der Verbraucher verantwortlich sind[242]. Der Wortlaut ändert letztlich aber nichts an einer Kompetenz der EG zu eigenständiger Verbraucherpolitik[243], und läßt ferner noch keine Aussage über die grundsätzliche Zulässigkeit von abschließenden Regelungen im Rahmen des Verbraucherschutzes zu. Eine Sperrwirkung würde die Mitgliedstaaten nämlich grundsätzlich nicht an der Erbringung ihres Beitrages zum Verbraucherschutz hindern. Ihr Beitrag müßte sich lediglich im Rahmen des europäischen Schutzniveaus bewegen.

Etwas anderes könnte sich aber im Zusammenhang mit dem in Art. 5 EGV niedergelegten Subsidiaritätsprinzips ergeben. Infolge der nicht ausschließlichen Zuständigkeit der EG im Bereich des Verbraucherschutzes könnte man nämlich geneigt sein, aus Art. 5 Unterabsatz 2 EGV eine grundsätzliche Zuständigkeitsvermutung zugunsten der Mitgliedstaaten herleiten zu wollen. Die Konsequenz wäre nicht nur eine Verneinung einer beschränkenden Wirkung des europäischen Verbraucherschutzrechts auf schutzintensiveres nationales Verbraucherrecht, sondern es wäre auch der Rückzug der Gemeinschaft aus dem Politikbereich des Verbraucherschutzes vorprogrammiert[244].

Das Subsidiaritätsprinzip schränkt jedoch weder die der Gemeinschaft gesetzten Ziele[245] noch die ihr im EG-Vertrag zugewiesenen Befugnisse zur

---

[242] Vgl. Micklitz, Hans W./ Reich, Norbert, Verbraucherschutz im Vertrag über die Europäische Union, EuZW 1992, 593; Krämer, Ludwig in: Groeben/Thiersing/Ehlermann, EU-/EG-Vertrag, Band 3, 5. Auflage, 1999, Art. 129 a EGV, Rn. 11.

[243] Vgl. Heiss, Helmut, Verbraucherschutz im Binnenmarkt, ZEuP 1996, 625, 633.

[244] Derartige Versuche durch die Mitgliedstaaten erwähnen auch schon Micklitz, Hans W./ Reich, Norbert, Verbraucherschutz im Vertrag über die Europäische Union, EuZW 1992, 593, 594.

[245] Hiermit ist das Ziel des Art. 3 lit. t) EGV gemeint: „Der Beitrag zur Verbesserungs des Verbraucherschutzes".

Verwirklichung dieser Gemeinschaftsziele ein[246]. Art. 5 Unterabsatz 2 EGV bestimmt vielmehr, wer von zwei konkurrierend Zuständigen tätig werden darf und tätig zu werden hat. Sind beide in der Lage, ein der Gemeinschaft gesetztes Ziel zu verwirklichen, entscheidet die Gemeinschaft dieses zugunsten und zu Lasten der Mitgliedstaaten: Sie können tätig werden, müssen es aber auch. Er regelt damit gerade nicht die Kompetenzverteilung, sondern die Kompetenzwahrnehmung[247].

Der Verweis auf das Subsidiaritätsprinzip ist auch aus einem weiteren Gesichtspunkt nicht überzeugend: Der Gemeinschaft steht in den Bereichen, die einen Binnenmarktbezug haben, aber gleichzeitig dem Ziel eines hohen Verbraucherschutzes verpflichtet sind[248] eine ausschließliche Zuständigkeit zu, so daß das Subsidiaritätsprinzip gerade keine Geltung beansprucht[249]. Mangels einer vollständigen Kompetenzverlagerung zugunsten der Mitgliedstaaten besteht für die EG - in den Ausübungsgrenzen des Subsidiaritätsprinzips - nach wie vor Raum für eine eigenständige Verbraucherpolitik und deren Durchsetzbarkeit. Der Hinweis auf das Subsidiaritätsprinzip führt somit zu keiner Unbeachtlichkeit der Diskrepanz zwischen dem europäischen und dem deutschen Schutzniveau.

Jedoch stellt sich die Frage, ob eine Regelung auf festem Niveau, die eine Sperrwirkung für darüber hinaus gehendes Recht erzeugt, im Rahmen des Verbraucherschutzes nicht an der Forderung der Art. 95 Abs. 3 und 153 Abs. 1 EGV nach einem „hohen Schutzniveau" in Verbindung mit dem Ziel der „Verbesserung des Verbraucherschutzes" des Art. 3 lit. t) EGV scheitert. All diesen Forderungen ist ein sogenanntes „dynamisches

---

[246] Vgl. Schwartz, Ivo E., Subsidiarität und EG-Kompetenzen, AfP 1993, 409, 411; Zuleeg, Manfred, in: Groeben/Thiersing/Ehlermann, EU-/EG-Vertrag, Band 1, 5. Auflage, 1999, Art. 3 b Rn. 17.

[247] Vgl. Schwartz, Ivo E., Subsidiarität und EG-Kompetenzen, AfP 1993, 409, 411; Zuleeg, Manfred, in: Groeben/Thiersing/Ehlermann, EU-/EG-Vertrag, Band 1, 5. Auflage, 1999, Art. 3 b Rn. 17.

[248] Vgl. Art. 3 lit. c) EGV in Verbindung mit Art. 95 EGV.

[249] Art. 5 Abs. 2 EGV: „In den Bereichen, die nicht in ihre ausschließliche Zuständigkeit fallen, wird die Gemeinschaft nach dem Subsidiaritätsprinzip nur tätig [...]"; vgl. auch Reich, Norbert, Zur Theorie des Europäischen Verbraucherrechtes, ZEuP 1994, 381, 403-404.

Element" der Veränderung immanent[250]. Die Wahl des unbestimmten Rechtsbegriffs des „hohen Schutzniveaus" statt einer konkreten Definition des Verbraucherschutzniveaus durch den europäischen Normgeber stellt ein Indiz für eine generelle Ermöglichung der Anpassung des Schutzniveaus an sich verändernde Umstände dar. Besonders deutlich belegt dies der Wortlautvergleich des „alten" Art. 100 a Abs. 3 EGV mit dem „neuen" Art. 95 Abs. 3 EGV. Nun heißt es nicht mehr nur, daß „die Kommission [...] in den Bereichen [...] und Verbraucherschutz von einem hohen Schutzniveau ausgeht", sondern es wurde für das Ziel des hohen Verbraucherschutzniveaus ausdrücklich die Forderung nach „Berücksichtigung aller auf neuen Entwicklungen gestützten wissenschaftlichen Ergebnissen" erhoben. Auch die Wortwahl des Art. 3 lit. t) EGV im Zusammenhang mit Art. 2 EGV, der als Aufgabe der Gemeinschaft unter anderem die Hebung der Lebenshaltung und der Lebensqualität nennt, weist auf eine derartige Dynamik im Sinne einer Fortentwicklung hin. Eine Kompetenz der EG zur Harmonisierung auch mit abschließenden Standards, z.B. in Höhe des gemeinschaftsrechtlich definierten Verbraucherschutzniveaus, berührt die Dynamik des Gemeinschaftsrechts an sich nicht, da sich hieraus keine Bindung der Gemeinschaft für die Zukunft ergibt. Entscheidend ist vielmehr, ob eine Verantwortung für das Ziel der Fortentwicklung des Verbraucherschutzes auch bei den Mitgliedstaaten liegt, und diese durch eine derartige Regelung an der Erfüllung ihrer Aufgabe gehindert wären.

Zwar wird in den oben genannten Artikeln lediglich die Gemeinschaft ausdrücklich zu dem Ziel des „hohen Verbraucherschutzniveaus" verpflichtet, aber eine Relativierung tritt durch die Einschränkung auf „einen Beitrag der Gemeinschaft" hinsichtlich der genannten Ziele in Art. 153 Abs. 3 iVm Abs. 1 EGV sowie Art. 3 lit. t) EGV ein. Ein „Beitrag" erfordert - per se - eine Mitwirkung von anderer Seite und impliziert zugleich auch eine Mitwirkung in dieselbe Richtung, da ansonsten der Beitrag im Hinblick auf das Ziel sinnlos werden würde. Daher wird aus dem Grundsatz der Gemeinschaftstreue nach Art. 10 EGV verbreitet gefolgert, die Mitgliedstaaten müßten durch eigene Maßnahmen das Ziel erreichen,

---

[250] Vgl. Micklitz, Hans W./ Reich, Norbert, Verbraucherschutz im Vertrag über die Europäische Union, EuZW 1992, 593, 595.

das sie für die Gemeinschaft gesetzt haben[251]. Nötig sei eine permanente Fortschreibung des Verbraucherschutzes im Sinne einer Optimierungspflicht durch die Mitgliedstaaten, um zu einem hohen Verbraucherschutzniveau zu gelangen[252].

Mit dieser Forderung könnte die Zulässigkeit einer Regelung auf festen Niveau in Konflikt geraten, da infolge der Sperrwirkung die Gefahr eines „Stand-Still" nationaler Gesetzgebung in diesem Regelungsbereich droht[253] Eine Lösung könnte in der Erwägung eines generellen Mindeststandardprinzips im Verbraucherschutzrecht zu sehen sein, das den Mitgliedstaaten die Möglichkeit der Beibehaltung sowie der Ergänzungen und Verschärfungen von Schutzmaßnahmen eröffnen würde[254]. Sie wären in die Lage versetzt, flexibel auf sich verändernde wirtschaftliche und soziale Umstände zu reagieren. Eine Anpassung könnte über nationales Recht erfolgen, und in Verbindung mit einer wiederkehrenden Pflicht der Gemeinschaft, das europäische Schutzniveau an dasjenige fortschrittlicherer Länder anzupassen[255], könnten sie das Verbraucherschutzniveau in der Gemeinschaft insgesamt im Sinne einer Optimierung fortschreiben[256].

Eine derartig weitgehende Verpflichtung der Mitgliedstaaten verbunden mit der Forderung nach einem generellen Mindeststandardprinzip aus dem Grundsatz der Gemeinschaftstreue herleiten zu wollen, erscheint aus verschiedenen Gesichtspunkten zweifelhaft: Bezugspunkt und Maßstab für den Umfang etwaiger Mitwirkungspflichten ist allein der Inhalt des EG-

---

[251] Vgl. Reich, Norbert, Zur Theorie des Europäischen Verbraucherrechtes, ZEuP 1994, 381, 406; Micklitz, Hans W./ Reich, Norbert, Verbraucherschutz im Vertrag über die Europäische Union, EuZW 1992, 593, 595; Grub, in: Carl Otto Lenz (Hrsg.), EG-Vertrag, Kommentar, 2. Auflage, 1999, Art. 153 Rn. 6-7.

[252] Vgl. Grub, in: Carl Otto Lenz (Hrsg.), EG-Vertrag, Kommentar, 2. Auflage, 1999, Art. 153 Rn. 7.

[253] Vgl. Lutter, Marcus, Zum Umfang der Bindung durch Richtlinien, in: Marcus Lutter, Jürgen Schwarze (Hrsg.), Ole Due, Festschrift für Ulrich Everling I, 1995, 765, 766.

[254] Vgl. Art. 153 Abs. 5 EGV, der den Begriff der Mindeststandardregelung umschreibt.

[255] Vgl. Micklitz, Hans-W./ Reich, Norbert, Verbraucherschutz im Vertrag über die Europäische Union, EuZW 1992, 593, 595 m.w.N.

[256] Vgl. Lutter, Marcus, Zum Umfang der Bindung durch Richtlinien, in: Marcus Lutter, Jürgen Schwarze (Hrsg.), Ole Due, Festschrift für Ulrich Everling I, 1995, 765, 777.

Vertrages, insbesondere die Vertragsziele[257], so daß sich eine derartige Optimierungspflicht aus dem Vertrag selbst ergeben müßte. Gem. Art. 10 Unterabsatz 1 S. 1 EGV „treffen die Mitgliedstaaten alle geeigneten Maßnahmen [...] zur Erfüllung der Verpflichtungen, die sich aus diesem Vertrag [...] ergeben“. Gem. Satz 2 erleichtern sie der Gemeinschaft „die Erfüllung ihrer Aufgabe“. Wie bereits im Rahmen der Auslegung des gemeinschaftsrechtlichen Schutzniveaus erörtert[258], kann das europäische Verbraucherschutzniveau niemals ein Höchstmaß im Sinne eines Optimums einnehmen, da es sich in einem Umfeld unterschiedlichster mitgliedstaatlicher Sicherungsbedürfnisse bewegt und diese aufeinander zuführen soll. Ebenfalls ist einer Optimierung des Verbraucherschutzes durch die Gewährleistung und Verwirklichung der übrigen Ziele des Vertrages Grenzen gesetzt. Es geht um das Erreichen eines effektiven Verbraucherschutzes, der zugleich den Funktionsinteressen der übrigen Ziele angemessen Rechnung trägt[259], zumal sich ein Vorrang des Verbraucherschutzes vor den anderen Zielen des EG-Vertrages gerade nicht begründen läßt[260].

Diesem Spannungsverhältnis sind die Mitgliedstaaten über Art. 10 EGV gleichermaßen ausgesetzt, so daß eine Verpflichtung zur Fortschreibung des Verbraucherschutzes im Sinne einer Optimierung zwangsläufig mit der ihnen obliegenden Beachtung und Unterstützung der übrigen Vertragsziele korrelieren müßte. Darüber hinaus würde sich die Gefahr einer einseitigen Überbewertung des Verbraucherschutzes und das Entstehen erneuter Wettbewerbsverzerrungen durch ein generelles Mindeststandardprinzip potenzieren[261]. Daß dies gerade nicht gewollt ist, zeigen die in Art. 153 Abs. 5 EGV und Art. 95 Abs. 4 und 5 EGV festgeschriebenen

---

[257] Vgl. Zuleeg, Manfred, in: Groeben/Thiersing/Ehlermann, Eu-/EG-Vertrag, Band 1, 5. Auflage, 1999, Art. 5 Rn. 8.

[258] Vgl. hierzu die Ausführungen unter Teil 2, B I a) (2) S. 67 ff.

[259] Vgl. hierzu Art. 95 Abs. 3 EGV sowie Art. 153 Abs. 3 a) EGV, der den Bezug zwischen der Herstellung des Binnenmarktes und der Beachtung eines „hohen Verbraucherschutzniveaus“ herstellt.

[260] Vgl. Krämer, Ludwig, in: Groeben/Thiersing/Ehlermann, Eu-/EG-Vertrag, Band 3, 5. Auflage, 1999, Art. 129 a Rn. 30.

[261] Vgl. Heiss, Helmut, Verbraucherschutz im Binnenmarkt, ZEuP 1996, 625, 634.

Ausschermöglichkeiten für die Mitgliedstaaten. Zwar stellt Art. 153 Abs. 5 EGV in Verbindung mit Art. 153 Abs. 3 b) EGV ausdrücklich klar, daß die Gemeinschaft im nicht binnenmarktfinal ausgerichteten Bereich nur Mindeststandards aufstellen kann; ein Ausscheren der Mitgliedstaaten im Sinne höherer Schutzniveaus sohin zulässig ist.

Dagegen erfaßt die Regelung des Art. 153 Abs. 5 EGV die Maßnahmen der Gemeinschaft, die diese im Rahmen der Verwirklichung des Binnenmarktes nach Art. 95 EGV erläßt, gerade nicht, wie sich aus Art. 153 Abs. 5 und 4 EGV ergibt. Für die binnenmarktorientierte Rechtsangleichung gelten allein die Ausschermöglichkeiten des Art. 95 Abs. 4 und 5 EGV, welche die Möglichkeit der Beibehaltung bzw. Schaffung schutzintensiveren nationalen Rechts nicht nur als Ausnahme formulieren, sondern auch an bestimmte Voraussetzungen knüpfen. Damit wird zugleich klargestellt, daß es der Gemeinschaft in diesem Bereich grundsätzlich möglich ist, eine Harmonisierung auf festem Niveau durchzuführen, da es ansonsten keiner derartigen Ausnahmeregelung bedarf. Wäre auch in diesem Bereich von einem generellen Mindeststandardprinzip auszugehen, dann hätte der europäische Normgeber zum einen die Ausscherregel des Art. 95 Abs. 4 und 5 EGV nicht wesentlich restriktiver als die des Art. 153 Abs. 5 EGV gefaßt. In der Aufzählung des Art. 95 Abs. 4 und 5 EGV fehlt eine Ausschermöglichkeit zum Schutz der ökonomischen Interessen der Verbraucher. Zum anderen hätte im Zuge der Änderungen durch den Amsterdamer Vertrag ein dahingehender Wille des europäischen Normgebers durch eine klarstellende Einbeziehung auch binnenmarkterheblicher Maßnahmen unter Art. 153 Abs. 5 EGV erfolgen können.

Auch der Vorschlag einiger Autoren[262], das Subsidiaritätsprinzip stärker mit dem Mindeststandardprinzip zu verbinden, kann über den Wortlaut des Art. 95 EGV hinaus kein generelles Mindeststandardprinzip im binnenmarkterheblichen Bereich begründen. Ausgangspunkt der Argumentation ist Art. 3 lit. t) EGV. Hieraus wird nicht nur die fehlende Alleinkompentz der Gemeinschaft im Bereich des Verbraucherschutzes begründet, um zu einer Anwendung des Subsidiariätsprinzips des

---

[262] Vgl. Micklitz, Hans-W./Reich, Norbert, Verbraucherschutz im Vertrag über die Europäische Union, EuZW 1992, 593, 594.

Art. 5 Unterabsatz 2 EGV zu gelangen, sondern mit dem Verweis auf den „Beitrag" der Gemeinschaft auch der Versuch unternommen, Subsidiarität als Einschränkung der gemeinschaftlichen Kompetenz im Verbraucherschutz zu begreifen. Notwendige Folge dieses Verständnisses von Subsidiarität als Kompetenzregelung wäre der Erlaß von Mindeststandards. Jedoch übersehen die Verfasser im Rahmen ihrer Argumentation zwei wesentliche Punkte: Zum einen findet das Subsidiaritätsprinzip im Rahmen des Art. 95 EGV keinerlei Anwendung. Die Errichtung und das Funktionieren des Binnenmarktes fällt in die alleinige Kompetenz der Gemeinschaft[263]. Es fehlt daher schon an der zwingenden Voraussetzung der konkurrierenden Zuständigkeit für eine Anwendbarkeit des Subsidiaritätsprinzips[264]. Zum anderen regelt das in Art. 5 Unterabsatz 2 EGV angeordnete Prinzip lediglich die Kompetenzausübung. Liegen die Voraussetzungen für ein Tätigwerden der Gemeinschaft nach Art. 5 Unterabsatz 2 EGV vor, so kann sie die erforderlichen Maßnahmen ergreifen. Lediglich im Rahmen der Erforderlichkeitsüberprüfung des Art. 5 Unterabsatz 3 EGV, welches auch im Bereich der ausschließlichen Zuständigkeit zu beachten ist[265], bedarf es einer Untersuchung, ob die Herstellung und das Funktionieren des Binnenmarktes abschließende Regelungen erfordern, oder ob auch Mindeststandards dem Erforderlichkeitskriterium Genüge tun[266]. Dies führt aber zu keinem generellen Mindeststandardgebot, da im Einzelfall durchaus abschließende Regelungen erforderlich sein können.

Unabhängig hiervon stellt sich die Frage, ob durch das in Art 95 Abs. 3 , 153 Abs. 1 EGV angeordnete „hohe Schutzniveau" eine generelle Aussage über das von der Gemeinschaft anzustrebende Schutzniveau getroffen wurde. Art. 95 Abs. 1 EGV, auf den sich auch Art. 153 Abs. 3 a) EGV bezieht, bestimmt ausdrücklich, daß die dort getroffene Regelung „für die

263 Vgl. Art. 14 EGV.

264 Vgl. Wortlaut des Art. 5 Unterabsatz 2 EGV.

265 Zur Anwendbarkeit auch im Bereich ausschließlicher Zuständigkeit vgl. Müller-Graff, Peter Christian, Binnenmarktauftrag und Subsidaritätsprinzip, ZHR 159, (1995) 34, 71 ff.

266 Vgl. Heiss, Helmut, Verbraucherschutz im Binnenmarkt, ZEuP 1996, 625, 636.

Verwirklichung der Ziele des Art. 14 EGV“ nur herangezogen werden kann, „soweit in diesem Vertrag nichts anderes bestimmt ist“. Für die Grundfreiheiten, insbesondere die Dienstleistungsfreiheit, deren Verwirklichung die Dritte Richtlinie Schadenversicherung dient, bestehen aber spezielle Vorschriften[267], die allerdings das „hohe Maß an Verbraucherschutz“ nicht explizit erwähnen. Würde das Erreichen eines hohen Schutzniveaus dort gerade keine Geltung beanspruchen, hätte die Frage der Ermöglichung der Fortschreibung des hohen Verbraucherschutzes durch die Mitgliedstaaten keine Bedeutung, so daß sich die oben dargelegte Problematik abschließender Regeln in diesem Bereich gar nicht stellt.

Es ist daher zu klären, ob das „hohe Maß an Verbraucherschutz“ auch ohne ausdrückliche Erwähnung in diesen speziellen Vorschriften zu berücksichtigen ist. Dies wäre zu bejahen, wenn man aus Art. 95 EGV als allgemeine Regelung zur Verwirklichung des Binnenmarktes den Schluß ziehen könnte, daß der Inhalt der allgemeinen Norm zwangsläufig in der Spezialnorm mitenthalten ist. Jedoch gilt zu bedenken, daß die Aufgabe einer Spezialregelung darin besteht, einen von der allgemeinen Regelung gerade nicht zu erfassenden Sonderfall Rechnung zu tragen. Ein derartiger Sonderfall kann aber gerade eine inhaltliche Abweichung von der allgemeinen Norm beinhalten, so daß der Inhalt der allgemeinen Regelung nicht zwangsläufig auf die speziellere Norm übertragbar ist. Mit diesem Argument läßt sich die Berücksichtigung „eines hohen Schutzniveaus“ im Rahmen spezieller Vorschriften des EGV zur Verwirklichung des Binnenmarktes nicht herleiten.

Hieraus sodann den Umkehrschluß ziehen zu wollen, daß die Gemeinschaft in diesen Bereichen gerade keine Verpflichtung zur Erreichung eines „hohen Maßes an Verbraucherschutz“ trifft und somit das Schutzniveau beliebig festschreiben kann[268], erscheint auch mit Blick auf die Änderungen durch den Amsterdamer Vertrag begründungsbedürftig:

Schon vorher wurde der Einwand vorgebracht, daß die Rechtsgrundlage nicht für den jeweiligen Schutz des Verbrauchers maßgeblich sein könne.

---

[267] Vgl. Art. 55, 45-48 EGV.

[268] So Krämer, Ludwig, in: Groeben/Thiersing/Ehlermann, EU-/EG-Vertrag, Band 3, 5. Auflage, 1999, Art. 129 a Rn. 18, der aber an einer inneren Berechtigung für eine derartige Unterscheidung zweifelt.

Entscheidendes Kriterium müsse allein der Schutz der Verbraucher sein, wenn man den Verbraucherschutz an sich fördern möchte[269]. Dieser Einwand könnte im Zusammenhang mit der klarstellenden Formulierung „der Gewährleistung eines hohen Verbraucherschutzniveaus" als Ziel der Gemeinschaft in Art. 153 Abs. 3 in Verbindung mit Abs. 1 EGV und der Einfügung des Absatzes 2 des Art. 153 EGV, noch an Bedeutung gewonnen haben. Zumal nach Art. 153 Abs. 2 EGV der Verbraucherschutz nun ausdrücklich als eine Querschnittsaufgabe auf Gemeinschaftsebene begriffen wird, indem „den Erfordernissen des Verbraucherschutzes bei der Festlegung und Durchführung der anderen Gemeinschaftspolitiken und – maßnahmen Rechnung zu tragen ist"[270].

Eine Relativierung tritt jedoch dadurch ein, daß lediglich von „den Erfordernissen des Verbraucherschutzes" ohne einen Verweis auf ein „hohes Schutzniveau" im Rahmen des Art. 153 Abs. 2 EGV gesprochen wird. Dies spricht wiederum für die Auffassung, eine Berücksichtigung eines „hohen Schutzniveaus" nur bei einer ausdrücklichen Erwähnung zuzulassen. Jedoch gilt zu bedenken, daß durch die Aufwertung des Verbraucherschutzes als eine von der Gemeinschaft wahrzunehmende Querschnittsaufgabe ein angemessener Verbraucherschutz ebenfalls im Rahmen einer Art. 95 EGV verdrängenden Spezialnorm zu beachten ist. Dies verwehrt der Gemeinschaft die Festschreibung eines beliebigen Schutzniveaus in diesen speziellen Bereichen. Es ist daher nicht davon auszugehen, daß das Erreichen eines „hohen Schutzniveaus" dort grundsätzlich keinerlei Geltung beansprucht. Wie bereits vorher dargelegt, impliziert die Verpflichtung eines „hohen Verbraucherschutzniveaus" kein generelles Mindeststandardprinzip, so daß durchaus die Möglichkeit abschließender Regelungen für die Gemeinschaft besteht.

(4) Ergebnis

Im Rahmen des Verbraucherschutzes fällt eine Harmonisierung mit festen Standards auch in die Kompetenz der Gemeinschaft. Sie kann eine

---

[269] So Krämer, Ludwig, in: Groeben/Thiersing/Ehlermann, EU-/EG-Vertrag, Band 3, 5. Auflage, 1999, Art. 129 a Rn. 18.

[270] Vgl. Oppermann, Thomas, Europarecht, 2. Auflage, 1999, § 29 Rn. 2038, 2040.

eigenständige europäische Verbraucherschutzpolitik über die Möglichkeit der Durchsetzbarkeit ihres Schutzniveaus verwirklichen.

Die Behauptung einer umfassenden Pflicht der Mitgliedstaaten zur Fortschreibung des Verbraucherschutzes im Sinne einer Optimierung ist demnach so nicht haltbar. Es ist eine differenziertere Betrachtungsweise notwendig, um die Bedeutung der Ausschermöglichkeiten zwar als eine Grundverantwortung der Mitgliedstaaten für das Ziel der Sicherstellung eines „hohen Schutzniveaus" in der Gemeinschaft insgesamt zu begreifen, die ihnen auch die Möglichkeit der Fortschreibung des Verbraucherschutzes aber unter Beachtung der vom Vertrag und von der Rechtsprechung des EuGH gezogenen Grenzen eröffnet. Es geht letztlich um eine kontrollierte Fortentwicklung des Verbraucherschutzes unter Berücksichtigung der anderen Vertragsziele im Sinne einer „Mitwirkung in dieselbe Richtung", und weniger um ein einseitiges Streben nach Optimierung, was meist auf ein gesteigertes nationales Bedürfnis nach Beibehaltung eigener Regeln trotz Harmonisierung zurückzuführen ist.

Die Gefahr einer Verbraucherschutzentwicklung durch die Europäische Gemeinschaft, die womöglich zu stark die übrigen Ziele des Vertrages - insbesondere die Verwirklichung des Binnenmarktes und der Grundfreiheiten - hervorhebt, wird durch die ihr gegebene Möglichkeit der abschließenden Regelung einzelner Bereiche nicht gefördert. Zum einen sind die Mitgliedstaaten gerade durch die Gewährung von Ausschermöglichkeiten nicht gehindert, auch im binnenmarkterheblichen Bereich die Fortentwicklung des Verbraucherschutzes bei sich verändernden Umständen voranzutreiben. Zum anderen kann das Instrumentarium der abschließenden Regelung nicht beliebig, sondern nur nach Maßgabe der Erforderlichkeit des Art. 5 Unterabsatz 3 EGV eingesetzt werden, so daß schon darüber eine Kontrolle der Gemeinschaft besteht.

Indem das europäische Schutzniveau verbindlich - im Sinne einer Sperrwirkung für schutzintensiveres nationales Recht - durchgesetzt werden kann, bedarf es nun einer näheren Untersuchung des unbestimmten Rechtsbegriffs des „Allgemeininteresses" im Hinblick auf mögliche Vorgaben für den deutschen Gesetzgeber. Diese könnten ihrerseits entscheidenden Einfluß auf die Ausgestaltung von verbraucherschützenden Normen im Bereich der substitutiven Krankenversicherung haben.

b) Konkretisierung des Begriffs des „Allgemeininteresses"

Nachdem eine Divergenz zwischen dem deutschen und dem gemeinschaftsrechtlichen Schutzniveau herausgearbeitet worden ist, bedarf es einer näheren Analyse des Inhalts des unbestimmten Rechtsbegriffs des „Allgemeininteresses". Mittels der anerkannten Auslegungsmethoden von wörtlicher, systematisch-logischer, historischer und objektiv-teleologischer Auslegung[271] ist zu klären, von wessen Wertungen das Allgemeininteresse in seiner hier vorliegenden Ausformung zum Schutz der Verbraucher ausgefüllt wird.

(1) Wörtliche sowie systematisch-logische Auslegung

Die Grenzen der wörtlichen Interpretation, die sich der Regeln der Grammatik und der Erfahrungen der Sprache bedient, offenbaren sich, sobald der Sprachgebrauch uneinheitlich ist. Dennoch liegt darin zugleich eine entscheidende Bedeutung für den weiteren Erfolg der Untersuchung. Indem sie Zahl und Art der sprachlich möglichen Bedeutungsvarianten fixiert, schafft sie Klarheit über die fallrelevanten Interpretationsmöglichkeiten, zwischen denen dann anhand der übrigen hinzuzuziehenden Auslegungsmethoden zu entscheiden ist[272].

Der Begriff des „Allgemeininteresses" setzt sich aus den Wortbestandteilen „Interesse" und „Allgemeinheit" zusammen, wobei der Schwerpunkt der Untersuchung sich auf den Begriff der „Allgemeinheit" konzentriert. Der mit dem Begriff „Interessen" im Sinne von schützenswerten Belangen umschriebene Schutzbereich steht - wie bereits dargelegt - inhaltlich außer Streit[273]. Wohingegen der Begriff des „Allgemeininteresses" insofern zu Mißverständnissen führen kann, da damit einerseits das allgemeine Interesse der Mitgliedsländer, also ein europäisches Allgemeininteresse gemeint sein

---

[271] Vgl. Bydlinski, Franz, Juristische Methodenlehre und Rechtsbegriff, 2. Auflage, 1991, S. 437 m.w.N.

[272] Vgl. Bydlinski, Franz, Juristische Methodenlehre und Rechtsbegriff, 2. Auflage, 1991, S. 441.

[273] Ein Katalog von in der Rechtsprechung des EuGH anerkannten „zwingenden Gründen des Allgemeininteresses" findet sich in den Urteilen vom 25.7.1991 EuZW 1992, 56, 57 Rn. 18 sowie vom 25.7.1991 EuZW 1991, 699, 700 Rn. 14.

könnte, andererseits aber auch das jeweilige rein nationale Allgemeininteresse in Betracht kommen könnte. Die konkrete Einordnung in ein gemeinschaftsrechtliches bzw. rein nationales Gefüge würde sich unmittelbar auf den zweiten Wortbestandteil der „Interessen" auswirken. Nicht die Art der Belange differiert auf diesen beiden Ebenen, sondern der Grad ihrer Bedeutung.

Wie am Verbraucherschutz dargelegt, herrschen unterschiedliche Interessenbewertungen, die sich wiederum in einander divergierenden Verbraucherleitbildern und daraus resultierenden Abweichungen in den für notwendig erachteten Schutzniveaus widerspiegeln. Aus dem Sprachgebrauch heraus wird daher von einigen der Versuch unternommen, den Begriffsbestandteil „Allgemeinheit" mit „Öffentlichkeit" gleichzusetzen, so daß das „Allgemeininteresse" als Synonym für öffentliche Interessen benutzt wird[274]. Mit dieser Definition dürfte nicht viel gewonnen sein, weil hiermit lediglich ein unbestimmter Rechtsbegriff durch einen anderen ersetzt wird, und sich hieraus nicht der Schluß ziehen läßt, daß es öffentliche Interessen ausschließlich im nationalen Bereich geben kann[275].

Ein weiterer Ansatzpunkt könnte in der Zuordnung der unterschiedlichen inhaltlichen Interpretationsmöglichkeiten im Hinblick auf eine Annäherung an die engst- oder weitestmögliche Wortbedeutung zu sehen sein. Man spricht von einer sogenannten einschränkenden oder ausdehnenden Interpretation. Aus dem Charakter einer Ausnahmevorschrift, die eine Durchbrechung eines sonst ohne Einschränkung gültigen Grundsatzes ermöglicht, könnte sich nämlich die Forderung nach einer stets

---

[274] Vgl. Hübner,Ulrich, Die Dienstleistungsfreiheit in der EG und ihre Grenzen, JZ 1987, 330, 332; Michaels, Bernd, Die Behandlung des sog. Mengengeschäft nach dem EuGH-Urteil, ZVersWiss 1987, 265, 268.

[275] Vgl. Lorenz, Egon, Zur Kontrolle der Lebensversicherungsverträge anhand der Rechtsvorschriften des Allgemeininteresses im freien Dienstleistungsverkehr innerhalb der EG, in: Franz-Wilhelm Hopp und Georg Mehl (Hrsg.), Versicherungen in Europa Heute und Morgen, Geburtstagsschrift für Georg Büchner, 1991, S. 89, 94; Präve, Peter, Das Versicherungsrecht und der Schutz des Allgemeininteresses im Zeichen der europäischen Einigung, VW 1992, 8, 10.

anzuwendenden restriktiven Auslegung ergeben[276]. Vorliegend besteht nicht die Schwierigkeit, in der Verwendung des Begriffes des „Allgemeininteresses" innerhalb der Norm des Art. 54 Abs. 1 der Dritten Richtlinie Schadenversicherung einen derartigen Ausnahmecharakter zu erblicken. Infolge der Unklarheiten über den Inhalt der Wortbedeutung kann vielmehr keine Klassifizierung der bestehenden Interpretationsmöglichkeiten im Sinne einer restriktiven bzw. extensiven Interpretation erfolgen. Darüber hinaus ist heute anerkannt, daß auch Ausnahmeregeln im Rahmen ihrer engeren „ratio legis" der ausdehnenden Auslegung und auch der Analogie fähig sind[277]. Eine mechanische Wahl zwischen diesen beiden Interpretationstendenzen ohne Einsatz der Auslegungsinstrumente im Einzelfall verbietet sich bereits aus dem Gesichtspunkt des Rechtsstaatsprinzips gem. Art 20 GG in der Form der Rechtssicherheit und des Vertrauenschutzes, sowie dem Sinn und Zweck der Auslegungsmethoden, gerade den abweichenden Einzelfall berücksichtigen zu können.

Aufschlußreicher für die vorliegende Untersuchung könnte eine systematische Betrachtung des Begriffs des „Allgemeininteresses" in seinem Bezugssystem sein. Dies eröffnet die Möglichkeit, diejenigen Zweifel zu beheben, die bei isolierter Betrachtung der Einzelnorm bzw. des einzelnen unbestimmten Rechtsbegriffs entstehen können. Zumal durch eine konkrete Einordnung in einen Sachzusammenhang der Normgeber Wertungen erkennen läßt, woraus sich wiederum Schlüsse auf den vom ihm gewünschten Begriffsinhalt gewinnen lassen. Als Auslegungsmaterial dient zum einen der über den fraglichen Begriff hinausgehende Inhalt der Norm selbst, aber auch mit diesem Begriff bzw. der gesamten Norm im Zusammenhang stehende weitere Normen[278].

Nach dem Wortlaut des Art. 54 Abs. 1 der Dritten Richtlinie Schadenversicherung „kann ein Mitgliedstaat [...] verlangen, daß der

---

[276] Vgl. Schmalz, Dieter, Methodenlehre für das juristische Studium, 4. Auflage, 1998, Rn. 257.

[277] Vgl. Bydlinski, Franz, Juristisches Methodenlehre und Rechtsbegriff, 2. Auflage, 1991, S. 440 m.w.N.

[278] Vgl. Bydlinksi, Franz, Juristische Methodenlehre und Rechtsbegriff, 2. Auflage, 1991, S. 442-443.

Vertrag den von diesem Mitgliedstaat erlassenen spezifischen Rechtsvorschriften zum Schutz des Allgemeininteresses in bezug auf diesen Versicherungszweig entspricht". Infolge der konkreten Bezugnahme auf „mitgliedstaatlich erlassene Rechtsvorschriften" kommen unproblematisch nur nationale Vorschriften in Betracht, was für ein durch rein nationale Wertungen bestimmtes „Allgemeininteresse" spricht. Auf eine derartige Intention des europäischen Normgebers könnte in diesem Zusammenhang auch die Verwendung des Adjektivs „spezifisch" hindeuten. Hierdurch wird die Eingrenzung der in Betracht kommenden Rechtsvorschriften zum „Schutz des Allgemeininteresses in bezug auf diesen Versicherungszweig" besonders hervorgehoben, was seinerseits auf einen hohen Bedeutungsgrad dieses Umstandes hinweist. Gemeint ist das Interesse der Allgemeinheit in Bezug auf die substitutive Krankenversicherung, die - wie bereits unter Teil 1 dargestellt - in Europa eine Besonderheit darstellt und in dieser Form nur in Deutschland und in den Niederlanden[279] besteht. Aus diesem Umstand ergibt sich die Folgerung, daß es beachtenswerte Interessen in bezug auf diese besondere Versicherungsform nur in den Ländern geben kann, die konkret dadurch betroffen sind. Dann kann es aber auch nur auf dieses rein nationale Allgemeininteresse ankommen und nicht auf ein gemeinschaftsrechtliches, das mangels eines derartigen Systems gar nicht betroffen ist. Für diese Interpretation spricht auch der Inhalt des Art. 54 Abs. 2 der Dritten Richtlinie Schadenversicherung, wonach „die Mitgliedstaaten vorschreiben können, daß die substitutive Krankenversicherung [...] nach Art der Lebensversicherung zu betreiben ist". Es handelt sich wiederum um eine „kann"-Vorschrift, die hinsichtlich des „Ob" einer derartigen Anordnung keine ausdrücklichen Vorgaben enthält. Demzufolge ist allein die jeweilige nationale Interessenlage und – bewertung des Sicherungsbedürfnisses der Versicherungsnehmer, also das nationale Schutzniveau, das entscheidende Kriterium für die Anordnung einer derartigen Ausgestaltung. Wenn es aber im Rahmen des Absatz 2 nur auf das nationale Schutzniveau ankommt, dann kann für den Absatz 1 nichts anderes gelten. Dies muß schon deshalb gelten, da der Absatz 2 eine nähere

---

[279] Wie im deutschen System kommt auch im niederländischen System der privaten Krankenversicherung sozialpolitische Funktion zu. Es bestehen aber dennoch einige Unterschiede in der Ausgestaltung, vgl. Bastiani, Adriano, PKV in Europa, 1995, S. 16 ff. sowie 27 ff. zum niederländischen Modell.

Konkretisierung der „spezifischen Rechtsvorschriften zum Schutz des Allgemeininteresses“ darstellt.

Bestätigung findet dieses Ergebnis auch im Erwägungsgrund (24) der Dritten Richtlinie Schadenversicherung. Darin wird nochmals klargestellt, daß „die Mitgliedstaaten aus Gründen des Allgemeininteresses Rechtsvorschriften erlassen oder beibehalten dürfen, wobei diese Rechtsvorschriften entsprechend den Bedingungen in jedem Mitgliedstaat unterschiedlich ausgestaltet sein können“. Insbesondere der Hinweis auf eine unterschiedliche mitgliedstaatliche Ausgestaltung dieser Rechtsvorschriften im Zusammenhang mit einer darauf folgenden beispielhaften Aufzählung unterschiedlichster Ausgestaltungsmöglichkeiten weist auf einen weiten Handlungsspielraum der nationalen Gesetzgeber hin[280]. Dies impliziert somit das Zugeständnis eines rein national bestimmten Wertungsraumes, der sich im Verständnis von einem rein innerstaatlich verstandenen Allgemeininteresse konkretisiert. Deutlich wird dies auch im Rahmen des Art. 28 der Dritten Richtlinie Schadenversicherung, der einen Vertragsabschluß gewährt, soweit „der Vertrag nicht im Widerspruch zu den in dem Mitgliedstaat, in dem das Risiko belegen ist, geltenden Rechtsvorschriften des Allgemeininteresses steht“. Durch die örtliche Eingrenzung der Rechtsvorschriften des Allgemeininteresses auf den Mitgliedstaat des jeweiligen Risikos wird ein enger Bezug zu den rein nationalen Interessen hergestellt. Die Bestimmung des Allgemeininteresses obliegt somit dem nationalen Gesetzgeber, der sich von seinen eigenen Wertungen leiten läßt, so daß von einem nationalen Allgemeininteresse zu sprechen ist.

Man könnte versucht sein, infolge eines derartig eindeutigen Ergebnisses eine Hinzuziehung weiterer Auslegungsmethoden für überflüssig zu erachten. Mangels eines Stufenverhältnisses der Auslegungsmethoden[281] ist jedoch eine Gewißheit über die bisher vorgefundenen Wertungen nur durch eine weitere Einordnung des Begriffs zu erhalten. Für eine derartige

---

[280] So auch Schlude, Herfried, Die Regelung der Krankenversicherung im Gemeinschaftsrecht, in: Hans-Peter Schwintowski (Hrsg.), Deregulierung, Private Krankenversicherung, KfZ-Haftpflichtversicherung, 1994, S. 80, 85.

[281] Vgl. Mayer-Maly in: Münchner Kommentar, Band 1 - Allgemeiner Teil, 3. Auflage, 1993, § 133 Rn. 7.

Bestätigung bietet sich die Zusammenschau in einem größeren rechtsgeschichtlichen Zusammenhang an, aber auch eine an den objektiven Zielen ausgerichtete Interpretation.

(2) Historische sowie objektiv-teleologische Auslegung

Der Rechtfertigungsgrund des Allgemeininteresses zur Beschränkung des freien Dienstleistungsverkehrs tauchte erstmals in der Rechtsprechung des EuGH im Zusammenhang mit seiner Feststellung der unmittelbaren Geltung der Dienstleistungsfreiheit gem. Art. 49 EGV auf[282]. Es wird vermutet, daß der Begriff des Allgemeininteresses wahrscheinlich von dem französischen Terminus „intéret général" abgeleitet worden ist, womit nicht das Allgemeininteresse der europäischen Länder, sondern das respektive nationale Interesse gemeint ist[283]. Gerade die unmittelbare Geltung der Freiheiten nach Ablauf der Übergangszeit[284], - trotz Ermangelung einer entsprechend fortgeschrittenen Harmonisierung zu diesem Zeitpunkt in der Gemeinschaft - [285] spricht für die Intention des Gerichtshofs, mit dem Allgemeininteresse den Mitgliedstaaten ein Mittel an die Hand geben zu wollen, um innerstaatliche Interessen mittels unterschiedslos anwendbarer Vorschriften auch dann durchzusetzen und insbesondere zu rechtfertigen[286],

---

[282] Vgl. EuGH Urt. v. 3.12.1974, Rs. 33/74 (van Binsbergen), Slg. 1974, S. 1299, 1309 Rn. 10/12 und 1311 Rn. 24/26. Diese Formel wurde im Webb-Urteil EuGH v. 17.12.1981, Rs. 279/80, Slg. 1981, 3305, 3325 Rn. 17 sowie im Versicherungs-Urteil des EuGH v. 4.12.1986, Rs. 205/84, Slg. 1986, 3755 Rn. 30 im wesentlichen wiederholt und präzisiert.

[283] Vgl. Hübner, Ulrich, Europa auf dem Weg zu einem gemeinsamen Versicherungsmarkt, 1990, S. 7.

[284] Vormals in Art. 7 EGV geregelt und infolge der Neunumerierung durch den Amsterdamer Vertrag weggefallen. Danach lief die vereinbarte Übergangszeit am 31.12.1969 aus.

[285] Vgl. Urteil des EuGH vom 4.12.1986 Rs. 205/84 Komission/Deutschland Slg. 1986, 3755 ff. = VersR 1986, 1225, 1227 Rn. 25.

[286] Die Schaffung der Figur des Allgemeininteresses durch den EuGH ist als Pendant zu den „zwingenden Erfordernissen" im Rahmen der Warenverkehrsfreiheit, vgl. EuGH, Rs. 120/78 (Cassis de Dijon) Slg. 1979, 649, 662, zu sehen. Der EuGH geht davon aus, daß die genannten „zwingenden Erfordernisse" immanente Schranken des Art. 28 EGV sind, vergleichbar mit negativen Tatbestandsmerkmalen. Wohingegen die

wenn diese Vorschriften aufgrund des Art. 49 Abs. 1 EGV eigentlich aufzuheben sind[287]. Die innerstaatlichen Interessen ergeben sich allein aus nationalen Wertungen, so daß das Allgemeininteresse im Sinne der EuGH-Rechtsprechung ein national bestimmtes Allgemeininteresse meint[288].

Problematisch erscheint in diesem Zusammenhang die Frage, inwieweit die entstehungszeitliche Interpretation in der Gegenwart noch Geltung beanspruchen kann[289]. Insbesondere der Charakter des Untersuchungsgegenstandes als ein unbestimmter Rechtsbegriff könnte zu dem Einwand führen, daß dem Begriff des Allgemeininteresses im Rahmen des Art. 54 Abs. 1 der Dritten Richtlinie Schadenversicherung ein inhaltlich allgemeineres Verständnis zugrundezulegen ist, als es ursprünglich vom EuGH entwickelt worden ist. Ein unbestimmter Rechtsbegriff ist aus sich heraus entwicklungsfähig, was ein Grund für seine Verwendung ist. Indem er durch die Rechtsprechung ausgefüllt wird, wird eine ständige Auseinandersetzung des bisherigen Verständnisses mit sich verändernden Umständen gewährleistet. Die Gegebenheiten der Gegenwart beeinflussen somit seinen Inhalt in den durch den Wortlaut gezogenen Grenzen.

Die Veränderungen auf gemeinschaftsrechtlicher Ebene hinsichtlich der Begründung eines gemeinschaftsweiten Verbraucherschutzniveaus könnten zwischenzeitlich eine Auslegung im Sinne eines „europäischen Allgemeininteresses“ erfordern[290]. Fraglich erscheint, ob es ein derartig

---

Literatur die „zwingenden Erfordernisse“ als eine Erweiterung der Rechtfertigungsgründe nach Art. 30 EGV ansieht.

[287] Vgl. Engel, Christoph, Europäische Konvention über grenzüberschreitendes Fernsehen, ZRP 1988, S. 240, 247; Schlappa, Wolfgang, Die Kontrolle von Allgemeinen Versicherungsbedingungen im deutschen Versicherungsaufsichtsrecht und der freie Dienstleistungsverkehr im EG-Recht, 1987, S. 113-114.

[288] Vgl. Präve, Peter, Versicherungsrecht und der Schutz des Allgemeininteresses im Zeichen der europäischen Einigung, VW 1992, 8, 9; Hübner, Ulrich, Die Dienstleisungsfreiheit in der EG und ihre Grenzen, JZ 1987, 330, 332; Michaels, Bernd, Die Behandlung des sog. Mengengeschäfts nach dem EuGH-Urteil, ZVersWiss 1987, 265, 267, 269.

[289] Vgl. Kramer, Ernst A., Juristische Methodenlehre, 1998, S. 88 unter d) aa) (1).

[290] So auch Hübner, Ulrich/Matusche-Beckmann, Annemarie, Auswirkungen des Gemeinschaftsrecht auf das Versicherungsrecht, in: EuZW 1995, 263, 267, die die

verstandenes Allgemeininteresse überhaupt geben kann. Dem könnte bereits die „dem Allgemeininteresse" zukommende Funktion als Rechtfertigungsfigur entgegenstehen.

Schon im Versicherungs-Urteil[291] stellte der EuGH fest, daß es einer Durchsetzung spezifisch innerstaatlicher Interessen nicht bedarf, wenn die Vorschriften des Herkunftsstaates ausreichen, um das notwendige Schutzniveau zu erreichen[292]. Solange das notwendige Schutzniveau nicht erreicht ist, besteht daher eine Berechtigung und sogar eine Notwendigkeit, die Funktionsfähigkeit und Geschlossenheit der nationalen Rechtsordnungen unter dem Einfluß des unmittelbar anwendbaren Gemeinschaftsrechts über die Rechtfertigungsfigur des Allgemeininteresses zu erhalten. Ist das „notwenige Schutzniveau" über eine Rechtsharmonisierung in der EU erreicht, bedarf es nicht mehr der Durchsetzung innerstaatlicher Interessen. Eine doppelte Kontrolle durch Herkunfts- und Bestimmungsstaat soll gerade im Hinblick auf einen einheitlichen Binnenmarkt vermieden werden. Demzufolge begrenzt das Ausmaß der Rechtsharmonisierung die Möglichkeit der Mitgliedstaaten, ihre speziellen nationalen Interessen durch eine Einschränkung der Dienstleistungsfreiheit über den Begriff des Allgemeininteresses aufrechtzuerhalten[293]. Mit einer Koordinierung der entsprechenden Rechtsmaterien im Sinne des für notwendig erachteten Schutzniveaus entfällt das Allgemeininteresse, so daß die Frage einer „europäischen Auslegung" somit obsolet wird. Auch bedarf es einer derartigen Auslegung nicht, da die Organe der Gemeinschaft es in der Hand haben, durch die Schaffung sekundären Gemeinschaftsrechts die durch das Allgemeininteresse gerechtfertigten innerstaatlichen Regeln zur Unwirksamkeit zu verdammen. An die Stelle von Vorschriften im rein

---

Frage nach der Einflußnahme gemeinschaftsrechtlicher Aspekte im Rahmen des Begriffs des Allgemeininteresse zwar aufwerfen aber unbeantwortet lassen.

[291] Urteil des EuGH vom 4.12.1986 Rs. 205/84 Komission/Deutschland Slg. 1986, 3755 ff. = VersR 1986, 1225, 1228, Rn. 33.

[292] Vgl. Urteil des EuGH vom 4.12.1986 Rs. 205/84 Komission/Deutschland Slg. 1986, 3755 ff. = VersR 1986, 1225, 1228, Rn. 33.

[293] Vgl. Kugelmann, Dieter, Der Rundfunk und die Dienstleistungsfreiheit des EWG-Vertrages, 1991, S. 218.

innerstaatlichen Allgemeininteresse treten dann Vorschriften unter gemeinschaftsrechtlichen Gesichtspunkten, die die legitimen Interessen der Mitgliedstaaten beachten und zusammenführen[294]. Somit erhalten die europäischen Wertungen und Interessen unmittelbar über das sekundäre Gemeinschaftsrecht Beachtung.

Auch der Einwand, daß womöglich nicht jegliches Maß an Rechtsharmonisierung ausreicht, um das im EuGH-Urteil von 1986[295] angesprochene „notwendige Schutzniveau" zu erreichen, da hierdurch gerade nicht der Erhalt aller in einem Mitgliedstaat gewachsenen Schutzinteressen gewährleistet werden kann, kann nicht zu einer Interpretation des Allgemeininteresses im Sinne einer „europäischen" Betrachtungsweise führen. Zwar entfällt in diesem Fall die Rechtfertigungsfigur des Allgemeininteresses nicht, so daß der oben geführte Einwand in Bezug auf die Verneinung einer derartigen europäischen Interpretationsmöglichkeit hier nicht greift. Jedoch kann hier die ratio des Rechtfertigungsgrundes - nämlich einer besonderen innerstaatlichen Ausnahmesituation Rechnung tragen zu können, die gerade einen höheren Standard als den durch die erfolgte Harmonisierung bereits erreichten Standard erfordert - als Argument gegen eine derartige Auslegung angeführt werden. Bei einer Einflußnahme und Berücksichtigung europäischer Wertungen innerhalb des Allgemeininteresses könnte ein abweichendes höheres mitgliedstaatliches Schutzniveau über diese Rechtfertigungsfigur nicht erhalten werden, so daß einer derartigen Auslegung schon der Sinn und Zweck dieser Figur entgegensteht. Daher ist nach wie vor eine rein nationale Auslegung dieses Begriffes geboten. Ein „europäisches Allgemeininteresse" kann es von seiner „ratio" her nicht geben.

Es läßt sich lediglich die Frage aufwerfen, inwieweit nicht ungeschriebene Rechtsgrundsätze begrenzend auf die über den Begriff des Allgemeininteresses gerechtfertigten nationalen Regelungen wirken.

---

[294] Vgl. Roth, Wulf-Henning, Die Harmonisierung des Dienstleistungsrechts in der EWG, EuR 1986, 340, 364; Kugelmann, Dieter, Der Rundfunk und die Dienstleistungsfreiheit des EWG-Vertrag, 1991,S. 218.

[295] Urteil des EuGH vom 4.12.1986 Rs. 205/84 Komission/Deutschland Slg. 1986, 3755 ff. = VersR 1986, 1225 ff.

Europäische Wertungen könnten auf diese Weise mittelbar auch im nicht harmonisierten Bereich bzw. trotz des Bestehens einer anerkennenswerten mitgliedstaatlichen Sondersituation Beachtung finden. Auf diese Frage wird weiter unten[296] näher eingegangen.

Nichts anderes ergibt sich aus dem Urteil Alpine Investments BV des EuGH vom 10.5.1995[297]. Darin hatte sich der EuGH mit der Frage zu beschäftigen, ob das seitens der niederländischen Behörden ausgesprochene Verbot der unaufgeforderten telefonischen Kontaktaufnahme mit vielfach in anderen Mitgliedstaaten ansässigen Privatpersonen zwecks Marketing von Warentermingeschäften, die diese abschließen sollten, eine unzulässige Beschränkung der in Art. 49 EGV gewährleisteten Dienstleisungsfreiheit darstellt. Der EuGH hat diese als „cold calling" bezeichnete Praktiken als Beschränkung des freien Dienstleistungsverkehrs gewertet, die allerdings aus zwingenden Gründen des Allgemeininteresses gerechtfertigt seien. Als neu für die Entwicklung der Dogmatik der Schranken des freien Dienstleistungsverkehrs ist es hingegen anzusehen, daß der EuGH den Verbraucherschutz nicht nur dann als zwingenden Grund des Allgemeininteresses zur Einschränkung einer Grundfreiheit ansieht, wenn es um den Schutz inländischer Verbraucher geht, sondern auch dann, wenn es auch und möglicherweise sogar in erster Linie um den Schutz ausländischer Verbraucher als Dienstleistungsempfänger geht. Aus dieser die Belange der Bürger anderer Mitgliedstaaten einbeziehenden Sichtweise des Verbraucherschutzes wird von einigen[298] die Schlußfolgerung gezogen, die Gründe des Verbraucherschutzes und damit zwingende Gründe des Allgemeininteresses seien nicht ausschließlich aus der Sicht des regelnden Mitgliedstaates, sondern europaweit zu definieren[299].

Ob diese Aussage auch in dem Bewußtsein einer möglichen Begrenzung innerstaatlicher Wertungen durch eine derartige unionsweite

---

[296] Vgl. die Ausführungen unter Teil 2, B I 3 S. 107 ff.

[297] EuGH Urteil v. 10.5.1995 – C-384/93 Alpine Investments BV/Minister van Financien = JZ 1996, 144 ff.

[298] Vgl. Kort, Michael, Schranken der Dienstleistungsfreiheit im europäischen Recht, JZ 1996, 132, 138.

[299] Vgl. Kort, Michael, Schranken der Dienstleistungsfreiheit im europäischen Recht, JZ 1996, 132, 138.

Betrachtungsweise getroffen wurde, erscheint zweifelhaft. Insbesondere die Hinzuziehung des zugrundeliegenden Entscheidungssachverhalts offenbart weiterhin ein durch rein nationale Wertungen ausgefülltes Allgemeininteresse, das aus horizontaler Sicht noch eine Ausdehnung erfahren hat und gerade nicht als eine Einbruchstelle für europäische Wertungen fungiert.

Nur über eine - in räumlicher Sicht - unionsweite Auslegung des Allgemeininteresses durch die horizontale Erweiterung des geschützten Personenkreises konnten nationale Vorschriften, die vornehmlich die Interessen der Allgemeinheit eines anderen Mitgliedstaates schützen sollen, als zulässige Beschränkung der Dienstleistungsfreiheit akzeptiert werden. Innerstaatliche Wertungen bekommen so Ausstrahlung auf das Schutzniveau in den übrigen Mitgliedstaaten und führen mittelbar zu einer Fortschreibung des Verbraucherschutzes in der Gemeinschaft insgesamt. Dem steht weder die zuvor herausgearbeitete Intention der Gemeinschaft, eine kontrollierte Fortschreibung des Verbraucherschutzes durch die Mitgliedstaaten anzustreben, noch die Begründung eines gemeinschaftsweiten Verbraucherschutzniveaus über eine eigenständige europäische Verbraucherpolitik entgegen. Gerade über eine bewußte Einsetzung der Rechtfertigungsmöglichkeit des Allgemeininteresses im sekundären Recht, hat es die Gemeinschaft in der Hand, gezielt bestimmte Bereiche für eine mögliche Fortschreibung des Schutzniveaus durch die Mitgliedstaaten zu öffnen und einen Einklang mit den übrigen gemeinschaftsrechtlichen Zielen herzustellen.

(3) Ergebnis

Wie die Untersuchung gezeigt hat, ist der Begriff des „Allgemeininteresses" allein durch nationale Wertungen zu konkretisieren. Ein „europäisches Allgemeininteresse" kann es weder von seiner „ratio" als Rechtfertigungsgrund geben, noch ließe sich ein derartiges Verständnis mit dem Ermächtigungs- bzw. Kompetenzcharakter des Art. 54 Abs. 1 der Dritten Richtlinie Schadenversicherung vereinbaren[300]. Die Ermächtigung wäre hinfällig, wenn die innerstaatlichen Interessen an den europäischen

---

[300] Vgl. Präve, Peter, Versicherungsrecht und Schutz des Allgemeininteresses im Zeichen der europäischen Einigung, VW 1992, 8, 9.

Wertungen der übrigen Mitgliedstaaten zu messen wäre. Zumal hierdurch gerade der unterschiedlichen Bedeutung der privaten Krankenversicherung im Rahmen der mitgliedstaatlichen Sozialsysteme Rechnung getragen werden soll. Zwar kann von einer eigenständigen europäischen Verbraucherschutzpolitik, verbunden mit dem Bestreben nach Harmonisierung des Verbraucherschutzes, gesprochen werden. Infolge des Einwirkens des Verbraucherschutzes in zahlreiche Bereiche läßt sich eine generelle Aussage hinsichtlich des Harmonisierungsgrades im Verbraucherschutzrecht aber gerade nicht treffen, so daß vielmehr eine Einzelfallbetrachtung des konkret betroffenen Regelungsbereichs notwendig ist. Im Bereich der Sozialsysteme bzw. Gesundheitssysteme besteht in Europa aber gerade keine Harmonisierung, so daß es der Sicherstellung bestimmter nationaler Sondersituationen nach wie vor bedarf.

Über den Begriff des „Allgemeininteresse" bestehen hinsichtlich des Schutzniveaus gerade keine Vorgaben für den nationalen Gesetzgeber. Es stellt sich daher die Frage, inwieweit über Art. 54 Abs. 2 der Dritten Richtlinie Schadenversicherung mögliche Vorgaben für den deutschen Gesetzgeber bestehen. Abhängig von ihrer näheren Qualifikation könnten sie ebenfalls eine Indizwirkung für das Schutzniveau der anwendbaren Rechtsvorschriften im Rahmen des Art. 54 Abs. 1 der Dritten Richtlinie Schadenversicherung entfalten.

2. Vorgaben durch Art. 54 Abs 2 der Dritten Richtlinie Schadenversicherung

a) Anforderungskatalog für die substitutive Krankenversicherung

Gem. Art. 54 Abs. 2, S. 1, 1. Teilsatz der Dritten Richtlinie Schadenversicherung können die Mitgliedstaaten vorschreiben, daß die substitutive Krankenversicherung in technischer Hinsicht „nach Art der Lebensversicherung" zu betreiben ist. Es handelt sich hierbei wie in Absatz 1 des Art. 54 der Dritten Richtlinie Schadenversicherung um eine „Kann-Vorschrift", die die Grundsatzentscheidung hinsichtlich des „Ob" allein in das Belieben des nationalen Gesetzgebers stellt. Entschließt er sich jedoch für die Annahme der Option, welche ausdrücklich auf die substitutive Krankenversicherung begrenzt ist, so könnte dies zur Folge haben, daß die Umsetzung möglicherweise nach konkreten Vorgaben der

Richtlinie zu geschehen hat[301]. Insbesondere die explizite Nennung bestimmter Kriterien im Zusammenhang mit der Ermächtigung zum Betrieb der substitutiven Krankenversicherung „nach Art der Lebensversicherung" in Art. 54 Abs. 2, S. 1, 2. Teilsatz der Dritten Richtlinie Schadenversicherung könnte auf einen durch den europäischen Gesetzgeber normierten Anforderungskatalog hinweisen, der von den Mitgliedstaaten bei der Umsetzung der Richtlinie und einer Ausübung der Option zu beachten ist.

Anhand von Spiegelstrichen werden sodann verschiedentliche Anforderungen näher ausgeformt, die bei Annahme der Option des Art. 54 Abs. 2 S. 1, 1. Teilsatz der Dritten Richtlinie Schadenversicherung im Rahmen der Kalkulation der substitutiven Krankenversicherung „nach Art der Lebensversicherung" erfüllt werden müssen. Hierzu zählen die Berechnung der Beiträge unter Zugrundelegung von Wahrscheinlichkeitstafeln und sonstigen statistischen Daten, die Bildung einer Alterungsrückstellung, die Begrenzung der Kündigungsmöglichkeit des Versicherers auf eine bestimmte Frist, die Möglichkeit der Beitragsanpassung auch bei laufenden Verträgen und schließlich die Möglichkeit der Umwandlung des laufenden Vertrages in eine andere substitutive Krankenversicherung bei demselben Versicherer unter Anrechnung der erworbenen Rechte und der Alterungsrückstellung[302].

Der Versuch dieser Aufzählung lediglich einen beispielhaften Charakter ohne jegliche Bindungswirkung beimessen zu wollen, erscheint der Bedeutung des Betriebs der substitutiven Krankenversicherung „nach Art der Lebensversicherung" nicht gerecht zu werden. Unbestritten kommt der Aufzählung insofern eine Klarstellungsfunktion zu, als daß der europäische Gesetzgeber eine Unterwerfung unter derartig ausgestaltete Regelungen als über das „Allgemeininteresse" des Absatzes 1 des Art. 54 der Dritten Richtlinie Schadenversicherung - trotz Beschränkung der Dienstleistungsfreiheit - als gerechtfertigt ansieht und somit außer Streit stellt. Die Aufzählung jedoch auf diese Funktion zu reduzieren, erscheint mit dem Wortlaut des Absatz 2 nicht vereinbar. Dieser nimmt über das Wort „wenn" eine ausdrückliche Koppelung des Anforderungskatalogs an die

---

[301] Vgl. Lutter, Marcus, Zum Umfang der Bindung durch Richtlinien, in: Marcus Lutter, Jürgen Schwarze (Hrsg.), Ole Due, Festschrift für Ulrich Everling I, 1995, 765, 769.

[302] Vgl. Art. 54 Abs. 2 S. 1, 2. Teilsatz der Dritten Richtlinie Schadenversicherung.

Möglichkeit vor, den Betrieb der substitutiven Krankenversicherung „nach Art der Lebensversicherung“ vorschreiben zu können. Auch der enge räumliche Bezug zu Absatz 1, der bereits über den Begriff des „Allgemeininteresses“ und die Bezugnahme auf den Versicherungszweig der substitutiven Krankenversicherung eine nähere Eingrenzung der in Betracht kommenden Rechtsvorschriften vornimmt, spricht gegen eine Intention des europäischen Gesetzgebers durch eine derartige explizite Aufzählung bestimmter Kriterien, keine Bindungswirkung für den nationalen Gesetzgeber statuieren zu wollen. Entscheidend ist somit, welche Bedeutung dem in Absatz 2 normierten „Anforderungskatalog“ im Hinblick auf den Umfang seiner Bindungswirkung beizumessen ist.

Wären die dort getroffenen Regelungen als abschließend zu qualifizieren[303], wären zusätzliche Regelungen des nationalen Rechts in diesem Bereich ausgeschlossen. Aber auch die Statuierung einer Ober- bzw. einer bloßen Mindestgrenze haben sowohl bei der Umsetzung der Richtlinie in innerstaatliches Recht als auch der möglichen späteren Verschärfung oder Abmilderung[304] einer von der Richtlinie erfaßten nationalen Norm wesentliche Bedeutung[305]. Insbesondere die uns interessierende Beantwortung der Frage der Ausdehnung des Tarifwechselrechts des § 178 f Abs. 1 VVG auf den Konzern wird durch die Einordung als Mindest- oder Höchstregelung entscheidend beeinflußt. Würde Art. 54 Abs. 2 S. 1, 2. Teilsatz der Dritten Richtlinie Schadenversicherung gerade kein bloßer Mindestregelungscharakter innewohnen, wäre

---

[303] So Präve, Peter, Der Arbeitgeberzuschuß zur PKV und aufsichtsbehördliches Testat gem. § 257 Abs. 2 a SGB V, VersR 1997, 1301, 1303.

[304] Auch die Abmilderung des Inhalts des § 178 f VVG durch den nationalen Gesetzgeber könnte Probleme aufwerfen. Würde Art. 54 Abs. 2 eine Mindestregelung darstellen, dann könnte die durch den europäischen Gesetzgeber statuierte Mindestgrenze nicht unterschritten werden. Eine Abmilderung wäre aber möglich, wenn der deutsche Gesetzgeber bei der Umsetzung des Art. 54 Abs. 2 der Dritten Richtlinie Schadenversicherung in § 178 f VVG über diese Mindestgrenze bereits hinausgegangen wäre. Weiterhin ist beachtlich, inwieweit der Wortlaut des Art. 54 Abs. 2 S. 1, 2. Teilsatz, fünfter Spiegelstrich der Dritten Richtlinie Schadenversicherung einen Auslegungsspielraum beinhaltet.

[305] Vgl. Lutter, Marcus, Zum Umfang der Bindung durch Richtlinien, in: Marcus Lutter, Jürgen Schwarze (Hrsg.), Ole Due, Festschrift für Ulrich Everling I, 1995, 765, 766.

Art. 54 Abs. 2 S. 1, 2. Teilsatz, fünfter Spiegelstrich der Dritten Richtlinie Schadenversicherung Prüfungsmaßstab für die Zulässigkeit der Ausdehnung des Tarifwechselrechts auf den Konzern durch eine rein nationale Maßnahme. Entscheidend wäre, inwiefern durch den europäischen Gesetzgeber eine derartige Ausdehnung dort schon angelegt worden ist.

Eine ausdrückliche Aussage über den abschließenden Charakter bzw. einen Mindest- oder Höchststandard in bezug auf die Regelungen zur substitutiven Krankenversicherung trifft Art. 54 der Dritten Richtlinie selbst nicht. Unter Hinzuziehung der den Dritten Richtlinien zugrundeliegenden Prinzipien - basierend auf den 1985 in Mailand gefaßten Beschlüssen des Europäischen Rats, in denen der Grundsatz der globalen Gleichwertigkeit der Regelungen in den einzelnen Mitgliedstaaten festgelegt wurde, nämlich die Festlegung von Mindestnormen, die gegenseitige Anerkennung sowie die Kontrolle durch das Herkunftsland - könnte man geneigt sein, der gesamten Richtlinie einen Mindestregelungscharakter beizumessen[306]. Problematisch erscheint in diesem Zusammenhang aber der Inhalt des Erwägungsgrundes (8) der Dritten Richtlinie Schadenversicherung, der seinerseits ausdrücklich darauf hinweist, daß in einigen Artikeln dieser Richtlinie nur Mindestvorschriften festgelegt sind. Eine derartige Klarstellung wäre überflüssig, wenn daneben nicht auch Höchst- bzw. abschließende Vorschriften in der Richtlinie bestehen. Aus diesem Grund sind weitere Kriterien zur näheren Einordnung des Bindungsumfanges des Art. 54 Abs. 2, S. 1, 2. Teilsatz der Dritten Richtlinie Schadenversicherung heranzuziehen.

Ein Indiz für einen bloßen Mindestregelungscharakter des Art. 54 Abs. 2, S. 1, 2. Teilsatz der Dritten Richtlinie Schadenversicherung könnte der Erwägungsgrund (24) darstellen, der den Mitgliedstaaten über das „Allgemeininteresse" einen weiten Handlungsspielraum in bezug auf Erlaß und Beibehaltung von Vorschriften für die substitutive Krankenversicherung eröffnet[307]. Innerhalb dieser beispielhaften Aufzählung wird auch die

---

[306] Vgl. Fahr, Ulrich, Umsetzung der Versicherungsrichtlinien der dritten Generation in deutsches Recht, VersR 1992, 1033.

[307] Vgl. Schlude, Herfried, Die Regelung der Krankenversicherung im Gemeinschaftsrecht, in: Hans-Peter Schwintowski (Hrsg.), Deregulierung, PKV, Kfz-Haftpflichtversicherung, 1994, S. 80, 85.

Möglichkeit des Vorschreibens des Betriebs der substitutiven Krankenversicherung „nach Art der Lebensversicherung" genannt, so daß auch hier im Vergleich zu den weiteren beispielhaften Möglichkeiten von einem weiten Ausgestaltungsspielraum des nationalen Gesetzgebers auszugehen ist. Würde hingegen eine abschließende Wirkung des Art. 54 Abs. 2, S. 1, 2. Teilsatz der Dritten Richtlinie Schadenversicherung als auch ein Höchststandard im Rahmen der Ausgestaltung der substitutiven Krankenversicherung „nach Art der Lebensversicherung" anzunehmen sein, würde dies im Widerspruch zu der rein nationalen Auslegung des „Allgemeininteresses" des Art. 54 Abs. 1 der Dritten Richtlinie Schadenversicherung stehen. Bereits der enge systematische sowie inhaltliche Bezug des Art. 54 Abs. 2 zu Abs. 1 der Dritten Richtlinie Schadenversicherung lassen es als widersprüchlich erscheinen, zunächst den Mitgliedstaaten ein rein nationales „Allgemeininteresse" in bezug auf die substitutive Krankenversicherung zuzugestehen, um dann in einem zweiten Schritt dieses Zugeständnis eines eigenständigen, allein durch nationale Wertungen ausgefüllten Wertungsraumes, über mögliche Einschränkungen durch eine Höchstgrenze bzw. eine abschließende Regelung gerade in den wichtigen Bereich der Ausgestaltung der Krankenversicherung nach Art der Lebensversicherung zunichte zu machen[308].

Eine Bestätigung erfährt dieses Ergebnis auch unter dem Blickwinkel der Berücksichtigung des Einflusses der deutschen PKV auf die Ausgestaltung des Art. 54 der Dritten Richtlinie Schadenversicherung. Der Vorentwurf der Kommission der Europäischen Gemeinschaft aus dem Jahre 1990[309] sah zunächst nur vor, daß die private Krankenversicherung, die die soziale Krankenversicherung ganz oder teilweise ersetzt, wie eine Pflichtversicherung behandelt werden kann. Die Mitgliedstaaten sollten die Vorlage der Allgemeinen und Besonderen Versicherungsbedingungen verlangen können, hingegen nicht mehr die der Tarife. Eine

[308] Anderer Ansicht Präve, Peter, Der Arbeitgeberzuschuß zur PKV und aufsichtsbehördliches Testat gem. § 257 Abs. 2 a SGB V, VersR 1997, 1301, 1303, der ohne nähere Begründung von einer abschließenden Nennung der national zu treffenden Maßnahmen in Art. 54 Abs. 2 der Dritten Richtlinie Schadenversicherung ausgeht.

[309] Vgl. Rechenschaftsbericht des Verband der privaten Krankenversicherung e.V. aus dem Jahre 1990 zur privaten Krankenversicherung S. 16.

Tarifgenehmigung ist nur noch im Rahmen eines allgemeinen Preiskontrollsystems vorgesehen[310].

Diese auf die Versicherungsbedingungen beschränkte Vorlagepflicht verbunden mit dem Wegfall der vorherigen Tarifgenehmigung sowie die mangelnde Harmonisierung im Bereich der mitgliedstaatlichen Sozialversicherungssysteme ließ eine Einflußnahme der deutschen PKV hinsichtlich einer Erweiterung dieses Vorentwurfes notwendig werden. Der private Krankenversicherungsmarkt ist nämlich gerade nicht homogen, sondern weist infolge seiner Einbindung in das jeweilige System der sozialen Sicherung die unterschiedlichsten Strukturen auf. Insoweit unterscheidet sich der Krankenversicherungsmarkt grundsätzlich von anderen Versicherungsmärkten, in denen Art, Umfang und Ausgestaltung des Versicherungsangebotes nicht vom Gesetzgeber und dem von ihm normierten staatlichen Sicherungssystem abhängig sind, sondern in denen die Versicherer selbst über ihr Produktangebot entscheiden können[311]. Die deutsche PKV war vor die Aufgabe gestellt, Regelungen gegenüber dem ursprünglichen Kommissionsvorschlag durchzusetzen, die das in Deutschland übliche System der privaten Krankenversicherung gegenüber dem Einbruch anderer Systeme aus Mitgliedstaaten, die wegen des Umfangs der dortigen Sozialversicherung keine Erfahrungen mit der Krankenkostenvollversicherung haben, funktionsfähig zu erhalten und der großen sozialpolitischen Bedeutung der privaten Krankenversicherung gerecht zu werden[312].

Nicht nur Wettbewerbsverzerrungen waren zu befürchten, sondern der gewachsene deutsche Verbraucher(schutz)standard in einem solch existenziell notwendigen Bereich wie der substitutiven Krankenversicherung war in Frage gestellt. Es bestand die Gefahr, daß Versicherer aus den Mitgliedstaaten mit Versicherungsprodukten auf den deutschen Markt drängen würden, die die Krankenkostenvollversicherung

---

[310] Vgl. Rechenschaftsbericht des Verband der privaten Krankenversicherung e.V. aus dem Jahre 1990 zur privaten Krankenversicherung, S. 16-18.

[311] Vgl. Rechenschaftsbericht des Verband der privaten Krankenversicherung e.V. aus dem Jahre 1989 zur privaten Krankenversicherung, S. 17-18.

[312] Vgl. Rechenschaftsbericht des Verband der privaten Krankenversicherung e.V. aus dem Jahre 1991 zur privaten Krankenversicherung, S. 15.

nicht wie bisher in Deutschland üblich nach dem Anwartschaftsdeckungsverfahren, sondern nach dem Umlageverfahren anbieten würden. Insbesondere die sich deutlich abzeichnende Krise im Gesundheitssystem, verbunden mit stark steigenden Kosten im Alter, potenzieren sich bei der Anwendung des Umlageverfahrens, bei dem die Schäden eines Jahres grundsätzlich aus den Prämieneinnahmen dieses Jahres gedeckt werden. Wird das Gleichgewicht zwischen Prämieneinnahmen und Ausgaben gestört, indem ein hoher und stetiger Zustrom junger und guter Risiken z.B. durch eine sich verändernde Altersstruktur infolge Geburtenrückgangs nicht mehr gewährleistet werden kann, sind stark steigende Beiträge die Konsequenz. Daß den Versicherten dieser Mangel des Umlageverfahrens unter Umständen im Alter präsentiert wird, wäre im Wettbewerb keine wirksame Bremse gewesen[313]. Trotz der existenziellen Bedeutung von bezahlbarem und verläßlichem Krankenversicherungsschutz für den Einzelnen wird das Produkt stark nach dem Preis ausgewählt ohne die lebenslange Bindung, welche sich mit zunehmenden Alter verstärkt, in die Erwägungen bei Vertragsschluß miteinzubeziehen. Daß eine Vorsorge für das steigende Risiko im Alter den Versicherungsschutz in jungen Jahren zwangsläufig verteuert, wäre zunächst von einem Wettbewerbsvorteil für diejenigen Versicherer auszugehen gewesen, die sich des Umlageverfahrens bedienen.

Problematisch ist weiterhin, daß das Produkt „Versicherung“ nicht sichtbar ist, sondern allein durch die Vertragsbedingungen gestaltet wird. Diese sind durch die verwendeten Begriffe und ihre unterschiedliche Ausgestaltung für einen Laien meist nicht leicht verständlich, so daß ein Verweis auf mögliche Informationsmöglichkeiten den Verbrauchern keinen ausreichenden Verbraucherschutz gewährleisten würde[314]. Zumal sich mögliche negative

---

[313] Vgl. Fahr, Ulrich, Die Umsetzung der Versicherungsrichtlinien der dritten Generation in deutsches Recht, VersR 1992, 1033, 1040.

[314] Vgl. Reich, Norbert, Europäisches Verbraucherrecht - Verbraucherinteressen und Freiheit des Dienstleistungsverkehrs (3. Kapitel), 3. Auflage, 1996, S. 91, 106. Gerade bei langfristigen Dienstleistungen kann nicht einfach auf die Information des Verbrauchers vertraut werden. Bei Waren als greifbare Gegenstände mag es genügen, an die Stelle eines Verbots ein informierendes Etikett zu setzen. Bei Dienstleistungen ergibt sich der Inhalt erst durch die Vertragsbedingungen und durch das dadurch geschaffene Leistungsbündel. Reich zieht daraus sogar den Schluß eines generellen

Konsequenzen einer falschen Wahl erst auf längere Sicht offenbaren. Hier mag zwar das deutsche Verbraucherleitbild eines unmündigen, hilfsbedürftigen Verbrauchers zugrundeliegen, doch gerade die oben erwähnte Problematik läßt es fraglich erscheinen, ob das im Zusammenhang mit der Warenverkehrsfreiheit vom EuGH[315] entwickelte Verbraucherleitbild des informierbaren und kritischen Verbrauchers, der sich in gewissen Grenzen auch selbst zu schützen vermag, im Bereich der Versicherung allgemein und insbesondere in einem derartig sensiblen Bereich wie der Krankenversicherung in gleichem Maße anwendbar ist. Auch ist zu berücksichtigen, daß die private Krankenversicherung ihrerseits eine Interventionspflicht im Hinblick auf die Gewährleistung ihres Krankenversicherungssystems nach Art der Lebensversicherung aufgrund einer Verpflichtung zur Bereitstellung eines verläßlichen und funktionierenden sowie bezahlbaren Krankenversicherungssystems aufgrund des Sozialstaatsprinzips nachzukommen hat[316].

Der Verband der privaten Krankenversicherung e.V. suchte den unmittelbaren Kontakt sowohl zu den deutschen Regierungsvertretern als auch mit der zuständigen Generaldirektion der Europäischen Kommission, ohne dabei die mittelbare Einflußnahme, z.B. über das Europäische Versicherungskomitee zu vernachlässigen[317]. In intensiven Verhandlungen mit der Kommission konnte ein wesentlich erweiterter Art. 54 der Dritten Richtlinie Schadenversicherung erreicht werden. Die im Vorentwurf enthaltene Anbindung der Krankenversicherung an die Pflichtversicherung ist aufgegeben worden. Neben die Verpflichtung zur Vorlage der Allgemeinen und Besonderen Versicherungsbedingungen im Tätigkeitsland, ist den Mitgliedstaaten die Möglichkeit eröffnet worden, die für den

---

Mindeststandardprinzips im Verbraucherschutz. Der Gesetzgeber des Empfangsstaates muß nämlich unterschiedliche Erfahrungen, Traditionen sowie Verbrauchsgewohnheiten berücksichtigen können.

315 Vgl. EuGH v. 20.2.1979 – Rs. 120/78 = Slg. 1979, 649 ff. (Cassis de Dijon) = NJW 1979, 1766.

316 Vgl. die Ausführungen unter Teil 3, B II 2 c) (2) (a) (1.) S. 229 ff.

317 So Sahmer, Sybille, Stellvertretende Verbandsdirektorin des Verband der privaten Krankenversicherung e.V. auf Anschreiben vom 25.8.1999.

Versicherungsvertrag spezifischen Rechtsbestimmungen vorzuschreiben[318]. Hiermit wurde dem Anliegen nach einer Fortgeltung zwingender Vorschriften des Rechtes im Tätigkeitsland, und zwar gleichermaßen für in- und ausländische Anbieter Rechnung getragen, welches damit begründet wurde, daß eine vollständige Liberalisierung in diesem Bereich erst dann möglich sei, wenn im Zuge der Harmonisierung der Sozialversicherungssysteme vergleichbare Märkte hergestellt worden sind[319].

Der Forderung der deutschen PKV nach Beibehaltung der Tarifgenehmigung hat die EG-Kommission eine Absage erteilt. Zwar ermöglicht Art. 54 Abs. 2 S. 4, 5 der Dritten Richtlinie Schadenversicherung den Mitgliedstaaten eine systematische Vorlagepflicht für die Berechnungsgrundlagen vorzuschreiben. Die Tarife sind der Aufsichtsbehörde vorzulegen, so daß ihr die Kontrolle der kalkulatorischen Vorschriften ermöglicht wird. Diese Tarifvorlagepflicht beschränkt sich allerdings auf inländische Versicherungsunternehmen[320]. Dies war für die deutsche PKV sowie die deutsche Delegation von einschneidender Bedeutung, da über die Tarifgenehmigung sichergestellt werden konnte, daß die substitutive Krankenversicherung in Deutschland auch von ausländischen Versicherern nur „nach Art der Lebensversicherung“ unter Einhaltung spezifischer versicherungstechnischer Kalkulationselemente betrieben werden konnte. Es mußte daher nach einem Kompromiß gesucht werden, der diesem Anliegen nach wie vor gerecht wird. Unter diesem Gesichtspunkt ist dann auch der Inhalt des Art. 54 Abs. 2, S. 1, 2. Teilsatz der Dritten Richtlinie Schadenversicherung zu betrachten. Um als effektive Auffanglösung für die weggefallene Tarifgenehmigung zu fungieren, muß der Fortbestand der substitutiven Krankenversicherung „nach Art der

---

[318] Vgl. Rechenschaftsbericht des Verband der privaten Krankenversicherung e.V. aus dem Jahre 1991 zur privaten Krankenversicherung, S. 16.

[319] Vgl. Rechenschaftsbericht des Verband der privaten Krankenversicherung e.V. aus dem Jahre 1989 zur privaten Krankenversicherung, S. 17-18.

[320] Vgl. Rechenschaftsbericht des Verband der privaten Krankenversicherung e.V. aus dem Jahre 1994 zur privaten Krankenversicherung, S. 14. Diese Vorlagepflicht richtet sich nämlich nur an die Sitzlandaufsicht, gilt damit also nur für z.B. deutsche Unternehmen an das BAV.

Lebensversicherung" auch unter wettbewerbspolitischen Gesichtspunkten gewährleistet sein. Hierfür ist die den Mitgliedstaaten grundsätzlich eröffnete Möglichkeit des Vorschreibens der substitutiven Krankenversicherung „in technischer Hinsicht nach Art der Lebensversicherung" unter Herausbildung eines Leitbildes für den existenziell bedeutsamen Bereich der substitutiven Krankenversicherung durch die Statuierung wesentlicher Elemente dieser Versicherungsform in Art. 54 Abs. 2, S. 1, 2. Teilsatz der Dritten Richtlinie Schadenversicherung in Mindestregelungsform ausreichend. Einer abschließenden Regelung bedarf es nicht, da nachträglich geschaffene Normen in diesem Bereich für Versicherer aus den übrigen Mitgliedstaaten nur dann zu beachten sind, wenn sie dem Schutz des „Allgemeininteresses" gem. Art. 54 Abs. 1 der Dritten Richtlinie Schadenversicherung dienen. Einer uferlosen Schaffung nationalen Rechts im Bereich der substitutiven Krankenversicherung wird über diese Einschränkung schon hinreichend entgegengewirkt.

Dasselbe Argument kann ebenfalls als Begründung gegen einen Höchstregelungsgehalt der in Art. 54 Abs. 2, S. 1, 2. Teilsatz der Dritten Richtlinie Schadenversicherung angeordneten elementaren Bestandteile der substitutiven Krankenversicherung „nach Art der Lebensversicherung" herangezogen werden. Um einen einheitlichen Standard im deutschen substitutiven Krankenversicherungsmarkt zu erhalten, bedurfte es der leitbildartigen Herausstellung wesentlicher Elemente der substitutiven Krankenversicherung „nach Art der Lebensversicherung". Gerade die wesentliche Bedeutung, die diesen Elementen durch ihren prägenden Charakter zukommt, spricht gegen eine abschließende Normierung auch in vertikaler Sicht. Es muß dem nationalen Gesetzgeber möglich sein, gerade auch im Rahmen dieser maßgeblichen Bestandteile flexibel und schnell auf wirtschaftliche und soziale Änderungen der Umstände reagieren zu können. Dies wird durch einen statuierten Mindestregelungsgehalt der Richtlinie gewährleistet[321].

---

321 Vgl. Lutter, Marcus, Zum Umfang der Bindung durch Richtlinien, in: Marcus Lutter, Jürgen Schwarze (Hrsg.), Ole Due, Festschrift für Ulrich Everling I, 1995, 765, 777.

b) Ergebnis

Die Vorgaben des Art. 54 Abs. 2 der Dritten Richtlinie Schadenversicherung beschränken sich auf Kernelemente der substitutiven Krankenversicherung nach Art der Lebensversicherung ohne jedoch abschließend zu sein. Die in den Spiegelstrichen enthaltenen Anforderungen sind im Falle der Annahme der durch Art. 54 Abs. 2 S. 1, 2. Teilsatz der Dritten Richtlinie Schadenversicherung gewährten Option in nationales Recht umzusetzen. Hierbei stellen die Inhalte der Spiegelstriche einen Mindestgehalt dar, welcher bei der Umsetzung nicht unterschritten werden darf. Jedoch ist stets ein durch den Wortlaut möglicherweise eröffneter Auslegungsspielraum miteinzubeziehen. Infolge der expliziten Verankerung eines Tarifwechselrechts in Art. 54 Abs. 2 S. 1, 2. Teilsatz, fünfter Spiegelstrich der Dritten Richtlinie Schadenversicherung war der deutsche Gesetzgeber gezwungen, dies auch in deutsches Recht umzusetzen. Hierbei darf aber nicht verkannt werden, daß die Europäische Kommission mit dieser expliziten Regelung in Artikel 54 der Dritten Richtlinie Schadenversicherung unzweifelhaft einem Anliegen des Bundesaufsichtsamts für das Versicherungswesen (BAV) gerecht geworden ist, dessen Vertreter der deutschen Regierungsdelegation angehörte. Hingegen war für die Krankenversicherer selbst das Tarifwechselrecht von nachgeordneter Bedeutung, welches aber im Interesse der durch Artikel 54 der Dritten Richtlinie Schadenversicherung garantierten Beibehaltung der Kalkulation nach Art der Lebensversicherung sowie der Vorlagepflicht für Allgemeine Versicherungsbedingungen (AVB) und Tarife[322] hingenommen wurde[323].

---

[322] Die AVB sind vor ihrer erstmaligen Verwendung und bei jeder späteren Änderung dem BAV vorzulegen, das allerdings keine Bestätigung und Freigabe mehr zu erteilen hat. Die AVB-Vorlagepflicht erstreckt sich auch auf ausländische Versicherer. Artikel 54 der Dritten Richtlinie Schadenversicherung gestattet außerdem eine systematische Vorlagepflicht für die technischen Berechnungsgrundlagen vorzuschreiben. Auch von dieser Möglichkeit hat der deutsche Gesetzgeber Gebrauch gemacht. Die Tarife sind der Aufsichtsbehörde vorzulegen, so daß ihr die Kontrolle der kalkulatorischen Vorschriften ermöglicht wird. Diese Tarifvorlagepflicht beschränkt sich allerdings auf inländische Versicherungsunternehmen, vgl. Rechenschaftsbericht des Verband der privaten Krankenversicherung e.V. aus dem Jahre 1994 zur privaten Krankenversicherung, S. 14.

3. Vorgaben durch ungeschriebene Rechtsgrundsätze

a) Grundsatz der Verhältnismäßigkeit

Für das Verständnis einer Richtlinie und die Frage nach ihrem Bindungsumfang für den nationalen Gesetzgeber sind auch die ungeschriebenen Grundsätze des Gemeinschaftrechts heranzuziehen. Insbesondere bei den Mitgliedstaaten gewährten Gestaltungsräumen - wie ihn der Rechtfertigungsgrund des Allgemeininteresses darstellt -, der einer präzisen tatbestandlichen Umschreibung entbehrt, erlangt der Grundsatz der Verhältnismäßigkeit als Korrektiv und Kontrollmaßstab Bedeutung[324]. Als allgemeiner Rechtsgrundsatz des Gemeinschaftsrechts[325] entfaltet er im Bereich der Grundrechte und Grundfreiheiten als Schranken-Schranke und im Zusammenhang mit der Garantie des Wesensgehalts überragende Bedeutung[326]. Insbesondere erlangt er nicht nur Beachtung bei der Beurteilung von Eingriffen in sonstige Rechte der Individuen und Mitgliedstaaten aus dem EG-Vertrag[327]. Ebenso sind Eingriffe der Mitgliedstaaten in gemeinschaftsrechtlich garantierte Rechtspositionen nur gestattet, wenn sie sich ihrerseits als verhältnismäßig erweisen[328]. Dieses Rechtsprinzip wirkt also in zwei Richtungen. Es begrenzt die Wirkung

---

[323] So Sahmer, Sybille, Stellvertretende Verbandsdirektorin des Verband der privaten Krankenversicherung e.V. auf Anschreiben vom 25.8.1999.

[324] Vgl. Ehlers, Dirk, Das Wirtschaftsverwaltungsrecht im europäischen Binnenmarkt, NVwZ 1990, 810, 812-813; Kugelmann, Dieter, Der Rundfunk und die Dienstleistungsfreiheit des EWG-Vertrages, 1991, S. 255.

[325] Dies ergibt sich bereits aus Art. 5 Unterabsatz 3 EGV.

[326] Vgl. Schweitzer, Michael in: Schweitzer/Hummer, Europarecht, 5. Auflage, 1996, § 12 Rn. 897, § 14 Rn. 1158.

[327] Jede von den Organen der Gemeinschaft gesetzte Norm und jedes gemeinschaftliche Verwaltungshandeln muß am Maßstab des Grundsatzes der Verhältnismäßigkeit gemessen werden, vgl. Grabitz, Eberhard, Europäisches Verwaltungsrecht – Gemeinschaftsrechtliche Grundsätze des Verwaltungsverfahrens, NJW 1989, 1776, 1779.

[328] Vgl. EuGH Urt. v. 18.3.1980, Rs. 54/79 (Debauve), Slg. 1980, S. 833, 847; Bleckmann, Albert in: Bleckmann, Europarecht, 6. Auflage, 1997, § 7 Rn. 487.

gemeinschaftsrechtlicher Akte, andererseits aber auch die Wirkung von Akten der Mitgliedstaaten mit Konsequenzen im Gemeinschaftsrecht[329].

Trotz der Geltung des Prinzips der Verhältnismäßigkeit in den Rechtsordnungen der Mitgliedstaaten - sonst könnte die Verhältnismäßigkeit keinen durch wertende Rechtsvergleichung ermittelten allgemeinen Rechtsgrundsatz des Gemeinschaftsrechts bilden[330] - ersetzt die innerstaatliche Verhältnismäßigkeitsprüfung auch nicht die Untersuchung am gemeinschaftsrechtlichen Maßstab. Denn mittels des innerstaatlichen Prinzips der Verhältnismäßigkeit wird eine Abwägung zwischen dem mit dem eingesetzten Mittel angestreben Zweck einerseits und dem beeinträchtigten und von den nationalen Rechtsvorschriften geschützten Interesse des betroffenen Bürgers andererseits vorgenommen. Der gemeinschaftliche Grundsatz der Verhältnismäßigkeit bringt dagegen den Zweck der innerstaatlichen Maßnahme und den vom Interesse der Gemeinschaft umfaßten Schutz vor Beeinträchtigungen gemeinschaftsrechtlich gewährleisteter Rechtspositionen zum Ausgleich[331].

Der gemeinschaftsrechtliche Verhältnismäßigkeitsgrundsatz entfaltet auch im Rahmen des Art. 54 Abs. 1 und 2 der Dritten Richtlinie Schadenversicherung begrenzende Wirkung. Wie bereits vorher dargestellt, unterliegt die Ausfüllung des Begriffs des Allgemeininteresses allein den Mitgliedstaaten. Dabei steht ihnen ein weiter Ermessensspielraum zu. Jedoch offenbaren sich die Grenzen dieses Wertungsraumes an der Forderung nach einer nicht unverhältnismäßigen Einschränkung von Niederlassungs- und Dienstleistungsfreiheit - wie im Erwägungsgrund (24) der Dritten Richtlinie Schadenversicherung durch den europäischen

---

[329] Vgl. Schwarze, Jürgen, Europäisches Verwaltungsrecht, Band. 2, 1988, S. 841.

[330] Zu der Ermittlung allgemeiner Rechtsgrundsätze Schweitzer, Michael in: Schweitzer/Hummer, Europarecht, 5. Auflage, 1996, § 1Rn 15 ff. , § 4 Rn. 436; Oppermann, Thomas, Europarecht, 2. Auflage, 1999, § 6 Rn. 482-488.

[331] Vgl. Schwarze, Jürgen, Europäisches Verwaltungsrecht, Band. 2, 1988, S. 840. Die innerstaatlichen Gerichte können die Untersuchung des gemeinschaftsrechtlichen Prinzips der Verhältnismäßigkeit vornehmen. Aufgrund der Geltung des EG-Vertrages in den innerstaatlichen Rechtsordnungen sind sie dazu sogar verpflichtet. Tauchen Unklarheiten über die Auslegung des EG-Vertrages auf, haben sich die nationalen Gerichte gem. Art. 234 Unterabsatz 1 a) EGV an den Europäischen Gerichtshof wenden.

Normgeber formuliert. Die Kontrolle dieses Ermessens obliegt dem Europäischen Gerichtshof, der aber die Handlungsspielräume der Mitgliedstaaten zu respektieren hat. Im Umkehrschluß ist der nationale Gesetzgeber bei der Ausübung seines über den Rechtfertigungsgrund des Allgemeininteresses eröffneten Ermessens gehalten, dieses nicht zu überschreiten oder sonst ermessensfehlerhaft auszuüben. Der nationale Gesetzgeber hat die gemeinschaftsrechtliche Verhältnismäßigkeitsprüfung mittelbar in seine Überlegungen miteinzubeziehen. Nur so kann er der Forderung nach einer angemessenen Berücksichtigung von Niederlassungs- und Dienstleistungsfreiheit bei der Ausübung seines Allgemeininteresses Rechnung tragen. Demnach ist es in Bezug auf die Frage der Ausfüllung des unbestimmten Rechtsbegriffs des Allgemeininteresses präziser, nicht bloß von einer Ausfüllung durch nationale Vorschriften im rein innerstaatlichen Allgemeininteresse zu sprechen, sondern von einer Ausfüllung durch nationale Vorschriften - zwar basierend auf rein innerstaatlichen Wertungen -aber unter gemeinschaftsrechtlichen Gesichtspunkten, die sowohl die legitimen Interessen der Mitgliedstaaten beachten und zusammenführen, als auch die Spannungslage hinsichtlich der Sicherstellung der Verwirklichung der Grundfreiheiten miteinbeziehen. In diesen Abwägungsvorgang gehen dann auch europäische Wertungen ein, die ihren Niederschlag in der Begründung einer eigenständigen europäischen Verbraucherschutzpolitik sowie in dem Harmonisierungsgrad in bezug auf einen gemeinschaftsweiten „hohen Verbraucherschutz" gefunden haben.

Die Verpflichtung zur Beachtung des Verhältnismäßigkeitsgrundsatzes ergibt sich - per se - auch aus dem Mindestregelungsgehalt des Art. 54 der Dritten Richtlinie Schadenversicherung. Zwar sind die Mitgliedstaaten frei zu strengeren und ergänzenden nationalen Regelungen, diese Freiheit wird aber durch die Verpflichtung zur Gemeinschaftstreue gem. Art. 10 EGV begrenzt. Ob sich hieraus eine generelle Verpflichtung zu einer mit den Zielen der Gemeinschaft konformen nationalen Gesetzgebung fordern läßt, erscheint im Hinblick auf den zuvor speziell eröffneten Spielraum einzelstaatlicher Regelungsautonomie poblematisch[332]. Gegenstand ist aber

---

[332] Vgl. Lutter, Marcus, Zum Umfang der Bindung durch Richtlinien, in: Marcus Lutter, Jürgen Schwarze (Hrsg.), Ole Due, Festschrift für Ulrich Everling I, 1995, 765, 780, der dies hingegen in einem derartigen Absolutheitsgrad formuliert.

nicht eine stets zu den Zielen der Gemeinschaft konforme nationale Gesetzgebung, sondern die Verwirklichung der Grundfreiheiten bei der Umsetzung der Richtlinie und bei Schaffung strengeren Rechts innerhalb ihres zugewiesenen Regelungsbereichs zu beachten. Auf diese Weise wird den übergeordneten Zielen des Funktionieren des Binnenmarkts insgesamt und der Sicherung eines wirksamen Wettbewerbs Rechnung getragen. Es geht um die Annerkennung sogenannter ungeschriebener Obergrenzen, manifestiert in der Beachtung des gemeinschaftsrechtlichen Grundsatzes der Verhältnismäßigkeit[333].

b) Ergebnis

Demgemäß können die europäischen Wertungen, welche sich z.B. in einem divergierenden Verbraucherschutzniveau niederschlagen, mittelbar über den Grundsatz der Verhältnismäßigkeit Einfluß auch in ausdrücklich eröffneten Spielräumen einzelstaatlicher Regelungsautonomie erhalten. Dies ist im Hinblick auf einen gemeinsamen Binnenmarkt ohne Grenzen und die zunehmende Harmonisierung konsequent. Zumal sich die Frage aufwerfen läßt, inwieweit in einer Harmonisierung auf Mindeststandardbasis nicht ein Widerspruch zu der Zielsetzung der Binnenmarktverwirklichung zu sehen ist[334].

Wer es nämlich nicht akzeptieren will, Art. 95 Abs. 4 EGV in Zusammenwirken mit dem Subsidiaritätsprinzip im Sinne einer generellen Mindeststandardharmonisierung zu verstehen, muß die Frage klären, ob es mit dem Ziel des Art. 95 EGV vereinbar ist, sekundärrechtliche Regeln zu erlassen, die den Mitgliedstaaten die Möglichkeit belassen, abweichende

---

[333] Vgl. Lutter, Marcus, Zum Umfang der Bindung durch Richtlinien, in: Marcus Lutter, Jürgen Schwarze (Hg.), Ole Due, Festschrift für Ulrich Everling I, 1995, 765, 780; kritisch dazu Timmermans, Christiaan W. A., Die europäische Rechtsangleichung im Gesellschaftsrecht, RabelsZ 48 (1984), S. 1ff. (29).

[334] Vgl. Heiss, Helmut, Verbraucherschutz im Binnenmarkt, ZEuP 1996, 625, 637-638; Micklitz, Hans-W./Reich, Norbert, Verbraucherschutz im Vertrag über die Europäische Union, EuZW 1992, 593, 598.

nationale Regeln beizubehalten oder einzuführen, wenn sie über dem vergemeinschafteten Niveau liegen[335].

Der Widerspruch zum Binnenmarktprinzip wird darin gesehen, daß einzelstaatliche Maßnahmen, nachdem eine Harmonisierung durch die Union erfolgt ist, auf Dauer nur im Rahmen des Art. 95 Abs. 4 EGV aufrechterhalten werden können. Letztlich steht hinter dem Aufwerfen dieser Frage die Angst vor einer Verfestigung und weiteren Ermöglichung divergierender nationaler Standards trotz einer durch die europäische Gemeinschaft vorgenommenen Harmonisierung, also einer faktischen Zunichtemachung der europäischen Harmonisierungsbestrebungen. Der Einfluß der Europäischen Gemeinschaft als supranationales Gebilde könnte in Frage gestellt werden.

Der Streit entzündet sich dann auch daran, ob der Verbraucherschutz von diesem Ausscherrecht des Art. 95 Abs. 4 EGV grundsätzlich erfaßt ist. Der Verbraucherschutz - mit Ausnahme des Schutzes der Gesundheit und Sicherheit – wird nämlich nicht ausdrücklich darin erwähnt. Zwar stellen der Schutz der Gesundheit und Sicherheit existenziell bedeutende Schutzbereiche für die Verbraucher dar, doch läßt sich hieraus gerade nicht der Schluß ziehen, daß dies als Synonym für Verbraucherschutz allgemein zu verstehen ist. Vielmehr weist dies auf das Gegenteil hin, nämlich auf eine ausdrückliche Begrenzung auf diese beiden besonders existenziellen Bereiche, da ansonsten der Gesetzgeber den Oberbegriff des Verbraucherschutzes verwendet hätte. Andere[336] plädieren zur Auflösung dieses vermeintlichen Widerspruchs - trotz dieses gewichtigen Arguments - für eine Aufgabe der restriktiven Auffassung zu Art. 95 Abs. 4 EGV.

Doch der vermeintliche Widerspruch der Harmonisierung auf Mindeststandardbasis mit der Zielsetzung der Binnenmarktverwirklichung wird infolge der Verpflichtung zur Beachtung der ungeschriebenen Obergrenze des gemeinschaftsrechtlichen Verhältnismäßigkeitsprinzips deutlich relativiert. Indem die Mitgliedstaaten ihre Verpflichtung zur Verwirklichung der Ziele des Binnenmarktes in ihre Überlegungen

---

[335] Vgl. Micklitz, Hans-W./Reich, Norbert, Verbraucherschutz im Vertrag über die Europäische Union, EuZW 1992, 593, 598.

[336] Vgl. Kiendl, Doris, Haftungsfreizeichnung für Personenschäden in Verbraucherverträgen, ZfRV 1994, 138, 141.

miteinzubeziehen haben, kann eine dem bestehenden Harmonisierungsgrad diametral entgegengesetzte nationale Entwicklung nicht stattfinden. Der bestehende Harmonisierungsgrad ist bereits Ausdruck des Versuchs, die unterschiedlichen mitgliedstaatlichen Interessen mit den übergeordneten Interessen aller Mitgliedstaaten in Bezug auf die Synergieeffekte eines gemeinsamen Marktes und einer gemeinsamen europäischen Politik in einen akzeptablen Ausgleich zu bringen. Dieser bestehende Harmonisierungsgrad wird über den Verhältnismäßigkeitsgrundsatz in den über das Mindeststandardprinzip eröffneten Bereich nationaler Regelungsautonomie transportiert. Es bedarf sodann einer eingehenden Auseinandersetzung, ob und inwieweit dieser in der Europäischen Gemeinschaft bisher erreichte Harmonisierungsgrad in bezug auf Besonderheiten in einem Mitgliedstaat nicht ausreicht. Eine von den europäischen Wertungen losgelöste eigenständige Politk trotz Harmonisierung ist aus diesem Grund auch bei einer Mindeststandardregelung nicht möglich. Der Verhältnismäßigkeitsgrundsatz fungiert als Korrektiv für eine national überspannte Verbraucherschutzpolitik[337]. Es bedarf daher gar nicht des Rückgriffs auf eine extensive Ausdehnung der in Art. 95 Abs. 4 EGV verankterten Ausscherrechts in bezug auf den Verbraucherschutz.

Über den Verhältnismäßigkeitsgrundsatz wird dem EuGH die Möglichkeit eröffnet, unmittelbar auf den Spielraum einzelstaatlicher Regelungsautonomie zuzugreifen. Die Entwicklung der Verbraucherschutzpolitik bzw. das Verbraucherschutzniveau kann hierüber vielmehr gezielt gesteuert werden. Dies ist nicht unproblematisch, da sich darin die Gefahr birgt, daß das „Allgemeininteresse“ zu einem Hebel für den EuGH umfunktioniert werden könnte, um ein von ihm bestimmtes Gemeinwohl zur Rechtfertigung von Beschränkungen des freien Waren- oder Dienstleistungsverkehrs zu benutzen[338]. Ferner besteht hierdurch die Möglichkeit der Absenkung einzelner höherer mitgliedstaatlicher Schutzniveaus. Jedoch wiegt die Option, eine gezielte Verbraucherschutzpolitik im Rahmen der

---

[337] Vgl. hierzu Aicher, Josef, Aushöhlung höherer Verbraucherschutzstandards durch Art 30 EWGV, in: Wolfgang Schuhmacher (Hrsg.), Verbraucherschutz in Österreich und in der EG, 1992,S. 89, 112 ff.

[338] Vgl. Kugelmann, Dieter, Der Rundfunk und die Dienstleistungsfreiheit des EWG-Vertrages, 1991, S. 259.

Binnenmarktziele und der Verwirklichung der Grundfreiheiten vorantreiben zu können, die angesprochenen Nachteile auf. Zumal dem durch eine restriktive Ausgestaltung und Anwendung des Grundsatzes der Verhältnismäßigkeit vorgebeugt werden kann[339].

II. Umsetzung der Vorgaben durch das Dritte Durchführungsgesetz/EWG zum VAG

Deutschland ist mit dem am 29.7.1994 in Kraft getretenen Dritten Durchführungsgesetz/EWG zum VAG[340] seiner Verpflichtung aus Art. 249 Unterabsatz 3 EGV nachgekommen. Um die nationale Rechtsordnung mit den Anforderungen der Dritten Richtlinie Schadenversicherung in Einklang zu bringen, waren Änderungen im Versicherungsaufsichtsgesetz (VAG) und im Versicherungsvertragsgesetz (VVG) erforderlich.

Die Vorgaben für die substitutive Krankenversicherung des Art. 54 der Dritten Richtlinie Schadenversicherung gingen nicht nur in fast unveränderter Form in § 12 Abs. 1 VAG ein[341]. Vielmehr wurde im Zuge der Harmonisierung der Aufsichtsrechte und der damit verbundenen Umsetzung der Dritten Richtlinie Schadenversicherung nun endlich Regelungen über die private Krankenversicherung gesetzlich fixiert. Es entstand im Versicherungsvertragsgesetz ein eigener Abschnitt, der mit dem Titel „Krankenversicherung" überschrieben ist und die Sicherstellung eines einheitlichen Mindeststandards in der privaten Krankenversicherung durch die Aufnahme der wesentlichen Inhalte der Musterbedingungen für die Krankheitskostenversicherung und die Krankenhaustagegeldversicherung (MB/KK) gewährleistet[342].

Lediglich das in § 178 f VVG niedergelegte Tarifwechselrecht war vorher nicht in den MB/KK ausdrücklich aufgeführt. Diese Regelung geht

[339] Vgl. Kugelmann, Dieter, Der Rundfunk und die Dienstleistungsfreiheit des EWG-Vertrages, 1991, S. 259.

[340] BT Drucksache 12/6959.

[341] Vgl. insbesondere den Wortlaut des Art. 54 Abs. 2 der Dritten Richtlinie Schadenversicherung mit dem Inhalt des § 12 Abs. 1 VAG.

[342] Vgl. den Inhalt der §§ 178 a-o VVG.

unmittelbar auf die Vorgaben des Art. 54 Abs. 2 S. 1, 2. Teilsatz, fünfter Spiegelstrich der Dritten Richtlinie Schadenversicherung zurück. Es stellt aber keine völlige Neuschöpfung dar, sondern ist in abgeschwächter Form bereits vorher durch die PKV-Unternehmen auf freiwilliger Basis gehandhabt worden[343].

[343] Auskunft der Privaten Krankenversicherung e.V. Geschäftsführung.

Teil 3 Inhalt und Durchführung des Tarifwechselrechts

A. Die Regelung des Tarifwechselrechts gem. § 178 f Abs. 1 VVG

Der Gesetzgeber hat dem Versicherungsnehmer in § 178 f Abs. 1 VVG ein Recht auf Umstufung in einen anderen Tarif zugebilligt. Hierbei handelt es sich nicht um eine völlige Neuschöpfung, sondern die Festschreibung einer bereits vorher im Einzelfall gehandhabten freiwilligen Übung durch die Versicherer. Darin heißt es:

(1) "Bei bestehendem Versicherungsverhältnis kann der Versicherungsnehmer vom Versicherer verlangen, daß dieser Anträge auf Wechsel in andere Tarife mit gleichartigem Versicherungsschutz unter Anrechnung der aus dem Vertrag erworbenen Rechte und der Alterungsrückstellung annimmt. Soweit die Leistungen in dem Tarif, in den der Versicherungsnehmer wechseln will, höher oder umfassender sind, als in dem bisherigen Tarif, kann der Versicherer für die Mehrleistung einen Leistungsausschluß oder einen angemessenen Risikozuschlag und insoweit auch eine Wartezeit verlangen. Der Versicherungsnehmer kann die Vereinbarung eines Risikozuschlages und einer Wartezeit dadurch abwenden, daß er hinsichtlich der Mehrleistung einen Leistungsausschluß vereinbart.

(2) Absatz 1 gilt nicht für befristete Versicherungsverhältnisse."

I. Bestehendes Versicherungsverhältnis - Versicherungsnehmer - Versicherer

1. Einbeziehung des Versicherten in den Versicherungsnehmerbegriff des § 178 f Abs. 1 S. 1 VVG

Voraussetzung des Anspruchs auf Tarifwechsel ist das Bestehen eines Versicherungsverhältnisses. Hierbei handelt es sich um ein Schuldverhältnis, das eine Rechtsbeziehung zwischen zwei Personen darstellt, kraft deren die eine von der anderen eine Leistung zu fordern berechtigt ist, §§ 241, 305 BGB[344]. Demzufolge wird als Versicherungsnehmer derjenige

---

[344] Über die Rechtsnatur des Versicherungsvertrag herrscht Streit. Während die h.M. von einem Vertrag sui generis ausgeht, finden sich im neueren Schriftum Versuche, den

bezeichnet, der als Vertragspartner des Versicherers berechtigt ist, die Versicherungsleistung zu fordern, vgl. § 1 Abs. 1 VVG[345].

Eine Beschränkung des Versicherungsnehmerbegriffs zum Beispiel auf ausschließlich ältere Versicherungsnehmer besteht nicht, obwohl die Notwendigkeit der Statuierung eines Umstufungsanspruchs laut der amtlichen Begründung zu § 178 f VVG in der Abmilderung von Kostensteigerungen infolge Tarifschließungen gesehen wird[346]. Diese betreffen zwar vorwiegend ältere Versicherte[347], doch allein aus dieser Tatsache läßt sich noch kein konkreter gesetzgeberischer Wille zur Begrenzung des Personenkreises herleiten. Insbesondere die Verwendung eines inhaltlich derartig unbestimmten Begriffs wie der des „älteren Versicherungsnehmers" in Rahmen der amtlichen Begründung zu § 178 f VVG[348], spricht gegen eine näher konkretisierte Intention des Gesetzgebers hinsichtlich einer einschränkenden Auslegung des Versicherungsnehmerbegriffs[349].

Obwohl § 178 f Abs. 1 S. 1 VVG ausdrücklich nur dem „Versicherungsnehmer" das Recht auf Tarifwechsel zugesteht, stellt sich im Hinblick auf die in § 178 a Abs. 1 VVG angeordnete Möglichkeit die

---

Versicherungsvertrag mit den Kategorien eines bereits im BGB geregelten Vertragstypus zu erfassen., vgl. Dörner in: Honsell, Berliner Kommentar zum VVG, 1999, Einleitung Rn. 48 ff.

345 Vgl. Dörner in: Honsell, Berliner Kommentar zum VVG, 1999, § 178 a Rn. 3 m.w.N. Das VVG kennt bisher nur den Versicherungsnehmer als Vertragspartner des Versicherers, der auch berechtigt ist, die Versicherungsleistung zu fordern, und den Versicherten, dessen Krankheit oder Unfall den Versicherungsfall auslöst. Ist der Krankenversicherungsschutz auch oder ausschließlich für die eigene Person des Versicherungsnehmers vereinbart, ist der Versicherungsnehmer zugleich auch Versicherter.

346 Vgl. die amtliche Begründung zu § 178 f VVG BT Drucksache 12/6959 S. 105.

347 Vgl. die amtliche Begründung zu § 178 f VVG BT Drucksache 12/6959 S. 105 sowie die Ausführungen unter Teil 1, C IV S. 32 ff.

348 Vgl. die amtliche Begründung zu § 178 f VVG BT Drucksache 12/6959 S. 105.

349 Inwieweit hingegen eine nähere Eingrenzung des weiten Versicherungsnehmerbegriffs des § 178 f Abs. 1 S. 1 VVG aufgrund möglicher Belastungen der Versicherer sowie des Versichertenkollektivs sinnvoll wäre, ist an späterer Stelle darzulegen.

Krankenversicherung nicht nur auf die Person des Versicherungsnehmers, sondern auch auf die Person eines anderen zu nehmen, die Frage, inwieweit nicht auch der Versicherte über den Wortlaut des § 178 f Abs. 1 S. 1 VVG hinaus zur Geltendmachung des Wechselrechts befugt ist. Das VVG spricht regelmäßig nur vom Versicherungsnehmer, da es vom Normalfall einer Eigenversicherung, d.h. der Versicherung eines eigenen Interesses auf eigene Rechnung, ausgeht. Die einzelnen Vorschriften erfassen aber bei Vorliegen einer Fremdversicherung vielfach auch den Versicherten, ohne daß diese nach dem Inhalt der betreffenden Vorschrift meist selbstverständliche Folgerung noch besonders hervorgehoben wird[350].

Die zuvor aufgeworfene Frage bedarf jedoch nur einer Klärung, sofern der Anwendungsbereich der Versicherung für fremde Rechnung im Rahmen der Krankenversicherung überhaupt eröffnet ist. Zwar kann es sich vom Wortlaut her bei der Versicherung „auf eine andere Person" sowohl um eine Versicherung auf eigene als auch auf fremde Rechnung handeln. Jedoch könnte eine Versicherung auf fremde Rechnung gem. §§ 74 ff. VVG mangels ausdrücklicher Nennung in § 178 a Abs. 2 VVG von vornherein ausscheiden. Das Erfordernis einer ausdrücklichen Nennung ergibt sich nicht bereits aus dem Hinweis, daß die §§ 74-80 VVG aufgrund ihrer Stellung im Abschnitt über die Schadensversicherung nur im Bereich der Schadensversicherung Anwendung finden, so daß sie in der Personenversicherung, zu der auch die Krankenversicherung zählt, nur insoweit gelten, als sie für anwendbar erklärt werden. Diese Ansicht[351] resultiert daraus, daß die Personenversicherung zum großen Teil als Summenversicherung ausgestaltet ist[352], übersieht aber, daß die Krankenversicherung trotz ihrer Qualifizierung als Personenversicherung dagegen zu wichtigen Teilen als Schadensversicherung betrieben wird[353].

---

[350] Vgl. Hübsch in: Honsell, Berliner Kommentar zum VVG, 1999, § 74 Rn. 15; BGH NJW 1988, 2803.

[351] Vgl. Hohlfeld in: Honsell, Berliner Kommentar zum VVG, 1999, § 178 a Rn. 5.

[352] Vgl. den Bereich der Lebensversicherung als klassischer Bereich der Personen- und Summenversicherung.

[353] Die Krankheitskostenversicherung (einschließlich Krankenhauszusatzkostenversicherung) und die kostenersatzleistende Pflegeversicherung als Fälle der Schadensversicherung. Lediglich die Krankenhaustagegeldversicherung und die

Auch aus einem Vergleich mit § 179 Abs. 2 S. 2 VVG, der eine ausdrückliche Anwendbarkeit der §§ 74 ff. VVG in der Unfallversicherung anordnet, läßt sich nicht der Schluß ziehen, der Gesetzgeber wollte durch seine bewußte Nichtnennung der §§ 74 ff. VVG im Rahmen des § 178 a Abs. 2 VVG eine Anwendbarkeit der Versicherung für fremde Rechnung in der Krankenversicherung ausschließen. Hierfür müßte eine vergleichbare Situation von Unfallversicherung und Krankenversicherung anzunehmen sein. Beide sind in den Bereich der Personenversicherungen einzuordnen und werden zum Teil auch als Schadenversicherung betrieben, jedoch wird der gewichtigere Teil in der Unfallversicherung, die Versicherung gegen die wirtschaftlichen Folgen von Invalidität oder Tod in Form der Summenversicherung betrieben, was sich in der Krankenversicherung in bezug auf die Krankenkostenversicherung gerade entgegengesetzt darstellt.

Zweifel an einer Anwendbarkeit der §§ 74 ff. VVG im Rahmen der Krankenversicherung ergeben sich vielmehr daraus, daß sich der Gesetzgeber bei der Kodifizierung der Krankenversicherung im VVG bewußt gegen eine Anwendung der Vorschriften über die Versicherung für fremde Rechnung auf den Krankenversicherungsvertrag ausgesprochen hat[354], so daß der Einwand eines Redaktionsversehens des Gesetzgebers im Rahmen des § 178 a Abs. 2 VVG nicht greift. Es erscheint aber nicht ersichtlich, weshalb die Rechtsstellung der Person, deren Interesse durch den Versicherungsnehmer im eigenen Namen versichert ist, in der Krankenversicherung schlechter sein soll als in den übrigen Versicherungszweigen. Ebenso gilt zu bedenken, daß § 178 a Abs. 2 VVG und damit auch die Unanwendbarkeit der §§ 74 ff. VVG gem. § 178 o VVG dispositiv sind. Wollte der Gesetzgeber aber eine Nichtanwendbarkeit der Versicherung auf fremde Rechnung im Rahmen der Krankenversicherung sicherstellen, hätte er dies wohl nicht durch eine dispositive Regelung bewerkstelligt[355].

Krankentagegeldversicherung (str.) sind als Summenversicherung einzustufen, vgl. Weyers, Hans-Leo, Versicherungsvertragsrecht, 2. Auflage, 1995, Rn. 684 h.

[354] Vgl. die amtliche Begründung zu § 178 a VVG BT Drucksache 12/6959, S. 104.

[355] Vgl. zum Streitstand Prölss in: Prölss/Martin, VVG, 26. Auflage, 1998, § 178 a Rn. 7 m.w.N.; sowie Hübsch in: Honsell, Berliner Kommentar zum VVG, 1999, § 74 Rn. 2 m.w.N.; Hohlfeld in: Honsell, Berliner Kommentar zum VVG, 1999, § 178 a Rn. 5.

Dieser Streit kann aber offenbleiben, wenn das Tarifwechselrecht schon kein Recht „aus dem Vertrag" im Sinne des § 75 Abs. 1 S. 1 VVG darstellt. Mit Rechten aus dem Vertrag sind die speziell aus der Vertragsvereinbarung der Vertragsparteien sich ergebenden Ansprüche gemeint. Diese stellen sich nicht nur als unmittelbarer Ausfluß des Vertragsschlusses, sondern auch als ein Korrelat zu dem versicherten Fremdinteresse dar. Hierzu zählen insbesondere die geldlichen Ansprüche[356], aber auch alle Rechte, die mit der Entschädigung zusammenhängen[357]. Indem § 75 Abs. 1 VVG dem Versicherten die Rechte aus dem Vertrag - allerdings beschränkt durch das Verfügungsrecht des Versicherungsnehmers[358] - zuweist, könnte man der Auffassung sein, der Versicherte ist damit voll in die Rechtsstellung des Gläubigers eingetreten und hat somit alle aus dem Schuldverhältnis entstehenden Rechte inne[359]. Infolge der automatischen Entstehung des Tarifwechselrechts durch die Begründung eines Versicherungsverhältnisses stellt sich dies als unmittelbarer Ausfluß des Schuldverhältnisses dar, so daß man geneigt sein könnte, dieses Recht als aus dem Schuldverhältnis entstanden auch dem Versicherten zuzuweisen.

Wäre vom Gesetzgeber ein vollständiges Einrücken des Versicherten an die Stelle des Vertragspartners gewollt, dann hätte er das Recht des Versicherten in § 75 Abs. 1 VVG nicht ausdrücklich durch die Wortwahl „aus dem Vertrag" begrenzt. Vielmehr ist zur Bestimmung des Umfangs der Rechte des Versicherten von dem Wortlaut unter Berücksichtigung des allgemeinen Sprachgebrauchs auszugehen. Danach fallen diejenigen Rechte, die die Begründung des Vertragsverhältnisses betreffen, nicht unter die Rechte „aus dem Vertrag"[360]. Diese stehen nur den Vertragsparteien zu. Nichts anderes kann für die jedes Schuldverhältnis begleitenden unselbstständigen Gestaltungsrechte des bürgerlichen Rechts, wie Anfechtung, Kündigung und

---

[356] So noch Prölss/Martin in der 23. Auflage des Kommentars zum VVG S. 454.

[357] Vgl. Sieg in: Bruck/Möller, VVG, Band II, 8. Auflage, §§ 75, 76 Anm. 54.

[358] Vgl. §§ 75 Abs. 2, 76 Abs. 1 VVG.

[359] Vgl. Trautmann, Hans Joachim, Das Innenverhältnis zwischen VN und Versicherten bei der Versicherung für fremde Rechnung, 1971, S. 9.

[360] Vgl. ÖOGH VersR 1988, 502.

Rücktritt, gelten[361]. Diese wirken nämlich von Außen auf den Vertrag als solchen ein. Sie hängen mit dem Vertragsganzen zusammen und stehen in enger Beziehung zu der Vertragsbegründung, auf die aber ausschließlich die Vertragsparteien und nicht der Versicherte Einfluß nehmen kann[362].

Ausreichend für die Versicherung für fremde Rechnung ist lediglich die Einigung zwischen den Parteien des Versicherungsvertrages, daß ein fremdes Interesse versichert werden soll. Der Versicherte erwirbt dann ohne jegliches Zutun seinerseits kraft Gesetz den Versicherungsanspruch[363], Vertragspartei ist aber nach wie vor der Versicherungsnehmer, den auch die Rechte und Pflichten aus den Vertrag treffen. Könnte nun der Versicherte auf das Vertragsverhältnis nachträglich Einfluß nehmen, dann könnte er dem Versicherungsnehmer einen Vertrag aufzwingen, den dieser so möglicherweise niemals gewollt hat. Es könnte zwar eingewandt werden, daß sich dies im Rahmen des Versicherungsrechts relativiert, da im Unterschied zum echten Vertrag zugunsten Dritter, dem Versicherten nicht die Verfügungsbefugnis über den Anspruch zusteht, § 76 Abs. 1 VVG. Desto weniger überzeugt das Argument der Gefahr des nachträglichen Aufdrängens eines nichtgewollten Vertragsinhalts, wenn dem Versicherten auch die Verfügungsbefugnis zusteht. Dies geschieht in diesen Fällen nämlich mit Willen des Versicherungsnehmers. Entweder stimmt dieser zu, oder der Versicherte ist Inhaber des Versicherungsscheins, der aber ohne Willen des Versicherungsnehmers nicht zum Versicherten gelangen kann, § 75 Abs. 1 S. 2 VVG. Es fehlt dann bereits an einer Schutzbedürftigkeit des Versicherungsnehmers, da er die Verfügungsbefugnis über den Anspruch bewußt aus seiner Hand gegeben hat.

Jedoch bildet der Wortlaut die Grenze der Auslegung, so daß Rechte, die sowohl gestaltend als auch verändernd auf den Vertrag einwirken nicht bloß als Rechte aus dem Vertrag einzustufen sind. Nichts anderes kann für das in § 178 f Abs. 1 VVG angeordnete Tarifwechselrecht gelten, da der Antrag auf

---

[361] Vgl. Sieg in: Bruck/Möller, VVG, Band II, 8. Auflage, §§ 74, 75 Anm. 54; Prölss in: Prölss/Martin, VVG, 26. Auflage, 1998, § 75 Rn. 5; Kisch, Wilhelm, Handbuch des Privatversicherungsrechts, Band III, 1922, S. 464 und 471; a.M. Ehrenzweig, Albert, Deutsches-Österreichisches Versicherungsvertragsrecht, 1952, S. 214.

[362] Vgl. Kisch, Wilhelm, Handbuch des Privatversicherungsrecht, Band III, 1922, S. 471.

[363] Vgl. Hübsch in: Honsell, Berliner Kommentar zum VVG, 1999, § 74 Rn. 1.

Wechsel in einen anderen Tarif zumindest als eine Vertragsänderung anzusehen ist, wenn man ihn nicht als einen Neuabschluß einordnen möchte. Eine Vertragsänderung wirkt aber gleichermaßen wie eine Kündigung, Rücktritt oder Anfechtung auf das Vertragsverhältnis als Ganzes. Demnach ist grundsätzlich der Versicherte nicht zur Geltendmachung des Tarifwechselrechts des § 178 f Abs. 1 VVG befugt[364].

2. Begriff des „Versicherers" in § 178 f Abs. 1 S. 1 VVG

Neben dem Versicherungsnehmer ist der „Versicherer" Vertragspartei des Versicherungsvertrages, § 1 Abs. 1 VVG. Das Versicherungsaufsichtsrecht verwendet synonym hierfür den Begriff des „Versicherungsunternehmens", worunter es Unternehmen versteht, die den Betrieb von Versicherungsgeschäften zum Gegenstand haben und nicht Träger der Sozialversicherung sind, § 1 Abs. 1 VAG. Vertragspartei des Versicherungsvertrags ist somit lediglich das jeweilige Unternehmen, als die juristische Person mit der der Versicherungsvertrag geschlossen worden ist, auch wenn es zu einem Konzernverbund nach § 18 AktG gehört. Für das Tarifwechselrecht nach § 178 f Abs. 1 VVG bedeutet dies, daß der Versicherungsnehmer lediglich einen Anspruch auf Wechsel in diejenigen Tarife mit gleichartigen Versicherungsschutz besitzt, die von seinem Vertragsunternehmen angeboten werden, auch wenn innerhalb des Konzerns mehrere rechtlich selbständige Tochterunternehmen als Spezialversicherer im Bereich des Krankenversicherungswesens tätig sind[365].

3. Auslegung des Begriffs des Versicherungsverhältnisses

a) systematische Erwägungen

Aus der systematischen Stellung des § 178 f VVG innerhalb des Dritten Abschnitts unter dem Titel Krankenversicherung ergibt sich, daß es sich um

---

[364] Der Gesetzgeber geht davon aus, daß die Eigenversicherung im Bereich der Krankenversicherung der Regelfall ist.

[365] Die Gründung rechtlich selbstständiger Tochterunternehmen z.B. durch einen Kompositversicherer ist eine Folge des Spartentrennungsgebots, das mittelbar über § 257 Abs. 2 a S. 1 Nr. 5 SGB V immer noch fortbesteht.

ein bestehendes Versicherungsverhältnis aus dem Bereich der privaten Krankenversicherung handeln muß. Mangels näherer Konkretisierung durch den Wortlaut könnte die Vorschrift für alle Kranken- und Pflegekrankenversicherungsverträge gelten, soweit es sich hierbei um unbefristete Versicherungsverhältnisse handelt, § 178 f Abs. 2 VVG[366]. Demzufolge wäre dem Versicherungsnehmer das Tarifwechselrecht gleichermaßen in der klassischen Krankenkostenvollversicherung wie im Zusatzversicherungsbereich der Krankenversicherung zu gewähren.

Fraglich erscheint, ob nicht eine Einschränkung dieser weiten am bloßen Wortlaut des § 178 f VVG orientierten Auslegung auf Verträge der substitutiven Krankenversicherung im Sinne des § 12 Abs. 1 S. 1 VAG besteht. Für eine derartige Erwägung könnte die unterschiedliche Ausgestaltung des aufsichtsrechtlich angeordneten Tarifwechselrecht des § 12 Abs. 1 S. 1 Nr 4 VAG im Vergleich zum vertragsrechtlich ausgestalteten Recht auf Tarifwechsel nach § 178 f Abs. 1 VVG sprechen. Gem. § 12 Abs. 1 S. 1 Nr. 4 VAG darf die substitutive Krankenversicherung im Inland nur nach Art der Lebensversicherung betrieben werden, wobei dem Versicherungsnehmer in dem Versicherungsvertrag das Recht auf Wechsel in andere Tarife einzuräumen ist. Wohingegen § 178 f Abs. 1 VVG von seinem Wortlaut her eine derartige Bezugnahme auf die substitutive Krankenversicherung gerade nicht vornimmt.

(1) Begriff der substitutiven Krankenversicherung

Zunächst ist der Begriff der substitutiven Krankenversicherung näher zu erläutern. Die grundsätzliche Möglichkeit einer beschränkenden Wirkung des § 12 Abs. 1 VAG auf § 178f Abs. 1 VVG wäre nämlich nur eröffnet, wenn der Begriff der substitutiven Krankenversicherung gerade nicht jegliches Krankenversicherungsverhältnis, insbesondere nicht den Zusatzversicherungsbereich, erfassen würde.

Mangels einer ausdrücklichen Definition dieses Begriffs durch Nennung der ihm entsprechenden Versicherungsarten in § 12 Abs. 1 VAG ist zur näheren Konkretisierung seines Inhalts die anläßlich der Verabschiedung der Dritten

---

[366] So Wriede, Paul, Überlegungen zum Abschlußzwang gem. § 178 f VVG, VersR 1996, 271.

Richtlinie Schadenversicherung im Jahre 1992 vom Rat der Europäischen Gemeinschaften abgegebene Protokollerklärung zu Art. 54 heranzuziehen[367].

Darin heiß es: „Der Rat und die Kommission erklären, daß die private oder freiwillige Versicherung, die ganz oder teilweise eine Alternative zu der von der gesetzlichen Sozialversicherung gewährten Deckung im Krankheitsfall darstellt, die Versicherungsverträge betrifft, die die Risiken des Zweigs 2 in Teil A des Anhangs zu der Richtlinie 73/239/EWG decken und die der von der gesetzlichen Sozialversicherung gewährten Deckung entsprechen. Artikel 54 gilt nicht für Zusatzversicherungsverträge in den Fällen, in denen die gesetzliche Sozialversicherung keinerlei Deckung gewährt."

Für den Begriff der Substitution kommen durch diese Erklärung drei wesentliche Elemente zum Ausdruck: Zum einen wird explizit auf eine bestimmte Funktion der Krankenversicherung abgestellt, nämlich auf die Eignung an Stelle des Schutzes der gesetzlichen Krankenversicherung zu treten[368]. In der Protokollerklärung wird dies etwas umständlich mit dem Begriff der „Alternative" umschrieben, wohingegen der deutsche Gesetzgeber in § 12 Abs. 1 S. 1 VAG konkreter den Begriff der „Ersetzung" wählt. Eng verbunden und quasi durch die Forderung nach einer Substitutivfunktion der Krankenversicherung impliziert ist das Element der Qualität. Der Versicherungsschutz muß der „von der gesetzlichen Sozialversicherung gewährten Deckung entsprechen", d.h. der private Krankenversicherungsschutz muß mit vergleichbaren Standards ausgestattet sein wie die Mitgliedschaft in der gesetzlichen Krankenversicherung[369]. Das Dritte Kennzeichen der substitutiven Krankenversicherung spiegelt sich in dem Begriffspaar der „ganzen oder teilweisen" Ersetzung der gesetzlichen Krankenversicherung wider. Hieraus läßt sich der von ihr erfaßte Bereich der Versicherungsarten bestimmen, ohne die die Ausgangsfrage einer möglichen Einschränkung des Anwendungsbereichs des § 178 f Abs. 1 VVG nicht beantwortet werden kann.

---

[367] Europäische Gemeinschaften der Rat v. 12. Juni 1992 7297/92 S. 9.

[368] Vgl. Sahmer, Sybille, Strukturen und Probleme der substitutiven Krankenversicherung, ZfV 1996, 483, 484.

[369] Vgl. Sahmer, Sybille, Strukturen und Probleme der substitutiven Krankenversicherung, ZfV 1996, 483, 484; die amtliche Begründung zu § 12 VAG BT Drucksache 12/6959 S. 60.

Unproblematisch wird mit dieser Bestimmung der typische Privatversicherungsschutz in Form der Vollversicherung mit Abdeckung aller Kostenarten sowie des Verdienstausfalls[370] erfaßt, sogenannte „völlige" Ersetzung[371]. Nichts anderes kann für die in der privaten Krankenversicherung typischen vertraglichen Gestaltungsformen der Selbstbeteiligungen gelten, insbesondere die speziell für die Beihilfeberechtigten angebotenen Prozenttarife, die - da sie alle Kostenarten, nämlich ambulant, stationär und Zahnversicherung umfassen - nach allgemeinem Verständnis als Vollversicherungen mit reduzierten Erstattungssatz bzw. prozentualer Selbstbeteiligung angesehen werden. Diese sind infolge ihrer reduzierten Erstattung aber unter den Begriff des „teilweisen" Ersetzens zu fassen.

Inwieweit Versicherungen, die lediglich einzelne Kostenarten versichern[372], geeignet sind die gesetzliche Krankenversicherung teilweise zu ersetzen, erscheint im Hinblick auf die Gleichwertigkeit der zu gewährenden Deckung zweifelhaft[373]. Die gesetzliche Krankenversicherung geht von einer sogenannten „Rundumabsicherung" aus, wobei jedoch die Gewährung eines substantiellen Krankenversicherungsschutzes im Vordergrund steht. Diese Intention wird auch in dem in § 257 Abs. 2 a SGB V geänderten Wortlaut des früheren 405 RVO deutlich. Darin wird auf das Tatbestandsmerkmal des „vergleichbaren Umfangs" des Versicherungsschutzes der privaten Krankenversicherung zum gesetzlichen Versicherungsschutz als Kriterium

---

370 Sogenannte Krankentagegeldversicherung.

371 Ebenfalls Teil der substitutiven Krankenversicherung ist die Pflegekrankenversicherung, da die gesetzliche Krankenversicherung auch Leistungen bei Schwerpflegebedürftigkeit vorsieht (§ 53 ff. SGB V). Die Einbeziehung der Pflegekrankenversicherung entspricht einer Erklärung für das Ratsprotokoll zu Art. 54 der Dritten Richtlinie Schadenversicherung, wonach die Pflegeversicherung unter den Zweig 2 des Teil A des Anhangs zur 1. Schadenversicherungsrichtlinie fällt, vgl. die amtliche Begründung zu § 12 VAG BT Drucksache 12/6959 S. 60.

372 Hiermit sind Versicherungen gemeint, bei denen der Versicherungsnehmer auf einzelne Kostenarten, z.B. auf ambulanten oder stationären Versicherungsschutz ganz verzichtet.

373 Vgl. die amtliche Begründung zu § 8 VAG BT Drucksache 12/6959 S. 54, worin die Aufgabe des substitutiven Krankenversicherung durch den deutschen Gesetzgeber mit dem Bieten eines gleichwertigen Schutz wie das Sozialversicherungssystem umschrieben wird.

für den Anspruch des Arbeitnehmers gegenüber seinem Arbeitgeber auf Zuschuß zum privaten Krankenversicherungsschutz verzichtet. Ausreichend ist ein Versicherungsschutz, der lediglich „der Art nach" den Vertragsleistungen des gesetzlichen Schutzes entsprechen muß[374]. Es wird dann im Einzelfall zu entscheiden sein, inwieweit die versicherten Komponenten ggf. zusammen mit anderen Sicherungsformen noch einen substantiellen Krankenversicherungsschutz gewährleisten.

Die Wortwahl des „teilweisen" Ersetzens könnte nun dazu verleiten, jeglichen Ergänzungsschutz darunter zu subsumieren. Dies hätte zur Folge, daß sämtliche Zusatzversicherungsverträge der substitutiven Krankenversicherung zuzurechnen wären, so daß sie ebenfalls die in Art. 54 Abs. 2, S. 1, 2. Teilsatz 1-5 Spiegelstrich der Dritten Richtlinie Schadenversicherung aufgestellten Anforderungen sowohl hinsichtlich der versicherungstechnischen Voraussetzungen als auch an die Vertragsgestaltung (Spiegelstriche 3-5) erfüllen müßten.

Zweifel an dieser Auslegung könnten im Hinblick auf die Entstehungsgeschichte und den Sinn und Zweck des Art. 54 der Dritten Richtlinie Schadenversicherung sowie der durch Art. 54 der Dritten Richtlinie Schadenversicherung bedingten Durchbrechung der Dienstleistungsfreiheit bestehen. Unter diesen Gesichtspunkten ist auch die Ratsprotokollerklärung auszulegen, wonach Art. 54 der Dritten Richtlinie Schadenversicherung nicht für Zusatzversicherungsverträge in den Fällen gilt, in denen die gesetzliche Sozialversicherung keinerlei Deckung gewährt. Hiermit soll sichergestellt werden, daß die Ermächtigung des Vorschreibens des ausschließlichen Betriebs der substitutiven Krankenversicherung nach Art der Lebensversicherung - verbunden mit den explizit angeordneten Anforderungen des Art. 54 Abs. 2 S. 1, 2. Teilsatz der Dritten Richtlinie Schadenversicherung - nur diejenigen Versicherungsarten erfaßt, die für einen substantiellen Krankenversicherungsschutz unabdingbar sind. Entscheidend ist, inwieweit über den Zusatzversicherungsbereich ein substantieller Krankenversicherungsschutz hergestellt werden soll.

Der Inhalt des substantiellen Krankenversicherungsschutzes wird durch den von der gesetzlichen Krankenversicherung gewährten Schutzumfang

---

[374] Vgl. Sahmer, Sybille, Strukturen und Probleme der substitutiven Krankenversicherung, ZfV 1996, 483, 484-485.

vorgegeben. Zur Bestimmung dieses Umfangs ist nicht nur auf die grundsätzlich versicherten Bereiche, sondern gerade auch auf den konkreten Leistungsumfang dieser einzelnen Bereiche abzustellen[375]. Zu bejahen ist dies, wenn der Versicherungsnehmer seinen privaten Versicherungsschutz nicht mit Hilfe eines alle Kostenarten umfassenden Kompakttarifes gestaltet, sondern sich seine Krankenversicherung nach dem Bausteinsystem selbst zusammenstellt[376]. Es handelt sich im Ergebnis nämlich lediglich um einen selbst zusammengestellten „Kompakttarif", so daß es unbillig erscheinen würde, diesem nur deshalb nicht die gleiche substitutive Funktion zuzusprechen, weil er aus einem Bündel von Tarifen, die für sich betrachtet dem Zusatzversicherungsbereich zuzuordnen wären, besteht. Wie die Versicherung nach mehreren Tarifen bei einem Versicherer in der PKV in der Regel eine einheitliche Versicherung darstellt, also nicht eine Bündelung von mehreren selbstständigen Versicherungsverträgen[377], verlieren die einzelnen Versicherungsbausteine infolge der Bündelung ihren eigenständigen Charakter als sogenannte Zusatzversicherungen. Sie treten vielmehr in diesem speziellen Fall als geschlossene Einheit auf, und gerade diese Betrachtung als Einheit löst die Qualifizierung und Einstufung als substitutive Krankenversicherung aus.

Handelt es sich um einen bloßen Zusatzversicherungsvertrag so ist zu differenzieren, inwieweit hierdurch zum einen ein Risikobereich abgedeckt werden soll, der gerade nicht Gegenstand der gesetzlichen Krankenversicherung ist. In einem derartigen Fall scheidet die Substitutivfunktion unproblematisch aus.

Fraglich erscheint dies bei einem Zusatzversicherungsvertrag, der zwar grundsätzlich einen von der gesetzlichen Krankenversicherung abgedeckten

---

[375] Vgl. die amtliche Begründung zu § 12 VAG BT Drucksache 12/6959 S. 60, worin der deutsche Gesetzgeber Wahlleistungen im Rahmen einer Krankenhausbehandlung als Beispiel für Zusatzversicherungen für solche Risiken anführt, für die die gesetzliche Krankenversicherung keine Deckung gewährt. Der Bereich der Wahlleistungen betrifft aber gerade den Leistungsumfang des Versicherungsschutzes für stationäre Behandlungen.

[376] Vgl. Sahmer, Sybille, Strukturen und Probleme der substitutiven Krankenversicherung, ZfV 1996, 483, 485.

[377] Vgl. OLG Celle VersR 1986, 569.

Bereich erfaßt, aber über den dort konkret gewährten Leistungsumfang hinausgeht. Die Entscheidung ist davon abhängig, inwieweit man in derartigen Fällen der Aufstockung des Leistungsumfangs noch von einem substantiell notwendigen Versicherungsschutz sprechen kann. Betrachtet man dies aus Sicht eines GKV-Versicherten, so besteht in derartigen Fällen bereits eine - wenn auch auf einen notwendigen Basisschutz beschränkte -Absicherung des von der Zusatzversicherung erfaßten Bereichs durch die gesetzliche Versicherung. In derartigen Fällen ist eine Substitutivfunktion mangels Schutzbedürfnis zu verneinen[378]. Nichts anderes kann aber für den Privatversicherten gelten, zwar könnte man einwenden, der deutsche Gesetzgeber knüpfe die Einstufung als substitutive Krankenversicherung lediglich an eine Deckung im Krankheitsfall, die dem Versicherungsschutz der gesetzlichen Krankenversicherung „ihrer Art nach“ entspricht[379]. Dies schließe einen erhöhten Leistungsumfang gerade nicht aus. Dies erscheint im Hinblick auf einen Kostenvollversicherungsschutz, insbesondere durch die mit der Einstufung als substitutive Krankenversicherung verbundenen vertraglichen und versicherungstechnischen Anforderungen überzeugend. Wollte man auch innerhalb derartiger - meist in Kompaktform angebotener Tarife - eine Aufsplittung in einen von der substitutiven Funktion noch erfaßten und einen sogenannten „überschießenden“ von der Sozialversicherung nicht mehr erfaßten Teil vornehmen, würde man in der praktischen Umsetzung erhebliche Schwierigkeiten bekommen. Dieses Argument kann aber nicht mehr gelten, wenn der PKV-Versicherte zum Beispiel zu seinem bestehenden Kompakttarif, der bereits alle Kostenarten umfaßt, eine stationäre Zusatzversicherung mit höheren Leistungsumfang - als bisher bereits versichert - wählt. Vielmehr ist dieser Fall vergleichbar mit dem GKV-Versicherten, der seine gesetzliche Krankenversicherung mit einem

---

[378] Dies mag für den momentanen von der gesetzlichen Krankenversicherung gewährten Leistungsumfang noch gelten. Zweifelhaft wird dies jedoch mit wachsender Verminderung bzw. Einschränkung des gesetzlichen Leistungsumfangs.

[379] Vgl. die amtliche Begründung zu § 12 VAG BT Drucksache 12/6959 S. 60, abweichend vom Wortlaut der Ratsprotokollerklärung zu Art. 54 der Dritten Richtlinie Schadenversicherung, welche nicht „von der Art nach“, sondern von „entsprechen“ spricht.

Zusatzvertrag aufzustocken sucht, so daß diesbezüglich eine Gleichbehandlung vorzunehmen ist[380].

Probleme könnten sich möglicherweise ergeben, wenn der PKV-Versicherte einen Tarif, in dem nur noch einzelne Kostenarten versichert sind, gewählt hat und nachträglich einen Zusatzversicherungsschutz zur Abdeckung der in seinem bestehenden Tarif zuvor nicht mitversicherten Kostenart ersucht. In diesen Fällen ist entscheidend, inwieweit die Versicherung lediglich einzelner Kostenarten noch als substitutiv einzustufen war. Dies wird zu bejahen sein, wenn dennoch ein substantieller Schutz durch diese Versicherungsform gewährleistet ist. In diesen Fällen ist die nachträglich gewählte Zusatzversicherung zur Herstellung eines derartigen Schutzumfangs nicht notwendig, so daß eine Einbeziehung in den Bereich der substitutiven Krankenversicherung verneint werden muß[381]. Darüber hinaus bedarf es auch keiner derartigen Einbeziehung, da über das Tarifwechselrecht nach § 178 f Abs. 1 VVG die grundsätzliche Möglichkeit des Wechsels in einen umfassenderen Tarif, z.B. einen Kompakttarif, besteht[382]. Einem möglichen Schutzbedürfnis des Versicherungsnehmers ist damit hinreichend Genüge getan. Der Bereich der Zusatzversicherungen - abgesehen von der oben erwähnten Ausnahme - ist demnach keine substitutive Funktion zuzusprechen, so daß die grundsätzliche Möglichkeit der Beschränkung des Anwendungsbereichs des § 178 f Abs. 1 VVG durch eine Bezugnahme auf die substitutive Krankenversicherung besteht.

(2) Verhältnis von § 12 Abs. 5 VAG zu § 12 Abs. 1 VAG

Unabhängig von der zu klärenden Frage, inwieweit eine Vorschrift des Versicherungsaufsichtsrechts - als eine Bestimmung des öffentlichen Rechts - einschränkend auf das Privatrechtsverhältnis des Versicherungsvertrages

---

[380] Vgl. Bauer, Rolf, Öffnet die nichtsubstitutive Krankenversicherung der PKV neue Marktchancen, ZfV 1996, 2.

[381] Andere Auffassung Sahmer, Sybille, Strukturen und Probleme der substitutiven Krankenversicherung, ZfV 1996, 483, 485.

[382] Voraussetzung ist natürlich, daß derartigen Versicherungen, bei denen nur noch einzelne Kostenarten versichert sind, substitutiv Funktion zugesprochen wird. Dies bedarf es, da wie später dargelegt wird, § 178 f VVG auf Verträge der substitutiven Krankenversicherung zu beschränken ist.

Einfluß nehmen kann, ist zunächst erforderlich, daß der Gesetzgeber die Möglichkeit des Tarifwechselrechts in § 12 Abs. 1 S. 1 Nr. 4 VAG ausschließlich an die Voraussetzung „des Vorliegens eines Vertrags aus dem Bereich der substitutiven Krankenversicherung" knüpfen wollte. Wäre dies zu verneinen, würde es bereits an einer unterschiedlichen Ausgestaltung des aufsichtsrechtlich angeordneten im Vergleich zum vertragsrechtlich ausgestalteten Tarifwechselrecht als Anknüpfungspunkt für eine restriktive Auslegung des Begriffs des Versicherungsverhältnisses des § 178 f Abs. 1 S. 1 VVG mangeln.

Die in § 12 Abs. 1 S. 1 VAG verwendete Formulierung könnte nämlich den Schluß nahelegen, daß das Tarifwechselrecht generell eine unentbehrliche Bedingung „des Betriebs der Krankenversicherung nach Art der Lebensversicherung" darstellt. Hierfür spricht der Inhalt des § 12 Abs. 5 VAG, worin der deutsche Gesetzgeber anordnet, daß die Absätze 1 bis 4 des § 12 VAG für die nicht substitutive Krankenversicherung, sobald diese nach Art der Lebensversicherung betrieben wird, entsprechend gelten. Durch die Schaffung des § 12 Abs. 5 VAG in Verbindung mit § 12 Abs. 1 VAG soll eine einheitliche Einräumung des Tarifwechselrechts sowohl im substitutiven als auch im nicht substitutiven Bereich, bei einer Kalkulation nach Art der Lebensversicherung gewährleistet werden, was seinerseits auf den Willen des deutschen Gesetzgebers hinsichtlich der Schaffung eines gesetzlichen Leitbildes für die Krankenversicherung nach Art der Lebensversicherung hinweist[383]. Aus systematischen Erwägungen wäre somit nicht zu untersuchen, inwieweit das Merkmal der Substitutivfunktion des Krankenversicherungsvertrags, sondern lediglich die Art der Kalkulation einschränkend auf den Anwendungsbereich des § 178 f Abs. 1 S. 1 VVG wirkt. Insoweit würde auch der Zusatzversicherungsbereich dem § 178 f Abs. 1 S. 1 VVG unterfallen, sofern er nach Art der Lebensversicherung kalkuliert wird.

Fraglich erscheint, ob in der Vorschrift des § 12 Abs. 5 VAG nicht ein Verstoß gegen die Vorgaben des Art. 54 Abs. 2 S. 1 der Dritten Richtlinie Schadenversicherung zu erblicken ist. Diese gestattet den Mitgliedstaaten lediglich vorzuschreiben, daß die substitutive Krankenversicherung nach Art der Lebensversicherung zu betreiben ist. § 12 Abs. 5 VAG schreibt aber

---

[383] Vgl. die amtliche Begründung zu § 12 VAG BT Drucksache 12/6959 S. 61.

gerade nicht vor, daß die nicht substitutive Krankenversicherung nach Art der Lebensversicherung betrieben werden muß[384], so daß insoweit ein Verstoß zu verneinen ist. Jedoch legt er fest, daß wesentliche Bestimmungen zur substitutiven Krankenversicherung auch für die nicht substitutive Krankenversicherung dann entsprechend gelten, wenn diese nach Art der Lebensversicherung betrieben wird[385]. Möglicherweise kann bereits in diesem Fall des gesetzlichen Verweises ein Verstoß gegen die Vorgaben des Art. 54 Abs. 2 S. 1, 2. Teilsatz der Dritten Richtlinie Schadenversicherung liegen.

Der Verweis in § 12 Abs. 5 VAG auf die Rechtsfolgen des § 12 Abs. 1 VAG impliziert die Annahme einer vergleichbaren Interessenlage im Rahmen der substitutiven bzw. nicht substitutiven Krankenversicherung durch den deutschen Gesetzgeber. Indem der Gesetzgeber sich dieses gesetzestechnischen Mittels des Verweises bedient, um umständliche Wiederholungen bei einer Vergleichbarkeit der zu regelnden Lebensverhältnisse zu vermeiden[386], setzt er eine analoge Anwendung der Bestimmungen des Art. 54 Abs. 2 S. 1, 2. Teilsatz der Dritten Richtlinie Schadenversicherung voraus. Für die Beantwortung der Frage hinsichtlich einer möglichen Richtlinienwidrigkeit des § 12 Abs. 5 VAG ist somit entscheidend, ob im vorliegenden Fall die Voraussetzungen für eine Analogie zu bejahen sind.

Hierfür ist zunächst das Vorliegen einer planwidrigen gesetzlichen Lücke sowie eines vergleichbaren Sachverhalts erforderlich. Erstere liegt vor, wenn eine Gesetzesnorm entweder überhaupt nicht angewandt werden kann, ohne daß ihr eine weitere Bestimmung hinzugefügt werden kann, die das Gesetz vermissen läßt, sog. Normlücke, oder das Gesetz keine Regel für eine solche Frage enthält, die nach der zugrundeliegenden Regelungsabsicht einer Regelung bedarf, sog. Regelungslücke[387]. D.h. die „ratio legis“ in Verbindung mit dem Gleichheitsgrundsatz erfordert die Erstreckung der

---

[384] So auch Schmidt in: Prölss, VAG, 11. Auflage, 1997, § 12 Rn. 35.

[385] Vgl. die amtliche Begründung zu § 12 VAG BT Drucksache 12/6959 S. 61; Schmidt in: Prölss, VAG, 11. Auflage, 1997, § 12 Rn. 35.

[386] Vgl. Larenz, Karl, Methodenlehre der Rechtswissenschaft, 6. Auflage, 1991, S. 261.

[387] Vgl. Larenz, Karl, Methodenlehre der Rechtswissenschaft, 6. Auflage, 1991, S. 372.

Rechtsfolgeanordnung einer gesetzlichen Norm auf den gesetzlich nicht unmittelbar geregelten Fall[388].

Vorliegend darf jedoch nicht übersehen werden, daß es sich hierbei nicht um eine Analogie zu einem nationalen Gesetz, sondern zu einer Richtlinienbestimmung des europäischen Gesetzgebers handelt. Dementsprechend kommt es nicht nur darauf an, ob eine Regelungslücke aus nationalen Interessengesichtspunkten anzunehmen ist, sondern auf das Vorliegen einer Regelungslücke aus europarechtlicher Sicht. Dies spiegelt sich in der Auffassung von Schmidt[389] wider, der die Zulässigkeit dieses Verweises damit begründet, daß über das harmonisierte Gemeinschaftsrecht hinaus für die nicht substitutive nach Art der Lebensversicherung betriebene Krankenversicherung Art. 54 Abs. 2 S. 1, 2. Teilsatz der Dritten Richtlinie Schadenversicherung analog angewendet werden kann.

Die Annahme einer Analogie erscheint in diesem Zusammenhang zwar grundsätzlich formal-begrifflich vertretbar, jedoch darf nicht unberücksichtigt gelassen werden, daß die Befugnis des nationalen Gesetzgebers im Fall des Bestehens einer Regelungslücke diese eigenständig durch ein nationales Gesetz zu schließen, nur dann besteht, wenn die Richtlinie keine Sperrwirkung diesbezüglich entfaltet. Die Sperrwirkung führt nämlich zu einem gewissen[390] Verlust der gesetzgebenden Befugnis der Mitgliedstaaten zugunsten der Gemeinschaft, da eine gewünschte Anpassung des angeglichenen Rechts nur noch auf Gemeinschaftsebene stattfinden kann, es sei denn, die Richtlinie selbst läßt den Mitgliedstaaten für die Anpassung

---

[388] Vgl. Bydlinski, Franz, Juristische Methodenlehre und Rechtsbegriff, 2. Auflage, 1991, S. 474.

[389] Vgl. Schmidt in: Prölss, VAG, 11. Auflage, 1997, § 12 Rn. 35.

[390] Zu dieser Schlußfolgerung gehört jedoch insofern eine Relativierung, als die Mitgliedstaaten ja im Rat über die Ausübung dieser gemeinschaftlichen gesetzgebenden Befugnis mitbeschließen können. Der Kompetenzverlust steckt aber vor allem darin, daß ein Mitgliedstaat zu einer durch die Richtlinie nicht zugelassenen Anpassung des nationalen Rechts erst übergehen kann, nachdem zunächst die Kommission zur Vorlage eines Vorschlags über die Änderung der Richtlinie und sodann die übrigen Mitglieder des Rates zur Zustimmung bewogen worden sind, vgl. Timmermans, Christiaan W. A., Die europäische Rechtsangleichung, RabelsZ 48 (1984) 1, 7.

einen gewissen Raum[391]. Für die Bestimmung des nationalen Anpassungsspielraums ist ausschließlich der durch die Angleichungsrichtlinie abgesteckte Rahmen, in dem sich der nationale Gesetzgeber fortan bewegen muß, entscheidend. Maßgeblich beeinflußt wird dieser durch die zugrundeliegende Regelungsabsicht des europäischen Gesetzgebers, die sich ihrerseits im Grad der Detailliertheit der Richtlinie niederschlägt. Je mehr die Richtlinie ins Detail geht, desto konkreter manifestiert sich die Regelungsabsicht des europäischen Normgebers, desto enger wird dieser Rahmen sein. Ein nationaler Gesetzgebungsakt, der diesen Rahmen dann überschreitet, gerät automatisch in Widerspruch zu der Richtlinie[392]. Er ist richtlinienwidrig.

Demzufolge hat der nationale Gesetzgeber nur dann einen Anpassungsspielraum, in unserem Fall die Möglichkeit der Schließung einer planwidrigen Regelungslücke durch eine Analogie zur Richtlinienbestimmung, wenn der europäische Gesetzgeber - bewußt - auf eine detaillierte Ausführung verzichtet bzw. nationale Spielräume explizit, z.B. über bloße Mindestvorgaben, eröffnet hat. Hat der europäische Gesetzgeber hingegen für einen bestimmten Sachverhalt eine bestimmte Rechtsfolge bewußt abgelehnt, was sich aus der der Norm zugrundeliegenden Regelungsabsicht ergibt, fehlt es bereits an einer Regelungslücke und daher an der Möglichkeit ergänzender Rechtsfortbildung[393]. In diesem Fall besteht unproblematisch eine Sperrwirkung der Richtlinie.

Eine Sperrwirkung der Richtlinie in Bezug auf die Statuierung des § 12 Abs. 5 VAG durch den deutschen Gesetzgeber würde somit bestehen, wenn der europäische Gesetzgeber den in Art. 54 Abs. 2 S. 1, 2. Teilsatz der Dritten Richtlinie Schadenversicherung festgelegten Anforderungskatalog ausschließlich auf die substitutive Krankenversicherung nach Art der Lebensversicherung beschränken wollte. Er also mit der Schaffung des Art. 54 Abs. 2 S. 1 der Dritten Richtlinie Schadenversicherung lediglich eine

---

[391] Vgl. Timmermans, Christiaan W. A., Die europäische Rechtsangleichung, RabelsZ 48 (1984) 1, 7.

[392] Vgl. Timmermans, Christiaan W. A., Die europäische Rechtsangleichung, RabelsZ 48 (1984) 1, 7.

[393] Vgl. Bydlinski, Franz, Juristische Methodenlehre und Rechtsbegriff, 2. Auflage, 1991, S. 475.

auf die substitutive Krankenversicherung begrenzte Ermächtigung des verbindlichen Vorschreibens des Kalkulationsmodells nach Art der Lebensversicherung in der dort festgelegten Mindestform für die Mitgliedstaaten verfolgt hätte[394].

Kann über die begrenzte Ermächtigung des Art. 54 Abs. 2 S. 1, 1. Teilsatz der Dritten Richtlinie Schadenversicherung hinaus zusätzlich eine Regelungsabsicht des europäischen Gesetzgebers festgestellt werden, ein generelles Anforderungsprofil für die Krankenversicherung nach Art der Lebensversicherung zu schaffen, so hätte es auch einer Einbeziehung der nicht substitutiven Krankenversicherung bedurft. Eine diesbezügliche europarechtliche Regelungslücke sowie ein vergleichbarer Sachverhalt als Voraussetzung der Analogie wäre sodann zu bejahen.

In diesem Fall ist aber noch keine Aussage über eine mögliche Befugnis des nationalen Gesetzgebers zur Schließung der Lücke getroffen. Es gilt nämlich zu bedenken, daß im Fall der europarechtlichen Regelungslücke der europäische Gesetzgeber gerade unbewußt einen Fall nicht detailliert beschrieben hat, sei es aus einem Anschauungsfehler, da er sich die gleichmäßig regelungsbedürftigen Sachverhalte nicht umfassend genug vorgestellt hat, oder auf seiner Auffassung, die betreffenden Sachverhalte seien praktisch zu unwichtig, um ausdrücklich geregelt zu werden[395]. Möglicherweise kann aber davon ausgegangen werden, daß er diesen Fall detailliert beschrieben hätte, wenn er davon Kenntnis gehabt hätte. Dieses unbewußte Verhalten, das letztlich zu der mangelnden Detailliertheit der Richtlinie in bezug auf diesen Sachverhalt führt, kann dem nationalen Gesetzgeber daher allein noch keinen Handlungsspielraum zur Schließung der Lücke eröffnen. Es mangelt an einem bewußten Verzicht des europäischen Gesetzgebers an einer detaillierten Ausführung und Eröffnung von nationalen Anpassungsspielräumen durch die Richtlinie.

Vielmehr ist mit Hilfe der der Richtlinie zugrundeliegende Regelungsabsicht der Umfang der bestehenden Sperrwirkung der Richtlinie, die für die Schließung der europarechtlichen Regelungslücke durch den nationalen

---

[394] Dies erkennt auch Schmidt in: Prölss, VAG, 11. Auflage, 1997, § 12 Rn. 35 an.

[395] Vgl. Bydlinski, Franz, Juristische Methodenlehre und Rechtsbegriff, 2. Auflage, 1991, S. 475.

Gesetzgeber von Bedeutung ist, herauszuarbeiten. Letztlich ist es nämlich eine Frage des Umfangs des Kompetenzübergangs von den Mitgliedstaaten auf die Gemeinschaft[396]. Mit Blick auf eine durch die Richtlinie hervorgerufene Kompetenzübertragung auf die Gemeinschaft ist die nationale Kompetenz zur eigenständigen Schließung einer europarechtlich festgestellten Lücke nämlich grundsätzlich in Frage gestellt. „Zumal im Falle einer gemeinschaftlichen Rechtsetzungskompetenz für ein bestimmtes Sachgebiet - wenn der Gemeinschaft nicht nur komplementäre Befugnisse zustehen - die Pflicht zur Achtung dieser Kompetenz den Mitgliedstaaten gebieten kann, sich jeder eigenen Regelung dieses Sachbereichs zu enthalten. Die Frage des Vorrangs des Gemeinschaftsrechts stellt sich in diesem Fall nicht erst beim inhaltlichen Vergleich der Sachbereichsregelungen, sondern schon bei der Kompetenz zu deren Erlaß. Jede Regelung desselben Sachgebiets ist den Mitgliedstaaten insoweit untersagt. Dies gilt auch für inhaltlich mit der gemeinschaftsrechtlichen Regelung übereinstimmende staatliche Vorschriften“[397]. Insbesondere der letzte Satz stellt eine Antwort auf unsere Frage dar. Im Fall der Bejahung einer europarechtlichen Regelungslücke ist die Einbeziehung des streitgegenständlichen Falls von der europäischen Regelungsabsicht umfaßt. Wenn der europäische Gesetzgeber diesen Fall nicht übersehen hätte, hätten dieser ihn bereits im Zeitpunkt des Erlasses der Richtlinienbestimmung berücksichtigt. Die Schließung der festgestellten Lücke durch ein nationales Gesetz infolge einer Analogie würde somit inhaltlich mit der gemeinschaftsrechtlichen Regelungsabsicht übereinstimmen. Was nun aber für eine mit einer gemeinschaftsrechtlichen Regelung inhaltlich übereinstimmende staatliche Vorschrift gilt, muß erst recht für ein „Weniger“, nämlich für eine mit einer bloßen gemeinschaftlichen Regelungsabsicht, die ihrerseits einer gemeinschaftlichen Regelung als Intention zugrundeliegt, inhaltlich übereinstimmende staatliche Vorschrift gelten. Den Mitgliedstaaten ist es untersagt, die bestehende Lücke eigenständig durch ein nationales Gesetz aufgrund einer Analogie zu schließen. Nichts anderes gilt im Fall der konkurrierenden Kompetenzen, die den Regelfall des Kompetenzverhältnisses von Gemeinschaft und

---

[396] Vgl. Timmermans, Christiaan W. A., Die europäische Rechtsangleichung, RabelsZ 48 (1984) 1, 7.

[397] Geiger, Rudolf, EG-Vertrag-Kommentar, 3. Auflage, 2000, zu Art. 10 EGV, Rn. 10.

Mitgliedstaaten bildet. „Im Falle der konkurrierenden Kompetenz wird die Kompetenz der Mitgliedstaaten nicht von Anfang an, sondern erst dann ausgeschlossen, wenn die Gemeinschaft von ihrer Regelungskompetenz Gebrauch gemacht hat. Auch soweit also der Gemeinschaft eine Handlungskompetenz zusteht, dürfen die Mitgliedstaaten in diesem Bereich weiterhin Regelungen treffen. Sie haben dabei auf die Belange der Gemeinschaft Rücksicht zu nehmen. Hat die Gemeinschaft aber von ihrer Rechtsetzungskompetenz in einem bestimmten Aufgabenbereich erschöpfend Gebrauch gemacht, dann dürfen die Mitgliedstaaten in diesem Sachbereich insoweit nicht mehr tätig werden. Die zunächst parallele Kompetenz der Gemeinschaft schlägt beim Kompetenzgebrauch in eine ausschließliche Kompetenz um“[398]. Es sei denn es besteht ein ausdrücklich eröffneter Handlungsspielraum für die Mitgliedstaaten und die Schließung der Lücke durch eine nationale Regelung - vorliegend § 12 Abs. 5 VAG - hält sich innerhalb der Grenzen dieses Spielraums. Somit ist allein die dem Art. 54 der Dritten Richtlinie Schadenversicherung zugrundeliegende Regelungsabsicht entscheidend, da sich hierüber sowohl das Vorliegen einer europarechtlichen Regelungslücke als Voraussetzung einer Analogie, als auch eine bestehende Sperrwirkung der Richtlinie bestimmen lassen.

Der Inhalt der mit Art. 54 der Dritten Richtlinie Schadenversicherung bezweckten Regelungsabsicht erschließt sich mit Blick auf die wesentlichen Gründe für seine Schaffung durch den europäischen Gesetzgeber:

Wie bereits im zweiten Teil dargestellt, ist die gesamte Dritte Richtlinie Schadenversicherung vor dem Hintergrund der Binnenmarktverwirklichung, insbesondere der Gewährung der vollständigen Dienstleistungsfreiheit, zu betrachten. Auch im Massenversicherungsbereich sollte es allen Versicherungsunternehmen ermöglicht werden, ihre Produkte überall in der EG anbieten zu können. In Deutschland und mit Abweichungen auch in den Niederlanden ergab sich infolge historischer Bedingungen[399] nun eine von den übrigen Mitgliedstaaten zu unterscheidende Sondersituation eines zweigeteilten Krankenversicherungssystems. Der Private

---

[398] Geiger, Rudolf, EG-Vertrag-Kommentar, 3. Auflage, 2000, zu Art. 10 EGV, Rn. 12.

[399] Vgl. Ausführungen zum geschichtlichen Hintergrund unter Teil 1, C I S. 6 ff.

Krankenversicherungsschutz in Form der substitutiven Krankenversicherung übernimmt für einen Teil der Bevölkerung wichtige sozialpolitische Aufgaben, die eine Sicherstellung sowohl der Bezahlbarkeit des Versicherungsschutzes für den Einzelnen, als auch der langfristigen Solvalbilität der Unternehmen in bezug auf die zu erwartenden Krankheitskosten ihrer Versicherten erforderte. Ein diesbezüglicher Handlungsbedarf wurde noch durch die sich abzeichnende Krise im Gesundheitswesen[400] verstärkt, die die Problematik von ausufernden Versicherungsprämien insbesondere im Alter - also zu einem Zeitpunkt von aus rein biologischen Aspekten zunehmender Krankheitsanfälligkeit und sinkendem monatlichen Einkommen infolge Beendigung des Erwerbslebens - offenlegt.

In diesem Bewußtsein der sich gegenüberstehenden Spannungspole von Versicherungsnehmerschutz und unternehmerischer Freiheit sah sich der europäische Gesetzgeber vor die Aufgabe gestellt, eine Ausnahmeregelung zu schaffen, die die Dienstleistungsfreiheit so wenig wie möglich beschränkt, aber einem partiell erhöhten Sicherungs- und Schutzbedürfnis der Versicherungsnehmer in einem deregulierten Markt gerecht wird. Demzufolge bestand das Anliegen des europäischen Gesetzgebers darin, durch die Schaffung des Art. 54 Abs. 2 der Dritten Richtlinie Schadenversicherung sicher- und klarzustellen, daß eine Beschränkung der Dienstleistungsfreiheit nur in den Bereichen ermöglicht wird, bei denen eine Höherwertigkeit des Versicherungsnehmerschutzes zur Verwirklichung der Dienstleistungsfreiheit festzustellen ist.

Wie sich aus der begrenzten Möglichkeit der einheitlichen Durchsetzung des Kalkulationsmodells nach Art der Lebensversicherung in Art. 54 Abs. 2 S. 1, 1. Teilsatz der Dritten Richtlinie Schadenversicherung ergibt, sah er dies lediglich für den substitutiven Bereich als erfüllt an. Zum einen sollte dieser Bereich vor dem Einbruch anderer Kalkulationssysteme geschützt werden, um einen gewachsenen Sicherheitsstandard weiterhin gewährleisten zu können, zum anderen sollten über die Statuierung eines konkret einzuhaltenden Anforderungskatalogs mögliche Schwachstellen dieses Kalkulationsmodells, die sich insbesondere infolge der Krise im

---

[400] Vgl. Ausführungen unter Teil 1, C IV S. 32 ff.

Gesundheitswesen offenbart hatten, zugunsten der Verbraucher behoben werden.

Eine Beschränkung der Dienstleistungsfreiheit tritt dabei in zweifacher Hinsicht ein: Es besteht eine Marktzugangssperre für andersartig kalkulierte substitutive Versicherungsprodukte. Auch wird die Produktgestaltungsfreiheit über eine Einbeziehung von vertragsgestaltenden Elementen neben den eigentlichen versicherungstechnischen Elementen infolge der Kopplung der Ermächtigung an einen derartig ausgestalteten Anforderungskatalog beeinflußt[401]. Das Produkt Versicherung manifestiert sich gerade in den ihm zugrundeliegenden Vertragsbedingungen.

Hingegen sollte nach der Wertung des europäischen Gesetzgebers für den Bereich der nicht substitutiven Krankenversicherung eine Beschränkung der Dienstleistungsfreiheit nicht in Betracht kommen. Vielmehr sollte generell die Möglichkeit bestehen, derartige Produkte ohne Beschränkungen beliebig

---

[401] Vgl. Präve, Peter, Verbraucherschutz und Reformbedarf, NVersZ 2000, 201, 206, der in diesem Zusammenhang auf pro und contra von gesetzlichen Leitbildern hinweist. „Derartige Leitbilder würden Orientierungsmarken in einem zusehends unübersichtlichen Markt setzen können. [...] Zugleich stellen sich Fragen zur Europakompatibilität, denn jede produktgestaltende nationale Bestimmung berührt in besonderer Weise die Dienstleistungsfreiheit".

Wobei sich hinsichtlich der Bejahung einer Beschränkung der Dienstleistungsfreiheit dieselben Abgrenzungsschwierigkeiten, wie sie sich in der Entscheidung Keck und Mithouard zur Warenverkehrsfreiheit offenbart haben, ergeben. Der EuGH hatte in der Entscheidung Keck und Mithouard zwischen vertriebsbezogenen und produktbezogenen Regelungen der Warenverkehrsfreiheit unterschieden und im Ergebnis festgestellt, daß lediglich vertriebsbezogene Regelungen nichtdiskriminierender Natur nicht als Beschränkungen der Warenverkehrsfreiheit gem. Art. 28 EGV anzusehen seien, produktbezogene Regelungen (auch nichtdiskriminierender Natur) hingegen stets eine Beschränkung der Warenverkehrsfreiheit darstellen können. Eine schon beim Warenverkehr nur schwer mögliche Unterscheidung zwischen vertriebs- und produktbezogenen Regelungen wird beim Dienstleistungsverkehr nahezu unmöglich, da hier Regelungen des „Produkts" Dienstleistung auf das engste mit den Regelungen von deren „Vertrieb", also der Art und Weise der Dienstleistungserbringung verknüpft sind, vgl. Kort, Michael, Schranken der Dienstleistungsfreiheit im europäischen Recht, JZ 1996, 132, 136 m.w.N. Dennoch hält der EuGH die in der Entscheidung Keck und Mithouard enthaltenen Gedanken auch auf den Dienstleistungsverkehr für anwendbar, wie sich aus der Entscheidung Alpine Investments, EuGH Urteil v. 10.5.1995 C – 384/93 = JZ 1995, 144, 145, ergibt.

in der EU anbieten zu können. Demnach ist von einer Sperrwirkung der Richtlinie in bezug auf nationale Regelungen, die zu einer Beschränkung der Dienstleistungsfreiheit auch im nicht substitutiven Bereich führen, auszugehen. Dies spiegelt sich auch in der hierzu erlassenen Ratsprotokollerklärung[402] wider. Durch die darin angesprochene Begrenzung der Anwendbarkeit des Art. 54 der Dritten Richtlinie Schadenversicherung im Bereich der Zusatzversicherungsverträge auf die Fälle, in denen die gesetzliche Sozialversicherung Deckung gewährt[403], wird nämlich der Wille des europäischen Gesetzgebers deutlich, die Anforderungen des Art. 54 der Dritten Richtlinine Schadenversicherung auf den Bereich der Zusatzversicherungen nur insoweit auszudehnen, als eine substitutive Funktion bejaht werden kann[404].

Dies spricht dafür, daß nicht ein genereller Qualitätsmaßstab für die Krankenversicherung nach Art der Lebensversicherung geschaffen werden sollte, sondern ein Qualitätsstandard für die substitutive Krankenversicherung, die nach Art der Lebensversicherung betrieben wird. Dies ergibt sich auch aus dem Inhalt des Anforderungskatalogs des Art. 54 Abs. 2 der Dritten Richtlinie Schadenversicherung, der sowohl versicherungstechnische Voraussetzungen als auch gerade auch vertragliche Elemente - wie die befristete Kündigungsmöglichkeit, die Möglichkeit der Beitragsanpassung sowie das Recht auf Tarifwechsel - beinhaltet. Diese sind nicht nur Ausdruck des erhöhten Sicherungs- und Schutzbedürfnisses, das seinerseits aus der existenziellen Bedeutung eines sogenannten substantiellen Krankenversicherungsschutzes (Basisabsicherung) für den einzelnen resultiert, vielmehr stellen sie auch einen Eingriff in die Produktgestaltungsfreiheit dar. Es handelt sich nämlich nicht nur um konstituierende Merkmale eines Kalkulationsmodells, sondern um darüberhinausgehende - die Vertragsautonomie bestreffende -

---

402 Europäische Gemeinschaft der Rat 7297/92.

403 Vgl. die vom Rat der Europäischen Gemeinschaft abgegebene Protokollerklärung zu Art. 54 der Dritten Richtlinie Schadenversicherung aus dem Jahre 1992, in: Europäische Gemeinschaft der Rat 7297/92 S. 9.

404 Vgl. die Ausführungen zum Begriff und Inhalt der substitutiven Krankenversicherung unter Teil 3, A I 3 (a) (1) S. 122 ff.

vertragsausgestaltende Elemente, die an sich mit der reinen versicherungstechnischen Kalkulation nichts zu tun haben.

Darüber hinaus ist ein derartig erhöhtes Schutzbedürfnis im nicht substitutiven Bereich nicht festzustellen. Angesichts einer zum gegenwärtigen Zeitpunkt nicht bestehenden existenziellen Notwendigkeit von Zusatzversicherungen[405] - per se dienen sie der Abdeckung eines persönlichen Sonderbedarfs - wiegt die Gefahr einer faktischen Gebundenheit mit steigendem Alter infolge mangelnder Mitnahme der Alterungsrückstellungen und die Belastungen steigender Prämien durch eine mögliche Tarifvergreisung nicht so schwer wie im Bereich der substitutiven Krankenversicherung. Ebenso bedarf es weder des Ausschlusses des ordentlichen Kündigungsrechts[406] noch „der Pflicht" einer Prämienerhöhung bei geänderten Faktoren. Demnach geht bereits von einem derartig ausgestalteten Anforderungskatalog für die Kalkulation nach Art der Lebensversicherung eine Beschränkung der Dienstleistungsfreiheit ausgeht, was seinerseits gegen den Willen des europäischen Gesetzgebers spricht, einen generellen Anforderungskatalog - also auch für den nicht substitutiven Bereich der nach Art der Lebensversicherung kalkuliert wird - in Art. 54 Abs. 2 S. 1 der Dritten Richtlinie Schadenversicherung zu statuieren.

Auch das Argument der fehlenden Durchsetzbarkeit des Kalkulationsmodells nach Art der Lebensversicherung im Rahmen der nicht substitutiven Krankenversicherung läßt eine Beschränkung der Dienstleistungsfreiheit durch den Verweis des § 12 Abs. 5 VAG auf den Anforderungskatalog des § 12 Abs. 1 VAG nicht entfallen. Zwar wird durch § 12 Abs. 5 VAG die

---

[405] Vgl. die Ausführungen unter Teil 3, A I 3 (a) (1) S. 122 ff.

[406] Sowohl § 178 i VVG als auch § 12 Abs. 1 Nr. 3 VAG gehen über den Inhalt des Art. 54 Abs. 2 der Dritten Richtlinie Schadenversicherung hinaus, der nicht von einem Ausschluß des Kündigungsrechts spricht, sondern lediglich die Statuierung einer Frist vorschreibt, innerhalb dessen der Versicherer den Vertrag kündigen kann. Die Zulässigkeit ergibt sich infolge des Mindestregelungscharkters des Art. 54 Abs. 2 der Dritten Richtlinie Schadenversicherung und dem Grundsatz der Verhältnismäßigkeit. Dies kann aber nicht mehr für den Fall des faktischen Erzwingens dieses Anforderungskatalogs auch im nicht substitutiven Bereich gelten. Es mangelt an einer Schutzbedürftigkeit in diesem Bereich, der nicht nur die Statuierung einer Frist sondern erst recht das Verlangen nach einem Ausschluß des Kündigungsrechts des Versicherers nicht mehr rechtfertigen würde.

Wahlfreiheit hinsichtlich des Kalkulationsmodells nicht unmittelbar tangiert. Vielmehr wird die Wahl des Kalkulationsmodells nach Art der Lebensversicherung in das Belieben der jeweiligen Anbieter gestellt, so daß eine Beschränkung der Dienstleistungsfreiheit auf der Marktzugangsebene nicht zu bejahen ist. Aber allein aus der freiwilligen Wahl des Kalkulationsmodells nach Art der Lebensversicherung kann nicht bereits eine Einwilligung in die Übernahme des gesamten für die substitutive Krankenversicherung entwickelten Anforderungskatalogs angenommen werden. Unabhängig davon, daß sich hierfür die Tatsache anführen läßt, daß es jeglichen Versicherungsanbietern frei steht, trotz des Bestehens von vollständiger Dienstleistungsfreiheit in der EG, Verträge einzugehen, die den Versicherungsnehmer als Verbraucher stärker schützen, als es aus gemeinschaftsrechtlicher Sicht im Zuge der Abwägung von Versicherungsnehmerschutz und Verwirklichung der Grundfreiheiten verlangt wird. Lebensfremd erscheint es jedoch, einen wirtschaftlich-faktischen Zwang im Hinblick auf die Wahl des Kalkulationsmodells nach Art der Lebensversicherung auch für nicht substitutive Versicherungsprodukte zum einen durch ein derartiges Nachfrageverhalten der Verbraucher am deutschen Markt, zum anderen durch mögliche Wettbewerbsvorteile, die dieses Kalkulationsmodells im Hinblick auf eine stärkere Konstanz der Prämien bietet[407], übersehen zu wollen. Diese faktischen Gegebenheiten, die für das Kalkulationsmodell nach Art der Lebensversicherung sprechen, zwingen die Versicherer mittelbar, auch die vertraglichen Elemente des Anforderungskatalogs zu akzeptieren. Diese stellen einen Eingriff in ihre Privatautonomie in Form ihrer Produktgestaltungsfreiheit und somit in ihre von der EG gewährte Dienstleistungsfreiheit im nicht substitutiven Bereich dar.

---

[407] Vgl. hierzu die sehr aufschlußreiche Untersuchung Bauers über mögliche Chancen und Gefahren der sogenannten Risikoprämie für den Bereich der nicht substitutiven Krankenversicherung in: Bauer, Rolf, Öffnet die nichtsubstitutive Krankenversicherung der PKV neue Marktchancen, ZfV 1996, 2, 3 ff.. Er gelangt zu dem Fazit, „daß auch in der nicht substitutiven Krankenversicherung im Rahmen von langfristigen Krankenversicherungsverträgen eine Prämienkalkulation nach Art der Lebensversicherung unumgänglich ist. Lediglich bei kurzfristigen Verträgen sind Kalkulationen auf Risikobasis ohne Probleme und zum Teil mit Vorteilen für die Versicherten umsetzbar“.

Es kann somit von einer mittelbaren Beschränkung der Dienstleistungsfreiheit durch § 12 Abs. 5 VAG gesprochen werden. Zwar wird diese durch eine mehr oder minder „autonome“ Entscheidung des Versicherers ausgelöst, doch der Fall der Spartentrennung gem. § 257 Abs. 2 a S. 1 Nr. 5 SGB V (alte Fassung)[408] zeigt, daß bereits derartige indirekte Beschränkungen der Dienstleistungsfreiheit für die Bejahung einer Richtlinienwidrigkeit der Norm ausreichen können.

Im Zuge der Verwirklichung der Dienstleistungsfreiheit in der gesamten EG durch die Dritte Richtlinie Schadenversicherung wurde auch die vorher Deutschland eingeräumte Möglichkeit, die Kumulierung der Krankenversicherung mit anderen Versicherungszweigen zu untersagen[409], der sog. Grundsatz der Spartentrennung, aufgehoben[410]. Im Grundsatz der Spartentrennung wurde eine unzulässige Beschränkung der Dienstleistungsfreiheit gesehen, da es ausländischen Anbietern verwehrt war, die Krankenversicherungssparte - wie auf ihren heimischen Märkten - neben anderen Sparten in einem Unternehmen anzubieten. Wollten sie auf dem deutschen Krankenversicherungsmarkt tätig werden, waren sie gezwungen die Krankenversicherungssparte in einem eigenständigen Unternehmen zu führen, was eine erhöhte Marktzugangsbarriere darstellt. § 257 Abs. 2 a S. 1 Nr. 5 SGB V (alte Fassung)[411] schrieb die Spartentrennung zwar nicht verbindlich für jedes Unternehmen vor, das in Deutschland tätig werden wollte, was dem Inhalt des § 12 Abs. 5 VAG entspricht, der seinerseits das Kalkulationsmodell nach Art der

---

[408] In der Fassung des Gesundheitsstrukturgesetzes BGBl. I, v. 21. Dezember 1992, S. 2294.

[409] Art. 7 Abs. 2 c der Ersten Schadenrichtlinie (73/239/EWG), ABl.EG Nr. L 228/3 vom 16.8.1973, gestattete der Bundesrepublik, „bis zu einer weiteren Koordinierung [...] das Verbot aufrechtzuerhalten, wonach in ihrem Staatsgebiet die Zweige der Krankenversicherung nicht gleichzeitig mit anderen Zweigen betrieben werden dürfen“. Art. 12 Abs. 3 der Zweiten Schadenrichtlinie (88/357/EWG), ABl.EG Nr. L 172 vom 4.7.1988, erlaubte den Grundsatz der Spartentrennung „bis zu der in Art. 7 Abs. 2 c der Ersten Richtlinie Schadenversicherung weiterhin aufrechtzuerhalten“.

[410] Vgl. Art. 37 der Dritten Richtlinie Schadenversicherung (92/49/EWG), ABl.EG Nr. L 228/23 vom 11.8.1992.

[411] In der Fassung des Gesundheitsstrukturgesetzes BGBl. I, v. 21. Dezember 1992, S. 2294.

Lebensversicherung für den nicht substitutiven Bereich ebenfalls nicht verbindlich vorschreibt. Wie es den Versicherungsanbietern unbenommen ist, nicht substitutive Versicherungsprodukte auf der Grundlage andersartiger Kalkulationsmodelle auf den Markt zu bringen, ist es den Versicherungsunternehmen grundsätzlich möglich, die Krankenversicherung mit anderen Sparten in einem Unternehmen zu kumulieren. In beiden Fällen setzt die Beschränkung der Dienstleistungsfreiheit erst indirekt über das Nachfrageverhalten als konstituierender Bestandteil für den unternehmerischen Erfolg eines Produktes ein. Dadurch, daß nach § 257 Abs. 2 a S. 1 Nr. 5 SGB V (alte Fassung)[412] der spartengetrennte Betrieb der substitutiven Krankenversicherung Voraussetzung für die Zahlung des Arbeitgeberzuschusses zum Beitrag der privaten Krankenversicherung war, war der Arbeitnehmer gezwungen, seinen Krankenversicherungsschutz bei einem Versicherungsunternehmen zu ersuchen, das den Grundsatz der Spartentrennung einhält. Andernfalls hätte er den gesamten monatlichen Krankenversicherungsbeitrag alleine finanzieren müssen, so daß von einem faktischen Zwang der Versicherungsnehmer ausgegangen werden konnte, ausschließlich Produkte derartiger Unternehmen nachzufragen. Über die Regelung des § 257 Abs. 2 a S. 1 Nr. 5 SGB V (alte Fassung)[413] wurde die Dienstleistungsfreiheit mittelbar über die unmittelbare Beeinflussung des Nachfrageverhaltens der Versicherungsnehmer beschränkt. Nach der Auffassung der Kommission handelte es sich um einen indirekten Verstoß gegen die Dritte Richtlinie Schadenversicherung (92/49/EWG)[414], so daß

---

[412] In der Fassung des Gesundheitsstrukturgesetzes BGBl. I, v. 21. Dezember 1992, S. 2294.

[413] In der Fassung des Gesundheitsstrukturgesetzes BGBl. I, v. 21. Dezember 1992, S. 2294.

[414] Widersprüchlich hierzu die Auffassung von Schmidt in: Prölss, VAG, 11. Auflage, 1997, § 12 Rn 15, 24, der eine Unwirksamkeit dieser mittelbaren Spartentrennungsvorschrift nur für ausländische Anbieter annimmt. Demgegenüber von einer wirksamkeitserhaltenden Reduktion gegenüber inländischen Versicherern infolge der Schutzbedürftigkeit der Versichertenbelange ausgeht. Wobei sich dann die Problematik der Inländerdiskriminierung stellt. An anderer Stelle sieht er hingegen die Regelung über Art. 54 Abs. 1 der Dritten Richtlinie Schadenversicherung als gedeckt an.

gegen Deutschland das Vertragsverletzungsverfahren nach Art. 226 EGV eingeleitet worden ist. In Reaktion auf die Beanstandung der EU-Kommission wurde § 257 Abs. 2 a S. 1 Nr. 5 SGB V durch einen zweiten Halbsatz erweitert. Danach genügt es künftig als Voraussetzung für den Arbeitgeberzuschuß für Versicherungsunternehmen mit Sitz in einem anderen Mitgliedstaat der EU, wenn das Unternehmen den Teil der Prämien, für den Beschäftigte einen Zuschuß erhalten, nur für die Krankenversicherung verwendet[415].

Im Rahmen des § 12 Abs. 5 VAG ist zwar eine derartige unmittelbare Beeinflussung, die der Erzeugung eines bestimmten Nachfrageverhaltens über einen faktischen Zwang gleichkommt, nicht feststellbar. Ein die Dienstleistungsfreiheit indirekt betreffendes Nachfrageverhalten basiert mehr oder minder auf einer autonomen Entscheidung der Verbraucher, indem sie einem nach Art der Lebensversicherung kalkulierten Produkt generell mehr Wertschätzung entgegenbringen. Dies führt aber nicht dazu, daß man die von § 12 Abs. 5 VAG ausgehende indirekte Einschränkung der Dienstleistungsfreiheit als nicht ausreichend ansieht, um eine diesbezügliche Sperrwirkung des Art. 54 Abs. 2 der Dritten Richtlinie Schadenversicherung bzw. eine Richtlinienwidrigkeit dieser Regelung verneinen zu können. Zum einen erscheint das Maß an Entscheidungsautonomie der Verbraucher mit Blick auf gewisse über Jahre hinweg gebildete Gewohnheiten sowie aufgrund möglicher Informationsdefizite, die zu einer unbewußten Übertragung für den substitutiven Bereich begründeter Ängste und einer darauf basierenden Entscheidung für ein Versicherungsprodukt nach Art der Lebensversicherung auch im nicht substitutiven Bereich führen, fragwürdig. § 12 Abs. 5 VAG beeinflußt das Marktgeschehen, für das nationale Ziel eines hohen Verbraucherschutzstandards, somit lediglich auf eine subtilere Weise. Zum anderen steht einem geringeren Maß an Dienstleistungsfreiheitsbeschränkung auch eine geringere Schutzbedürftigkeit und –würdigkeit der Versicherungsnehmer als im Fall des § 257 Abs. 2 a S. 1 Nr. 5 SGB V (alte Fassung)[416] gegenüber, so daß in diesem Fall durchaus ein Überwiegen der

---

[415] Vgl. GKV-Gesundheitsreformgesetz 2000 BGBl. I, v. 29. Dezember 1999, S. 2644.

[416] In der Fassung des Gesundheitsstrukturgesetzes BGBl. I, v. 21. Dezember 1992, S. 2294.

Dienstleistungsfreiheit gegenüber dem Versicherungsnehmerschutz anzunehmen ist.

Demnach überzeugt auch das Argument der Sicherung des Qualtitätsstandards der nach Art der Lebensversicherung betriebenen Krankenversicherung[417] als Rechtfertigung für die Schaffung des § 12 Abs. 5 VAG nicht. Das Erfordernis einer bestimmten Qualität verlangt im Umkehrschluß nach der Notwendigkeit eines derartig garantierten Standards, der - wie oben dargelegt - für den Zusatzversicherungsbereich, insbesondere in bezug auf die vertragsgestaltenden Elemente des Anforderungskatalogs, nicht festzustellen ist. Vielmehr ist der Verweis des § 12 Abs. 5 VAG Ausdruck des deutschen Verbraucherleitbilds von einem unmündigen und unkritischen, dem sog. „flüchtigen" Verbraucher, der einer derartigen Qualitätsabsicherung bei jeglichem Versicherungsbetrieb nach Art der Lebensversicherung bedarf. Es stellt somit lediglich ein weiteres Beispiel für einen überspannten deutschen Verbraucherschutz dar, der eine Einschränkung der Dienstleistungsfreiheit durch derartige nationale Regelungen sowie die sich aus der Gemeinschaftstreue ergebende Verpflichtung, die Verwirklichung der Grundfreiheiten mit Blick auf einen gemeinsamen Binnenmarkt sicherzustellen, außer Acht läßt.

Es fehlt somit schon an einer europarechtlichen Regelungslücke als Voraussetzung der Analogie, da eine Sperrwirkung des Art. 54 Abs. 2 der Dritten Richtlinie Schadenversicherung dahingehend besteht, den dort festgelegten Anforderungskatalog - insbesondere die vertragsgestaltenden Elemente - ausschließlich auf die substitutive Krankenversicherung nach Art der Lebensversicherung zu beschränken. Dies weist auf eine Richtlinienwidrigkeit des § 12 Abs. 5 VAG hin. Jedoch gilt zu bedenken, daß der Verweis in § 12 Abs. 5 VAG lediglich eine „entsprechende" Anwendung des § 12 Abs. 1 VAG verlangt. Die Regelung des § 12 Abs. 5 VAG könnte im Hinblick auf eine mögliche Richtlinienwidrigkeit hierüber bereits ein Korrektiv enthalten, das - per se - eine richtlinienkonforme Korrektur ermöglicht, so daß mangels fortbestehender Richtlinienwidrigkeit eine Beibehaltung der streitgegenständlichen Regelung möglich wäre.

---

[417] Vgl. die amtliche Begründung zu § 12 VAG BT Drucksache 12/6959 S. 61.

Nach Larenz[418] sind im Rahmen der „entsprechenden Anwendung" „die einzelnen Elemente des durch die Verweisung geregelten und desjenigen Tatbestandes, auf dessen Rechtsfolge verwiesen wird, miteinander so in Beziehung zu setzen, daß den jeweils nach ihrer Funktion, ihrer Stellung im Sinnzusammenhang des Tatbestandes gleich zu erachtende Elemente die gleiche Rechtsfolge zugeordnet wird"[419]. Danach sind unsachgemäße Gleichsetzungen zu vermeiden, von der Sache, d. h. den zu regelnden Lebensverhältnissen her, gebotene Differenzierungen dürfen nicht ausgeschlossen werden[420]. Es ist somit im einzelnen eine Auslegungsfrage, inwieweit Verweisungsnormen im Hinblick auf die tatsächlichen Verschiedenheiten zwischen der Verweisungsnorm und dem verwiesenen Rechtsbereich nur zu einer sinngemäßen die sachlichen Verschiedenheiten berücksichtigenden Heranziehung der Rechtsfolgen führen können[421]. Die von einer gesamten Übernahme des Anforderungskatalogs des § 12 Abs. 1 VAG ausgehende indirekte Beschränkung der Dienstleistungsfreiheit sowie die bestehende differierende Schutzbedürftigkeit des Versicherungsnehmers im nicht substitutiven Bereich erfordert eine teleologische Reduktion des Verweisungsumfangs des § 12 Abs. 5 VAG auf die rein versicherungstechnischen Anforderungen, Nr. 1 und 2 des § 12 Abs. 1 VAG. Fraglich erscheint, inwieweit man den Verweis möglicherweise noch auf § 12 Abs. 1 Nr. 3 VAG ausdehnt. Naturgemäß steht

---

418 Vgl. Larenz, Karl, Methodenlehre der Rechtswissenschaft, 6. Auflage, 1991, S. 261.

419 Larenz, Karl, Methodenlehre der Rechtswissenschaft, 6. Auflage, 1991, S. 261.

420 Vgl. Larenz, Karl, Methodenlehre der Rechtswissenschaft, 6. Auflage, 1991, S. 261.

421 Vgl. Bydlinski, Franz, Juristische Methodenlehre und Rechtsbegriff, 2. Auflage, 1991, S. 458-459. Die §§ 515, 327 S. 1 BGB, § 46 Abs. 2 S. 1 ArbGG usw. enthalten ebenfalls Hinweise auf eine „entsprechende Anwendung" anderer Rechtsnormen. Die „entsprechende Anwendung" wird in der hierzu ergangenen Kommentierung, vgl. Hauck, Friedrich, ArbGG, 1996, § 46 Rn. 4; Germelmann in: Germelmann/Matthes/Prütting, ArbGG, 3. Auflage, 1999, § 46 Rn. 4, als die Geltungswirkung der verwiesenen Normen vorbehaltlich von Abweichungen durch Sondervorschriften verstanden. Maßgeblich soll die Frage sein, ob die Verweisungsnorm keine Abweichungen enthalte und aus dem Charakter oder den besonderen Gegebenheiten des Verweisungstatbestandes keine Modifikationen erforderlich seien, vgl. Germelmann in: Germelmann/Matthes/Prütting, ArbGG, 3. Auflage, 1996, § 46 Rn. 4; Heinrichs in: Palandt, BGB, 59. Auflage, 2000, § 327 Rn. 1, was wohl eher auf eine Auslegung der Verweisungsnorm hinausläuft.

die Bildung der Alterungsrückstellung und ihre laufende Anpassung in einem unlösbaren Zusammenhang mit dem Ausschluß des Kündigungsrechts des Krankenversicherers. Hiergegen spricht widerum das Argument der geringeren Schutzbedürftigkeit der Versicherungsnehmer in diesem Bereich, allenfalls ließe sich die Statuierung einer Frist, innerhalb dessen der Versicherer den Vertrag kündigen kann, erwägen[422]. Diese Rechtsfolge sieht § 12 Abs. 1 VAG jedoch nicht vor, so daß eine Einbeziehung von § 12 Abs. 1 Nr. 3 VAG abzulehnen ist. Darüber hinaus gilt zu bedenken, daß der Versicherungsnehmer im Hinblick auf eine nicht substitutive Krankheitskostenteilversicherung über die bereits existierende gesetzliche Regelung des § 178 i Abs. 2 S. 1 VVG, die eine Beschränkung des Kündigungsrechts auf die ersten drei Jahre des Versicherungsverhältnisses vorsieht, hinreichend geschützt ist. Was die sonstigen Zweige der nicht substitutiven Krankenversicherung angeht[423], besteht zwar für den Versicherer die Kündigungsmöglichkeit nach den allgemeinen Regeln (§ 8 Abs. 2 VVG), was allerdings keine große Rolle spielt, da meist Vertragslaufzeiten vereinbart werden[424].

Demzufolge kann von einem Verweis des § 12 Abs. 5 VAG auf die Gewährung des Tarifwechselrechts auch für den Bereich der nicht substitutiven Krankenversicherung nicht mehr ausgegangen werden. Die Aussage des § 12 Abs. 1 VAG ist gesondert von § 12 Abs. 5 VAG zu betrachten. Hieraus läßt sich dann allein die Aussage ableiten, daß nach dieser Bestimmung dem Versicherungsnehmer das Tarifwechselrecht nur im

---

[422] Sowohl § 178 i Abs. 1 VVG als auch § 12 Abs. 1 Nr. 3 VAG gehen über den Inhalt des Art. 54 Abs. 2 der Dritten Richtlinie Schadenversicherung hinaus, der nicht von einem Ausschluß des Kündigungsrechts spricht, sondern lediglich die Statuierung einer Frist vorschreibt, innerhalb dessen der Versicherer den Vertrag kündigen kann. Die Zulässigkeit ergibt sich infolge des Mindestregelungscharkters des Art. 54 Abs. 2 der Dritten Richtlinie Schadenversicherung und dem Grundsatz der Verhältnismäßigkeit. Dies kann aber nicht mehr für den Fall des faktischen Erzwingens dieses Anforderungskatalogs auch im nicht substitutiven Bereich gelten. Es mangelt an einer Schutzbedürftigkeit in diesem Bereich, der unter Umständen noch die Statuierung einer Frist, aber das Verlangen nach einem Ausschluß des Kündigungsrechts des Versicherers keinesfalls mehr rechtfertigen würde.

[423] Z.B. die Reisekrankenversicherung.

[424] Vgl. Prölss in: Prölss/Martin, VVG, 26. Auflage, 1999, § 178 i Rn. 3.

Rahmen der sogenannten substitutiven Krankenversicherung einzuräumen ist.

Demnach ist entscheidend, inwiefern diese Bestimmung des öffentlichen Rechts einschränkend auf das Privatrechtsverhältnis des Versicherungsvertrages Einfluß nehmen kann. Grundsätzlich schließen Privatrecht und öffentliches Recht einander nicht aus, sondern ergänzen sich gegenseitig, sind vielfach aufeinander bezogen und voneinander abhängig[425]. Sie unterscheiden sich meist auch nicht nach ihren Regelungsgegenständen, sondern darin, daß sie die von ihnen erfaßten Subjekte und Sachverhalte jeweils in einer anderen Beziehung und deswegen unter verschiedenen Regelungsaspekten und Regelungsmaßstäben betreffen[426]. Das Privatrecht regelt die Rechtsstellung, die dem einzelnen als einzelne - als Private - in ihrem Verhältnis zueinander zukommt. Das öffentliche Recht regelt die Rechtsstellung, die den einzelnen als Zugehörige der im Staat verfaßten sozialen Gesamtheit wegen ihrer jeweils geregelten Stellung in dieser sozialen Gesamtheit - z.B. als Versicherer oder als Versicherter gegenüber anderen Zugehörigen dieser sozialen Gesamtheit und/oder gegenüber staatlichen Organen - z.B. gegenüber den Behörden der Versicherungsaufsicht - als Sachwaltern der Angelegenheiten der verfaßten sozialen Gesamtheit zugewiesen ist[427]. Indem sich der Gesetzesbefehl des § 12 Abs. 1 VAG an den Versicherer richtet, erscheint es zweifelhaft, hierdurch das durch § 178 f Abs. 1 VVG für den Versicherungsnehmer begründete Recht zu beeinträchtigen. Auch das BVerwG[428] geht davon aus, daß sich das Versicherungsaufsichtsrecht als öffentliches Recht und das Versicherungsvertragsrecht als Privatrecht auf unterschiedlichen Ebenen bewegen. Die Privatrechtsordnung setzt der Gestaltung der Beziehungen der Parteien vielfach andere Schranken, als sie unter dem Gesichtspunkt der Interessen der Allgemeinheit geboten sein können. Dies schließt zwar nicht

---

[425] Vgl. Barbey, Günther, Probleme einer strukturgerechten Rechtsprechung im Bereich der Versicherungsaufsicht, VersR 1985, 101, 107.

[426] Vgl. Barbey, Günther, Probleme einer strukturgerechten Rechtsprechung im Bereich der Versicherungsaufsicht, VersR 1985, 101, 107.

[427] Vgl. Barbey, Günther, Probleme einer strukturgerechten Rechtsprechung im Bereich der Versicherungsaufsicht, VersR 1985, 101, 107.

[428] Vgl. BVerwGE 11, 245, 247.

aus, daß Privatrecht und öffentliches Recht auch zu inhaltlich gleichen Regelungen kommen können[429], jedoch spricht eine unterschiedliche Ausgestaltung der jeweils betroffenen Vorschriften zunächst für differierende Regelungsaspekte und –maßstäbe, so daß von einer Einschränkung privatrechtlicher Normen durch Normen des öffentlichen Rechts abzusehen ist[430].

Eine einheitliche Auslegung läßt sich auch nicht grundsätzlich mit dem Hinweis auf die gemeinsame Grundlage des Art. 54 der Dritten Richtlinie Schadenversicherung für die Schaffung der §§ 12 ff. VAG und der §§ 178 a ff. VVG im Rahmen der Umsetzung des Inhalts der Dritten Richtlinie Schadenversicherung begründen. Zwar spricht dies für eine Betrachtungsweise, die die versicherungsaufsichtsrechtlichen Bestimmungen in einem engeren Zusammenhang mit den Vorschriften über den Krankenversicherungsvertrag sieht[431], doch gerade der gleiche Entstehungszeitpunkt von § 12 Abs. 1 VAG und § 178 f Abs. 1 VVG[432] widerspricht der Annahme eines Redaktionsversehens durch den deutschen Gesetzgeber und führt stattdessen zu der Annahme einer bewußt unterschiedlichen Ausgestaltung beider Vorschriften hinsichtlich ihres Anwendungsbereichs. Aus systematischen Erwägungen läßt sich eine Beschränkung des § 178 f Abs. 1 VVG auf Verträge der substitutiven Krankenversicherung durch die Norm des § 12 Abs. 1 VAG nicht herleiten[433].

---

[429] Vgl. Barbey, Günther, Probleme einer strukturgerechten Rechtsprechung im Bereich der Versicherungsaufsicht, VersR 1985, 101, 107.

[430] Vgl. So auch Wriede, Paul, Überlegungen zum Abschlußzwang gem. § 178 f VVG, VersR 1996, 271.

[431] Vgl. Schmidt in: Prölss, VAG, 11. Auflage, 1997, § 12 Rn. 2.

[432] Der Zweite Titel Krankenversicherung (§§ 178 a-o VVG) wurde durch das Gesetz v. 21.7.1994 (BGBl. I S. 1630) eingeführt. In diesem Zusammenhang wurde auch § 12 VAG neugefaßt.

[433] So auch Wriede, Paul, Überlegungen zum Abschlußzwang gem. § 178 f VVG, VersR 1996, 271.

b) teleologische Erwägungen

Möglicherweise könnte sich eine restriktive Auslegung des § 178 f Abs. 1 VVG auf Verträge der substitutiven Krankenversicherung aufgrund teleologischer Aspekte ergeben. Laut der amtlichen Begründung zum Dritten Durchführungsgesetz/EWG zum VAG[434] ist der Umstufungsanspruch des § 178 f Abs. 1 VVG notwendig, „um älteren Versicherungsnehmern bei Schließung ihres Tarifs für neue Versicherungsnehmer eine Möglichkeit zu eröffnen, dadurch bedingten Kostensteigerungen ihres alten Tarifs durch einen Wechsel in den anderen Tarif des Versicherers zu entgehen". Das Tarifwechselrecht ist als eine Reaktion auf die immensen Kostensteigerungen im Gesundheitswesen und die eingeschränkten Wechselmöglichkeiten - insbesondere für ältere Versicherungsnehmer infolge der mangelnden Mitnahme der Alterungsrückstellung und der Verschlechterung ihres mit zunehmenden Alter hohe Kosten auslösenden Erkrankungsrisikos – zu verstehen. Die durch Eröffnung eines Paralleltarifs bestehende Gefahr der Tarifvergreisung und letztlich der Tarifschließung des bereits bestehenden Tarifs und die damit verbundenen Kostensteigerungen, die sich wiederum in Prämiensteigerungen niederschlagen, sollten durch einen Umstufungsanspruch in den neuen Tarif begegnet werden. Besondere Bedeutung kommt hierbei der durch den Umstufungsanspruch eröffneten Möglichkeit der Mitnahme der Alterungsrückstellung zu. Dem Versicherungsnehmer geht die Alterungsrückstellung gerade nicht verloren, so daß er in dem neuen Tarif nicht von Neuem eine in Bezug auf seine zu erwartenden Krankheitskosten zu der Restlebenszeit bemessene Alterungsrückstellung[435] aufbauen muß.

Der Gesetzgeber weist ferner darauf hin, daß der Entwurf zur Festschreibung des Rechts der privaten Krankenversicherung im VVG sich auf die „danach unerläßlichen gesetzlichen Mindestregelungen beschränkt, durch die zugleich sichergestellt werden soll, daß die private Krankenversicherung ihrer komplementären und substitutiven Funktion zu der im gesetzlichen

---

[434] Die amtliche Begründung zu § 178 f VVG BT Drucksache 12/6959 S. 105.

[435] Hierbei werden jeweils Durchschnittswerte zugrundegelegt, die im Einzelfall durch einen Risikozuschlag erhöht sein können. Dies ergibt sich daraus, daß das Wesen Versicherung durch eine Zusammenfassung vieler gleichartiger Risiken, das Risiko des Einzelnen kalkulierbar und damit versicherbar machen kann.

Sozialversicherungssystem vorgesehenen Krankenversicherung gerecht werden kann“[436]. Die Regelungen der §§ 178 a ff. VVG sind demnach Ausdruck des Grads an Mindestschutzbedürftigkeit, die der Gesetzgeber den Versicherungsnehmern in der privaten Krankenversicherung mindestens beimißt. Zugleich könnte er auch eine Grenze der Schutzbedürftigkeit statuiert haben, indem er auf die Sicherstellung „der komplementären und substitutiven Funktion“ der privaten Krankenversicherung abstellt. Diese substitutive Funktion kommt dem Zusatzversicherungsbereich aber gerade nicht zu, so daß dies als Anhaltspunkt für den gesetzgeberischen Willen zur teleologischen Reduktion des weiten Begriffs des Versicherungsverhältnisses zu werten sein könnte. Hiergegen spricht aber nicht nur die unterschiedliche Formulierung von § 12 Abs. 1 VAG zu § 178 f Abs. 1 S. 1 VVG trotz desselben Entstehungszeitpunkts beider Normen. Auch die Tatsache, daß entgegen der Begründung zu § 178 f Abs. 1 VVG[437] in bezug auf den zur Geltendmachung befugten Personenkreis der weite Begriff des „Versicherungsnehmers“ verwendet wird, deutet auf eine ebensolche bewußte Verwendung des weiten Begriffs des „Versicherungsverhältnisses“ hin. Darüber hinaus steht die Schaffung des § 12 Abs. 5 VAG dem Inhalt der amtlichen Begründung zu § 178 f Abs. 1 VVG[438] entgegen. Indem dort auch bei einem freiwilligen Betrieb der nicht substitutiven Krankenversicherung nach Art der Lebensversicherung auf die Anforderungen des § 12 Abs. 1 VAG verwiesen wird, wird die Intention des deutschen Gesetzgebers deutlich, das Tarifwechselrecht generell an die Kalkulation nach Art der Lebensversicherung zu koppeln. Da die „Kalkulation nach Art der Lebensversicherung“ aber nicht nur dem Bereich der substitutiven Krankenversicherung vorbehalten ist, ergibt sich hieraus der gesetzgeberische Wille, das Tarifwechselrecht dem Versicherungsnehmer gleichermaßen im substitutiven wie im nicht substitutiven Bereich zu gewähren. Dieser gesetzliche Wille, der sich im VAG über § 12 Abs. 5 in Verbindung mit § 12 Abs. 1 VAG manifestiert, spiegelt sich im VVG in dem weiten Begriff

---

[436] Die amtliche Begründung zu § 178 f VVG BT Drucksache 12/6959 S. 103-104.

[437] Vgl. die amtliche Begründung zu § 178 f VVG BT Drucksache 12/6959 S. 105, wo von „älteren Versicherungsnehmern“ gesprochen wird. Sowie die Ausführungen unter Teil 3 A I a).

[438] Vgl. amtliche Begründung zu § 178 f VVG BT Drucksache 12/ 6959 S. 105.

des „Versicherungsverhältnis" wider. In Parallele zum VAG spricht dies für den Willen des deutschen Gesetzgebers auch den Zusatzversicherungsbereich, soweit dieser nach Art der Lebensversicherung betrieben wird, in den Anwendungsbereich des § 178 f Abs. 1 S. 1 VVG einzubeziehen. Entscheidendes Kriterium für die Gewährung dieses Rechts im Rahmen des § 178 f Abs. 1 S. 1 VVG ist demnach die Kalkulation des Versicherungsverhältnisses „nach Art der Lebensversicherung"[439], eine Begrenzung ausschließlich auf Verträge aus dem Bereich der substitutiven Krankenversicherung soll hingegen nicht erfolgen. Das Bestehen einer unterschiedlichen Schutzbedürftigkeit der Versicherungsnehmer im substitutiven bzw. nicht substitutiven Bereich wird übergangen. Möglich erscheint, daß es auch nur übersehen worden ist, indem der Gesetzgeber generell den Schluß zieht, daß die Verwendung des Kalkulationsmodells „nach Art der Lebensversicherung" schon per se auf eine erhöhte Schutzbedürftigkeit der Versicherungsnehmer hindeutet, die ihrerseits die Gewährung des Tarifwechselrechts sowie eine hierdurch ermöglichte „begrenzte" Mitnahme der Alterungsrückstellung[440] rechtfertigt.

---

[439] Ein eher schwächeres Argument für die Beschränkung des Begriffs des „Versicherungsverhältnisses" in § 178 f Abs. 1 S. 1 VVG könnte der Verweis auf § 178 f Abs. 2 VVG darstellen. Zwar werden hierdurch befristete Versicherungsverhältnisse ausdrücklich vom Tarifwechselrecht nach Abs. 1 ausgenommen. Dies spricht für eine verminderte Schutzbedürftigkeit der Versicherungsnehmer im Rahmen derartiger Versicherungsverhältnisse infolge der Befristung und schlägt sich darüber hinaus in einer Nichtvornahme der Kalkulation nach Art der Lebensversicherung nieder. Mangels Langfristigkeit und existenzieller Bedeutung ist die Bildung von Alterungsrückstellungen nicht notwendig. Hieraus läßt sich aber nicht generell der Schluß ziehen, daß befristete Versicherungsverhältnisse grundsätzlich nicht nach Art der Lebensversicherung betrieben werden, so daß sich nicht bereits aus § 178 f Abs. 2 VVG eine Beschränkung des § 178 f Abs. 1 S. 1 VVG auf Versicherungsverträge, die „nach Art der Lebensversicherung" kalkuliert werden, ergibt.

[440] Grundsätzlich ist die Mitnahme der Alterungsrückstellung bei Wechsel zu einem anderen Versicherungsunternehmen nicht möglich. Sie verbleibt dem Kollektiv des alten Versicherungsunternehmens. Durch das Umstufungsrecht des § 178 f Abs. 1 VVG wird die Mitnahme der Alterungsrückstellung begrenzt auf bestehende Tarife des „Versicherers" ermöglicht, weshalb in diesem Zusammenhang von einer sogenannten „begrenzten" Mitnahme die Rede ist.

Dieser gesetzgeberische Wille erscheint aber im Hinblick auf die Richtlinienwidrigkeit des § 12 Abs. 5 VAG fragwürdig, so daß sich eine restriktive Auslegung des § 178 f Abs. 1 VVG auf Verträge der substitutiven Krankenversicherung aufgrund des Erfordernisses einer richtlinienkonformen Auslegung ergeben könnte.

c) richtlinienkonforme Auslegung

Eine Pflicht zur richtlinienkonformen Auslegung bekräftigte der EuGH im Zusammenhang mit den Urteilen „Von Colson und Kamann" und „Harz"[441]. Darin legt der EuGH allen Trägern öffentlicher Gewalt in den Mitgliedstaaten die Pflicht auf, im Rahmen ihrer Zuständigkeiten für die wirksame Durchsetzung der verbindlichen Richtlinienziele Sorge zu tragen. Daraus folgt für die nationalen Gerichte, daß das zur Durchführung der Richtlinie erlassene Gesetz „im Lichte des Wortlauts und des Zwecks der Richtlinie" auszulegen und anzuwenden ist[442]. Jedoch nur insoweit, wie das nationale Gericht über einen Beurteilungsspielraum verfügt, den ihm das nationale Recht bezüglich der Auslegung und Anwendung von Normen einräumt[443]. Eine Erweiterung ihres Umfangs erfuhr die Pflicht zur richtlinienkonformen Auslegung sodann durch das Urteil „Marleasing"[444]: Danach sind nicht nur die Durchführungsvorschriften, zu denen auch die als bereits richtlinienkonform beibehaltenen nationalen Normen zählen, sondern das

---

[441] EuGHE 1984, Rs. 14/83, S. 1891 ff. (Von Colson und Kamann/Land NRW) und EuGHE 1984, Rs. 79/83, S. 1921 ff. (Harz/Deutsche Tradax GmbH). Diese ergingen im Rahmen der Auslegung und Anwendung der Gleichbehandlungsrichtlinie (76/207/EWG) und beschäftigten sich beide mit Diskriminierungen von Frauen bei der Berufseinstellung. Sie bilden die Grundlage seiner gesamten späteren Rechtsprechung zur richtlinienkonformen Auslegung, vgl. u.a. EuGHE 1986, Rs. 222/84, S. 1651 ff. (Johnston/Chief Constable of the Royal Ulster Constabulary); EuGHE 1990, Rs. C-106/89, I-S. 4135 ff. (Marleasing).

[442] Vgl. EuGHE 1984, Rs. 14/83, S. 1891, 1901 und 1909, Rn. 26 (Colson und Kamann); EuGHE 1984, Rs. 79/83, S. 1921, 1942, Rn. 26 (Harz).

[443] Vgl. EuGHE 1984, Rs. 14/83, S. 1891, 1901 und 1909, Rn. 27 und 28 (Von Colson und Kamann); EuGHE 1984, Rs. 79/83, S. 1921, 1942, Rn. 27 und 28 (Harz).

[444] EuGHE 1990, Rs. 106/89, I-S. 4135 ff. (Marleasing).

gesamte nationale Recht, soweit es in den Anwendungsbereich einer Richtlinie fällt, richtlinienkonform auszulegen[445].

Die Begründung für diese Verpflichtung sieht der EuGH positiv-rechtlich in der Umsetzungsverpflichtung des Art. 249 Unterabsatz 3 EGV in Verbindung mit Art. 10 EGV, der Pflicht zur Gemeinschaftstreue. Der Aspekt der größtmöglichen Effektivität (effet-utile), der allen Normen des Gemeinschaftsrechts zukommen muß, spiegelt sich in Art. 10 Unterabsatz 1 S. 1 EGV wider, der die Träger öffentlicher Gewalt verpflichtet, das mit der Richtlinie verfolgte Ziel mit allen hierfür geeigneten

---

[445] Vgl. EuGHE 1990, Rs. 106/89, I-S. 4135, 4159, Rn. 8 (Marleasing). Diese Entwicklung ist letztlich nur vor dem Hintergrund der Ablehnung einer horizontalen Direktwirkung von Richtlinien durch den EuGH zu verstehen. Art. 249 Unterabsatz 3 EGV beschränke sich allein auf das vertikale Verhältnis EG – Mitgliedstaaten, so daß eine Richtlinie keine Verpflichtungen für den einzelnen begründen und daher auch nicht gegenüber Privatpersonen in Anspruch genommen werden kann. Die Direktwirkung von Richtlinien hat zudem Sanktionscharakter gegenüber den Mitgliedstaaten. Diese Wirkung könne nicht auch unter Privaten eingreifen, da diese nicht für Versäumnisse des Mitgliedstaats verantwortlich gemacht werden können. Der horizontale Effekt würde ansonsten zu systemwidrigen Verpflichtungen von Einzelpersonen führen, an die sich die Richtlinie nicht gerichtet hat. Demzufolge ist auch nur eine vertikale, d.h. im Verhältnis Einzelner - Mitgliedstaat, Direktwirkung der Richtlinie anerkannt. Voraussetzung für die unmittelbare Wirkung ist, daß die Umsetzungsfrist abgelaufen und die Richtlinie nicht oder nur unzureichend umgesetzt wurde. Die Bestimmungen der Richtlinie müssen zudem inhaltlich unbedingt und hinreichend bestimmt sind und dem einzelnen Rechte verleihen, vgl. ständige Rspr. seit EuGH Slg. 1970, 1213 ff.. Dadurch, daß die Pflicht zur richtlinienkonformen Auslegung im Rahmen des Urteils „Marleasing“ auf das gesamte nationale Recht erweitert wurde, unabhängig von der Frage, ob es vor oder nach Inkrafttreten der Richtlinie bzw. zu deren Durchführung erlassen wurde, werden die aus Sicht des Gemeinschaftsrechts negativen Konsequenzen gemildert, die die Ablehnung einer horizontalen Wirkung von Richtlinien mit sich bringt. Mit dem Verbot einer richtlinienwidrigen Auslegung erreicht der Gerichtshof dasselbe Ergebnis wie im Falle der Anerkennung einer horizontalen Wirkung, vgl. EuGHE 1990, Rs. C-106/89, I-S. 4135, 4158, Rn. 6 (Marleasing); Brechmann Winfried, Die richtlinienkonforme Auslegung, 1994, S. 72-73; Oppermann, Thomas, Europarecht, 2. Auflage, 1999, § 6 Rn. 560, der eine Art indirekte Drittwirkung von EG-Richtlinien im Privatrechtsverkehr anerkennt, da das europäische Gemeinschaftsrecht in einem grundsätzlichen Sinne bei der Auslegung und Anwendung des innerstaatlichen Rechts auch im Verhältnis zwischen Privaten zu berücksichtigen ist. Es kommt somit zu einer „objektiven horizontalen Auswirkungen der Richtlinie“.

Mitteln, die ihnen zu Gebote stehen, zu erreichen[446]. Leitlinie der Umsetzung muß somit stets das Bemühen sein, den Richtlinieninhalt so wirksam wie möglich in das mitgliedstaatliche Recht überzuleiten[447]. Diese Verpflichtung kommt aber nicht nur dem Gesetzgeber zu, sondern gilt gleichermaßen für die Gerichte und Exekutivorgane[448]. Indem ihnen die Aufgabe zukommt aus einem abstrakt-generellen Rechtssatz im Einzellfall individuelle Rechtssätze zu konkretisieren, kann die Einheitlichkeit der Rechtsanwendung und -auslegung von nationalen Umsetzungsrecht in den Mitgliedstaaten nur sichergestellt werden, wenn die richtlinienkonforme Umsetzungsverpflichtung ebenso auf die Ebene der Bildung der individuell-konkreten Rechtssätze erstreckt wird. Ansonsten besteht die Gefahr, daß angesichts der unterschiedlichen Wertsysteme in den verschiedenen Ländern im Einzellfall das auseinanderdivergiert, was durch einen abstrakt-generellen Rechtssatz harmonisiert worden ist[449].

Die Bedeutung der Sicherstellung einer Rechtsanwendungsgleichheit ist ihrerseits vor dem Hintergrund der europäischen Integration zu sehen, die vom Grundgesetz insbesondere in Art. 24 Abs. 1 GG und in der Präambel als besonderer Wert von Verfassungsrang anerkannt ist, was durch Art. 23 Abs. 1 GG, indem die Schaffung einer Europäischen Union zum Staatsziel erklärt wird, noch zusätzlich verstärkt wird[450]. Somit folgt auch aus Art. 249 Unterabsatz 3 EGV in Verbindung mit Art. 10 EGV für die Gerichte und die Exekutive die Rechtspflicht, die individuell-konkreten Rechtssätze

---

[446] Vgl. die Schlußanträge des Generalanwalts van Gerven, in: EuGHE 1990, Rs. C-106/89, I-S. 4135, 4147 (Marleasing).

[447] Vgl. Oppermann, Thomas, Europarecht, 2. Auflage, 1999, § 6 Rn. 552.

[448] Vgl. Lutter, Marcus, Die Auslegung angeglichenen Rechts, JZ 1992, 593, 598, 605.

[449] Vgl. Brechmann, Winfried, Die richtlinienkonforme Auslegung, 1994, S. 256 m.w.N.

[450] Vgl. BVerfGE 75, 223, 242, in der das BVerfG die Herstellung der Rechtsanwendungsgleichheit als Argument für die unmittelbare Wirkung von Richtlinien heranzieht. Erst recht muß diese Argumentation auch für die richtlinienkonforme Auslegung als das weniger belastende Mittel gelten, vgl. Brechmann, Winfried, Die richtlinienkonforme Auslegung, 1994, S. 81 m.w.N.. Denn eine richtlinienkonforme Auslegung kann allein dort stattfinden, wo das nationale Recht Auslegungsspielräume beläßt, vgl. Jarass, Hans D., Richtlinienkonforme bzw. EG-rechtskonforme Auslegung nationalen Rechts, EuR 1991, 211, 222.

an den Vorgaben der Richtlinie zu orientieren und, wenn irgendwie möglich, ihren inhaltlichen Anforderungen zu entsprechen.

Sowohl in der Rechtsprechung[451] als auch in der Literatur[452] ist eine richtlinienkonforme Auslegung des deutschen Rechts - zumindest hinsichtlich des Durchführungsrechts zu den Richtlinien - grundsätzlich anerkannt[453]. Der breite Konsens stützt sich zur Begründung auf die Tatsache, daß der nationale Normgeber mit dem Erlaß innerstaatlicher Vorschriften die Richtlinienvorgaben umsetzen wollte[454], so daß diese unter Zuhilfenahme der Richtlinie auszulegen sind. Voraussetzung ist aber, daß das nationale Recht überhaupt auslegungsfähig und auslegungsbedürftig ist. Dies gesteht der EuGH auch den Mitgliedstaaten zu, indem er die Pflicht der richtlinienkonformen Auslegung nur insoweit bejaht, wie das nationale

---

[451] Insbesondere seit der Richtlinien-Entscheidung des BVerfG (BVerfGE 75, 223 ff.), die zur Frage der unmittelbaren Wirkung der 6. Umsatzsteuerrichtlinie ergangen ist, hat sie Eingang in die Auslegungspraxis der deutschen Gerichte gefunden. Darin stellte das BVerfG fest: „Nach der einschlägigen Rechtsprechung des Gerichtshofs[...]ergibt sich mittlerweile folgendes Bild: Da die Mitgliedstaaten verpflichtet sind, ihr innerstaatliches Recht den Richtlinien anzupassen, treffen im Regelfall die Wirkungen der Richtlinie den „Marktbürger“ erst auf dem Wege der von dem jeweiligen Mitgliedstaat ergriffenen Vollzugsmaßnahmen; dabei ist die Richtlinie für die Auslegung der mitgliedstaatlichen Durchführungsregelung insoweit von Bedeutung, als die Gerichte entsprechend der aus Art. 5 EWGV (nun Art. 10 EGV) folgenden Verpflichtung zur Gemeinschaftstreue diejenige Auslegung des nationalen Rechts zu wählen haben, die dem Inhalt der Richtlinie in der ihr vom Gerichtshof gem. Art. 177 EWGV (nun Art. 234 EGV) gegebenen Auslegung entspricht.“

[452] Vgl. beispielsweise Müller-Graff, Peter Christian, Privatrecht und Europäisches Gemeinschaftsrecht, 2. Auflage, 1988, S. 28; Müller-Graff, Peter Christian, Europäisches Gemeinschaftsrecht und Privatrecht, NJW 1993, 13, 21; Hommelhoff, Peter, Zivilrecht unter dem Einfluß europäischer Rechtsangleichung, AcP 192 (1992), S. 71, 95.

[453] Einen schönen Überblick liefert hierzu Brechmann, Winfried, Die richtlinienkonforme Auslegung, 1994, S. 77 ff.

[454] Vgl. beispielsweise Müller-Graff, Peter Christian, Privatrecht und Europäisches Gemeinschaftsrecht, 2. Auflage, 1988, S. 28; Müller-Graff, Peter Christian, Europäisches Gemeinschaftsrecht und Privatrecht, NJW 1993, 13, 21; Hommelhoff, Peter, Zivilrecht unter dem Einfluß europäischer Rechtsangleichung, AcP 192 (1992), S. 71, 95.

Gericht über einen Beurteilungsspielraum verfügt, den ihm das nationale Recht bezüglich der Auslegung und Anwendung von Normen einräumt[455]. Für die Gerichte bedeutet diese Einräumung eines Beurteilungsspielraums, daß sie die Grenze der Auslegungsfähigkeit einer Norm gemäß dem nationalen Methodenrecht als die Grenze einer Pflicht zur richtlinienkonformen Auslegung zu betrachten haben[456]. Die Grenze der Auslegungsfähigkeit wird durch den „Wortlaut und die gesetzgeberischen Ziel- und Zweckvorstellungen" der Norm gezogen. Wo diese zu einem eindeutigen Auslegungsergebnis führen, kann eine richtlinienkonforme Auslegung nicht mehr durchdringen[457]. Ansonsten würden die Grenzen zur unmittelbaren Anwendbarkeit von Richtlinien verwischt. Um auf unsere Problemstellung zurückzukehren, ist demnach entscheidend, inwieweit der Wortlaut und der gesetzgeberische Zweck einen Auslegungsspielraum eröffnet, so daß eine in Übereinstimmung mit Art. 54 Abs. 2 der Dritten Richtlinie Schadenversicherung restriktive Auslegung des Begriffs des Versicherungsverhältnisses auf Verträge der substitutiven Krankenversicherung noch als zulässiges Auslegungsergebnis gewertet werden kann. Dies ist gerade im Hinblick auf den Inhalt der amtlichen Begründung zu § 178 Abs. 1 VVG[458] zu bejahen. Der Gesetzgeber sieht in § 178 f VVG ein notwendiges Element, damit die private Krankenversicherung ihrer komplementären und substitutiven Funktion zu der im gesetzlichen Sozialsystem vorgesehenen Krankenversicherung nachkommen kann. Hiermit wird aber nur der existenzielle Bereich, der vornehmlich durch das Instrumentarium der Krankenkostenvollversicherung gekennzeichnet ist, angesprochen. Im Gegensatz zu der amtlichen Begründung zu § 12 Abs. 5 VAG wird auf eine mögliche Bedeutung des Tarifwechselrechts für eine Qualitätssicherung des Kalkulationsmodells nach Art der Lebensversicherung, das seinerseits als Argument für eine generelle

---

[455] Vgl. EuGHE 1984, Rs. 14/83, S. 1891, 1901 und 1909, Rn. 27 und 28 (Von Colson und Kamann); EuGHE 1984, Rs. 79/83, S. 1921, 1942, Rn. 27 und 28 (Harz).

[456] Vgl. Brechmann, Winfried, Die richtlinienkonforme Auslegung, 1994, S. 284.

[457] Vgl. Brechmann, Winfried, Die richtlinienkonforme Auslegung, 1994, S. 125 ff. m.w.N. Sowohl nach der Rechtsprechung als auch der Literatur werden diese Kriterien als Grenzen der richtlinienkonformen Auslegung anerkannt.

[458] Vgl. die amtliche Begründung zu § 178 f VVG BT Drucksache 12/6959 S. 105.

Gewährung dieses Rechts sowohl im substitutiven als auch nicht substitutiven Bereich verwendet wird, nicht eingegangen. Diese nicht stringente Begründung derselben Regelungsmaterie im VAG und VVG gibt den Rahmen des Auslegungsspielraums vor, da ein eindeutiger Wille des deutschen Gesetzgebers hinsichtlich eines extensiven Anwendungsbereichs des § 178 f Abs. 1 VVG nicht erkennbar ist. Eine richtlinienkonforme restriktive Auslegung des weiten Begriffs des „Versicherungsverhältnisses" in § 178 f Abs. 1 S. 1 VVG auf Verträge aus dem substitutiven Bereich kann als zulässiges Auslegungsergebnis gewertet werden. Es bedarf somit keiner Auseinandersetzung, inwieweit ein zum Willen des Richtliniengebers eindeutig entgegenstehender Wille des nationalen Gesetzgebers dazu geeignet ist, eine richtlinienkonforme Auslegung zu verhindern[459].

---

[459] Das BVerfG hat in dieser Hinsicht mehrfach festgestellt, daß einem eindeutigen Wortlaut nicht ein entgegengesetzter Sinn gegeben und ein gesetzgeberisches Ziel nicht in einem wesentlichen Punkt verfehlt oder verfälscht werden darf; vgl. BVerfGE 2, 380, 398; 8, 28, 34; 18, 97, 111; 54, 277, 299; 63, 131, 147; 71, 81, 105. Innerhalb der Literatur gehen die Meinungen hingegen auseinander, inwieweit ein entgegenstehender gesetzgeberischer Wille als mögliche Grenze einer richtlinienkonformen Auslegung Berücksichtigung beansprucht. Die Anhänger der „völkerrechtlichen Theorie" verneinen dies mit der Begründung der Höherrangigkeit der Richtlinie. Verdrängt die Richtlinie infolge ihrer Höherrangigkeit entgegenstehendes nationalen Recht, so muß der höherrangige Wille des Richtliniengebers auch den Willen des nationalen Normgebers ausschalten können. Die Anhänger der bundesstaatlichen Theorie (z.B. Lutter) kommen teilweise zum selben Ergebnis, begründen dies mit der Figur des „objektivierten Gesetzgebungswillen". Der Wille des nationalen Gesetzgebers sei beim Erlaß von Ausführungsgesetzen unabhängig von seinem tatsächlichen Willen anhand der Anforderungen der Richtlinie zu bestimmen. Als Kritik wird gegen beide die unzureichende Abgrenzung von richtlinienkonformer Auslegung und unmittelbarer Geltung der Richtlinie, der Formenvermischung von Richtlinie und Verordnung vorgebracht. Andere Stimmen in der Literatur bestreiten den Vorrang der richtlinienkonformen Auslegung (z.B. di Fabio und Dänzer-Vanotti). Nach einer vermittelnden Ansicht (z.B. Jarass und Everling) reicht es für den Fall, daß nationale Normen ausdrücklich zur Umsetzung von Richtlinien erlassen worden sind, völlig aus, auf den Umsetzungswillen des nationalen Normgebers abzustellen, der bei der teleologischen Auslegung der nationalen Norm maßgeblich zu beachten ist. Dabei sei von der Vermutung auszugehen, daß der nationale Normgeber den Anforderungen der entsprechenden Richtlinien nachgekommen sei. Durch die teleologische Auslegung werde insofern die richtlinienkonforme Auslegung kraft nationalen Rechts verwirklicht.

Auch wenn man die über den Umstufungsanspruch nach § 178 f Abs. 1 VVG ermöglichte „begrenzte“ Mitnahme der Alterungsrückstellung als vornehmliches gesetzgebersiches Ziel in den Vordergrund rückt, kann nichts anderes gelten. Eine Beschränkung des Umstufungsrechts und somit der Ermöglichung der Mitnahme der Alterungsrückstellung auf den substitutiven Bereich führt zu keiner Verfehlung des gesetzgeberischen Ziels. Wie der Gesetzgeber in seiner amtlichen Begründung zu § 178 f Abs. 1 VVG[460] selbst zum Ausdruck bringt, besteht die Belastung durch extreme Kostensteigerungen im Gesundheitswesen und daraus resultierend die Gefahr von Tarifschließungen vornehmlich im substitutiven Bereich. Dem Erfordernis der Mitnahme der Alterungsrückstellung kommt demnach in diesem Bereich maßgebliche Bedeutung zu.

Die Nichtvornahme einer richtlinienkonformen Auslegung trotz Eröffnung eines durch den Wortlaut und den gesetzgeberischen Zweck gegebenen Auslegungsspielraums kann auch nicht mit dem Verweis auf den Mindestregelungscharakter des Art. 54 Abs. 2 der Dritten Richtlinie Schadenversicherung begründet werden. Zwar findet sich grundsätzlich eine weitere Grenze für die richtlinienkonforme Auslegung in einem beschränkten Anwendungsbereich der Richtlinie. Dies gilt insbesondere, wenn die Richtlinie Bereiche nur teilweise harmonisiert oder auf die Begrifflichkeiten in den Mitgliedstaaten verweist oder günstigere Regelungen erlaubt. Somit haben die nationalen Gerichte das Recht, nationale Vorschriften strenger oder schwächer auszulegen, sofern die Richtlinie oder ihre betreffende Rechtsgrundlage nur einen Minimal- oder Maximalstandard vorsieht[461].

Wie bereits vorher dargelegt wurde, konnte allein die Intention des europäischen Gesetzgebers festgestellt werden, das in Art. 54 Abs. 2 S. 1 der Dritten Richtlinie Schadenversicherung festgeschriebene Anforderungsprofil ausschließlich auf die substitutive Krankenversicherung zu beschränken. Hieran ändert auch der Mindestregelungscharakter des Art. 54 Abs. 2 der Dritten Richtlinie Schadenversicherung nichts, da sich dieser allein auf den Inhalt des Anforderungskatalogs bezieht, aber eine Erweiterung des

---

Vgl. zu dem gesamten Themenkomplex Brechmann, Winfried, Die richtlinienkonforme Auslegung, 1994, m.w.N.

[460] Vgl. die amtliche Begründung zu § 178 a ff. VVG BT Drucksache 12/6959 S. 103-105.

[461] Vgl. Brechmann, Winfried, Die richtlinienkonforme Auslegung, 1994, S. 285-286.

Anwendungsbereichs auch auf den nicht substitutiven Bereich ausschließt. Demnach ist der Begriff des „Versicherungsverhältnisses“ richtlinienkonform dahingehend auszulegen[462], daß ein Versicherungsverhältnis aus dem Bereich der substitutiven Krankenversicherung als Voraussetzung des Tarifwechselrechts nach § 178 f Abs. 1 S. 1 VVG vorliegen muß[463]

Weiterhin verlangt § 178 f Abs. 1 VVG lediglich das „Bestehen“ eines Versicherungsverhältnisses für die Anwendbarkeit des Tarifwechselrechts. Ein Versicherungsverhältnis besteht mit Abschluß des Vertrages, so daß auch

---

462 Anderer Ansicht Schmidt, da er eine Analogie zu Art. 54 Abs. 2 der Dritten Richtlinie Schadenversicherung als zulässig ansieht, vgl. Schmidt in: Prölss, VAG, 11. Auflage, 1997, § 12 Rn. 35.

463 Auch der Einwand, bei Art. 54 der Dritten Richtlinie Schadenversicherung würde es sich um eine bloße „aufsichtsrechtliche Norm“ handeln, so daß die Vorgaben der Vorschrift lediglich für das Aufsichtsrecht Geltung beanspruchen können, kann kein anderes Ergebnis herbeiführen. Gegen diese Auffassung spricht, daß in diesem Fall infolge Umgehungsmöglichkeiten über das Vertragsrecht abschließende Vorgaben der Richtlinie sinnlos wären. Zumal das Vertragsrecht über die kollisionsrechtlichen Normen, wonach im Massenversicherungsbereich bzw. im Bereich der Krankenversicherung auf Verträge das Recht des Landes anzuwenden ist, in dem der VN seinen ständigen Aufenthalt hat, gleichermaßen für ausländische Unternehmen Geltung beansprucht, vgl. §§ 8, 13 EGVVG.

Aus diesen Gründen könnte Art. 54 der Dritten Richtlinie Schadenversicherung höchstens ein aufsichtsrechtlicher Charakter mit Ausstrahlungswirkung auf das Kollisionsrecht zugesprochen werden. Diese Ausstrahlungswirkung kann damit umschrieben werden, daß dadurch der Anwendungsbereich des kollisionsrechtlich maßgebenden Rechts beschränkt wird. Dementsprechend wäre dann von einer einschränkenden Wirkung auf das Vertragsrecht in der Weise auszugehen, daß die Normen dem Schutz des „Allgemeininteresses“ zu entsprechen haben, vgl. Art. 54 Abs. 1 der Dritten Richtlinie Schadenversicherung. Vom Schutz des „Allgemeininteresses“ ist aber nur die Verpflichtung zur Gewährleistung eines Tarifwechselrechts im substitutiven Bereich umfaßt, vgl. Art. 54 Abs. 2 der Dritten Richtlinie Schadenversicherung, so daß sich hieraus dasselbe Ergebnis – wie im Text dargelegt - ableiten würde. Vgl. hierzu die Ausführungen von Lorenz, Egon, Zur Kontrolle der Lebensversicherungsverträge anhand der Rechtsvorschriften des Allgemeininteresses im freien Dienstleistungsverkehr innerhalb der EG, in: Franz-Wilhelm Hopp und Georg Mehl (Hrsg.), Versicherungen in Europa Heute und Morgen, Geburtstagsschrift für Georg Büchner, 1991, S. 89-94, die dieser im Zusammenhang mit einer Norm aus dem Entwurf zur Dritten Richtlinie Lebensversicherung gemacht hat.

Anwartschafts- und Ruhensversicherungen unter § 178 f Abs. 1 VVG fallen, sofern sich ihr Leistungsversprechen auf einen Tarif bezieht, der substitutiven Versicherungsschutz gewährt. Im Rahmen der Ruhensversicherung ruhen nämlich lediglich die Rechte und Pflichten aus dem Versicherungsvertrag, es kommt aber zu keiner Beendigung desselben, sondern durch Zahlung eines stark reduzierten Ruhensbeitrages erhält sich der Versicherungsnehmer die Einbeziehung während dieser Zeit aufgetretender Erkrankungen zu den alten Bedingungen und insbesondere den weiteren Aufbau der Alterungsrückstellung[464]. Im Rahmen der Anwartschaftsversicherung erwirbt der Versicherungsnehmer mit Abschluß des Vertrages Konditionen bzgl. der Einbeziehung von Erkrankungen und der Alterungsrückstellung, die die Basis für den zu einem späteren Zeitpunkt zu gewährenden Versicherungsschutz bilden[465]. Somit wird grundsätzlich bereits Versicherungsschutz geboten, der zeitlich nur „hinausgeschoben" ist, so daß es dem Versicherungsnehmer auch im voraus möglich sein muß, über die Tarifwechselmöglichkeit Versicherungsschutz nicht zu dem vorgesehenen, sondern zu einem ihm günstiger erscheinenden Tarif zu erlangen[466]. Infolge der Berechnung der Prämie der Anwartschafts- und Ruhensversicherung als Prozentsatz der Prämie für den konkret zugrundeliegenden, wenn auch vorübergehend ruhenden Versicherungsschutz[467], ist ein derartiger Versicherungsnehmer von Beitragssteigerungen infolge Tarifvergreisung und –schließung nämlich gleichermaßen betroffen.

---

[464] Vgl. Moser in: Bach/Moser/Wilmes, Private Krankenversicherung, MB/KK und MB/KT – Kommentar, 2. Auflage, 1993, § 8 MB/KK Rn. 61.

[465] Vgl. Moser in: Bach/Moser/Wilmes, Private Krankenversicherung MB/KK und MB/KT – Kommentar, 2. Auflage, 1993, § 8 MB/KK Rn. 63.

[466] Vgl. Prölss in: Prölss/Martin, VVG, 26. Auflage, 1998, § 1 MB/KK 94 Rn. 69.

[467] Vgl. Hohlfeld in: Honsell, Berliner Kommentar zum VVG, 1999, § 178 f Rn. 5.

II. Anträge auf Wechsel in andere Tarife unter Anrechnung der erworbenen Rechte

1. Tarifbegriff

Gegenstand des § 178 f Abs. 1 VVG ist zwar der Wechsel in einen anderen Tarif, doch auf eine gesetzliche Definition dieses Begriffs hat der Gesetzgeber verzichtet. Wie ein Blick in die Druckstücke der PKV-Gesellschaften zeigt, bestehen aber durchaus unterschiedliche Regelungen des Begriffs des „Tarif". Man stößt dabei auf zusätzliche Vokabeln wie Tarifstufen, Tarifklassen, Tarifkombinationen, Tarifgruppen u.a. Was bei einem Unternehmen als Tarifstufe gilt, ist für den Mitbewerber ein Tarif und für einen weiteren eine Tarifklasse. Aufgrund dieses „Bezeichnungswildwuchses" erscheint eine nähere inhaltliche Konkretisierung dieses Begriffs erforderlich.

Eine allgemeingültige Begriffsbestimmung kann dahingehend vorgenommen werden, als daß mit einem Tarif ein bestimmter Beitrags- und Leistungsinhalt beschrieben wird. Demzufolge stellt bereits „jede Tarifstufe, -klasse oder -kombination technisch einen besonderen Tarif dar", wie dies bereits vom BAV in einem besonderen Hinweis im Geschäftsbericht 1970 zum Ausdruck kommt[468], da sich hiermit bereits per definitionem ein sich unterscheidender Beitrags- und Leistungsinhalt verbindet[469]. Dem in § 178 f Abs. 1 VVG verwendeten Begriff des Tarifs ist somit ein weites inhaltliches Verständnis zugrundezulegen, restriktive unternehmensspezifische Regelungen zum Tarifbegriff sind im Hinblick auf das Recht des Versicherungsnehmers aus § 178 f VVG i.V.m § 178 o VVG unbeachtlich.

---

[468] Vgl. Gerwins, Theodor, Zur Rechtsgrundlage einer Beitragsanpassung in der privaten Krankenversicherung, NVersZ 1999, 53, 55 m.w.N.

[469] Eine andere Frage ist hingegen, ob im Rahmen möglicher Vorschläge zur Neuformulierung der Norm nicht eine Einschränkung dieses weiten Tarifbegriffs durch den Gesetzgeber in der Form vorzunehmen ist, daß der Begriff „Tarif" als eine Zusammenfassung gleichartiger Tarife bzw. Tarifstufen anzusehen ist. Diesen Vorschlag unterbreitet Gerwins, Theodor in: ZfV 2000, 106, 108 in bezug auf die Regelung des § 178 g Abs. 2 VVG i.V.m. § 8 b Abs. 2 MB/KK 94, um die über Risikoverschiebungen infolge des § 178 f Abs. 1 VVG vorzunehmenden Beitragsanpassungen, die einseitig bestimmte Kollektive belasten, auf den gesamten Bestand des Tarifs zu verteilen.

2. Umfang des Wechselrechts

Jedoch erst das Zusammenwirken dieses weiten Tarifbegriffs mit dem nicht näher konkretisierten Begriff des Wechsels führt zu einem extensiven Anwendungsbereich des in § 178 f Abs. 1 VVG statuierten Tarifwechselrechts. Das Wechselrecht besteht - entgegen der amtlichen Begründung[470] - unabhängig, ob der Wechsel in einen neuen oder bereits seit langem angebotenen Tarif gewünscht wird[471], auch erfährt es keinerlei Einschränkungen auf bestimmte Situationen, wie z.B. den Fall der sogenannten Tarifschließung, obwohl auch dies in der amtlichen Begründung[472] als Grund für die Einführung genannt wird.

Dem Wortlaut des „Wechsels in andere Tarife" ist lediglich ein Verbot des Tarifwechsels unter Teilaufrechterhaltung des bisherigen Tarifs immanent[473]. Bereits der Begriff des Wechsels stellt ein Synonym für die Begriffe der Umstellung, Umtausch, Änderung etc. dar, was bereits mit einer Teilaufrechterhaltung korreliert. Darüber hinaus verwendet der Gesetzgeber in seiner amtlichen Begründung selbst den Begriff der „Umstufung", dem ein endgültiges Verlassen des bisherigen Tarifs immanent ist. Dieses Ergebnis bestätigt sich auch im Zweck des § 178 f VVG, der nicht in der Ermöglichung einer Neugestaltung der Tarifbeziehungen zu sehen ist[474], vielmehr in der Möglichkeit, einen Tarif unter Mitnahme der erworbenen Rechte, insbesondere der Alterungsrückstellung, verlassen zu können[475].

Ferner sind dem Gesetzeswortlaut auch keinerlei Begrenzungen in zeitlicher und quantitativer Hinsicht zu entnehmen, was sich mit dem zuvor beschriebenen weiten inhaltlichen Verständnis des Tarif- und Wechselbegriffs deckt. Hieran wird auch zunehmend Kritik geübt, da ein häufiges Hin- und Herwechseln zum einen für den Versicherer mit erhöhten Kosten verbunden

[470] Vgl. die amtliche Begründung zu § 178 f VVG BT Drucksache 12/6959 S. 105.

[471] Vgl. Hohlfeld in: Honsell, Berliner Kommentar zum VVG, 1999, § 178 f Rn. 3.

[472] Vgl. die amtliche Begründung zu § 178 f VVG BT Drucksache 12/6959 S. 105.

[473] Vgl. OLG Frankfurt a. M. NVersZ 1999, 166.

[474] Vgl. OLG Frankfurt a. M. NVersZ 1999, 166.

[475] Vgl. die amtliche Begründung zu § 178 f VVG BT Drucksache 12/6959 S. 105.

ist[476], zum anderen ein derartiges Verhalten unter Umständen mit Ausnutzungstendenzen einhergeht. Es könnte die Neigung bestehen, in einen höheren und umfassenderen Tarif zu wechseln, um kurzfristig bestimmte bereits zuvor indizierte Behandlungen vornehmen zu lassen, sodann - wie zuvor beabsichtigt - nach erfolgreicher Behandlung wieder in den alten Tarif zurück zu wechseln[477]. Hiergegen kann eingewandt werden, daß ein derartiges Verhalten meist nur in einfach gelagerten Fällen, in denen ein nahezu hundertprozentiger Behandlungserfolg erreicht werden und keine weiteren damit im Zusammenhang stehenden Erkrankungen ausgelöst werden können, zu verzeichnen sein wird. Zu nennen ist z.B. der Bereich der Zahnversicherung, wenn ein Wechsel im Zeitpunkt von notwendigwerdenden umfangreichen Zahnsanierungen von einem niedrigen auf den leistungsstärksten Tarif verlangt wird. Eine Lösung dieser Problematik bietet sich über die von Prölss[478] vorgebrachte Unvereinbarkeit mit dem Versicherungsgedanken an. Danach ist es mit dem grundsätzlichen Gedanken von Versicherung, nämlich Schutz für ein ungewisses Ereignis zu gewähren[479], nicht vereinbar, wenn der Versicherungsnehmer den Vertrag in dem Bewußtsein schließt, daß der Versicherungsfall mit Sicherheit eintreten werde. Dies muß gleichermaßen für den Tarifwechsel gelten, so daß der Versicherer nur nach dem bisherigen Tarif Entschädigung leisten muß, wenn der Versicherungsnehmer im Zeitpunkt des Tarifwechsels an einer ihm bekannten Krankheit litt, deren Behandlung unabweisbar war[480]. Zwar könnte eingewandt werden, daß das Tarifwechselrecht vom Fall des erstmaligen Abschluß einer Versicherung zu unterscheiden sei, da der Versicherungsnehmer bereits einen bestehenden Vertrag vorzuweisen habe, der die Besonderheit aufweist, daß der Versicherer aufgrund des hinter der

---

[476] Vgl. Sahmer, Sybille, Chancen der privaten Krankenversicherung in Europa, ZfV 1994, 246, 250.

[477] Hierauf weist bereits Moser, Hans, Der Referentenentwurf der VVG-Novelle auf dem Prüfstand, Münsteraner Reihe: Heft 19, 1993, S. 15 hin; Züchner, Hermann Georg, § 178 f VVG – Chancen und Risiken für Versicherer und Versicherungsmakler, Vortrag zum 4. PKV-Forum am 31.8.1995 in Würzburg, S. 5.

[478] Vgl. Prölss in: Prölss/Martin, VVG, 26. Auflage, 1998, § 178 f Rn. 4.

[479] Vgl. Prölss in: Prölss/Martin, VVG, 26. Auflage, 1998, § 1 Rn.1 ff.

[480] Vgl. Prölss in: Prölss/Martin, VVG, 26. Auflage, 1998, § 178 f Rn. 4.

Krankenversicherung stehenden sozialen Schutzzwecks gerade für jegliche Gefahrerhöhungen, die im Laufe der Zeit entstehen, einzustehen habe, § 178 a Abs. 2 S. 2 VVG[481]. Dann kann es auf die Ungewissheit des Risikoeintritts im Rahmen des Tarifwechselrechts auch nicht mehr ankommen.

In keinem funktionierenden System können jedoch Ausnutzungstendenzen, die zu Lasten der sich redlich Verhaltenden geht, geduldet werden, zumal die Argumentation von Prölss auch nicht zu unbilligen Ergebnissen führt. Betrachtet man den Fall von chronischen Erkrankungen oder das Vorliegen mehrerer Krankheiten, deren Verlauf gegenseitig beeinflußt wird und zwangsläufig zum Auftreten weiterer damit verwandter Krankheitsbilder führt[482], ist der Behandlungsbedarf zwar nicht mehr ungewiss. Mit einem bloßen Verweis auf die mangelnde Ungewissheit der Erkrankung läßt sich generell aber keine mögliche Ausnutzungstendenz begründen, die das Recht des Versicherungsnehmers auf Tarifwechsel über die Verwehrung der Regulierung nach den geänderten Bedingungen faktisch vereitelt. Zum einen Bedarf es zur Begründung einer derartigen Ausnutzungstendenz eines „Strauß an Indizien", zum anderen wird es schon mit Blick auf die Erkrankung, die den Personen meist ein Leben lang anhaftet, nicht im Interesse der Versicherungsnehmer liegen, für einen bloßen Behandlungsvorgang in ein anderes Risikokollektiv zu wechseln, um dann sofort oder auch zu einem späteren Zeitpunkt wieder zurückzuwechseln. Ausnutzungstendenzen im obig beschriebenen Sinne sind in diesen Fällen wohl auszuschließen, so daß eine Regulierung des sich im voraus abzeichnenden Bedarfs in diesen Fällen nach dem neuen Tarif vorzunehmen ist. Die von einer quantitativ unbegrenzten Wechselmöglichkeit nach § 178 f VVG ausgehenden Gefahren sind relativ überschaubar und mit der von Prölss vorgeschlagenen Argumentation behebbar.

---

481 Vgl. Prölss in: Prölss/Martin, VVG, 26. Auflage, 1998, § 178 a Rn. 15.

482 Sogenannte Multimorbidität.

3. Antrag

Weiterhin bedarf es einer rechtlichen Einordnung des „Antrags auf Wechsel in einen anderen Tarif". Diesbezüglich könnten zwei rechtliche Konstruktionsformen in Betracht kommen:

Nach §§ 305, 241 BGB können die Beteiligten den Inhalt eines Schuldverhältnisses durch Vertrag ändern. Der Antrag auf Tarifwechsel wäre somit als bloßes „Umwandlungsverlangen" auf Vertragsfortsetzung mit dem geänderten Inhalt des Aufnahmetarifs zu qualifizieren, wobei das ursprüngliche Schuldverhältnis unter Wahrung seiner Identität fortbestehen würde[483].

Davon ist der Fall der Aufhebung des bisherigen und der Begründung eines neuen Schuldverhältnisses zu unterscheiden. Das ursprüngliche Schuldverhältnis entfällt zugunsten des auf Grundlage des Aufnahmetarifs neu geschlossenen Vertrags.

Die Frage, ob das eine oder das andere vorliegt, ist nach den Umständen des Einzelfalls zu entscheiden[484]. Maßgebend ist dabei in erster Linie der Wille der Parteien, der sich im allgemeinen aus der Fassung des Vertrags ergibt. Neben dem Wortlaut der Urkunde sind auch die wirtschaftliche und rechtliche Bedeutung der Abänderung sowie die Verkehrsauffassung zu berücksichtigen[485].

a) Erfüllung der vorvertraglichen Anzeigeobliegenheit, §§ 16 ff. VVG

Die rechtliche Konstruktion des Tarifwechsels hat möglicherweise entscheidende Bedeutung für die Erfüllung der vorvertraglichen Anzeigenobliegenheit[486]. Hierbei handelt es sich um eine Spezialvorschrift des VVG, die im Rahmen von Irrtümern des Versicherers Bedeutung erlangt.

---

[483] Vgl. Heinrichs in: Palandt, BGB, 61. Auflage, 2002, § 305 Rn. 2.

[484] Vgl. BGH NJW 1992, 2283, 2284.

[485] Vgl. Heinrichs in: Palandt, BGB, 61. Auflage, 2002, § 305 Rn. 2.

[486] Vgl. Bruck/Möller, VVG, Band I, 8. Auflage, § 1 Anm. 123 „Bei einer nachträglichen Änderung eines Versicherungsverhältnisses, und zwar nicht nur bei Änderungsverträgen, fragt es sich, inwieweit bei einer Änderung dieselben Vorschriften eingreifen wie bei einem Neuabschluß."

Das Versicherungsverhältnis kommt grundsätzlich formlos nach den §§ 145 ff. BGB zustande. Willensmängel beim Abschluß von Versicherungsverträgen werden ebenfalls nach den allgemeinen Regeln des BGB behandelt. Dies gilt aber nur bei einer Anfechtung des Vertrags wegen Inhalts- und Erklärungsirrtums nach § 119 Abs. 1 BGB. Befindet sich der Versicherer hingegen in einem Irrtum über gefahrerhebliche Umstände, wird eine Anfechtung nach § 119 Abs. 2 BGB durch die Sonderregelungen der §§ 16-22 VVG ausgeschlossen. Danach ist der Versicherungsnehmer verpflichtet, dem Versicherer bei Vertragsschluß alle gefahrerheblichen Umstände anzuzeigen, vgl. § 16 Abs. 1 VVG. Unterbleibt die Anzeige oder wird eine unrichtige Anzeige erstattet, wird dem Versicherer ein Rücktrittsrecht gewährt, vgl. §§ 16 Abs. 2, 17 Abs. 1 VVG[487]. Hierbei besteht die Besonderheit, daß der Versicherer auch in diesem Fall seinen Prämienanspruch bis zum Schluß der Versicherungsperiode behält, in der er von der Verletzung der Obliegenheit Kenntnis erhalten hat, vgl. §§ 20 Abs. 2, 40 Abs. 1 S. 1 VVG[488].

(1) Inhalt und Zweck der vorvertraglichen Anzeigeobliegenheit

Der Sinn und Zweck der vorvertraglichen Anzeigeobliegenheit ergibt sich bereits aus dem Wortlaut des § 16 Abs. 1 VVG, wonach der Versicherungsnehmer bei der Schließung des Vertrags alle ihm bekannten Umstände, die für die Übernahme der Gefahr erheblich sind, dem Versicherer anzuzeigen hat. Im Mittelpunkt steht die Aufklärung der bei Vertragsschluß vorhandenen Gefahrenlage[489], um eine richtige Einschätzung des Risikos und der womöglich notwendig erscheinenden Bedingungen für eine Übernahme der Gefahrtragung vornehmen zu können[490].

---

[487] Im Bereich der privaten Krankenversicherung ist das Rücktrittsrecht gem. § 178 k VVG im Unterschied zu § 20 Abs. 1 VVG auf drei Jahre seit Schließung des Vertrages begrenzt.

[488] Zu dem Problemkreis der Anfechtung nach § 123 BGB und der Regelung des § 40 Abs. 1 VVG sehr aufschlußreich OLG Nürnberg VersR 2000, 437 ff.

[489] Bruck, Ernst, Das Privatversicherungsrecht, 1930, S. 198.

[490] Vgl. die Begründung zu dem Entwurf eines Versicherungsvertragsgesetzes, Reichstagsdrucksache Nr. 364, 12. Legislaturperiode, 1. Session 1907: „Der Versicherer muß, wenn er das Versicherungsgeschäft sachgemäß betreiben will, bei dem Abschluß

Auf diese Weise kann eine Prämiengestaltung ermöglicht werden, die dem Risiko angemessen ist[491] und die im öffentlichen Interesse liegende dauerhafte Leistungsfähigkeit des Versicherers sicherstellt. Als gefahrerhebliche Umstände kommen nämlich nicht nur physische und somit wahrnehmbare Tatsachen in Betracht, sondern insbesondere auch psychologische Umstände, wozu auch die Einstellung des zu Versichernden zu seiner Gesundheit, sein Lebenswandel etc. zählt. Trotz ihrer Relevanz für die Beurteilung der zu übernehmenden Gefahr bleiben diese dem Krankenversicherer ohne Unterstützung von Seiten der Versicherungsnehmer vielfach verborgen. Der Versicherer ist deshalb in der PKV in einem besonders hohen Maße auf die wahrheitsgemäße Erfüllung der Anzeigeobliegenheit angewiesen, und sein Vertrauen auf die ihm gegenüber gemachten Angaben erscheint um so schutzwürdiger, als diese Angaben einer Nachprüfung vielfach entzogen bleiben werden[492].

Die genaue Kenntnis der vorhandenen Gefahrenlage sowie mögliche Besonderheiten der zu versichernden Risiken gebieten aber nicht nur Aspekte der Wirtschaftlichkeit hinsichtlich der Äquivalenz von Leistung und Gegenleistung[493], sondern ergeben sich gerade auch aus der Funktionsweise der Versicherung. Die Versicherung eines einzelnen Menschen gegen die finanziellen Folgen von Krankheit ist für den Krankenversicherer zunächst wirtschaftlich untragbar. Erst über die Verteilung des übernommenen Risikos auf eine Vielzahl durch die gleiche Gefahr bedrohter Personen, wobei der Risikoübernahme eine auf dem Gesetz der großen Zahl beruhenden

---

von Versicherungsverträgen es sich angelegen sein lassen, über die Art und die Größe der Gefahr, die er übernehmen soll, möglichst genaue Kenntnis zu erhalten. Da er diese Kenntnis in der Regel nur durch die Mitwirkung des Versicherungsnehmers gewinnen kann, so gehört es, wie in der Gesetzgebung und in der Praxis anerkannt ist, zu den Obliegenheiten des letzteren, bei dem Abschluß des Vertrags über die Gefahrumstände dem Versicherer Aufschluß zu geben."

491 Sogenannte wagnisgerechte Beiträge nach dem Äquivalenzsystem, die grundsätzlich dem individuellen Krankheitsrisiko - trotz einer begrenzten Pauschalierung des Beitrags durch Bildung von Eintrittsaltergruppen - angepaßt sind.

492 Vgl. Michel, Robert, Rechtsprobleme der vorvertraglichen Anzeigepflicht in der privaten Krankenversicherung, 1994, S. 14.

493 Vgl. Bohn, Klaus, Die Mathematik der deutschen Privaten Krankenversicherung, 1980, S. 31.

Kalkulation zugrunde liegt[494], ermöglicht dem Versicherer den Geschäftsbetrieb. Jedoch darf dies nicht dahingehend mißverstanden werden, den Sinn von Versicherung in der Ermöglichung des Ausgleichs der Risiken in der Gefahrengemeinschaft zu sehen. Vielmehr dient sie lediglich dazu, die Risiken zu kompensieren, d.h. die zufälligen Abweichungen der Ergebnisse einer Risikosituation von ihrem Erwartungswert möglichst zu verringern bzw. zu beseitigen. Eine Egalisierung der unterschiedlichen Gefährdungen der Einzelrisiken, also die Nivellierung der Erwartungswerte selbst, soll hingegen gerade verhindert werden. Dies wäre eine versicherungsfremde systematische Umverteilung, da dann nicht mehr jeder Versicherte seine Schäden selbst tragen würde[495]. Um dieses Prinzip umzusetzen ist die Kenntnis der Besonderheiten des zu versichernden Risikos erforderlich. Erst dann kann der Versicherer die Zuordnung zu einer Gefahrengemeinschaft zutreffend vornehmen, Risikozuschläge oder Leistungsausschlüsse im Sinne einer hinreichenden Prämiendifferenzierung als Grundlage einer risikoadäquaten Prämienkalkulation vereinbaren oder auch den Abschluss des Versicherungsvertrags gänzlich ablehnen[496].

(2) Bedeutung der möglichen rechtlichen Konstruktionsformen des Tarifwechsels für die Erfüllung der Anzeigeobliegenheit

(a) Einstufung des Tarifwechsels als Neuabschluß

Eine Pflicht zur Erfüllung der vorvertraglichen Anzeigeobliegenheit wäre bei einer Qualifizierung des Tarifwechsels als einen Neuabschluß bereits aus dem unmittelbaren Wortlaut des § 16 Abs. 1 S. 1 VVG zu bejahen[497]. Danach sind „bei der Schließung des Vertrags“ alle bekannten Gefahrumstände anzuzeigen.

---

[494] Vgl. BVerwG NJW 1992, 2978, als ein Beispiel aus einer Fülle sprachlich sich unterscheidender Defintionsversuche, in Ermangelung einer ausdrücklichen gesetzlichen Definition sowohl im VAG als auch VVG; Weyers, Hans-Leo, Versicherungsvertragsrecht, 2. Auflage, 1995, Rn. 54 m.w.N.

[495] Vgl. Helten, Elmar, Das Risiko und seine Kalkulation, in: Walter Große u.a. (Hrsg.), Versicherungsenzyklopädie, Band 2 - Versicherungsbetriebslehre, 1984, S. 125, 268.

[496] Vgl. Voit in: Honsell, Berliner Kommentar zum VVG, 1999, § 16 Rn. 1.

[497] Vgl. Bruck/Möller, VVG, Band I, 8. Auflage, Anm. 126 m.w.N.

Jedoch offenbaren sich durch diese Einordnung als Neuabschluß und die daraus resultierende vorvertragliche Anzeigeobliegenheit, die bei wörtlicher Auslegung des § 16 Abs. 1 S. 1 VVG bei jeglicher Art des Tarifwechsels[498] zu erfüllen wäre, sowohl Widersprüche zum Wortlaut des § 178 f Abs. 1 VVG als auch zu § 16 Abs. 1 S. 2 VVG. Als Folge der erneuten Anzeigeobliegenheit würde eine erneute Gesundheitsprüfung und je nach den konkreten Umständen des Einzelfalls eine neue Einstufung nach dem geänderten Gesundheitszustand erfolgen. Mit der den Versicherern eröffneten Möglichkeit der Berücksichtigung des konkreten Gesundheitszustands bei dem als Neuabschluß zu qualifizierenden Tarifwechsel müßte ihnen somit auch die Bestimmung von zusätzlichen Risikozuschlägen und Leistungsausschlüssen möglich sein. Hingegen statuiert § 178 f Abs. 1 S. 1 VVG ein Recht auf „Anrechnung der aus dem Vertrag erworbenen Rechten", und Satz 2 deutet auf eine Begrenzung der Möglichkeit von zusätzlichen Risikozuschlägen, Leistungsausschlüssen und Wartezeiten auf die Fallgruppen der Höherstufungen hin. Zwar könnte der Einwand erhoben werden, daß das Tarifwechselrecht den Versicherungsnehmer im Vergleich zu einen völlig neuen Vertragsschluß bei einem anderen Versicherer nur insoweit begünstigen möchte, als daß er seine Alterungsrückstellung nicht verliert. Eine erneute Gesundheitsprüfung als Folge der zu erfüllenden Anzeigeobliegenheit wäre nach dieser Auffassung nicht nur bei Umstufungen in einen Tarif mit Mehrleistungen zulässig. Fraglich erscheint diese Argumentation aber mit Blick auf den Wortlaut des § 178 f Abs. 1 S. 1 VVG, der ausdrücklich neben der Anrechnung der Alterungsrückstellung von weiteren erworbenen Rechten spricht[499].

Auch erscheint die Konstruktion des Neuabschlusses und die damit generell verbundene erneute Anzeigeobliegenheit bei einem Tarifwechsel mit Blick auf § 16 Abs. 1 S. 2 VVG zweifelhaft. Danach sind nur diejenigen Gefahrumstände erheblich, „die geeignet sind, auf den Entschluß des Versicherers, den Vertrag überhaupt oder zu dem vereinbarten Inhalt abzuschließen, einen Einfluß auszuüben". Eine Entschließungsfreiheit des Versicherers hinsichtlich des „Ob" scheidet von vornherein infolge des in

---

[498] Gemeint sind die Fälle des Wechsels in Tarife mit einem höheren, niedrigeren oder auch gleichbleibenden Leistungsumfang.

[499] So auch BVerwG NVersZ 1999, 376, 377.

§ 178 f Abs. 1 S. 1 VVG angeordneten Kontrahierungszwangs aus, eine inhaltliche Gestaltungsfreiheit erscheint infolge der möglichen Begrenzung durch § 178 f Abs. 1 S. 2 VVG fraglich.

Ein entscheidendes Argument gegen eine derartige Konstruktion bildet die in § 178 a Abs. 2 S. 2 VVG angeordnete geseztliche Gefahrtragungslastverteilung durch Abbedingung der §§ 23-30, 41 VVG im Zusammenhang mit dem im selben Abschnitt niedergelegten Tarifwechselrecht des § 178 f Abs. 1 VVG. Gegenstand des Krankenversicherungsschutzes ist auch und gerade die Absicherung von finanziellen Belastungen, die sich infolge neu auftretender Krankheiten und Unfälle während der Vertragslaufzeit ergeben können[500]. Die mit steigendem Alter zunehmende Gefahr einer Erkrankung soll bewußt auf den Versicherer bzw. das Versichertenkollektiv abgewälzt werden. Sie brauchen daher nicht als nachträgliche Gefahrerhöhungen gesondert angezeigt zu werden.

Der Inhalt des § 178 f Abs. 1 VVG könnte im Lichte dieser in § 178 a Abs. 2 S. 2 VVG zum Ausdruck kommenden Intention des Gesetzgebers der vollständigen Abwälzung der Gefahrtragung auf den Versicherer nach Abschluß des Vertrages zu betrachten sein. Eine erneute und uneingeschränkte Anzeigeobliegenheit bedingt durch die Qualifizierung als Neuabschluß würde zwangläufig damit korrelieren. Zwar könnte eine Lösung dieses Konflikts in einer Abbedingung der §§ 16 ff. VVG durch die Statuierung „der Anrechnung der durch den Vertrag erworbenen Rechte" des § 178 f Abs. 1 S. 1 VVG gesehen werden. Mit der Folge, daß § 178 f Abs. 1 S. 2 VVG als bewußte Ausnahme zugunsten des Versicherers im Fall von Umstufungen in einem Tarif mit Mehrleistungen zu werten wäre. In diesem Fall würden aber die Unterschiede zu der zweiten Möglichkeit der Einordnung als bloße Vertragsänderung verwischen, bei der in Ermangelung eines neuen Vertragsschlusses die Erfüllung der vorvertraglichen Anzeigeobliegenheit von vornherein zweifelhaft erscheint. Die Tatsache, daß dasselbe Ergebnis einfacher über die bloße Qualifizierung des Tarifwechsels als Vertragsänderung erreicht werden kann, spricht für die Ablehnung einer Einordnung als Neuabschluß. Gestützt wird dieses Ergebnis auch durch den in § 12 Abs. 1 Nr. 4 VAG zum Ausdruck kommenden gesetzgeberischen

---

[500] Vgl. Hohlfeld in: Honsell, Berliner Kommentar zum VVG, 1999, § 178 a Rn. 6.

Willen, in dem ausdrücklich von „einem Recht auf Vertragsänderungen durch Wechsel in andere Tarife" gesprochen wird.

Es ist nun zu klären, inwieweit bei einer Vertragsänderung die für den Fall eines Neuabschlusses geltenden Vorschriften gleichermaßen Bedeutung erlangen[501]. Lediglich im Falle der Bejahung bedürfen die zuvor im Zusammenhang mit der möglichen Qualifizierung des Tarifwechsels als Neuabschluß aufgeworfenen Fragen einer näheren Untersuchung.

(b) Einstufung des Tarifwechsels als Vertragsänderung

Infolge der Einordnung des Tarifwechsels nach § 178 f Abs. 1 VVG als eine Vertragsfortsetzung des alten Versicherungsverhältnisses mit lediglich geänderten Inhalt[502] könnte der Wortlaut des § 16 Abs. 1 VVG, wonach die Anzeigeobliegenheit ausdrücklich „bei der Schließung des Vertrages" - also bis zur Annahme durch den Versicherer[503] - zu erfüllen ist, eine für die Anwendbarkeit der Vorschriften über die Anzeigeobliegenheit zu beachtende Grenze darstellen.

Sehr früh wurde aber durch die ältere Lehre erkannt, daß auch in einer inhaltlichen Änderung des Vertrages ein dem Vertragsschluß gleichzusetzender Sachverhalt erblickt werden kann. Jedoch ging diese Auffassung zu weit, indem sie jede Änderung hinsichtlich der Anwendung der Bestimmungen über die vorvertragliche Anzeige dem Vertragsschluß gleichstellte[504]. Daß dieses Ergebnis in seiner Rigidität schon nicht durch den Wortlaut des § 16 Abs. 1 S. 2 VVG getragen wird, wurde schlichtweg übergangen. Indem Satz 2 des § 16 Abs. 1 VVG die Erheblichkeit der Gefahrumstände daran mißt, inwieweit „sie geeignet sind, auf den Entschluß

---

501 Vgl. Bruck/Möller, VVG, Band I, 8. Auflage, § 1 Anm. 123 S. 141.

502 Vgl. OLG Hamm VersR 1980, 137; ÖOGH 1990, 549; BVerwG NVersZ 1999, 376: „Bei einem Tarifwechsel nach § 178 f VVG wird kein neuer Versicherungsvertrag abgeschlossen, sondern der bisherige nach Maßgabe des neuen Tarifs fortgesetzt."

503 Der Zeitraum der vorvertraglichen Anzeigeobliegenheit erstreckt sich also auch auf die Zeit zwischen Antragstellung und Annahme des Antrags, - dem Zugang des Versicherungsscheins bzw. des Annahmeschreibens des Versicherers.

504 Vgl. Bruck, Ernst, Privatversicherungsrecht, 1930, S. 178, 183, 190; Ehrenberg, Victor, Versicherungsrecht, 1923, S. 340; Rohr, Wolfgang, Die vorvertragliche Anzeigenobliegenheit, 1980, S. 57 m.w.N.

des Versicherers den Vertrag überhaupt oder zu dem vereinbarten Inhalt abzuschließen, einen Einfluß auszuüben", ist eine Einzelfalldifferenzierung in der Norm selbst angelegt.

Diese gesetzgeberische Intention spiegelt sich dann auch in dem von der neueren Lehre aufgestellten Ansatz zur Klärung des Problems wider. Nach ihrer Auffassung ist eine vorschnelle und undifferenzierte Gleichsetzung von Neuabschluß und Vertragsänderung abzulehnen, da die Entschließung des Versicherers über die Vornahme und die Bedingungen der Vertragsänderungen nicht generell von der Vorstellung über einen bestimmten Gefahrenzustand abhängt, sondern nach der Art der vorzunehmenden Änderung differiert[505]. Demzufolge läßt sie nicht bei allen Änderungsvereinbarungen die §§ 16 ff. VVG eingreifen, sondern stellt in bezug auf jeden Einzelfall die Frage nach einer zum Fall des Neuabschluß vergleichbaren Interessenlage des Versicherers[506]. Entscheidend ist, ob lediglich im Fall des Neuabschlusses die Kenntnis der gefahrerheblichen Umstände für den Versicherer relevant ist, oder ob im Fall der Vertragsänderung nicht eine vergleichbare Interessenlage des Versicherers zu bejahen ist.

Die ältere Rechtsprechung lehnte hingegen von Anfang an eine Gleichstellung von Änderungen und Vertragsschluß ab. Sie suchte eine Lösung des Problems darin, daß sie nur erhebliche Änderungen als

---

[505] Bruck/Möller, VVG, Band I, 8. Auflage, § 1 Anm. 123 S. 141 wollen die Vorschriften über die vorvertragliche Anzeigepflicht nur dann anwenden, wenn der Versicherer eine neue oder höhere Gefahr übernimmt, insbesondere bei der Nachversicherung neuer Gegenstände, Gefahren und Schäden, bei der Erhöhung der Versicherungssumme, der Änderung des Versicherungsortes, nicht aber bei bloßer Änderung der Prämienhöhe, der Satzung und der AVB; § 8 Anm. 12 S. 225, wo auf „grundlegende Veränderungen des Vertragsinhalts" abgestellt wird; § 16 Anm. 59 S. 335; Prölss in: Prölss/Martin, VVG, 26. Auflage, 1998, §§ 16, 17 Rn. 16 wertet „Änderungen des Versicherungsverhältnisses im Hinblick auf §§ 16, 17 VVG als Abschluß eines neuen Vertrages, wenn und soweit der Versicherer ein erkennbares (und anerkennendes) Interesse daran hat, die Gefahrenlage zum Zeitpunkt der Änderung zu berücksichtigen".

[506] Vgl. Bruck/Möller, VVG, Band I, 8. Auflage, § 1 Anm. 123 S. 141.

Neuabschluß wertete[507] und gelangte lediglich infolge dieser Einordnung zu der Erfüllung der Anzeigeobliegenheit. Unausgesprochen wurde als Einordnungskriterium aber ebenfalls darauf abgestellt, ob ein Interesse des Versicherers an der Erfüllung der Anzeigepflicht bestand[508]. Diese formaljuristische Lösung entspricht scheinbar dem Wortlaut des Gesetzes, verdeckt in Wahrheit aber die dahinterstehende Wertung, daß nämlich die Frage, ob ein Neuabschluß oder eine Änderung vorliegt, nach der Interessenlage beantwortet wird[509].

In der neueren Rechtsprechung wird nun nicht mehr vorrangig auf die Einordnung als Neuabschluß oder Vertragsänderung abgestellt, sondern die Frage der Interessenbewertung als entscheidendes Kriterium ausdrücklich in den Mittelpunkt gerückt. Danach sind „Änderungen des Versicherungsverhältnisses im Hinblick auf §§ 16, 17 VVG[510] als Abschluß eines neuen Vertrages zu werten, wenn und soweit der Versicherer ein erkennbares und anzuerkennendes Interesse daran hat, die Gefahrenlage zum Zeitpunkt der Änderung zu berücksichtigen"[511], und der Versicherungsnehmer keinen Anspruch auf die Änderung auf der Basis der früheren Gefahrenlage hat[512].

Anerkannt wurde ein derartiges Interesse des Versicherers mehrfach im Fall der Leistungserweiterung. „In all diesen Fällen hat der Versicherer

---

[507] Vgl. OLG Hamm VersR 1976, 1032, 1033; ähnlich auch Dittmann, Armin, Vertragliche Abänderungen von Versicherungsverhältnissen durch Nachversicherung, VersWissArch Band 45 (1956), 55, 71.

[508] So erblickte das RG in der Herabsetzung der Versicherungssumme, vgl. RG JRPV 1929 S. 184, 185, der Umwandlung einer gewöhnlichen Versicherung in eine solche auf erstes Risiko, vgl. RG VA 1933, S. 77 Nr. 2520, und der Vereinbarung, daß die Versicherung eines Warenlagers auch nach einer Verlagerung fortgesetzt werden sollte, vgl. RG VA 1927, S. 46, 47 Nr. 1697, nicht zur Anzeige verpflichtende Vertragsänderungen. In der Erhöhung der Versicherungssumme wurde hingegen ein Neuabschluß gesehen, vgl. RGZ 110, 152, 154; der zur Anwendung der §§ 16 ff. VVG führt.

[509] Vgl. Rohr, Wolfgang, Die vorvertragliche Anzeigeobliegenheit, 1980, S. 59.

[510] Aber auch nur im Hinblick auf diese Gefahranzeigevorschriften.

[511] OLG Karlsruhe VersR 1990, 781; ÖOGH VersR 1990, 549; BGH VersR 1992, 213, 214; BGH VersR 1993, 213.

[512] Vgl. OLG Karlsruhe VersR 1992, 1250; OLG Köln VersR 1992, 1252.

grundsätzlich deshalb ein erkennbares und anerkennenswertes Interesse an einer Prüfung der aktuellen Gefahrenlage, weil ihm angesonnen wird, seine Leistungszusage zu erweitern. Darauf gibt der bestehende Versicherungsvertrag dem Versicherungsnehmer keinen Anspruch“ [513]: An dem erkennbaren und anerkennenswerten Informationsbedürfnis des Versicherers bei Schließung derartiger Änderungsverträge fehlt es auch nicht etwa deshalb, weil der Versicherer regelmäßig eine höhere Prämie als die des Altvertrags verlangen wird. Zum einen trifft es nicht zu, daß gefahrerhebliche Umstände nur für die Bestimmung des Prämien-/Leistungsverhältnisses von Bedeutung sind. „Die mit der Schaffung des §§ 16 ff. VVG gesetzlich als berechtigt anerkannte Risikoprüfung des Versicherers vor Vertragsschluß zielt vielmehr gerade darauf ab, zunächst zu klären, ob er das angetragene Risiko in seiner aktuellen und konkreten Ausgestaltung überhaupt übernehmen will, und bejahendenfalls weiter darauf, ob dies ohne Risikoausschlüsse und zu der ausgerichtet am Durchschnittsfall ohne Besonderheiten kalkulierten Prämie geschehen kann.

Zum anderen könnte mit einer nur an allgemeinen Kalkulationsgrundsätzen orientierten Anhebung der bisherigen Prämie bei Abschluß von Änderungsverträgen der erörterten Art allenfalls die Leistungs-/Gegenleistungsrelation auf der Grundlage des Ergebnisses der Gefahrenprüfung bei dem zurückliegenden Abschluß des nunmehr zu ändernden Vertrag gewahrt, nicht dagegen auch einer inzwischen gesteigerten Gefahr Rechnung getragen werden. Soll der Versicherer künftig in weiterem Umfang als bisher leistungspflichtig sein, so ist sein Anliegen, vor einer zusätzlichen Verpflichtung die aktuellen Gefahren abschätzen und daran seine Entscheidung ausrichten zu können, nicht weniger anerkennenswert, als es ein entsprechendes Verlangen vor einem erstmaligen Vertragsabschluß ist“[514].

Ferner stützt sich die grundsätzliche Bewertung der Risikolage nicht nur auf eine Bewertung der Wahrscheinlichkeit des Eintritts späterer Gefahrerhöhungen, sondern wird maßgebend auch durch den Umfang der vom Versicherer zu erbringenden Versicherungsleistung bestimmt. Und auch nur diese Daten kann er bei seinem Entschluß, „Ob“ und „unter welchen

---

[513] BGH VersR 1993, 213, 214; BGH VersR 1994, 39, 40.

[514] BGH VersR 1993, 213, 214.

Bedingungen" er den Vertrag abschließt - gerade auch in Anbetracht der Übernahme der Gefahrtragung - miteinbeziehen. Hat er den Vertrag auf der Basis dieser Daten geschlossen, dann ist eine Schutzwürdigkeit des Versicherers bei einer nachträglichen Äquivalenzstörung von Leistung und Gegenleistung infolge seiner ursprünglichen Entschließungsfreiheit in bezug auf den Vertragsschluß zu verneinen. Dies gilt aber nicht mehr im Fall der nachträglichen Leistungsausweitung infolge einer Vertragsänderung, da ihm in diesem Fall eine bewußte Auseinandersetzung mit dem von ihm zu übernehmenden Risiko mangels Daten zuvor verwehrt war. Doch gerade dieser Umstand weist auf ein erhöhtes Informationsbedürfnis des Versicherers hin, so daß der Vertragspartner des Versicherers deshalb nicht erwarten kann, daß letzterer unbesehen zu weiteren Leistungszusagen bereit ist[515]. Auch aus dem Gesichtspunkt der Privatautonomie heraus muß der Versicherer die Möglichkeit haben, seine etwaigen Mehrleistungen nur gegen eine - zumindest im Zeitpunkt der Vertragsänderung - äquivalente Gegenleistung des Versicherungsnehmers erbringen zu müssen. Aus diesem Grund ist in bezug auf die Mehrleistung eine erneute Anzeigeobliegenheit nötig.

Im Umkehrschluß hieraus fehlt dieses anerkennenswerte Interesse des Versicherers an einer Berücksichtigung der im Zeitpunkt der Vertragsänderung gegenwärtigen Gefahrenlage bei einer Herabsetzung seiner

---

[515] Vgl. BGH VersR 1993, 213, 214: „Der Informationsbedarf des Versicherers wird besonders deutlich in den Sparten der Lebensversicherung und der Krankenversicherung. In ihnen sind die Vorschriften über Gefahrerhöhungen gem. § 164 VVG nicht uneingeschränkt anwendbar und ist das Recht zu ordentlicher Kündigung zeitlich beschränkt. Gerade in diesen Versicherungsarten kann der Vertragspartner des Versicherers deshalb nicht erwarten, daß letzterer unbesehen zu weiteren Leistungszusagen bereit ist. Ausschlaggebend für die Anwendbarkeit der §§ 16 ff. VVG ist demnach, ob der Versicherer sich zu einer Erweiterung seiner bisherigen Leistungspflicht - sei es inhaltlich oder auch nur zeitlich - bereit finden soll." Hieraus läßt sich ein „Erst-recht-Schluß" ziehen: Verwendet der BGH diese Begründung im Bereich der Lebens- und Krankenversicherung bereits bei einer bloßen Beschränkung der Vorschriften über Gefahrerhöhungen gem. § 164 VVG - eine Folge der damaligen Rechtslage - so erlangt dieses Argument im Fall des nun bestehenden vollständigen Ausschlusses umso mehr Bedeutung.

bisherigen Leistungspflicht[516]. In diesem Fall besteht auf Seiten des Versicherers gerade keine Schutzbedürftigkeit, die eine erneute Anzeigeobliegenheit rechtfertigen würde. Mit dem Abschluß des ursprünglichen Vertrages hat der Versicherer der Übernahme der Gefahrtragung für ein wesentlich höheres Risiko zugestimmt. Vermindert sich nun seine Gefahrtragungslast infolge einer nachträglichen Reduzierung seiner Leistungspflicht, stellt dies für ihn eine positive Abweichung derjenigen Daten dar, die für die Bewertung der Übernahme des Ursprungsrisikos entscheidungserheblich waren. Hat er aber einem Vertragsschluß in der Annahme eines wesentlich höheren Risikos bedingt durch seine zunächst bestehende erweiterte Leistungspflicht zugestimmt, dann liegt darin konkludent auch eine Zustimmung hinsichtlich der Übernahme eines durch Reduzierung seiner Leistungspflicht sogar noch verringerten Risikos. Somit ist der Sinn und Zweck der vorvertraglichen Anzeigeobliegenheit, eine Einschätzung des zu übernehmenden Risikos vornehmen zu können, bereits durch die Erfüllung der Anzeigeobliegenheit im Zeitpunkt des Urspungsvertrags hinreichend Rechnung getragen. Eine erneute Anzeigeobliegenheit nach § 16 Abs. 1 VVG scheidet im Fall der Herabsetzung des Leistungsumfangs aus. Nichts anderes kann für den Fall des gleichbleibenden Leistungsumfangs gelten.

---

[516] Vgl. BGH VersR 1993, 213, 214; BGH VersR 1994, 39, 40.

Nicht verallgemeinerungsfähig für den Bereich der privaten Krankenversicherung ist die Entscheidung des OLG Karlsruhe VersR 1990, 781, 782: Dort wird die Anzeigeobliegenheit nach den §§ 16 ff. VVG auch im Fall der Herabsetzung der Prämie, einer sogenannten Leistungsverminderung, bejaht. Hierbei handelt es sich aber um eine Entscheidung aus dem Bereich der Feuerversicherung, die insofern konsequent ist, als daß in diesem Bereich im Unterschied zur privaten Krankenversicherung gerade keine Abbedingung der Vorschriften über Gefahrerhöhungen stattgefunden hat. Mangels einseitiger Übernahme der Gefahrtragungslast durch den Versicherer mit Vertragsschluß kann mit Blick auf das zu ändernde Vertragsverhältnis eine vorvertragliche Anzeigeobliegenheit durchaus bejaht werden. Auf eine derartige Möglichkeit weist auch Wriede, Paul hin, vgl. Überlegungen zum Abschlußzwang, VersR 1996, 271, 272.

(3) Übertragbarkeit der Rechtslage zur Vertragsänderung auf den Fall des Tarifwechsels

Es stellt sich die Frage, inwieweit die oben dargestellte Rechtslage gleichermaßen für den Fall des Tarifwechsels nach § 178 f Abs. 1 VVG gilt. Dieser ist zwar als eine Vertragsänderung unter Fortsetzung des alten Versicherungsverhältnisses nach Maßgabe des neuen Tarifs[517] zu qualifizieren, jedoch könnten sich Abweichungen infolge des in § 178 f Abs. 1 S. 1 VVG angeordneten Kontrahierungszwangs sowie der „Anrechnung der erworbenen Rechte"ergeben.

Zunächst ist auch hier eine Differenzierung nach den möglichen Umstufungsvariationen vorzunehmen. Zu unterscheiden ist zum einen der Fall der Höherstufung, der eine Leistungserweiterung sowohl in der Höhe als auch in bezug auf eine mögliche Aufstockung der einzelnen Leistungsbereiche erfaßt[518], zum anderen der der Niedrigerstufung sowie die Variante der Umstufung in einen Tarif mit unverändertem Leistungsumfang.

(a) Umstufung in Tarif mit höherem bzw. umfassenderem Leistungsumfang

Ein erkennbares und anerkennenswertes Interesse des Versicherers an einer Prüfung der aktuellen Gefahrenlage wurde zuvor in den Fällen der Leistungserweiterung mit der Begründung bejaht, daß der Versicherer sich zu einer Erweiterung seiner Leistungspflicht bereit finden sollte. Der Versicherer ist nämlich grundsätzlich frei in seiner Entscheidung, „Ob" und auf welche „Art und Weise" er der Vertragsänderung zustimmt, da der bestehende Versicherungsvertrag dem Versicherungsnehmer gerade keinen Anspruch auf

---

[517] Vgl. BVerwG NVersZ 1999, 376, 377.

[518] Vgl. den Wortlaut des § 178 f Abs. 1 S. 2 VVG, worin ausdrücklich von „höheren oder umfassenderen Leistungen als in dem bisherigen Tarif" gesprochen wird. Inhaltlich können sich die beiden Begriffe nicht vollständig decken, da infolge ihrer nebeneinanderstehenden Verwendung der Gesetzgeber offensichtlich von zwei unterschiedlichen Merkmalen ausgeht. Prölss in: Prölss/Martin, VVG, 26. Auflage, 1998, § 178 f VVG Rn. 7 spricht von „umfassenderen Leistungen", wenn der neue Tarif eine Versicherung eines im bisherigen Tarif nicht gedeckten Risikos vorsieht. Bei einer Erhöhung der Leistung bestand dagegen bereits im bisherigen Tarif eine Versicherung des Risikos.

Leistungsausweitung eröffnet[519]. Die Bejahung einer Anzeigeobliegenheit nach den §§ 16 ff. VVG gründet sich letztlich darauf, daß der Versicherer seinen Entscheidungsspielraum in bezug auf die erstrebte Vertragsänderung nur ausüben kann, wenn er Kenntnis von den konkreten gefahrerheblichen Umständen hat.

Im Umkehrschluß ergibt sich hieraus, daß der Versicherer einer derartigen Kenntnis gerade nicht bedarf, wenn ihm keinerlei Entscheidungsspielraum belassen ist. In diesem Fall wäre eine erneute Anzeigeobliegenheit im Zeitpunkt der Vertragsänderung überflüssig, da dem Versicherungsnehmer aus dem bestehenden Versicherungsverhältnis ein Anspruch auf Leistungsausweitung auf der Basis der früheren Gefahrenlage zustehen würde[520].

(1.) Einfluß des Kontrahierungszwangs auf den Entscheidungsspielraum des Versicherers

Im Fall des Tarifwechsels nach § 178 f Abs. 1 VVG ist die Privatautonomie des Versicherers stark eingeschränkt. Indem die Annahme der Wechselanträge bei Erfüllung der in § 178 f Abs. 1 S. 1 VVG aufgestellten Kriterien einseitig durch die Versicherungsnehmer verlangt werden kann, ist dem Versicherer seine Entschließungsfreiheit in bezug auf die grundsätzliche Annahme der Vertragsänderung, dem sogenannten „Ob", genommen worden. Der diesbezüglich bestehende Abschlußzwang führt aber noch nicht zu einer generellen Verneinung eines Entscheidungsspielraums des Versicherers. Wie sich aus § 16 Abs. 1 S. 2 VVG ergibt, ist die Kenntnis der gefahrerheblichen Umstände nicht nur für seine Entschließungsfreiheit von Bedeutung, sondern übt gleichermaßen Einfluß auf die inhaltliche Ausgestaltung des Vertrags aus. Ein Entscheidungsspielraum des Versicherers wäre demnach nur zu verneinen, wenn sich der in § 178 f Abs. 1 VVG angeordnete Kontrahierungszwang gleichermaßen auf die inhaltliche Ausgestaltungsfreiheit, die sogenannte Inhaltsfreiheit, beziehen würde.

Für eine generelle Erstreckung des Kontrahierungszwangs auch auf die Inhaltsfreiheit wird grundsätzlich vorgebracht, daß der Verpflichtete sonst

---

519 Vgl. BGH VersR 1994, 39, 40.

520 Vgl. OLG Karlruhe VersR 1992, 1250; OLG Köln VersR 1990, 1252.

durch exorbitante inhaltliche Forderungen die Pflicht zum Vertragsschluß faktisch unterlaufen könnte[521]. Vorliegend deutet der Wortlaut des § 178 f Abs. 1 S. 2 VVG gerade auf einen entgegenstehenden gesetzgebersichen Willen hin. Er eröffnet dem Versicherer ausdrücklich die Möglichkeit, bei einer Umstufung in einen Tarif, der „höher oder umfassender" ist als der bisherige Tarif, für die Mehrleistung einen Leistungsausschluß oder einen angemessenen Risikozuschlag und insoweit auch eine Wartezeit zu verlangen. Hierbei handelt es sich um wesentliche Gestaltungsmittel des Versicherers, die ihm ermöglichen, individuelle Unterschiede der um Aufnahme in den Tarif ersuchenden Versicherungsnehmer zu berücksichtigen und dementsprechend differenzierend bewerten zu können. Zwar enthält § 178 f Abs. 1 S. 2 VVG seinerseits ein inhaltliches Korrektiv, indem für die Mehrleistung ausdrücklich nur ein „angemessener" Risikozuschlag erhoben werden kann. Die Beachtung dieses „Angemessenheitskriteriums" könnte gleichermaßen auf die Gestaltungsmittel des Leistungsausschlusses sowie der Wartezeit zu übertragen sein, da der Gesetzgeber diese gleichrangig neben dem Recht auf Risikozuschlag nennt. Letztlich führt dies aber gerade nicht zu einer Negation des durch § 178 f Abs. 1 S. 2 VVG eröffneten Gestaltungsspielraums, sondern setzt dem lediglich Grenzen über das Merkmal der „Angemessenheit".

Von einer inhaltlichen Gestaltungsfreiheit des Versicherers, die die Kenntnis der aktuellen, gefahrerheblichen Umstände rechtfertigen und infolgedessen eine erneute Anzeigeobliegenheit des Versicherungsnehmers bedingen würde, kann im Rahmen des Tarifwechselrechts aber nur gesprochen werden, wenn dem Versicherer über die Einräumung der Gestaltungsmittel nach § 178 f Abs. 1 S. 2 VVG hinaus zusätzlich das Recht zuerkannt wurde, diese auf Grundlage der gegenwärtigen Gefahrenlage zu erheben.

Eine diesbezügliche Relativierung könnte der Gesetzgeber über die Verpflichtung der „Anrechnung der aus dem Vertrag erworbenen Rechten" gem. § 178 f Abs. 1 S. 1 VVG vorgenommen haben, die möglicherweise eine Auslegung der einzelnen Gestaltungsmittel im Lichte von Satz 1 erfordert.

---

[521] Vgl. Nipperdey, Hans Carl, Kontrahierungszwang und diktierter Vertrag, 1920, S. 31; Bydlinski, Franz, Zu den dogmatischen Grundfragen des Kontrahierungszwanges, AcP 180 (1980), 1, 5.

(2.) Einfluß der „erworbenen Rechte“ auf den Gestaltungsspielraum des Versicherers

Es ist die Frage zu klären, wie sich die „Anrechnung der aus dem Vertrag erworbenen Rechte“ auf die einzelnen Gestaltungsmittel des Versicherers nach § 178 f Abs. 1 S. 2 VVG, insbesondere auf die Frage nach der maßgeblichen Beurteilungsgrundlage für die Erhebung der einzelnen Gestaltungsmittel auswirkt.

Zu den „vertraglich“ erworbenen Rechten zählen sowohl die durch den Abschluß als auch erst im Verlauf des Vertrages erworbenen unentziehbaren Rechtspositionen des Versicherungsnehmers[522]. Auch die Alterungsrückstellung ist als ein derartiges durch den Verlauf des Vertrages erworbenes Recht zu qualifizieren. Ihre ausdrückliche Erwähnung im Rahmen des § 178 f Abs. 1 S. 1 VVG weist vielmehr auf den Bedeutungsgehalt hin, der einer zumindest auf das Unternehmen begrenzten Mitnahme der Alterungsrückstellung beigemessen wird.

(i) Verlangen des Versicherers nach Risikozuschlag hinsichtlich der Mehrleistung

Die Bemessung des auf die Bruttonormalprämie zu erhebenden individuellen Beitragszuschlags, sog. Risikozuschlag, - der dazu dient, eine vom Durchschnittsfall negativ abweichende Risikosituation des Versicherungsnehmers Rechnung zu tragen -, könnte hinsichtlich der Mehrleistung des Aufnahmetarifs[523] auf der Grundlage des aktuellen Gesundheitszustands in Betracht kommen. Dies würde eine erneute Anzeigeobliegenheit in bezug auf die Mehrleistungen auslösen. Zum anderen könnte der Bemessung des Risikozuschlags hinsichtlich der Mehrleistungen auch der bei Eintritt in den Ursprungstarif festgestellte Gesundheitszustand zugrundegelegt werden. Dies wäre zu bejahen, wenn der bei Vertragsbeginn festgestellte Gesundheitszustand als ein vertraglich erworbenes Recht im Sinne des § 178 f Abs. 1 S. 1 VVG zu qualifizieren wäre und sich hieraus ein

---

[522] Vgl. BVerwG NVersZ 1999, 376, 377.

[523] Der Aufnahmetarif bezeichnet den Tarif, in den der Versicherungsnehmer über die Inanspruchnahme des gesetzlich gewährten Tarifwechselrechts hinein wechseln möchte.

Anspruch auf Leistungsausweitung auf Basis dieser früheren Gefahrenlage ableiten läßt.

Gem. § 178 a Abs. 2 S. 2 VVG sind die Vorschriften in bezug auf den Eintritt nachträglicher Gefahrerhöhungen gem. den §§ 23 bis 30 sowie des § 41 VVG auf die Krankenversicherung nicht anzuwenden. Die Gefahrtragungslast geht mit Abschluß des Vertrages einseitig auf den Versicherer über, so daß der bei Vertragsbeginn festgestellte Gesundheitszustand im weiteren Verlauf des Versicherungsverhältnisses für den Umfang der Risikoübernahme maßgebend bleibt[524]. Indem der Tarifwechsel nicht den Abschluß eines völlig neuen Krankenversicherungsvertrags darstellt, sondern zu einer Vertragsfortsetzung nach Maßgabe des neuen Tarifs führt, trägt der Versicherer gerade auch in diesem Fall das Risiko, wenn sich der Gesundheitszustand des Versicherten nach Vertragsbeginn verschlechtert[525]. Somit stellt der bei Vertragsbeginn festgestellte Gesundheitszustand eine durch den Abschluß des Versicherungsvertrages erworbene unentziehbare Rechtsposition dar, die im Rahmen des Tarifwechsels nach § 178 f Abs. 1 VVG zu beachten ist.

Eine Schwächung dieser erworbenen Rechtsposition tritt auch nicht durch die Abdingbarkeit der in § 178 a Abs. 2 S. 2 VVG genannten Vorschriften über die Gefahrerhöhung gem. § 178 o VVG ein. Die Möglichkeit der Abdingbarkeit des Ausschlusses der §§ 23 bis 30 sowie 41 VVG für den Bereich der Krankenversicherung relativiert sich insofern, als daß das zunehmende Alter und die dadurch bedingte Zunahme der Krankheitsanfälligkeit schon keine Gefahrerhöhung darstellt bzw. jedenfalls gem. § 29 S. 2 VVG mitversichert ist, so daß eine Abbedingung zu Lasten des Versicherungsnehmers bereits an § 34 a VVG scheitern würde[526]. Was sonstige Gefahrerhöhungen anbelangt, ist ihre Berücksichtigung zu Lasten des Versicherungsnehmers angesichts des sozialen Schutzzwecks der Krankenversicherung im Regelfall nach § 9 Abs. 2 AGBG unzulässig[527]. Sinn und Zweck des Krankenversicherungsschutzes ist es gerade auch eine Risikoabwälzung in bezug auf den Fall des Eintritts einer kostenintensiven

---

[524] Vgl. BVerwG NVersZ 1999, 376, 377.

[525] Vgl. BVerwG NVersZ 1999, 376, 377.

[526] Vgl. Prölss in: Prölss/Martin, VVG, 26. Auflage, 1998, § 178 a Rn. 15.

[527] Vgl. Prölss in: Prölss/Martin, VVG, 26. Auflage, 1999, § 178 a Rn. 15.

und andauernden Erkrankung zu gewährleisten. Eine nachträgliche Berücksichtigung derartiger Gefahrerhöhungen würde hingegen die Absicherung des Krankheitsrisikos hinfällig machen.

Jedoch läßt sich aus dieser vertraglich erworbenen Rechtsposition kein Anspruch des Versicherungsnehmers auf Leistungsausweitung auf Basis der früheren Gefahrenlage herleiten. Die Überbürdung jeglicher Gefahrerhöhung auf den Versicherer gem. § 178 a Abs. 2 S. 2 VVG führt lediglich dazu, daß es dem Versicherer verwehrt ist, eingetretene Störungen von Leistung und Gegenleistung infolge einer zum Zeitpunkt des Vertragsschlusses geänderten Risikolage des Versicherungsnehmers nachträglich über eine erneute Anzeigepflicht und eine darausfolgende Neubewertung zu beseitigen. Eine Bindungswirkung des Versicherers an den bei Vertragsschluß festgestellten Gesundheitszustand zur Bestimmung von Leistung und Gegenleistung kann aber nur im Umfang des Inhalts der Vertragsvereinbarungen entstehen. Das Äquivalenzverhältnis von Leistung und Gegenleistung wird nämlich allein durch den Umfang der Vertragsvereinbarungen bestimmt. Die Mehrleistungen des Aufnahmetarifs waren aber gerade noch nicht in den Vertrag über den Ursprungstarif[528] einbezogen, so daß der bei Vertragsschluß festgestellte Gesundheitszustand keinerlei Einfluß auf die Bedingungen der Risikoübernahme in bezug auf die Mehrleistung ausüben kann. Ein Anspruch auf Leistungsausweitung auf Basis der früheren Gefahrenlage scheidet demnach aus. Dieses Ergebnis deckt sich auch mit dem Inhalt des Art. 54 Abs. 2, S. 1, 2. Teilsatz, fünfter Spiegelstrich der Dritten Richtlinie Schadenversicherung[529], worin es heißt, daß „eine erneute ärztliche Untersuchung nur bei einer Erhöhung des Versicherungsschutzes verlangt werden kann".

Dem Versicherer steht somit das Recht zu, den Risikozuschlag für die Mehrleistung des Aufnahmetarifs auf Grundlage der gegenwärtigen Gefahrenlage zu erheben, so daß der Versicherungsnehmer im Fall des Wechsels in einen höheren bzw. umfassenderen Tarif gem. § 178 f Abs. 1 VVG eine erneute Anzeigeobliegenheit zu erfüllen hat. Weder über den in § 178 f Abs. 1 S. 1 VVG angeordneten Kontrahierungszwang noch über die Verpflichtung zur Anrechnung der erworbenen Rechte ergeben

---

[528] Der Ursprungstarif bezeichnet den Tarif, aus dem der Versicherer wechseln möchte.

[529] Dritte Richtlinie Schadenversicherung (92/49/EWG) ABl.EG Nr. L 228/23.

sich demnach Abweichungen zu der zuvor dargestellten allgemeinen Rechtslage bei Erhöhung des Versicherungsschutzes. Infolge der gleichrangigen Nennung der Gestaltungsmittel im Rahmen des § 178 f Abs. 1 S. 2 VVG sind diese gleichermaßen auf Grundlage der gegenwärtigen Gefahrenlage hinsichtlich der Mehrleistung zu erheben.

Bei Verletzung der erneuten Anzeigepflicht im Zusammenhang mit dem Tarifwechsel steht dem Versicherer gem. § 178 k S. 1 VVG ein auf drei Jahre beschränktes Rücktrittsrecht vom Zeitpunkt der Vertragsänderung an zu, es sei denn die Anzeigepflicht ist arglistig verletzt worden, § 178 k S. 2 VVG. Der Wortlaut des § 178 k S. 1 VVG ist parallel zu den Ausführungen zu § 16 Abs. 1 S. 1 VVG in bezug auf die Mehrleistung extensiv auszulegen, und nicht auf eine Anzeigepflichtverletzung bei einer erstmaligen „Schließung des Vertrages" zu begrenzen. Zwar stellt auch das durch § 178 k VVG modifizierte Rücktrittsrecht des Versicherers ein im Verlauf des Versicherungsvertrages erworbenes Recht dar, dieses kann aber nur Verletzungen im Fall der ursprünglichen Anzeigeobliegenheit unbeachtlich machen, da lediglich diese Angaben Bezugspunkt für den Ablauf der Dreijahresfrist nach § 178 k S. 1 VVG sind.

Auch besteht kein Schutzbedürfnis der Versicherungsnehmer, die Regelung des § 178 k VVG im Fall der bloßen Vertragsänderung nicht eingreifen zu lassen. Die Ausübung des Rücktrittsrechts bei einer Verletzung der Anzeigeobliegenheit im Zusammenhang mit einem Wechsel in einen höheren oder umfassenderen Tarif führt nämlich nicht zum Wegfall des gesamten Vertragsverhältnisses. Indem der Tarifwechsel nicht einen Neuabschluß begründet, sondern den alten Vertrag mit dem geänderten Inhalt des Aufnahmetarifs fortsetzt, besteht das ursprüngliche Schuldverhältnis unter Wahrung seiner Identität fort[530]. Der Rücktritt läßt das Versicherungsverhältnis in seiner ursprünglichen Form dann auch unberührt, da die erneute Anzeigeobliegenheit lediglich Relevanz für die Mehrleistung besitzt und daher nur den Wegfall dieser Mehrleistung bedingen kann.

Ferner gilt zu bedenken, daß der Versicherer keinerlei Sanktionsmöglichkeit hätte, um auf eine Verletzung der erneuten Anzeigeobliegenheit in bezug auf

---

[530] Vgl. Heinrichs in: Palandt, BGB, 61. Auflage, 2002, § 305 Rn. 2.

die Mehrleistung reagieren zu können. Eine Umgehung der erneuten Anzeigepflicht durch die Versicherungsnehmer wäre vorprogrammiert, da der Versicherer einerseits die Beweislast hinsichtlich einer möglichen Arglist der Versicherungsnehmer bei Abgabe der Angaben zu tragen hat und andererseits ein derartiger Nachweis nicht leicht zu führen ist.

(ii) Verlangen des Versicherers nach Leistungsausschluß hinsichtlich der Mehrleistung

Neben dem Risikozuschlag gewährt § 178 f Abs. 1 S. 2 VVG dem Versicherer die Vereinbarung eines Leistungsausschlusses hinsichtlich der Mehrleistung des erstrebten Tarifs. Hierbei handelt es sich um die ausdrückliche Nichteinbeziehung bestimmter Leistungen in den vereinbarten Versicherungsschutz. Dies stellt das stärkste Mittel der Risikobegrenzung dar, da jeder Leistungsausschluß auf eine partielle Nichtversicherung hinausläuft[531]. Im Rahmen von Leistungsausschlüssen können auch Begrenzungen nur der Höhe nach in Betracht kommen[532].

Fraglich erscheint, ob sich der Leistungsausschluß auf alle Mehrleistungen des neuen Tarifs erstrecken kann. Zweifel könnten sich im Hinblick auf den in § 178 f Abs.1 VVG angeordneten Kontrahierungszwang ergeben. Über die Einschränkung der Abschlußfreiheit ist es nämlich allein in das Belieben des Versicherungsnehmers gestellt, ob er in einen höheren bzw. umfassenderen Tarif wechseln möchte.

Dies allein stellt aber lediglich sicher, daß sowohl gute wie schlechte Risiken gleichermaßen unter Mitnahme ihrer erworbenen Rechte das Tarifwechselrecht in Anspruch nehmen können. Von einem Recht des Versicherungsnehmers auf Teilhabe an der Mehrleistung kann hingegen erst gesprochen werden, wenn der Versicherer zusätzlich in seiner Inhaltsfreiheit beschränkt ist. Es müßte eine Ausstrahlungswirkung von „vertraglich erworbenen Rechten“ auf den Umfang des gem. § 178 f Abs. 1 S. 2 VVG eröffneten Leistungsausschlußrechts des Versicherers zu verzeichnen sein. Hätte der Versicherungsnehmer mit Abschluß oder im Verlauf des

---

[531] Vgl. Müller, Helmut, Selbstversicherung, in: Dieter Farny u.a. (Hrsg.), Handwörterbuch der Versicherung, 1988, S. 781.

[532] Vgl. Wriede, Paul, Überlegungen zum Abschlußzwang gem. § 178 f VVG, VersR 1996, 271, 272.

ursprünglichen Vertrages eine Rechtsposition erworben, die ihm die Möglichkeit der nachträglichen Leistungsausweitung gewährleistet, würde der Ausschluß jeglicher Mehrleistung zu einer Negation des zuvor erworbenen Rechts führen und wäre zu unterlassen.

Ein derartiges Recht des Versicherungsnehmers ist aber nicht feststellbar, so daß grundsätzlich von der Zulässigkeit eines gänzlichen Ausschlusses jeglicher Mehrleistung auszugehen ist. Dies steht auch im Einklang mit dem hinter der Einführung des Tarifwechsels stehenden Motiv, den Versicherungsnehmern die Möglichkeit zu gewähren, durch die Schließung ihres Tarifs und der Eröffnung eines Paralelltarifs bedingten Kostensteigerungen über den Wechsel in den neuen Tarif zu entgehen[533]. Nicht die Gewährleistung einer nachträglichen Änderungsoption unter Mitnahme der bereits erworbenen Rechte steht im Vordergrund, sondern die Kostensteigerungen im Gesundheitswesen über eine mögliche Partizipation an einer besseren Risikostruktur eines anderen Tarifs des Versicherers abzumildern. Die nachträgliche Änderungsoption sowohl in bezug auf eine Erhöhung als auch eine Erniedrigung des bestehenden Leistungsumfangs muß vielmehr eher zwangsläufig gewährt werden, da nur auf diese Weise sichergestellt werden kann, daß die Versicherer das Tarifwechselrecht nicht über einen zum Alttarif differierenden Leistungsumfang umgehen können.

Aus diesem Grund rechtfertigt sich die Ablehnung jeglichen Ausschlusses der Mehrleistung auch nicht mit dem Hinweis, daß eine Umstufung ansonsten sinnlos wäre[534]. Die Forderung der Begrenzung des Rechts auf Leistungsausschluß auf lediglich einzelne Positionen[535] übersieht, daß die durch einen Wechsel bedingte Partizipation an einer möglicherweise besseren Kollektivzusammensetzung des neuen Tarifs ein nicht zu unterschätzender Bedeutungswert beizumessen ist. Eine günstige Risikostruktur des neuen Tarifs kann sich nicht nur unmittelbar in einer womöglich niedrigeren Prämie als die bisher im Alttarif zu leistenden Prämie niederschlagen[536], sondern

---

[533] Vgl. die Amtliche Begründung zu § 178 f VVG BT Drucksache 12/6959 S. 105.

[534] Vgl. Wriede, Paul, Überlegungen zum Abschlußzwang gem. § 178 f VVG, VersR 1996, 271, 272.

[535] Vgl. Wriede, Paul, Überlegungen zum Abschlußzwang gem. § 178 f VVG, VersR 1996, 271, 272.

[536] Vgl. Prölss in: Prölss/Martin, VVG, 26. Auflage, 1998, § 178 f VVG Rn. 8.

bietet langfristig eine wesentliche Gewähr für eine konstante Prämie. Insbesondere das Änderungsrisiko, das seinerseits den entscheidenden Auslösungsfaktor für Beitragsanpassungen darstellt, korreliert unmittelbar mit der konkreten Risikostruktur des Tarifs. Umso höher der Anteil sogenannter guter Risiken in einem Tarif ist, umso weniger wird der Tarif mangels erhöhter Leistungsinanspruchnahme sowie kostenintensiver Erkrankungen von Kostensteigerungen im Gesundheitswesen betroffen sein.

Auch die Erhebung der Forderung nach der „Angemessenheit" des Leistungsausschlusses in Parallele zum Wortlaut des „angemessenen Risikozuschlags" nach § 178 f Abs. 1 S. 2 VVG stellt mit Blick auf den Bedeutungsgehalt einer bloßen Partizipation an einer besseren Risikostruktur kein überzeugendes Argument gegen einen Ausschluß sämtlicher Mehrleistungen dar. Unabhängig ob man infolge des engen räumlichen und systematischen Bezugs der in § 178 f Abs. 1 S. 2 VVG genannten Gestaltungsmittel eine Ausdehnung des Kriteriums der „Angemessenheit" auch auf den Leistungsausschluß sowie auf das Verlangen nach Wartezeit befürwortet, darf im Zusammenhang mit der Frage der „Angemessenheit" nicht übersehen werden, daß der Abschlußzwang seinerseits einen immensen Eingriff in die Privatautonomie des Versicherers darstellt. Über die Möglichkeit eines unbeschränkten Leistungsausschlußrechts hinsichtlich der Mehrleistung tritt vielmehr eine diesbezügliche Relativierung ein, da auf diese Weise im Einzelfall ein gerechter Interessenausgleich zwischen den Parteien herbeigeführt werden kann. Ferner ist ein Bedürfnis der Versicherungsnehmer nach gesetzlicher Absicherung eines Anspruchs auf Leistungsausweitung nicht festzustellen. Die neuen Prämienangebote auf den Markt, die Versicherungsschutz maßgeschneidert auf die jeweilige Lebenssituation anbieten, z.B. Tarife für Existenzgründer, für Jungvermählte, für junge Familien etc., werben zugleich mit einem uneingeschränkten Recht des Versicherungsnehmers auf entsprechende spätere Anpassungsmöglichkeiten des Versicherungsbedarfs an sich verändernde Lebenssituationen. Eine derartige vertraglich übernommene Verpflichtung ist im Hinblick auf die Schutzbedürftigkeit der Versicherungsnehmer ausreichend, da ein völliger Ausschluß jeglicher Mehrleistungen des erstrebten Tarifs bereits unvereinbar mit dieser vertraglichen Zusicherung ist[537].

Somit ist dem Versicherer auch ein völliger Ausschluß sämtlicher Mehrleistungen möglich, um auf etwaige Besonderheiten des zu übernehmenden Risikos reagieren zu können[538]. Dem stehen weder vertraglich erworbene Rechte des Versicherungsnehmers entgegen, noch wird eine Umstufung in diesem Fall für den Versicherungsnehmer sinnlos. Darüber hinaus hat der Gesetzgeber in § 178 f Abs. 1 S. 3 VVG auf eine derartige Möglichkeit selbst hingewiesen, indem „der Versicherungsnehmer die Vereinbarung eines Risikozuschlags und einer Wartezeit dadurch abwenden kann, daß er hinsichtlich der Mehrleistung einen Leistungsausschluß vereinbart"[539].

---

[537] Darüber hinaus wird man in derartigen Fällen mit dem Institut des Wegfalls der Geschäftsgrundlage auf Vertragsanpassung argumentieren können. Bei derartigen Tarifen wird für den Versicherungsnehmer infolge der vorvertraglichen Informationen der Versicherer eine derartige uneingeschränkte Aufstockungsmöglichkeit durch einen Wechsel in umfassendere Tarife, welchen per se ein völliger Leistungsausschluß jeglicher Mehrleistung entgegensteht, als Umstand anzusehen sein, den dieser bei Vertragsschluß als wesentlich vorausgesetzt hat, ohne diesen er das Angebot nicht abgeschlossen und auf den sich die andere Partei, der Versicherer, redlicherweise einlassen müßte.

[538] Dies ist entgegen der Auffassung von Wriede nicht unbillig, dieser weist selbst darauf hin, daß § 315 BGB auf das Verlangen des Versicherers nach Risikozuschlag sowie Leistungsausschluß gem § 178 f Abs. 1 S. 2 VVG Anwendung findet. Somit darf das Verlangen des Versicherers im Einzelfall nicht willkürlich sein, sondern muß vielmehr billigen Ermessen gerade im Hinblick auf die konkrete Risikosituation entsprechen, vgl. Wriede, Paul, Überlegungen zum Abschlußzwang gem. § 178 f VVG, VersR 1996, 271, 273.

[539] Fraglich erscheint, ob man Hohlfeld in: Honsell, Berliner Kommentar zum VVG, 1999, § 178 f Rn. 12 zuzustimmen ist, der davon ausgeht, daß sich der Versicherer eines Begehrens des Versicherungsnehmers nach § 178 f Abs. 1 S. 3 VVG nicht verwehren kann. Gegen eine diesbezügliche inhaltliche Beschränkung des Versicherers spricht zum einen der Wortlaut des Satz 3, worin von „vereinbaren" die Rede ist. Eine Vereinbarung impliziert jedoch die Möglichkeit, daß beide Parteien ein Spielraum zum verhandeln und somit eine Entscheidungsfreitheit gegeben ist, ob und mit welchen Inhalt sie der Vereinbarung zustimmen. Zwar könnte hiergegen eingewandt werden, daß der Versicherungsnehmer ein Begehren des Versicherers nach Risikozuschlag und Wartezeit nur „abwenden" kann, wenn er allein in sein Belieben gestellt ist, ob er stattdessen die

(iii) Verlangen des Versicherers nach Wartezeit hinsichtlich der Mehrleistung

Die Wartezeit ermöglicht dem Versicherer nicht wie die Gestaltungsmittel des Leistungsausschlusses und des Risikozuschlags, Besonderheiten des zu übernehmenden Risikos differenzierend in bezug auf die am Durchschnittsfall kalkulierte Tarifprämie berücksichtigen zu können. Dennoch erhält sie eine nicht zu unterschätzende Bedeutung im Rahmen der Begrenzung des subjektiven wie objektiven Risikos. Innerhalb der Wartezeit lösen anfallende Heilbehandlungskosten keine Erstattungspflicht des Versicherers aus, so daß hierüber zum einen teilweise verhindert werden kann, daß Personen kurz vor einer anstehenden Behandlung ihren Versicherungsschutz z. B. durch Wechsel in einen umfassenderen Tarif erhöhen[540]. Zum anderen kann das objektive Risiko minimiert werden, daß bereits bei Vertragsschluß vorhandende, aber bisher unentdeckte Krankheiten

---

Vereinbarung eines Leistungsausschlusses hinsichtlich der Mehrleistung in Kauf nimmt. Zu bedenken gilt, daß es einer derartigen inhaltlichen Beschränkung zur Sicherstellung des Tarifwechselrechts nicht bedarf, zumal nur „angemessene" Risikozuschläge gefordert werden können. Mit Blick auf das entscheidende Motiv der Ermöglichung der Partizipation an einer besseren Risikostruktur des Wechseltarifs ist die Auffassung Hohlfelds wiederum konsequent.

[540] Die Möglichkeit des Verlangens einer Wartezeit im Fall des Wechsels in einen höheren oder umfassenderen Tarif stellt eine Möglichkeit dar, um Ausnutzungstendenzen der Versicherungsnehmer in bezug auf die durch das Tarifwechselrecht ermöglichte nachträgliche Veränderung ihres Versicherungsschutzumfangs unter Mitnahme ihrer erworbenen Rechte. Zwar tritt insofern eine Relativierung ein, als daß die allgemeine Wartezeit in der Krankenkosten-, Krankenhaustagegeld- und Krankentagegeldversicherung drei Monate nicht überschreiten darf. Für Entbindung, Psychotherapie, Zahnbehandlung, Zahnersatz und Kieferorthopädie wird jedoch eine besondere Wartezeit von höchstens acht Monaten zugelassen, was in der längeren Vorhersehbarkeit dieser Heilbehandlungen begründet liegt. Dieser deutlich vom normalen Wartezeitraum erhöhte Zeitraum entschärft die Argumentation Mosers hinsichtlich der Gefahr von Umgehungstendenzen infolge des für die Versicherer bestehenden Kontrahierungszwangs in bezug auf teure absehbare Behandlungen gerade im zahnmedizinischen Bereich, vgl. Moser, Hans, Der Referentenentwurf der VVG-Novelle auf dem Prüfstand, Münsteraner Reihe: Heft 19, 1993, S. 15.

gleich nach Beginn des Versicherungsschutzes behandlungsbedürftig werden[541].

Mit Ablauf oder infolge eines bei Vertragsschluß ausbedungenen Verzichts einer Wartezeit hat der Versicherungsnehmer somit zwangsläufig das Recht auf Erstattung der von diesem Zeitpunkt an anfallenden Heilbehandlungskosten erworben[542]. Dieses Recht kann sich aber nur auf den Umfang des vereinbarten Versicherungsschutzes als entscheidender Bezugspunkt der abgeleisteten bzw. erlassenen Wartezeit beziehen[543], so daß im Fall des Wechsels in einen höheren oder umfassenderen Tarif unproblematisch eine erneute Wartezeit verlangt werden kann. Jedoch kann sich die erneut zu erfüllende Wartezeit nur auf die Mehrleistung beziehen, da nur insoweit eine negative Abweichung zu dem zuvor als Bezugspunkt der abgeleisteten Wartezeit bestehenden Versicherungsschutzes eingetreten ist[544]. Demnach kann für den Fall des Wechsels in einen Tarif mit gleichbleibendem bzw. niedrigerem Leistungsumfang eine erneute Wartezeitableistung nicht verlangt werden, insoweit tritt eine Anrechnung der durch den Vertrag erworbenen Rechte nach § 178 f Abs. 1 S. 1 VVG ein. Ein Schutzbedürfnis des Versicherers, das eine erneute Wartezeitableistung rechtfertigen würde, ist gerade nicht feststellbar, da die Wartezeit für einen weitaus größeren bzw. vergleichbaren Versicherungsschutzumfang bereits abgeleistet worden ist.

(b) Umstufung in Tarif mit niedrigerem Leistungsumfang

Die „Anrechnung der vertraglich erworbenen Rechte" erhält auch im Rahmen der Niedrigerstufung an Bedeutung, obwohl infolge der durch § 178 a Abs. 2 VVG angeordneten Verteilung der Gefahrtragungslast eine erneute Anzeigepflicht gerade nicht begründet werden kann. Wie bereits vorher dargelegt, stellt nämlich der bei Vertragsschluß festgestellte Gesundheitszustand ein erworbenes Recht dar, der allein im weiteren Verlauf

---

541 Vgl. Hohlfeld in: Honsell, Berliner Kommentar zum VVG, 1999, § 178 c Rn. 2.

542 Vgl. Prölss in: Prölss/Martin, VVG, 26. Auflage, 1998, § 178 f Rn. 5; Hohlfeld in: Honsell, Berliner Kommentar zum VVG, 1999, § 178 f Rn. 6.

543 Vgl. Bach in: Bach/Moser/Wilmes, Private Krankenversicherung MB/KK – und MB/KT Kommentar, 2. Auflage, 1993, § 3 MB/KK Rn. 6.

544 Vgl. Bach in: Bach/Moser/Wilmes, Private Krankenversicherung MB/KK – und MB/KT Kommentar, 2. Auflage, 1993, § 3 MB/KK Rn. 6.

des Versicherungsverhältnisses für den Umfang der Risikoübernahme maßgebend bleibt[545].

Die Möglichkeit des Versicherers, Risikozuschläge, Leistungsausschlüsse und Wartezeiten zu vereinbaren, beschränkt sich aber nicht nur auf den Fall der Höherstufung[546]. Aus der Regelung des § 178 f Abs. 1 S. 2, 3 VVG läßt sich kein Rückschluß derart ziehen, daß die Verwendung dieser Gestaltungsmittel ausschließlich bei höherer oder umfassenderer Leistung zulässig sein soll. Er regelt vielmehr einen speziellen Sachverhalt, bei dem der Tarifwechsel mit einer Risikoerhöhung für den Versicherer verbunden ist, ohne eine weitere Aussage für den Fall der niedriger oder gleichbleibenden Umstufung zu treffen[547]. Eine andere Auslegung verbietet sich bereits mit Blick auf die möglichen Folgen, die sich ihrerseits aus einer derartig restriktiven, ausschließlich am Wortlaut orientierten Auslegung ergeben würden. Danach wäre es dem Versicherer verwehrt, bereits für den alten Tarif vereinbarte Risikozuschläge und Leistungsausschlüsse in die neue Tarifvereinbarung zu übernehmen[548]. Die Versicherungsnehmer könnten sich ihrer persönlichen Risikosituation - wie sie seit Versicherungsbeginn besteht und noch andauert - über den Tarifwechsel entledigen[549]. Hiergegen spricht, daß über die gesetzliche Gefahrtragungslastverteilung nach § 178 a Abs. 2 VVG der Versicherungsnehmer das Recht auf Risikoabwälzung ausgehend von seinem bei Abschluß des Ursprungsvertrags festgestellten Gesundheitszustand erworben hat. Spätere Gefahrerhöhungen sollen nicht zu seinen Lasten gehen, aber das erworbene Recht bedingt als Kehrseite die Pflicht, daß er sich an seine festgestellte persönliche Risikosituation als Grundlage für das in der privaten Krankenversicherung herrschende Prinzip einer risikogerechten Kalkulation der Prämien auch im weiteren Vertragsverlauf festhalten lassen muß. Folglich kann er sich nicht etwaiger Leistungsausschlüsse und Risikozuschläge, die der besonderen persönlichen Risikosituation Rechnung tragen, durch einen bloßen Wechsel

---

545 Vgl. BVerwG NVersZ 1999, 376, 377.

546 Vgl. BVerwG NVersZ 1999, 376, 377.

547 Vgl. BVerwG NVersZ 1999, 376, 377.

548 Daß dieses Ergebnis nicht gewollt ist, wird bereits in der Beschlußkammerentscheidung VerBAV 1997, 38, 40 bestätigt.

549 Vgl. Beschlußkammerentscheidung VerBAV 1997, 38, 39.

nach § 178 f Abs. 1 VVG entledigen. Die Gestaltungsmöglichkeiten des Risikozuschlags, des Leistungsausschlusses und der Wartezeit behalten auch im Rahmen einer Niedrigerstufung sowie einer Umstufung bei unverändertem Leistungsumfang ihre grundsätzliche Bedeutung bei, so daß sich auch hier die Frage nach einer Ausstrahlungswirkung „der vertragliche erworbenen Rechte" auf ihren Umfang und Inhalt bei einem Wechsel nach § 178 f Abs. 1 VVG stellt.

(1.) Verlangen des Versicherers nach Risikozuschlag

Unproblematisch kann der Versicherer auch im Rahmen des Wechsels in einen Tarif mit niedrigerem Leistungsumfang einen Risikozuschlag verlangen, wenn dieser bereits im Ursprungstarif vereinbart worden ist. Der Wortlaut des § 178 f Abs. 1 S. 2 VVG ändert hieran - wie oben dargelegt - nichts.

Aus der Tatsache, daß der Tarifwechsel zu einer Fortsetzung des bisherigen Vertrages nach Maßgabe des neuen Tarifs führt, folgt die Beitragsgestaltung aus dem neuen Tarif, den der Versicherungsnehmer beantragt hat. Es stellt sich daher die Frage, ob eine Anpassung der zuvor vereinbarten Risikozuschläge an die für den neuen Tarif geltenden Maßstäbe vorgenommen werden kann bzw. sogar vorgenommen werden muß.

Grundsätzlich dient die Erhebung eines zusätzlichen individuellen Risikozuschlags dazu, Besonderheiten des zu versichernden Risikos in bezug auf die lediglich am Durchschnittsfall ausgerichtete Prämienkalkulation adäquat berücksichtigen zu können[550]. Andernfalls wäre die in der privaten Krankenversicherung herrschende Kalkulation risikogerechter Prämien nach dem individuellen Äquivalenzprinzip in Frage gestellt. Die Höhe des individuellen Risikozuschlags ergibt sich dabei aus der Risikoklassifizierung, die an Hand einer Bewertung des bei Vertragsschluß festgestellten Gesundheitszustands mittels einer internen Risikoskala vorgenommen wird.

Weichen die Risikoskalen infolge geänderter Annahmegrundsätze zwischen dem alten und dem neuen Tarif, in den der Versicherungsnehmer zu wechseln beabsichtigt, nun voneinander ab, könnte einerseits eine Einstufung des ursprünglich festgestellten Gesundheitszustands anhand der neuen

---

[550] Vgl. BGH VersR 1993, 213, 214.

Risikoskala vorzunehmen sein. Unter Umständen könnte sich dann hieraus eine zum Ausgangstarif differierende Risikoklassifizierung ergeben, die nicht nur zu prozentual höheren Risikozuschlägen als im Alttarif führen kann, sondern die möglicherweise erstmals einen Risikozuschlag für den Versicherungsnehmer fällig werden läßt. Andererseits könnte die Risikoklassifizierung des Ursprungstarifs unbesehen zu übernehmen sein, und die Frage, ob und in welcher Höhe ein Risikozuschlag fällig wird, wäre lediglich nach Maßgabe dieser Klassifizierung aus der neuen Risikoskala abzulesen. Somit könnte auch innerhalb des neuen Tarifs nur von denjenigen Risiken ein Risikozuschlag genommen werden, die bereits im Alttarif eine vom Normalrisiko negativ abweichende Klassifizierung erhalten haben. Ferner wäre der Risikozuschlag höchstens nach Maßgabe der bei Vertragsschluß festgelegten Risikoeinstufung festzusetzen[551]. Entscheidend für die Beantwortung der Frage, welcher der beiden Alternativen der Vorrang gebührt, ist, ob neben dem ursprünglich festgestellten Gesundheitszustand auch dessen Umsetzung durch Einordnung in die Risikoskala des Alttarifs als ein vertraglich erworbenes Recht des Versicherungsnehmers zu qualifizieren ist.

Nach Ansicht des BVerwG[552] begründet die versicherungstechnische Bewertung von Vorerkrankungen nach Risikostufen als Grundlage für die Erhebung oder Nichterhebung eines Risikozuschlags ein beim Tarifwechsel anzurechnendes Recht: „Hat der Versicherer [...] den Gesundheitszustand nach einer eigenen Risikoskala bewertet, darf er darüber hinaus im weiteren Vertragsverlauf von dieser Einstufung nicht zu Ungunsten des Versicherten abweichen, und zwar auch dann nicht, wenn im Lichte späterer Erkenntnisse - etwa aufgrund des weiteren Krankheitsverlaufs oder neuerer Ergebnisse der medizinischen Forschung - die damalige Einstufung zu günstig war. [...] Dem steht nicht entgegen, daß sich dieses anzurechnende Recht auf ein unternehmerisches Verhalten des Versicherers gründet, auf das der Versicherungsnehmer keinen Einfluß hat. [...] Dies schließt nicht aus, daß der Versicherer die ursprüngliche Risikoeinstufung ggf. in eine neue Risikoskala einpaßt, etwa, wenn beide in der Anzahl oder Definitionen der Risikostufen voneinander abweichen. Nicht zulässig ist es jedoch, den bei Vertragsbeginn

---

[551] Vgl. BVerwG NVersZ 1999, 376, 378.

[552] Vgl. BVerwG NVersZ 1999, 376, 377-378.

festgestellten Gesundheitszustand nach Maßgabe einer jetzt geltenden Risikoskala zu Ungunsten des Versicherungsnehmers neu zu bewerten"[553].

Als Begründung wird angeführt, „daß der Versicherer sich mit der Gesundheitsprüfung aufgrund der Angaben des Antragstellers im Interesse einer realistischen Einschätzung des zu versichernden Wagnisses die Kenntnis derjenigen Umstände verschafft, die nach seiner Erfahrung für die Übernahme und die finanzielle Bewertung des Risikos maßgebend sind. [...] Hat der Versicherer eine Gesundheitsprüfung durchgeführt und das gesundheitliche Risiko eingeschätzt sowie auf dieser Grundlage die Entscheidung getroffen, den Versicherungsnehmer nach Maßgabe des derart festgestellten und bewerteten Gesundheitszustands zu versichern, so erlangt der Versicherungsnehmer auch aus dieser Bewertung eine Position, die zu den „aus den Vertrag erworbenen Rechten" gehört"[554].

In der Argumentation des BVerwG kommt die Auffassung zum Tragen, daß der Versicherer sich an seine bei Abschluß des Vertrages vorgenommene finanzielle Bewertung des Risikos festhalten lassen muß. Nach Ansicht des BVerwG fällt die finanzielle Bewertung des Risikos somit allein in die Risikosphäre des Versicherers. Dies wird nicht als unbillig empfunden, da es sich hierbei um eine unabhängige allein an seinen unternehmerischen Grundsätzen ausgerichtete Einschätzung handelt, zumal er über die bei Vertragsschluß ihm grundsätzlich gewährte Gesundheitsprüfung die Möglichkeit hatte, sich darüber bewußt zu werden, ob und unter welchen Bedingungen er das Risiko übernimmt[555].

Bei diesen Überlegungen wird jedoch übersehen, daß die finanzielle Bewertung des Risikos und somit die Risikoeinstufung durch den Versicherer nicht losgelöst von den dem jeweiligen Tarif zugrundeliegenden Kalkulations- und Bewertungsgrundlagen betrachtet werden kann[556], die ihrerseits gerade nicht der Risikosphäre des Versicherers angehören, sondern auf objektiven externen Tatsachen basieren. Der Versicherer stellt sich im

---

[553] BVerwG NVersZ 1999, 376, 377-378.

[554] BVerwG NVersZ 1999, 376, 378. Vielmehr erwirbt der Versicherungsnehmer meiner Ansicht die Position, daß er als versicherbar angenommen wurde.

[555] Vgl. BVerwG NVersZ 1999, 376, 378.

[556] Vgl. die Argumentation der Halleschen Nationale VerBAV 1997, 38, 39.

Rahmen der Gesundheitsprüfung die Frage, ob er das Risiko überhaupt übernehmen will und bejahendenfalls, ob dies zu der ausgerichtet am Durchschnittsfall ohne Besonderheiten kalkulierten Prämie des Tarifs geschehen kann[557]. Die Kalkulation dieser sog. Durchschnittsprämie wird nun aber maßgeblich von dem erwarteten künftigen Schadensbedarf bestimmt, der unter Berücksichtigung der erhöhten Krankheitsanfälligkeit bei steigendem Lebensalter anhand der jeweils aktuellen Berechnungsgrundlagen ermittelt wird[558]. Diese anhand des statistischen Materials vorzunehmende Berechnung erfolgt unter der Prämisse gleichbleibender externer Verhältnisse. Der Versicherer soll nach der Wertung des Gesetzgebers künftige Änderungen der Verhältnisse nicht mit Hilfe vager Schätzungen

---

[557] Vgl. BGH VersR 1993, 213, 214.

[558] Die kalkulatorische Gesamtprämie, sog. Bruttoprämie, in der nach Art der Lebensversicherung betriebenen Krankenversicherung setzt sich wie andere Prämien auch aus verschiedenen Größen zusammen. Dazu gehören die Kosten zur Abdeckung des Risikos (Nettobeitrag), die anteiligen Abschluß- und sonstigen Verwaltungskosten und der Sicherheitszuschlag. Der Nettobeitrag unterteilt sich seinerseits in den sog. Risikobeitrag und den Sparbeitrag, der in die Alterungsrückstellung eingestellt wird.

Der Risikobeitrag ist dazu bestimmt, die während der laufenden Versicherungsperiode anfallenden Krankheitskosten zu decken. Er wird anhand statistischen Materials als Produkt aus der (erwarteten) Fallhäufigkeit und den (erwarteten) Fallkosten, dem sog. Erwartungswert der Schadenskosten kalkuliert, wobei der Erwartungswert der Schadenskosten bestenfalls eine Schätzgröße ist, die mit geringem statistischen Schätzfehler aus der Erfahrung eines großen Kollektivs gleichartiger Risiken ermittelt worden ist. Der so berechnete Risikobeitrag müßte mit zunehmenden Alter wegen der erhöhten Krankheitsanfälligkeit kontinuierlich steigen und zwar auch dann, wenn die der Kalkulation zugrundeliegenden Daten unverändert blieben. In der privaten Krankenversicherung herrscht jedoch die Prämisse, gleichbleibende Prämien während der gesamten Vertragslaufzeit zu ermöglichen. Um dies zu bewerkstelligen, müssen die während der gesamten Vertragslaufzeit zu erwartenden Leistungen des Versicherers schon bei der Bemessung der gegenwärtigen Prämien berücksichtigt werden. Dabei geht er von den aktuellen Rechnungsgrundlagen aus und berücksichtigt nicht etwa im Wege grober Schätzungen mögliche künftige Änderungen der Verhältnisse. Die anhand des Leistungsbarwertes berechnete Prämie ist in den ersten Jahren höher als der aktuelle Risikobeitrag, später sinkt sie unter diesen. Der in den ersten Jahren entstehende Überschuß bildet den in die Alterungsrückstellung einzustellenden Sparbeitrag, vgl. Prölss in: Prölss/Martin, VVG, 26. Auflage, 1998, § 178 g Rn. 2-4; Helten, Elmar, Das Risiko und seine Kalkulation, in: Walter Große u.a. (Hrsg.) Versicherungsenzyklopädie, Band 2 - Versicherungsbetriebslehre, 1984, 120, 246.

schon vorgreiflich innerhalb der Prämienkalkulation berücksichtigen müssen, vgl. § 178 g Abs. 2 VVG[559]. Insbesondere in einem derartig sensiblen Bereich wie der Krankenversicherung besteht die Gefahr, daß dies zu kostentreibenden Reaktionen sowohl auf Angebots- als auch Nachfrageseite führt. Ändern sich die Verhältnisse und mit ihnen die Berechnungsgrundlagen, ist vielmehr eine nachträgliche Prämienanpassungsmöglichkeit für den Versicherer gem. § 178 g Abs. 2 VVG vorgesehen. Das Risiko sich ändernder Verhältnisse ist somit dem Versicherungsnehmer und nicht dem Versicherer zugewiesen.

Die Berechnungsgrundlagen strahlen nun ihrerseits auf die Annahmegrundsätze und die Ausgestaltung der internen Risikoskala aus. In ihnen spiegeln sich die gegenwärtigen technisch-medizinischen Behandlungsmöglichkeiten und die dafür anzusetzenden Kosten wider. Bestimmte Krankheitsbilder bzw. Dispositionen werden anhand dieses statistischen Materials finanziell einschätzbar, und beeinflussen auf diese Weise die unternehmerische Entscheidung hinsichtlich der Bewertung und Einstufung der Risikozuschläge auslösenden Faktoren. Soll der Versicherer nach der Wertung des § 178 g Abs. 2 VVG derartige Veränderungen der Verhältnisse in seiner Prämienkalkulation gerade nicht vorwegnehmen, kann für die Bewertung der Risiken nichts anderes gelten. Andernfalls würde die Durchschnittsprämie und die darauf erhobenen zusätzlichen Risikozuschläge auf unterschiedlichen Kalkulationgrundlagen basieren[560], obwohl der in bestimmten Fällen zu erhebende Risikozuschlag nach Maßgabe der risikoadäquaten Prämienkalkulation gleichermaßen als Teil der für den konkreten Tarif zu entrichtenen Prämie zu begreifen ist. Demnach ist der Versicherer gehindert, die Annahmegrundsätze sowie die Risikoeinstufung von den dem Tarif zugrundegelegten Kalkulationsgrundlagen, die ihrerseits allein auf den zu diesen Zeitpunkt maßgeblichen externen Faktoren beruhen,

---

[559] Vgl. Prölss in: Prölss/Martin, VVG, 26. Auflage, 1998, § 178 g Rn. 11.

[560] Was letztlich zu Verzerrungen bei einer Prämienanpassung führen würde. Es ist nämlich anerkannt, daß auch ein Selbstbehalt und ein Beitragszuschlag - zumindest bei entsprechender Vereinbarung - infolge der Änderung der Berechnungsgrundlagen angepaßt werden können. Wäre dieser Umstand sich möglicherweise verändernde Verhältnisse schon im Rahmen der Risikoeinstufung berücksichtigt worden, so wäre dies bereits in den Risikozuschlägen in einem zu den Durchschnittsprämien differierenden Maß enthalten, was eine unterschiedliche Anpassung verlangen würde.

loszukoppeln. Vielmehr besteht eine enge Wechselwirkung zwischen beiden. Diese würde aber durchbrochen werden, wenn die Risikoeinstufung des bei Vertragsbeginn festgestellten Gesundheitszustands als ein „erworbenes Recht“ im Sinne des § 178 f Abs. 1 S. 1 VVG zu qualifizieren wäre. Dem Versicherer wäre dann entgegen der gesetzgeberischen Wertung des § 178 g Abs. 2 VVG das Risiko sich ändernder externer Faktoren hinsichtlich der Umsetzung zugewiesen, obwohl er infolge der bestehenden Wechselwirkung gehindert ist, die sich ändernden Verhältnisse innerhalb der Umsetzung des festgestellten Gesundheitszustands zu antizipieren. Aus diesem Grund kann eine Risikozuweisung in bezug auf die Umsetzung des festgestellten Gesundheitszustands an den Versicherer nicht begründet werden.

Darüber hinaus würde die Anerkennung der Risikoeinstufung als ein „erworbenes Recht“ dazu führen, daß die persönliche Risikosituation nicht mehr durch den bei Vertragsschluß festgehaltenen Gesundheitszustand beschrieben wird, sondern durch eine Bewertung, die ihrerseits maßgeblich durch die Kalkulation der Durchschnittsprämie des Alttarifs bestimmt war, ersetzt würde. Der Versicherungsnehmer hätte die Festschreibung des bei Vertragsbeginn festgestellten Gesundheitszustands als für den weiteren Vertragsverlauf maßgebliches Recht erworben, müßte sich aber als Kehrseite eines jeden Rechts nicht daran festhalten lassen. Das hätte seinerseits zur Folge, daß die risikoadäquate Prämienkalkulation als beherrschendes Instrumentarium der privaten Krankenversicherung für den neuen Tarif, in den gewechselt werden soll, nicht mehr gewahrt wäre[561].

Eine Berücksichtigung dieser konkreten festgeschriebenen Gesundheitsangaben verstößt auch nicht gegen das Recht des Versicherten, sein individuelles Krankheitsrisiko auf den Versicherer abzuwälzen. Das

---

[561] Es stellt sich die Frage nach der Vereinbarkeit mit dem Grundsatz der Gleichbehandlung gem. §§ 21 Abs. 1 VAG. Gem. §§ 11 Abs. 2, 12 Abs. 4 S. 1 VAG beansprucht der Gleichbehandlungssatz, wonach bei gleichen Voraussetzungen Prämien und Leistungen nur nach gleichen Grundsätzen bemessen sein dürfen, auch für die substitutive Krankenversicherung Geltung. Eine Ungleichbehandlung wäre nur bei einem hinreichenden Differenzierungsgrund gerechtfertigt, der aber – wie zu sehen ist – nicht besteht.

Recht auf Risikoabwälzung gem. § 178 a Abs. 2 VVG entsteht unabhängig von der Vereinbarung eines Risikozuschlags oder der Freiheit von diesem[562] mit bloßem Vertragsschluß. Dies ergibt sich aus der Regelung des § 23 Abs. 1 VVG, wonach der Versicherungsnehmer nach Abschluß des Vertrages gerade keine Erhöhung der Gefahr ohne Einwilligung des Versicherers mehr vornehmen darf. Hierunter wird ganz allgemein das Verbot einer nachträglichen Änderung der bei Vertragsschluß tatsächlich vorhandenen gefahrerheblichen Umstände verstanden[563]. Auf den Inhalt der Risikoabwälzung infolge der Abbedingung der §§ 23 ff. VVG durch § 178 a Abs. 2 VVG bezogen, bedeutet dies, daß Ausgangspunkt der Risikoabwälzung allein die Angaben des Versicherungsnehmers bei Vertragsschluß sind und nicht die durch den Versicherer vorgenommene Umsetzung dieser Angaben anhand einer Risikoskala.

Auch der Einwand, daß die Einstufung der ehemals festgeschriebenen Gesundheitsangaben anhand der Risikoskala des Tarifs, in den gewechselt werden soll, auf eine erneute Gesundheitsprüfung hinausläuft und somit der Intention des § 178 a Abs. 2 VVG zuwiderläuft, überzeugt nicht. Zwar ist durch die Abbedingung der §§ 23 ff. VVG gem. § 178 a Abs. 2 VVG eine nachträgliche Anpassung des gestörten Äquivalenzverhältnisses infolge neu auftretender oder sich verändernder Krankheitsbilder gerade nicht mehr möglich. Dies wird bei einer Neuklassifizierung auf Grundlage der ursprünglichen Angaben aber nicht tangiert. Es wird lediglich das Äquivalenzverhältnis von Leistung und Gegenleistung in bezug zu der im neuen Tarif erhobenen Durchschnittsprämie hergestellt, was bereits das individuelle Äquivalenzprinzip sowie die risikogerechte Prämienkalkulation gebieten. Eine Einbeziehung des aktuellen Gesundheitszustands als konstituierendes Merkmal einer erneuten Risikoprüfung im Sinne von § 16 Abs. 1 VVG findet hingegen nicht statt, so daß ebenfalls ein Widerspruch zu Art. 54 Abs. 2 S. 1, 2. Teilsatz, fünfter Spiegelstrich der Dritten Richtlinie Schadenversicherung zu verneinen ist. Eine Sperrwirkung besteht nur insofern, als daß eine erneute ärztliche Untersuchung und eine

---

562 Andere Ansicht Beschlußkammer des BAV VerBAV 1997, 38, 41.

563 Vgl. Prölss in: Prölss/Martin, VVG, 26. Auflage, 1998, § 23 Rn. 4.

damit verbundene Berücksichtigung des aktuellen Gesundheitszustands nur bei einer Erhöhung des Versicherungsschutzes verlangt werden kann[564].

Somit kommt eine Qualifizierung der Umsetzung des ursprünglich festgestellten Gesundheitszustands anhand der Risikoskala des Alttarifs als ein „erworbenes Recht“ im Sinne des § 178 f Abs. 1 VVG nicht in Betracht. Eine Anpassung des zuvor vereinbarten Risikozuschlags bzw. des bei Vertragsschluß festgestellten Gesundheitszustands in die Risikoskala des Tarifs, in den gewechselt werden soll, kann vorgenommen werden.

(2.) Verlangen des Versicherers nach Leistungsausschluß

Wie ein im Alttarif vereinbarter Risikozuschlag über den bloßen Wechsel in einen anderen Tarif des Versicherers nicht hinfällig wird, entfällt auch ein im Ursprungstarif vereinbarter Leistungsausschluß nicht. In der Vereinbarung eines Leistungsausschlusses spiegelt sich gleichermaßen wie in der Vereinbarung eines Risikozuschlags die Berücksichtigung der bei Vertragsschluß festgestellten persönlichen Risikosituation des Versicherungsnehmers wider. Dieser festgestellte Gesundheitszustand stellt ein vertraglich erworbenes Recht dar, an dessen Kehrseite sich der Versicherungsnehmer auch in der Folgezeit festhalten lassen muß[565]. Somit kommt ein Anspruch des Versicherungsnehmers auf Aufhebung des Leistungsausschlusses mit dem Hinweis auf einen insgesamt niedrigeren Leistungsumfangs des neuen Tarifs nicht in Betracht.

Fraglich ist hingegen, inwieweit die Zulässigkeit der Einpassung des ursprünglich festgestellten Gesundheitszustandes in die Risikoskala des neuen Tarifs nicht nur eine Anpassung der zuvor vereinbarten Risikozuschläge, sondern auch der zuvor vereinbarten Leistungsausschlüsse nach sich zieht. Der Risikozuschlag stellt wie der Leistungsausschluß ein Mittel der Risikobegrenzung dar, um ein erhöhtes Risiko ohne Nachteile für die Normalrisiken des Bestandes in die Versichertengemeinschaft aufzunehmen. Auf dem ersten Blick erscheint es daher konsequent, auch zuvor vereinbarte Leistungsausschlüsse einer Anpassung auf Grundlage des ursprünglich festgestellten Gesundheitszustandes zugänglich zu machen.

---

[564] Vgl. Dritte Richtlinie Schadenversicherung (92/49/EWG) ABl.EG Nr L 228/23.

[565] Vgl. die Ausführungen unter Teil 3 A II 3 a) (3) (b) S. 189 ff.

Zumal die Entscheidung, ob und in welchem Umfang ein Leistungsausschluß vereinbart wird, gleichermaßen wie die Festsetzung des Risikozuschlags auf einer Bewertung des festgestellten Gesundheitszustands anhand der Risikoskala des Alttarifs beruht, die - wie zuvor gesehen - nicht als ein „erworbenes Recht" im Sinne des § 178 f Abs. 1 S. 1 VVG anzusehen ist.

Es darf jedoch nicht übersehen werden, daß ein qualitativ entscheidender Unterschied zwischen den beiden Gestaltungsmitteln besteht. Bei einer nachträglichen Veränderung des Umfangs des Leistungsausschlusses[566] wird im Gegensatz zu der Anpassung des Risikozuschlags an die Risikoskala des Aufnahmetarifs der Kern des Vertrages, die sog. essentialia negotii, berührt. Die Vereinbarung eines Leistungsausschlusses wirkt sich per se auf den Umfang des Versicherungsschutzes aus. Er kommt einer partiellen Nichtversicherung gleich[567]. Der Risikozuschlag hingegen berührt zwar die Höhe der für den Versicherungsschutz zu leistenden Prämie. Doch bildet im Rahmen eines Krankenversicherungsvertrages die bloße Prämienhöhe nicht den wesentlichen Kern des Vertrages. Indem ihr gerade ein dynamisches Element inne ist, wie sich aus der gesetzlichen Prämienanpassungsmöglichkeit des § 178 g Abs. 2 VVG ergibt, kann als wesentlicher Vertragsbestandteil im Zusammenhang mit der Prämienhöhe lediglich die Sicherstellung der Freiheit von nachträglichen Risikozuschlägen bzw. der Freiheit von einer Erhöhung bereits vereinbarter Risikozuschläge infolge einer Verschlechterung der persönlichen Risikosituation des Versicherungsnehmers aufgefaßt werden. Dies spiegelt sich in der durch § 178 a Abs. 2 VVG zum Ausdruck kommenden gesetzlichen Gefahrtragungslastverteilung wider, die durch die Zuweisung des Gesundheitsverschlechterungsrisikos an den Versicherer der existenziellen Bedeutung eines bezahlbaren Versicherungsschutzes für den Versicherungsnehmer - gerade in Zeiten zunehmender Krankheitsanfälligkeit - Rechnung trägt. Auch wird diese - wie bereits vorher dargelegt - über die Zulässigkeit der Veränderbarkeit der Risikozuschläge

---

566 Dies würde erst recht bei der erstmaligen Forderung eines Leistungsausschlusses infolge der Neueinpassung der ursprünglich festgestellten Gesundheitsangaben des Versicherungsnehmers an die Risikoskala des Aufnahmetarifs gelten.

567 Vgl. Müller, Helmut, Selbstversicherung, in: Dieter Farny u.a. (Hrsg.), Handwörterbuch der Versicherung, (HdV), 1988, S. 781.

nicht tangiert; den Versicherer trifft nach wie vor im Rahmen des vereinbarten Versicherungsschutzumfangs die volle Erstattungspflicht.

Zusätzlich impliziert diese gesetzgeberische Entscheidung zur Verteilung der Gefahrtragungslast gem. § 178 a Abs. 2 VVG, daß eine nachträgliche Herausnahme von Leistungen aus der Erstattungspflicht und somit eine Veränderung des Versicherungsschutzes allein durch den Versicherer nicht möglich ist. Die Möglichkeit der Entstehung einer nachträglichen partiellen Nichtversicherung widerspricht nämlich bereits dem Sinn und Zweck einer Krankenversicherung. Diese soll gerade eine Absicherung in der Weise gewährleisten, daß der Versicherer für alle nach Vertragsschluß auftretenden Erkrankungen, die vor Vertragsbeginn nicht ausdrücklich vom Versicherungsschutz ausgenommen worden sind, im Rahmen des Leistungsversprechens die volle Erstattungspflicht trifft.

Darüber hinaus besteht für die nachträgliche Veränderbarkeit von Leistungsausschlüssen auch kein Bedürfnis, da für den Versicherer die Möglichkeit der Festsetzung eines erstmaligen Risikozuschlags unter Berücksichtigung des bereits bestehenden Leistungsausschlusses infolge der Einpassung des ehemals festgestellten Gesundheitszustandes gegeben ist. Aus diesen Gründen ist eine nachträgliche Veränderbarkeit von Leistungsausschlüssen infolge der Einpassung der ursprünglichen Gesundheitsangaben in die Risikoskala des Aufnahmetarifs abzulehnen.

(3.) Verlangen des Versicherers nach Wartezeit

Neben dem Ablauf stellt auch ein bereits bei Vertragsschluß ausbedungener Verzicht einer Wartezeit ein erworbenes Recht dar[568]. Gem. § 178 f Abs. 1 S. 1 VVG ist dieses bei einem Tarifwechsel anzurechnen, so daß eine erneute Wartezeit bei Umstufung in einen niedrigeren Tarif nicht zu erfüllen ist[569].

(c) Umstufung in Tarif mit unverändertem Leistungsumfang

Infolge einer vergleichbaren Interessenlage gelten hier dieselben Ausführungen wie im Fall der Niedrigerstufung.

---

[568] Vgl. Prölss in: Prölss/Martin, VVG, 26. Auflage, 1998, § 178 f Rn. 5.

[569] Vgl. die Ausführungen unter Teil 3, A II 3 (a) (3) (a) (2.) (iii) S. 188 ff.

b) Wirksamwerden der Vertragsänderung

Klärungsbedürftig ist, auf welche Weise und zu welchen Zeitpunkt das Umwandlungsverlangen wirksam wird. Es könnte Streit über die Frage entstehen, nach welchem Tarif die Schadensregulierung vorzunehmen ist, sofern nach Antragstellung ein Versicherungsfall eintritt.

Entscheidend ist, ob die Vertragsänderung bereits mit Eingang der Antragstellung bei dem Versicherer zustandegekommen ist. Hiergegen spricht jedoch der Wortlaut des § 178 f Abs. 1 S. 1 VVG, der ausdrücklich auf eine Verpflichtung des Versicherers zur „Annahme" des Verlangens nach Tarifwechsel hinweist. Dieses Argument kann auch nicht mit Verweis auf den in § 178 f Abs. 1 S. 1 VVG angeordneten Kontrahierungszwang entkräftet werden. Das zustimmende Erklärungsverhalten des Verpflichteten schafft erst eine konkrete, inhaltlich bestimmte Vertrauensgrundlage, d. h. die zureichend bestimmte berechtigte Erwartung einer bestimmten Leistung auf der Seite des Berechtigten[570]. Durch den Kontrahierungszwang wird zwar eine Pflicht des Versicherers zur Abgabe der Annahmeerklärung begründet, es bedarf aber des Vertrags, um das entstehende Rechtsverhältnis bzw. die Vertragsänderung zureichend zu regeln[571]. Auf eine derartige Notwendigkeit einer gegenseitigen Übereinkunft trotz Kontrahierungszwangs weist der Gesetzgeber selbst hin, indem er dem Versicherer nach § 178 f Abs. 1 S. 2 VVG die Möglichkeit einräumt, die dort genannten Einschränkungen und Zuschläge zu „vereinbaren". Somit begründet der Kontrahierungszwang zwar einen Anspruch auf Vertragsänderung, aber ermöglicht kein einseitiges Leistungsbestimmungsrecht gem. § 315 BGB des Berechtigten.

Die Umwandlung ist daher nicht schon mit Eingang des Änderungsverlangens beim Versicherer vollzogen, sondern bedarf dessen Annahmeerklärung. Diese steht nicht in seinem Belieben, so daß der Versicherer die Annahme nicht willkürlich hinauszögern darf. Nach Treu und

---

570 Vgl. Bydlinski, Franz, Zu den dogmatischen Grundfragen des Kontrahierungszwanges, AcP 180 (1980), 1, 21.

571 Vgl. Nipperdey, Hans Carl, Kontrahierungszwang und diktierter Vertrag, 1920, S. 32, 88 ff.

Glauben gem. § 242 BGB wird man ihm jedoch eine angemessene Bearbeitungszeit zugestehen müssen[572].

Hat der Versicherungsfall bereits vor der Antragstellung oder zwischen Antragstellung und einer nicht treuwidrig verzögerten Annahmeerklärung durch den Versicherer begonnen, erfolgt eine Erstattung nach dem alten Tarif. Ansonsten tritt die Schadensregulierungspflicht nach dem neuen Tarif unabhängig von der rechtzeitigen Zahlung der neuen Prämie im Zeitpunkt der Vertragsänderung ein, § 39 VVG[573].

III. Grenze: Tarife mit gleichartigem Versicherungsschutz

Infolge des in § 178 f Abs. 1 S. 1 VVG angeordneten Kontrahierungszwangs stellt der Umstufungsanspruch ein generelles und einseitiges Eingriffsrecht des Versicherungsnehmers in das laufende Vertragsverhältnis dar, was die Gefahr in sich birgt, daß je nach persönlicher Risikostruktur in die jeweils günstige Versicherungsform umgestiegen wird[574]. Um dem vorzubeugen, hat der Gesetzgeber als Grenze des Anwendungsbereichs des Wechselrechts die Forderung nach einem Tarif mit „gleichartigem Versicherungsschutz" statuiert. Eine nähere Ausfüllung dieses unbestimmten Rechtsbegriffs des „gleichartigem Versicherungsschutzes" überließ er gem. § 12 c Abs. 1 Nr. 2 VAG dem Bundesministerium für Finanzen über den Verordungswege. In der hierzu erlassenen Kalkulationsverordnung (KalV)[575] heißt es in § 12 Abs. 1 S. 1 KalV, daß ein „gleichartiger Versicherungsschutz" Tarife verlangt, „die gleiche Leistungsbereiche wie der bisherige umfassen und für die der Versicherte versicherungsfähig ist".

---

572 Vgl. ausführlich hierzu Hohlfeld in: Honsell, Berliner Kommentar zum VVG, 1999, § 178 f Rn. 13.

573 Vgl. Hohlfeld in: Honsell, Berliner Kommentar zum VVG, 1999, § 178 f Rn. 14.

574 Vgl. Sahmer, Sybille, Strukturen und Probleme der substitutiven Krankenversicherung, ZfV 1996, 524.

575 Sog. „Verordnung über die versicherungsmathematischen Methoden zur Prämienkalkulation und zur Berechnung der Alterungsrückstellung in der privaten Krankenversicherung" vom 18. November 1996, BGBl. I S. 1783.

1. gleiche Leistungsbereiche

Wie sich bereits dem Wortlaut des § 178 f Abs. 1 VVG entnehmen läßt, ist der Begriff der „Gleichartigkeit“ nicht mit demjenigen des „identischen“ Versicherungsschutzes gleichzusetzen. Vielmehr weist die Möglichkeit der Höher- und Niedrigerstufung nach § 178 Abs. 1 S. 2 VVG explizit darauf hin, daß es lediglich auf eine „Vergleichbarkeit“ der den Versicherungsschutz konstituierenden Leistungsbereiche ankommen kann[576]. Die Nennung einzelner gängiger Leistungsbereiche der Krankenversicherung in § 12 Abs. 1 KalV erfolgt somit lediglich aus Klarstellungs- und Rechtssicherheitsgründen, wobei die Aufzählung als nicht abschließend zu bewerten ist, um auch künftigen Entwicklungen Rechnung tragen zu können[577]. Demnach ist es unschädlich, wenn die einander gegenüberzustellenden Tarife für einzelne Leistungen unterschiedliche Höchstsätze oder Selbstbeteiligungen vorsehen; ferner, daß der andere Tarif Leistungspositionen - z.B. für bestimmte Behandlungsarten oder Heilmittel - enthält, die im bisherigen nicht vorgesehen waren. Nach § 178 f Abs. 1 S. 2 VVG kann nämlich der neue Tarif auch „umfassender“ sein. Umgekehrt kann es dem Verlangen nach Gleichartigkeit auch nicht widersprechen, wenn der neue Tarif einzelne Leistungspositionen des vorherigen nicht aufweist[578]. Zur Bestimmung des Vorliegens gleicher Leistungsbereiche ist somit allein entscheidend, daß die miteinander zu vergleichenden Leistungen der Gattung oder dem Grunde nach übereinstimmen.

2. Versicherungsfähigkeit

Weiterhin ist eine Voraussetzung, daß für den aufnehmenden Tarif die Versicherungsfähigkeit vorliegt. Nach § 12 Abs. 2 KalV handelt es sich hierbei um „eine personengebundene Eigenschaft des Versicherten, deren Wegfall zur Folge hat, daß der Versicherte bedingungsgemäß nicht mehr in diesem Tarif versichert bleiben kann“. Klärungsbedürftig ist, welche Eigenschaften der Verordnungsgeber unter den unbestimmten Rechtsbegriff

---

576 Vgl. VerBAV 1997, 38, 39.

577 Vgl. die amtliche Begründung zu § 12 Abs. 1 KalV BR Drucksache 414/96 S. 27.

578 Vgl. Wriede, Paul, Überlegungen zum Abschlußzwang gem. § 178 f VVG, VersR 1996, 271, 272.

der „personengebundenen Eigenschaften" subsumiert. Neben dem Wortlaut erlangt die systematische Betrachtung des Begriffs in seinem Bezugssystem Bedeutung. Indem in § 12 Abs. 2 KalV zur näheren Konkretisierung der „personengebundenen Eigenschaften" darauf hingewiesen wird, daß bei ihrem Wegfall der Versicherte bedingungsgemäß in dem Tarif nicht mehr versichert bleiben kann, ergibt sich eine nähere inhaltliche Konkretisierung dieses Begriffs aus den gängigen Bedingungswerken der Versicherer. Aus ihnen lassen sich nämlich die Bedingungen entnehmen, die gegenwärtig Voraussetzung für eine Versicherung nach einem bestimmten Tarif sind. Zu den die Aufnahmefähigkeit in einen Tarif konstituierenden Tarifmerkmalen zählen zur Zeit das Alter, das Geschlecht und die Berufszugehörigkeit[579]. Demnach wäre die Ausfüllung des unbestimmten Rechtsbegriffs faktisch von den jeweiligen Bedingungswerken der Versicherer abhängig und könnte von diesen durch ihre Produktgestaltung maßgeblich beeinflußt werden.

Würden in Zukunft nun nicht nur die oben genannten „statischen" und objektiv leicht überprüfbaren persönlichen Merkmale, sondern - wie bereits in anderen Bereichen[580] - auch sogenannte „weiche Tarifmerkmale" als konstituierend für die Aufnahme in einen bestimmten Tarif verwendet werden, könnte dies mit der hinter § 12 Abs. 2 KalV stehenden Intention des Verordnungsgebers korrelieren. Durch die Statuierung einer Definition der Versicherungsfähigkeit könnte der Verordnungsgeber das Ziel verfolgen, ein Leerlaufen des Tarifwechselrechts zu verhindern, das möglicherweise über eine beliebige Festlegung der Versicherungsfähigkeit durch die Versicherungsunternehmen drohen könnte[581]. Wäre dies zu bejahen, wäre der unbestimmte Rechtsbegriff der „personengebundenen Eigenschaften" stets restriktiv auszulegen. Hierbei gilt aber zu bedenken, daß die Verwendung eines derartigen Begriffes, der gerade durch seine Unbestimmtheit und seine Ausfüllungsbedürftigkeit durch den Rechtsanwender offen für neue Entwicklungen sein soll, letztlich überflüssig wäre. Auch würde sich die restriktive Auslegung einschränkend auf die Berufs- sowie die

---

[579] So auch das BAV in: VerBAV 1997, 38, 40.

[580] Z.B. den KFZ-Bereich, sog. Fahrleistungstarife oder Fahrerkreistarife u.a.; hierzu sehr aufschlußreich Gebauer, Christoph, Grenzen der Ausgestaltung weicher Tarifmerkmale, NVersZ 2000, 7 ff.

[581] Vgl. die amtliche Begründung zu § 12 Abs. 2 KalV BR Drucksache 414/96 S. 27.

unternehmerische Entscheidungsfreiheit der Versicherungsunternehmen auswirken, da es ihnen verwehrt wäre, neue Tarife für ein bestimmtes Kundensegment, das nicht nur nach den gängigen persönlichen Merkmalen wie Alter, Geschlecht und Berufszugehörigkeit differenziert, auf den Markt zu bringen.

Weiche Tarifmerkmale sind durch ihre subjektiv beeinflußbare Veränderbarkeit gekennzeichnet[582]. Sie bieten daher eine Möglichkeit auf die steigenden Kosten im Gesundheitswesen, auch als Änderungsrisiko bekannt, einzuwirken. Würde das Nichtvorliegen eines statistisch nachgewiesenen Faktors, der ein erhöhtes Erkrankungsrisiko und eine damit verbundene kostenintensive und langwierige Behandlung in einem großen Teil der Fälle auslöst, wie z.B. das Rauchen - ein maßgeblicher Auslösungsfaktor für Lungenkrebs -, als konstituierendes Tarifmerkmal eingeführt werden, könnten die Versicherten dieses Tarifs allein über ihr risikominimierendes Verhalten Einfluß auf die Prämiengestaltung bzw. die Höhe der Prämienanpassungen nehmen. Infolge des Wegfalls eines risikoauslösenden Faktors - wie z.B. des Rauchens - ist von einer besseren Risikostruktur als in einem herkömmlichen Kollektiv auszugehen, so daß der Schadensbedarf geringer anzusetzen ist. Über ihr Verhalten können die Versicherten die Bezahlbarkeit der Beiträge gerade auch im Alter unmittelbar beeinflussen[583]. Die Möglichkeit der persönlichen Beeinflußbarkeit der „weichen Tarifmerkmale" allein durch das Verhalten des Versicherten führt dazu, daß ein Leerlaufen des Tarifwechselrechts nicht in Betracht kommt, wenn die Aufnahmefähigkeit für einen bestimmten Tarif zusätzlich an „weiche" neben den „statischen" Tarifmerkmalen geknüpft würde. Im Gegensatz zu nicht beeinflußbaren Merkmalen, wie das Geschlecht oder das Alter, stellen „weiche Kriterien" keine endgültige Zugangssperre für den Tarif dar. Den

---

582 Vgl. Gebauer, Christoph, Grenzen der Ausgestaltung weicher Tarifmerkmale, NVersZ 2000, 7.

583 Inwieweit ein derartiger Tarif unter Wirtschaftlichkeitsaspekten auch tatsächlich auf den Versicherungsmarkt gebracht werden kann, hat mit der Schwierigkeit zu tun, daß dieses Konzept von der Mitwirkung und Ehrlichkeit der Versicherten abhängt. Zwar wären Stichproben im Hinblick auf die Einhaltung dieses weichen Tarifkriteriums durchaus denkbar, doch dies bedeutet einen finanziellen Mehraufwand und zusätzlich bedarf es wissenschaftlicher Methoden, um das Nichtvorliegen des Kriteriums möglichst schnell und kostengünstig nachweisen zu können.

Versicherungsnehmern steht es vielmehr offen, ihr Verhalten den „weichen Kriterien" entsprechend anzupassen, so daß es allein in ihrer Macht liegt, ob sie das Tarifwechselrecht nach § 178 f Abs. 1 VVG unter Mitnahme ihrer bereits erworbenen Rechte und der Alterungsrückstellung zum Wechsel in einen derartigen durch „weiche Kriterien" gekennzeichneten Tarif in Anspruch nehmen können.

Mit Blick auf die Interessen der Versicherer und auch der Versicherten an zukunftsfähigen, innovativen Produkten, die der Kostenexplosion im Gesundheitswesen gegensteuern, ist der Begriff der „personengebundenen Eigenschaften" des § 12 Abs. 2 KalV nicht an eine restriktive Auslegung gebunden. Als unbestimmter Rechtsbegriff ist die Definition des § 12 Abs. 2 KalV für neue Entwicklungen der Versicherer auch in bezug auf die Verwendung von „weichen Tarifmerkmalen" offen, da der mit der gesetzlichen Definition verfolgte Zweck des Verordnungsgebers - wie zuvor dargelegt - nicht tangiert wird. Zum gegenwärtigen Zeitpunkt wird der Begriff der „personengebundenen Eigenschaften" jedoch lediglich durch die Merkmale des Alters, des Geschlechts und der Berufszugehörigkeit ausgefüllt.

B. Tarifwechsel innerhalb des Unternehmens und innerhalb des Konzerns

I. Wechsel innerhalb des Unternehmens

1. Wechsel in bereits bestehenden Tarif

Der Wortlaut des § 178 f Abs. 1 S. 1 VVG spricht lediglich von einem Wechsel in „andere" Tarife des Versicherers, eine gesetzgeberische Beschränkung des Wechselrechts auf z. B. ausschließlich neu eröffnete Paralleltarife besteht nicht. Somit ist auch ein Wechsel in einen schon lange bestehenden Tarif dem Versicherungsnehmer unter der Prämisse der Gewährung eines gleichartigen Versicherungsschutzes grundsätzlich möglich.

a) mit höherem oder umfassenderem Leistungsumfang wie Alttarif

In bezug auf die Mehrleistung kommt eine erneute Anzeigepflicht des Versicherungsnehmers nach § 16 Abs. 1 VVG in Betracht. Dem Versicherer ist es möglich einen Risikozuschlag sowie einen Leistungsausschluß auf Grundlage der beim Wechsel gegenwärtigen Gefahrenlage des Versicherungsnehmers zu erheben. Infolge der Verteilung der Gefahrtragungslast gem. § 178 a Abs. 2 VVG gilt dies aber nur in bezug auf die Mehrleistung, so daß auch nur insofern eine erneute Wartezeit vereinbart werden kann.

Der bei Vertragsschluß festgestellte Gesundheitszustand stellt ein „erworbenes Recht" im Sinne des § 178 f Abs. 1 S. 1 VVG dar, an den sich der Versicherungsnehmer auch im weiteren Vertragsverlauf festhalten lassen muß. Die Umsetzung dieses festgestellten Gesundheitszustands stellt hingegen kein derartiges anzurechnendes Recht dar, so daß die zuvor vereinbarten Risikozuschläge einer Änderung auf Grundlage des ursprünglich festgestellten Gesundheitszustands nach Maßgabe der für den neuen zu wechselnden Tarif geltenden Risikoskala zugänglich sind. Aufgrund dieser Einstufung können auch erstmals ein Risikozuschlag fällig werden. Hingegen sind die Leistungsausschlüsse einer nachträglichen Änderung nicht zugänglich, da sie den Kern des Vertrages, die sogenannten essentialia negotii, berühren.

Anzurechnen ist insbesondere die volle bis zum Wechsel angesammelte Alterungsrückstellung. Dies zwingt dazu, die Alterungsrückstellung individuell für den einzelnen Versicherten analog der Berechnung des Rückkaufswerts in der Lebensversicherung zu berechnen[584]. Näheres regelt hierzu § 13 KalV. Insbesondere kann hiernach die Anrechnung so weit begrenzt werden, daß die zu zahlende Prämie diejenige zum ursprünglichen Eintrittsalter nicht unterschreitet. Für diesen Fall ist der nicht gutgebrachte Teil der Alterungsrückstellung der Rückstellung zur Prämienermäßigung im Alter des Versicherten zuzuführen, § 13 Abs. 1 S. 2, 3 KalV.

---

[584] Vgl. Hohlfeld in: Honsell, Berliner Kommentar zum VVG, 1999, § 178 f Rn. 8.

b) mit niedrigerem Leistungsumfang wie Alttarif

Bei einer Umstufung in einen Tarif mit niedrigerem Leistungsumfang scheidet eine erneute Anzeigepflicht aus[585]. Vereinbarte Risikozuschläge und Leistungsausschlüsse sind zu berücksichtigen; einer Änderung nach Maßgabe des Aufnahmetarifs, aber auf Grundlage des bei Vertragsschluß festgestellten Gesundheitszustands sind nur Vereinbarungen hinsichtlich Risikozuschläge zugänglich. Ansonsten gelten dieselben Ausführungen wie unter a). Die Ableistung einer Wartezeit stellt im Umfang des Alttarifs eine unentziehbare Rechtsposition dar, so daß weder bei Wechsel in einen Tarif mit gleichbleibendem Leistungsumfang noch mit niedrigerem Leistungsumfang eine erneute Ableistung verlangt werden kann.

Aufgrund der Tatsache, daß der andere Tarif geringere Leistungen vorsieht, kann ein Teil der Alterungsrückstellung frei werden. Jedoch stellt die Alterungsrückstellung ausdrücklich ein vertraglich erworbenes Recht dar, das eine volle Anrechnung der Alterungsrückstellung bedingt. Der frei werdende Teil ist dem Versicherungsnehmer z.B. durch Anrechnung auf die Prämie gutzubringen oder der Rückstellung zur Beitragsermäßigung im Alter zuzuführen, § 13 Abs. 2 S. 2, 3 KalV.

c) mit gleichem Leistungsumfang wie Alttarif

Hier ergeben sich keine Unterschiede zu dem zuvor unter b) Gesagtem.

d) für ein bestimmtes Kundensegment

(1) bestimmte Berufsgruppen

Lediglich die Angehörigen derjenigen Berufsgruppen, für die der Tarif geschaffen worden ist, können über das Tarifwechselrecht nach § 178 f Abs. 1 VVG in derartige Tarife wechseln. Voraussetzung für den Tarifwechsel ist nämlich, daß der Tarif, in den gewechselt werden soll, über einen gleichartigen Versicherungsschutz verfügt. § 12 Abs. 1 KalV, der die Gleichartigkeit näher definiert, verlangt hierfür sowohl gleiche Leistungsbereiche, als auch die Versicherungsfähigkeit des

---

[585] Vgl. Prölss in: Prölss/Martin, VVG, 26. Auflage, 1998, § 178 f Rn. 11.

Versicherungsnehmers. Diese erlaubt ihm erst in einem bestimmten Tarif versichert zu sein. Neben dem Alter und dem Geschlecht wird gegenwärtig der Beruf als eine derartige personengebundene Eigenschaft im Sinne des § 12 Abs. 2 KalV angesehen, so daß ohne Erfüllung dieser für einen Tarif maßgeblichen Kriterien ein Tarifwechsel nicht in Betracht kommen kann.

(2) spezfische persönliche Merkmale

Wie nur diejenigen Versicherungsnehmer in bestimmte berufsbezogene Tarife wechseln können, die die vom Tarif vorausgesetzte Berufszugehörigkeit aufweisen, wäre die Erfüllung der vom Tarif vorausgesetzten persönlichen Merkmale, der sog. weichen Tarifmerkmale, auch bei einem bloßen Tarifwechsel Bedingung für die Aufnahme in den gewünschten Tarif. § 12 Abs. 2 KalV steht einer Einbeziehung sogenannter weicher Tarifmerkmale neben den bisher gängigen Tarifmerkmalen des Alters, des Geschlechts und des Berufs als konstituierende Kriterien für die Versicherungsfähigkeit in einem Tarif nicht entgegen. Als problematisch für eine Einbeziehung erweist sich ihre unter Umständen schwierige Nachprüfbarkeit sowie das Erfordernis einer ständigen Kontrolle wegen ihrer subjektiven Beeinfluß- und Veränderbarkeit.

e) mit strengerer Risikoprüfung

Auch der Wechsel in einen Tarif mit strengerer Risikoprüfung als im Alttarif ist zulässig. Eine zum Alttarif differierende Risikoprüfung schlägt sich in den jeweiligen für den Tarif verwendeten Risikoskalen nieder und erlangt über die Möglichkeit der Anpassung des ursprünglich festgestellten Gesundheitszustands an diese für den neuen Tarif verwendeten Risikoskalen Bedeutung. Hieraus können sich Änderungen der Risikozuschläge und Leistungsausschlüsse und unter Umständen sogar ein erstmaliger Risikozuschlag oder Leistungsausschluß ergeben.

f) Wechsel von Tarif mit pauschaliertem Risikozuschlag in Tarif mit individuellem Risikozuschlag

Wechselt der Versicherungsnehmer aus einem Tarif mit einer Pauschalprämie, in die das durch Vorerkrankungen der Versicherten bedingte Gesamtrisiko einkalkuliert war, in einen solchen mit Risikozuschlägen, so ist der

Versicherer nicht gehindert, im neuen Tarif individuelle Risikozuschläge zu erheben[586]. Entgegen der Auffassung des BAV[587] erwirbt der Versicherungsnehmer mit dem Abschluß eines Vertrags zu einer Pauschalprämie nicht das Recht auf Freiheit von Risikozuschlägen. „Die Krankenversicherung konnte infolge der bereits bei Vertragsbeginn vorhandenen Erkrankungen nur gegen eine verhältnismäßig hohe Prämie abgeschlossen werden. Würde der Versicherte zu dem preiswerteren Grundbeitrag des neuen Tarifs ohne jeden Risikozuschlag versichert, läge darin eine Begünstigung, die weder gegenüber dem Versicherer noch gegenüber neuen Versicherungsnehmern sachlich gerechtfertigt wäre“[588]. Jedoch ist das BVerwG auch bei dieser Fallgestaltung der Auffassung, daß der Versicherer nur dann Risikozuschläge erheben kann, „sofern der neue Tarif dies für die Risikoklasse vorsieht, in die der Versicherer bei Abschluß der Versicherer den Versicherten eingestuft hatte“[589]. Wie zuvor dargelegt, stellt die Umsetzung des bei Vertragsschluß festgestellten Gesundheitszustands gerade kein erworbenes Recht dar. Die Frage, ob und in welcher Höhe ein Risikozuschlag fällig wird, bestimmt sich allein über die Einpassung des ursprünglich festgestellten Gesundheitszustands in die Risikoskala des neuen Tarifs. Demnach ist es völlig irrelevant, ob der Versicherungsnehmer ehemals einen Vertrag mit pauschaliertem oder individuellem Risikozuschlag abgeschlossen hat.

g) Wechsel unter Teilaufrechterhaltung des bisherigen Tarifs

Ein Wechsel unter Teilaufrechterhaltung des bisherigen Tarifs widerspricht dem in § 178 f Abs. 1 VVG zugrundegelegten Wechselbegriff, und ist daher abzulehnen.

---

[586] Vgl. BVerwG NVersZ 1999, 376, 378.

[587] Vgl. Beschlußkammerentscheidung VerBAV 1997, 38, 41.

[588] BVerwG NVersZ 1999, 376, 378.

[589] BVerwG NVersZ 1999, 376, 378.

2. Wechsel in neuen Tarif

Mangels einer bestehenden Differenzierung zwischen schon bestehenden und neu eröffneten Tarifen in § 178 f Abs. 1 S. 1 VVG gilt das zu Eins Gesagte gleichermaßen.

II. Wechsel innerhalb des Konzerns

Die Frage nach einem Tarifwechsel innerhalb eines Konzernverbands gewinnt im Zusammenhang mit der Möglichkeit der Gründung rechtlich selbständiger Krankenversicherer als Töchter oder Schwestern bereits am Markt etablierter Krankenversicherungsunternehmen[590] an Brisanz. Infolge der Begrenzung des Tarifwechselrechts nach § 178 f Abs. 1 VVG auf Tarife des jeweiligen Vertragsunternehmens[591], besteht für die Versicherer die Möglichkeit, die Regelung und damit den Schutzzweck des § 178 f VVG durch die Schaffung neuer Tarife in neugegründeten Tochterunternehmen zu umgehen. Dieses Phänomen, welches auch unter dem Begriff der „Ausgründungen“ von Versicherungsunternehmen bekannt ist, wird insbesondere noch mit der zunehmenden Konzentrationswelle durch Zusammenschlüssse und Übernahmen in der Versicherungsbranche[592] verstärkt. Über einen Zusammenschluß in einem Konzernverband besteht zwar grundsätzlich die Möglichkeit, die vorhandenen Krankenversicherungsunternehmen der beteiligten Fusionspartner - bei ausreichender Solvabilität - zu verschmelzen, andererseits ist aber auch die Möglichkeit eröffnet, unter dem Konzerndach die bereits bestehenden Krankenversicherungsunternehmen als sogenannte Tochtergesellschaften getrennt voneinander

---

[590] Vgl. die Gründung der HANSE REGIONAL KRANKEN, eine Tochter der HANSE MERKUR KRANKEN (60 vH), an der die VGH VERSICHERUNGSGRUPPE HANNOVER (20 vH) und der NIEDERSÄCHSISCHE SPARKASSEN-UND GIROVERBAND (20 vH) beteiligt sind, sowie die Gründung der BALANCE im September 1997 als Aktiengesellschaft von der DEUTSCHER RING KRANKEN (75,1 vH) und dem größten niederländischen Krankenversicherer, der OHRA (24,9 vH). Ferner ASSTEL KRANKEN eine Schwester der BERLIN-KÖLNISCHE KRANKEN und GOTHAER KRANKEN, die alle zum PARION-Konzern gehören.

[591] Vgl. die Ausführungen unter Teil 3 A I 2 S. 121 ff.

[592] Vgl. die Versicherungszusammenschlüsse im Bereich der Versicherungs-AG: ERGO, AXA/COLONIA/ALBINGIA, Allianz/AGF, Generali/AMB und im Bereich der VVaG: Gothaer/BERLIN-KÖLNISCHE (Parion), IDUNA NOVA/SIGNAL.

weiterzuführen. Dies bietet sich insofern an, da über das Instrumentarium der Bestandsübertragung die jeweiligen Portefeuilles im Hinblick auf zukünftige Geschäftsfelder oder Kundenkreise bereinigt werden können, so daß sich die Gesellschaften auf bestimmte Geschäftsfelder oder Kundenkreise konzentrieren können[593]. Neue Tarife könnten dann in einer durch Bestandsübertragung bereinigten Tochtergesellschaft angeboten werden, bzw. in der Tochtergesellschaft, die über eine bessere Bestandszusammensetzung der Alttarife verfügt. Die mit einer Neugründung verbundenen Kosten würden entfallen, so daß das Argument - die Gründungskosten würden die Effekte, die sich aus einer Umgehung des § 178 f Abs. 1 VVG und die hierdurch gesteigerte Attraktivität der neu angebotenen Tarife für Neukunden ergeben, aufwiegen - gegen einen Handlungsbedarf für eine Ausdehnung des § 178 f Abs. 1 VVG auf den Konzern hinfällig wird.

1. Wechselmöglichkeit im Konzern unmittelbar über § 178 f Abs. 1 VVG

Wie die Auslegung des „Versichererbegriffs“ des § 178 f Abs. 1 VVG gezeigt hat[594], ist über § 178 f Abs.1 VVG unmittelbar ein Wechsel in Tarife unterschiedlicher Krankenversicherungsunternehmen eines Konzerns nicht möglich.

2. Wechselmöglichkeit im Konzern über eine Analogie zu § 178 f Abs. 1 VVG

Möglicherweise könnte eine Ausdehnung des Tarifwechselrechts auf den Konzern aber über eine Analogie zu § 178 f Abs. 1 VVG in Betracht kommen. Das Mittel der Gesetzesanalogie ermöglicht, eine bestimmte gesetzliche Regel, genauer ihre Rechtsfolge, im Einklang mit ihrer „ratio“,

---

[593] Hierbei ist aber zu beachten, daß nach § 14 VAG eine Genehmigung des BAV hinsichtlich der Bestandsübertragung erforderlich ist. Diese richtet sich danach, ob die Solvabilität nach der Bestandsübertragung beim übernehmenden Unternehmen sichergestellt ist, sowie den in § 8 VAG niedergelegten Versagungsgründen der Erlaubnis, vgl. Diehl, Frank, Übertragung von Versicherungsbeständen im Konzern unter Beteiligung von VVaG, VersR 2000, 268, 269.

[594] Vgl. die Ausführungen unter Teil 3 A I 2 S. 121 ff.

aber über den Wortlaut hinaus, auf einen „ähnlichen“ Fall zu erstrecken[595]. Erforderlich wäre somit das Vorliegen einer planwidrigen Regelungslücke, die sich aus der dem Tarifwechselrecht zugrundeliegenden Regelungsabsicht erschließt, sowie eines vergleichbaren Sachverhalts als Voraussetzungen der Analogie.

a) Planwidrige Regelungslücke des § 178 f Abs. 1 VVG

Das streitgegenständliche Gesetz müßte hinsichtlich des zu beurteilenden Falles eine „planwidrige Unvollständigkeit“ erkennen lassen[596]. Das ist kein Widerspruch dazu, daß die formulierten Gesetzesnormen den anstehenden Fall gerade nicht regeln: Zum Recht gehören auch die „rationes legis“, also die dem Gesetz zugrundeliegenden Wertungen und Zwecke sowie die Rechtsprinzipien, die auf Grund umfassender Ordnungs- und Wertwahl ganze Rechtsgebiete oder Rechtsinstitute beherrschen. Die Frage, ob eine Gesetzeslücke vorliegt, ist somit auf Grund der Rechtsordnung einschließlich aller dieser auch schon als Auslegungskriterien heranzuziehenden Maßstäbe zu beurteilen[597].

Ist hingegen für einen bestimmten Sachverhalt eine bestimmte Rechtsfolge von der Gesetzgebungsinstanz bewußt abgelehnt worden, fehlt es jedenfalls an der Gesetzeslücke und daher an der Möglichkeit ergänzender Rechtsfindung[598]. In diesem Zusammenhang könnte das Urteil des BGH[599] vom 21.04.1999, das sich mit der Frage nach einem Anspruch auf Auszahlung der Alterungsrückstellung bei Kündigung durch den Versicherungsnehmer beschäftigt, von Bedeutung sein. Darin wird nämlich u.a. ein Anspruch auf Mitnahme der Alterungsrückstellung bei einem

---

[595] Vgl. Bydlinski, Franz, Juristische Methodenlehre und Rechtsbegriff, 2. Auflage, 1991, S. 473, 477.

[596] Vgl. Bydlinski, Franz, Juristische Methodenlehre und Rechtsbegriff, 2. Auflage, 1991, S. 473.

[597] Vgl. Bydlinski, Franz, Juristische Methodenlehre und Rechtsbegriff, 2. Auflage, 1991, S. 473.

[598] Vgl. Bydlinski, Franz, Juristische Methodenlehre und Rechtsbegriff, 2. Auflage, 1991, S. 475.

[599] Vgl. BGH NVersZ 1999, 374, 375; sowie das OLG Karlsruhe NVersZ 1999, 129, 130.

generellen Wechsel des Vertragsunternehmens über eine Analogie zu § 178 f Abs. 1 VVG verneint. „Eine analoge Anwendung von § 178 f Abs. 1 VVG scheidet aus. Es fehlt insoweit an einer planwidrigen Lücke in der gesetzlichen Regelung. Der Gesetzgeber hat im Gesetzgebungsverfahren das Problem der sogenannten Mitnahme der Alterungsrückstellung bei Wechsel des Versicherungsunternehmens erkannt und sich trotz entsprechender Regelungsvorschläge im Gesetzgebungsverfahren nur zu der auf den Wechsel des Tarifs unter Beibehaltung eines Versicherungsvertrags zu demselben Versicherer beschränkten Lösung in § 178 f VVG entschlossen. Bei dieser Sachlage würde es die Grenzen richterlicher Rechtsfortbildung überschreiten, wenn sich das Gericht bei einer unzweifelhaft vom Gesetzgeber anders beabsichtigten Regelung zu einer entsprechenden Anwendung der Vorschrift entschlösse“[600]. Es stellt sich die Frage, ob die Verneinung der generellen Mitnahme der Alterungsrückstellung bei einem unternehmensübergreifenden Wechsel der Bejahung einer planwidrigen Regelungslücke in bezug auf den Fall des konzerninternen Wechsels entgegensteht. Zwar weist die beschränkte Lösung des § 178 f VVG auf eine bewußte Entscheidung gegen eine beliebige Mitnahme der Alterungsrückstellung hin. Auch gilt zu berücksichtigen, daß über eine Ausdehnung des Anwendungsbereichs des Tarifwechselrechts auf den Konzern eine begrenzte Mitnahme der Alterungsrückstellung ermöglicht wird. Jedoch kann dies nur Einfluß auf die Beantwortung einer planwidrigen Lücke ausüben, wenn die Ermöglichung der Mitnahme der Alterungsrückstellung als zentrale Wertung und Zweck des § 178 f VVG begriffen werden kann:

Die hinter § 178 f Abs. 1 VVG stehende Regelungsabsicht erschließt sich mit Blick auf die hierzu abgegebene Gesetzesbegründung[601]. Darin heißt es, daß das Tarifwechselrecht notwendig sei, „um älteren Versicherungsnehmern bei Schließung ihres Tarifs für neue Versicherungsnehmer eine Möglichkeit zu eröffnen, dadurch bedingten Kostensteigerungen ihres alten Tarifs durch einen Wechsel in den anderen Tarif des Versicherers zu entgehen“[602]. Die Gefahr von Tarifschließungen insbesondere infolge Tarifvergreisung nahm

---

[600] Vgl. BGH NVersZ 1999, 374, 375.

[601] Vgl. die amtliche Begründung zu § 178 f VVG BT Drucksache 12/6959 S. 105.

[602] Vgl. die amtliche Begründung zu § 178 f VVG BT Drucksache 12/6959 S. 105.

stark im Zusammenhang mit der Krise im Gesundheitswesen und dem damit verbundenen Kostenanstieg zu. Alte Tarife, die durch ihre schlechte Bestandszusammensetzung hoch schadensbelastet sind, werden durch Kostensteigerungen im Gesundheitswesen prozentual stärker betroffen als Tarife mit vornehmlich jungen und guten Risiken. Diese unter dem Begriff des Änderungsrisikos zusammenzufassenden Kostensteigerungen schlagen sich zunehmend in Beitragsanpassungen für das gesamte Kollektiv nieder. Infolge der hohen Prämien werden diese Tarife für junge und gute Risiken unattraktiv, der für die interne Risikostruktur notwendige Neuzugang nimmt ab. Weiterhin verlangt der Markt stets nach Produktinnovationen, was den Versicherer aus Wettbewerbsgründen zur Schaffung gänzlich neuer Tarife veranlaßt. Die alten Tarife werden meist nicht auf den neuen Tarif umgestellt, sondern für den Neuzugang geschlossen. Die Risikostruktur des zurückbleibenden Kollektivs verschlechtert sich sukzessive, da diejenigen Risiken, die infolge ihres Alter und ihres persönlichen Gesundheitszustandes noch über eine Wechseloption zu einem anderen Unternehmen verfügen, infolge der vergleichsweise hohen Prämien langfristig auch den Tarif verlassen werden. Weitere Prämienanpassungen sind die zwangsläufige Folge.

Hinter dem Recht auf Tarifwechsel verbirgt sich somit das Anliegen des Gesetzgebers, die von Tarifschließungen ausgehenden Gefahren für die Bezahlbarkeit von Versicherungsschutz - insbesondere für ältere Versicherte und „schlechte" Risiken - abzufangen, die infolge der mangelnden Mitnahme der Alterungsrückstellung zwangsläufig in diesen Tarifen zurückbleiben. Zumal sich die Gesetzgebung auch im Zuge der Beratungen über das Dritte Gesetz zur Durchführung versicherungsrechtlicher Richtlinien des Rates der Europäischen Gemeinschaften nicht zu einer freien Mitnahme der Alterungsrückstellung bei jeglichen Wechsel entscheiden konnte. Stattdessen wurde eine Unabhängige Expertenkommission eingesetzt, die sich mit der Beitragsverstetigung im Alter sowie den Möglichkeiten des Wechsels des Versicherers befassen und mögliche Lösungsvorschläge erarbeiten sollte[603].

Die von der Eröffnung sogenannter Paralleltarife ausgehenden Gefahren der Tarifschließung und –vergreisung bestehen gleichermaßen bei der Eröffnung neuer Tarife in anderen Unternehmen des Konzerns. Es geht in diesem Fall

[603] Vgl. das Gutachten der UEK BT Drucksache 13/4945 S. 13.

nicht mehr bloß um die Vergreisung einzelner Tarife, sondern um die „Vergreisung" ganzer (Alt-)Unternehmen[604]. Daß die Versicherungsnehmer auch in einem derartigen Fall schutzbedürftig sind, steht außer Frage. Wohingegen sich die Problematik der Tarifschließung zwischen konzernübergreifenden Unternehmen gar nicht stellt. Dies würde nämlich voraussetzen, daß einzelne Unternehmen ihr gesamtes Krankenversicherungsgeschäft für Neukunden schließen müßten, was jedoch als realitätsfremd einzustufen ist. Eher würde sich der Konzern in einem derartigen Fall zu einer gänzlichen Trennung von diesen Zweig durch Verkauf an einen anderen Konzern entscheiden[605].

Somit ist sowohl von einem vergleichbaren Sachverhalt als auch einer planwidrigen Lücke auszugehen. Als problematisch könnte sich hingegen lediglich die unreflektierte Übertragung der Rechtsfolgen des § 178 f Abs. 1 VVG auf diese Konstellation erweisen[606].

b) Europarechtliche Sperrwirkung in bezug auf die Analogie

Indem § 178 f Abs. 1 VVG infolge der Umsetzung der Dritten Richtlinie Schadenversicherung, insbesondere Art. 54 Abs. 2 S. 1, 2. Teilsatz, fünfter Spiegelstrich, ergangen ist, könnte es möglicherweise an einer nationalen Kompetenz zur Schließung der Regelungslücke über eine Analogie fehlen. Je nach der Stärke der materiellen Regelungsintensität der Richtlinie besteht nämlich nicht nur eine mehr oder weniger strenge inhaltliche Bindung des nationalen Gesetzgebers bei der konkreten Umsetzung der Zielvorgaben in nationale Normen, sondern auch bei nachträglichen Rechtssetzungsakten in Zusammenhang mit derartigen Normen[607]. Letztlich ist es eine Frage des

---

[604] Vgl. Terhorst, Elmar, Wahlfreiheit und Wettbewerb in der privaten Krankenversicherung, 2000, S. 113.

[605] Ein generelles Wechselrecht zwischen jeglichen PKV-Unternehmen über eine Analogie zu § 178 f VVG herleiten zu wollen, scheidet demnach schon an einer planwidrigen Lücke aus.

[606] Die Klärung dieser Frage erfolgt an späterer Stelle im Rahmen der Angemessenheitsprüfung der erstrebten Ausdehnung unter Teil 3, B II 2 c) (2) S. 229 ff. sowie unter Teil 4, A S. 253 ff.

[607] Vgl. Timmermans, Christiaan W. A., Die europäische Rechtsangleichung im Gesellschaftsrecht, RabelsZ 48 (1984), 1, 7.

Umfangs des Kompetenzübergangs von den Mitgliedstaaten auf die Gemeinschaft für den Bereich der privaten Krankenversicherung, was sich seinerseits in einer sogenannten Sperrwirkung der Richtlinie manifestiert[608].

Entscheidend ist, daß den Mitgliedstaaten durch die Dritte Richtlinie Schadenversicherung ein sogenannter Anpassungsspielraum verblieben ist, der ihnen eine Ausdehnung des Anwendungsbereichs des § 178 f Abs. 1 VVG über eine Analogie ermöglicht. Wie aus der Darstellung in Teil 2 zu ersehen ist, dient Art. 54 der Dritten Richtlinie Schadenversicherung der gezielten Durchbrechung der auch im Massenversicherungsbereich durch die Dritte Richtlinie verwirklichten Dienstleistungsfreiheit. Dies wird einerseits über den Rechtfertigungsgrund des „Allgemeininteresses" in Absatz 1 des Art. 54 der Dritten Richtlinie Schadenversicherung, andererseits über die Ermächtigung des Absatz 2 S. 1 des Art. 54 der Dritten Richtlinie Schadenversicherung, das Kalkulationsmodell nach Art der Lebensversicherung in Verbindung mit einem konkreten Anforderungskatalog verbindlich vorschreiben zu können, erreicht[609]. Sowohl die Verwendung des unbestimmten Rechtsbegriffs des „Allgemeininteresses" als auch der Mindestregelungscharakter des Art. 54 Abs. 2 S. 1, 2. Teilsatz der Dritten Richtlinie Schadenversicherung weisen den Mitgliedstaaten einen Spielraum zu, um nationalen Besonderheiten der Krankenversicherungssysteme und einer dadurch ausgelösten erhöhten Schutzbedürftigkeit gewisser Gruppen von Versicherungsnehmern Rechnung tragen zu können.

Indem es sich bei den Merkmalen, die die substitutive Krankenversicherung nach Art der Lebensversicherung konditionieren, um bloße Mindestvorgaben handelt, ist es dem nationalen Gesetzgeber zwar verwehrt, Regelungen zu schaffen, die unterhalb dieser Vorgaben liegen. Jedoch ist ihm hierdurch gerade die Möglichkeit eröffnet, über den Inhalt dieser Vorgaben hinauszugehen. Dies muß ihm auch nachträglich möglich sein, wenn er wie

---

608 Vgl. Timmermans, Christiaan W. A., Die europäische Rechtsangleichung im Gesellschaftsrecht, RabelsZ 48 (1984), 1, 7.

609 Art. 54 Abs. 2 der Dritten Richtlinie Schadenversicherung kommt im Verhältnis zu Abs. 1 klarstellende Wirkung zu. Der Inhalt des Art. 54 Abs. 2 der Dritten Richtlinie Schadenversicherung gilt - auch aus Sicht des europäischen Normgebers - als vom „Allgemeininteresse" des Abs. 1 umfaßt.

im Fall der Analogie später erkennt, einen Fall versehentlich unberücksichtigt gelassen zu haben, der von der ratio der Norm einer Regelung bedarf. Die durch die Richtlinie eröffneten Spielräume beschreiben die Grenzen der bei den Mitgliedstaaten verbliebenen Kompetenz. Solange die Grenzen der Spielräume ihrerseits nicht durch eine Änderung der Richtlinie verändert werden, kann es keinen Unterschied machen, ob der Gesetzgeber von diesem Recht zugleich im Rahmen der Durchführungsvorschriften Gebrauch macht oder ob er dies später nachholt[610].

Es gilt jedoch zu beachten, daß weder der über den Begriff des „Allgemeininteresses" noch über den Mindestregelungscharakter eröffnete Anpassungsspielraum den Mitgliedstaaten jegliche Reaktion auf nachträglich eintretende Entwicklungen ermöglicht. Dies ergibt sich aus der Pflicht zur Beachtung des Grundsatzes der Verhältnismäßigkeit, dem - wie bereits dargelegt[611] - der Charakter einer ungeschriebenen Obergrenze zukommt. Neben einer Einbeziehung und Abwägung rein national widerstreitender Gesichtspunktein bezug auf die beabsichtigte Maßnahme[612], verlangt er gerade auch nach der Einbeziehung der aus Art. 10 EGV resultierenden Verpflichtung zur Gemeinschaftstreue und der Verwirklichung des Binnenmarktes, insbesondere der Grundfreiheiten. Somit ist zusätzlich zu klären, ob durch die Ausdehnung des Tarifwechselrechts auf den Konzern infolge einer Analogie eine Beschränkung der Dienstleistungsfreiheit eintritt bzw. ob und inwieweit diese durch eine erhöhte Schutzbedürftigkeit der Versicherungsnehmer in bezug auf die Notwendigkeit einer derartigen Maßnahme womöglich gerechtfertigt ist[613].

---

[610] Vgl. Lutter, Marcus, Zum Umfang der Bindung durch Richtlinien, in: Marcus Lutter, Jürgen Schwarze (Hrsg.), Ole Due, Festschrift für Ulrich Everling I, 1995, 765, 781.

[611] Vgl. Teil 2, B I 3 S. 107 ff.

[612] Vgl. Pieroth, Bodo/Schlink, Bernhard, Grundrechte Staatsrecht II, 16. Auflage, 2000, Rn. 279 ff.: „Denn Verhältnismäßigkeit heißt für den Gesetzgeber, daß grundrechtseingreifende gesetzliche Regelungen und Ermächtigungen geeignet und notwendig zur Erreichung des jeweils verfolgten, seinerseits verfassungslegitimen Zwecks sein müssen."

[613] Vgl. Art. 54 Abs. 1 der Dritten Richtlinie Schadenversicherung, sog. „Rechtfertigung über das Allgemeininteresse".

c) Verhältnismäßigkeit der Ausdehnung des § 178 f VVG auf den gesamten Konzern

(1) Geeignetheit und Erforderlichkeit der Maßnahme

Es bestehen keine Zweifel an der Eignung der Maßnahme, die Umgehung der Norm infolge von Ausgründungen wirksam zu verhindern. Über die Ausdehnung des Anwendungsbereichs des § 178 f Abs. 1 VVG auf den gesamten Konzern ist es für den Versicherungsnehmer bedeutungslos, von welcher Konzerngesellschaft ein bestimmter Krankenversicherungstarif angeboten wird, da er in diesem Fall innerhalb des Konzerns fortan beliebig wechseln kann. Daß durch eine derartige Konstruktion den Versicherungsunternehmen auch der Anreiz genommen wird, neue Tarife in anderen zum Konzern gehörenden Tochter- oder Schwestergesellschaften anzubieten, stellt lediglich einen Nebeneffekt dar. Zur Zielverwirklichung trägt er bei der Wahl der Anwendungsbereichsausdehnung des § 178 f Abs. 1 VVG hingegen nicht bei.

Hieraus läßt sich aber die Frage ableiten, inwiefern eine lediglich gezielt den Anreiz für derartige Umgehungsbestrebungen des § 178 f Abs. 1 VVG nehmende Maßnahme nicht als ein gleichermaßen geeignetes, aber dennoch milderes Mittel einzustufen wäre. Neben dem Kriterium der Geeignetheit muß die beabsichtigte Maßnahme nämlich zusätzlich erforderlich sein. Es darf gerade kein anderes milderes, aber gleichermaßen geeignetes Mittel zur Verfügung stehen, das die Umgehungen des Tarifwechselrechts durch Ausgründungen zu verhindern vermag[614].

(a) Abschwächung des § 178 f Abs. 1 VVG

Als milderes Mittel könnte eine inhaltliche Abschwächung des § 178 f Abs. 1 VVG zugunsten der Versicherer in Betracht kommen. Umgehungstendenzen ergeben sich nämlich meist aus einer Belastung, die durch die Norm selbst hervorgerufen wird. Ändert man die Norm nun so ab, daß für alle Parteien ein interessengerechter Ausgleich angestrebt wird, so

---

[614] Vgl. Pieroth, Bodo/Schlink, Bernhard, Grundrechte Staatsrecht II, 16. Auflage, 2000, Rn. 285.

erscheint eine Ausdehnung möglicherweise als überflüssig und somit als nicht erforderlich.

Zwar ist ein milderes Mittel vorzuziehen, jedoch muß dabei berücksichtigt werden, daß es genauso erfolgsversprechend ist. Hieran könnte es fehlen, da die Ausdehnung unmittelbar auf mögliche Umgehungstendenzen durch Ausgründungen wirkt, wohingegen die Abänderung der Norm lediglich mittelbar auf eine mögliche Umgehung einwirkt. Durch die Abänderung des § 178 f Abs. 1 VVG wird nicht die Möglichkeit von Ausgründungen unmittelbar verhindert. Diese ist nach wie vor möglich, nur der Anreiz einer Umgehung soll genommen werden. Das Ziel wird somit lediglich mittelbar angegangen, was aber mit Blick auf die Effektivität der Maßnahme als nicht ausreichend angesehen werden kann. Durch die Abänderung der Norm kann nämlich nicht jeglicher Anreiz für eine Umgehung genommen werden, da gerade nicht ausgeschlossen werden kann, daß mögliche Belastungen durch das Tarifwechselrecht gem. § 178 f Abs. 1 VVG das einzige Motiv für eine Ausgründung darstellen. Erlangen weitere Motive an Bedeutung, dann wäre durch eine Abschwächung des § 178 f Abs. 1 VVG nichts erreicht, sondern darüber hinaus die Position der Versicherungsnehmer zusätzlich noch geschwächt worden.

Weiterhin gilt zu beachten, daß eine Abschwächung des § 178 f Abs. 1 VVG durch eine Neuformulierung dem nationalen Gesetzgeber nur soweit möglich ist, wie nicht die Mindestvorgaben des Art. 54 Abs. 2 S. 1, 2. Teilsatz, fünfter Spiegelstrich der Dritten Richtlinie Schadenversicherung unterschritten werden. Dies ergibt sich aus einer diesbezüglichen Sperrwirkung des Art. 54 der Dritten Richtlinie Schadenversicherung, die die Grenzen des den nationalen Organen verbleibenden Anpassungsspielraums umschreibt. Eine Norm, die diese Grenzen mißachtet ist als richtlinienwidrig einzustufen, da den nationalen Organen hierfür die Kompetenz infolge eines Übergangs auf die Gemeinschaft fehlt.

(b) Verbot der Ausgründung über §§ 1 Abs. 1, 5, 8 VAG

Ein milderes, aber gleichermaßen geeignetes Mittel könnte in einem Verbot des Geschäftsbetriebs des neugegründeten Unternehmens liegen. Die Unternehmen wären gezwungen, ihre neuen Tarife innerhalb des bestehenden Unternehmens anzubieten. Möglichen Beitragsteigerungen durch

Tarifschließungen und Tarifvergreisungen könnten die Versicherten der Alttarife über die Inanspruchnahme des Tarifwechselrechts nach § 178 f Abs. 1 VVG entgegenwirken. Einer Ausdehnung des Anwendungsbereichs des § 178 f Abs. 1 VVG bedürfte es nicht.

Gem. §§ 1 Abs. 1, 5, 8 VAG ist Voraussetzung für den Marktzugang eines deutschen Unternehmens die Erlaubniserteilung für den Geschäftsbetrieb durch das BAV. Durch diese präventive Aufsicht soll sichergestellt werden, daß nur solche Unternehmen das Versicherungsgeschäft aufnehmen, die den Aufsichtszielen genügen. Die Einhaltung der Aufsichtsziele wird anhand der mit dem Antrag auf Erlaubniserteilung einzureichenden Unterlagen geprüft, wobei § 8 VAG abschließend etwaige Versagungsgründe normiert.

Als problematisch erweist sich in diesem Zusammenhang, daß sich die Erlaubniserteilung und die Versagungsgründe allein auf das neugegründete Unternehmen beziehen. Es geht ausschließlich um die Sicherstellung der Belange der dort potentiell Versicherten. Dies spiegelt sich in § 8 Abs. 1 S. 1 Nr. 3 VAG ausdrücklich wider, „wonach die Erlaubnis zu versagen ist, wenn nach dem Geschäftsplan und den [...] vorgelegten Unterlagen die Belange der Versicherten nicht ausreichend gewahrt oder die Verpflichtungen nicht genügend als dauernd erfüllbar dargetan sind“. Im vorliegenden Fall geht es hingegen ausschließlich um mögliche Belange der Versicherten des sogenannten „Altunternehmens“. Allein dort treten steigende Beiträge infolge des Wegfalls eines hinreichenden Neuzugangs bzw. eines fehlenden Neuzugangs infolge Tarifschließung und einer dadurch bedingten Tarifvergreisung ein, da die guten und jungen Risiken in den neuen für sie interessanteren Tarif des Tochterunternehmens umgeleitet werden. Ein Verbot nach §§ 1 Abs. 1, 5, 8 VAG kommt daher nicht in Betracht.

(c) Verbot der Ausgründung über § 81 Abs. 2 S. 1, 2 i.V.m. Abs. 1 S. 2, 4 VAG

Neben der präventiven Aufsicht, der sogenannten Zulassungskontrolle, besitzt das BAV über die §§ 81 ff. VAG ein weiteres Eingriffsinstrument. Hierüber kann sichergestellt werden, daß die Aufsichtsziele von den Unternehmen auch während ihrer laufenden Versicherungstätigkeit weiterhin eingehalten werden[615]. Gem. § 81 Abs. 2 S. 1, 2 VAG kann „die

[615] Vgl. Kollhosser in: Prölss, VAG, 11. Auflage, 1997, § 81 Rn. 5.

Aufsichtsbehörde gegenüber den Unternehmen [...] alle Anordnungen treffen, die geeignet und erforderlich sind, um Mißstände zu vermeiden oder zu beseitigen". Als einen Mißstand definiert der Gesetzgeber jedes Verhalten eines Versicherungsunternehmens, das den Aufsichtszielen des § 81 Abs. 1 VAG widerspricht[616]. Als Aufsichtsziele nennt § 81 Abs. 1 S. 2 VAG zum einen die Einhaltung der Gesetze, die für den Betrieb des Versicherungsgeschäfts gelten, zum anderen das qualitativ gleichwertige Ziel „der ausreichenden Wahrung der Belange der Versicherten". Auch bei dem Gebot „der ausreichenden Wahrung der Belange der Versicherten" handelt es sich um ein Gesetz, nämlich eine gesetzliche Generalklausel, deren Beachtung subsidiär noch zu prüfen ist, wenn die sonstigen für den Betrieb des Versicherungsgeschäfts geltenden spezielleren Gesetze eingehalten sind[617].

Als fragliches Verhalten der Unternehmen kann die Schaffung neuer Tarife in Tochter- bzw. Schwesterunternehmen nicht in Betracht kommen, da es sich hierbei um ein rechtlich zulässiges Verhalten handelt, sofern die Voraussetzungen für die Erlaubniserteilung nach §§ 5, 8 VAG in bezug auf dieses Unternehmen vorliegen. Im Rahmen einer Rechtsaufsicht kann die Aufsichtsbehörde ein Verhalten nicht schon deshalb untersagen, weil sie es für unzweckmäßig hält, sondern nur, wenn es rechtswidrig ist[618]. Demzufolge kann in der bloßen Vornahme von Beitragssteigerungen ebenfalls kein rechtswidriges Verhalten der Unternehmen gesehen werden. Im Fall einer nicht nur vorübergehenden Abweichung des tatsächlichen Schadensbedarfs gegenüber den technischen Berechnungsgrundlagen wird eine Anpassung der Prämie im Hinblick auf die dauernde Erfüllbarkeit der Verpflichtungen der Versicherungsunternehmen sogar verlangt, vgl. §§ 178 g Abs. 2 VVG, 12 Abs. 1 S. 1 Nr. 3 VAG. Nach allgemeinen Grundsätzen kann das einen Mißstand auslösende Verhalten jedoch nicht nur in einem Tun, sondern auch

---

616 Vgl. § 81 Abs. 2 S. 2 VAG.

617 Vgl. Kollhosser in: Prölss, VAG, 11. Auflage, 1997, § 81 Rn. 28.

618 Vgl. Hohlfeld, Knut, Die deutsche Lebensversicherung im EG-Binnenmarkt unter aufsichtsrechtlichen Gesichtspunkten, in: Ulrich Hübner u.a. (Hrsg.), Recht und Ökonomie der Versicherung, Festschrift für Egon Lorenz zum 60. Geburtstag, 1994, S. 295, 298.

in einem Dulden oder Unterlassen bestehen[619], so daß zu klären ist, inwieweit in der mangelnden Gewährleistung eines stetigen Bestandszuwachses neuer Risiken in die Alttarife, und der dadurch – gerade im Zusammenhang mit steigenden Kosten im Gesundheitswesen – bedingten Hinnahme von Beitragssteigerungen für die Alttarife ein derartiges rechtswidriges Verhalten zu sehen ist.

In Ermangelung eines speziellen Gesetzes in bezug auf das streitgegenständliche Verhalten ist zu prüfen, ob nicht möglicherweise gegen das Verhaltensgebot „der ausreichenden Wahrung der Belange der Versicherten" nach § 81 Abs. 1 S. 2 VAG verstoßen wird. An der ausreichenden Wahrung der Versichertenbelange fehlt es, wenn schutzwürdige Interessen der Versicherten beeinträchtigt werden und diese Beeinträchtigung unter Berücksichtigung der Gesamtheit der beteiligten Interessen und den Besonderheiten des betreffenden Versicherungszweigs als unangemessen anzusehen ist und so schwer wiegt, daß ein Eingreifen der Behörde gerechtfertigt ist[620].

Ein stetiger Bestandszuwachs durch neue Risiken müßte ein schutzwürdiges Interesse der Versicherten darstellen. Dies wäre zu bejahen, wenn eine derartige Verpflichtung der Versicherer aus dem Versicherungsvertrag angenommen werden könnte. Unproblematisch wäre dies im Fall einer ausdrücklichen vertraglichen Vereinbarung zwischen der Parteien zu bejahen. Der Versicherer würde im Fall einer Ausgründung gegen seine aus dem Vertrag zu erfüllende Vertragspflicht verstoßen, so daß das BAV befugt wäre, eine Änderung des Verhaltens herbeizuführen[621]. Fehlt es hingegen an einer derartigen Vereinbarung, stellt sich die Frage, inwieweit eine Pflicht des Versicherers zur Gewährleistung eines stetigen Bestandszuwachses nicht bereits dem Wesen und Zweck von Versicherung immanent ist. Die

---

[619] Vgl. Kollhosser in: Prölss, VAG, 11. Auflage, 1997, § 81 Rn. 13.

[620] Vgl. BVerwG VersR 1996, 569, 570; VersR 1994, 797; Barbey, Günther, Probleme einer strukturgerechten Rechtsprechung im Bereich der Versicherungsaufsicht, VersR 1985, 101, 106.

[621] Vgl. Hohlfeld, Knut, Die deutsche Lebensversicherung im EG-Binnenmarkt unter aufsichtsrechtlichen Gesichtspunkten, in: Ulrich Hübner u.a. (Hrsg.), Recht und Ökonomie der Versicherung, Festschrift für Egon Lorenz zum 60. Geburtstag, 1994, S. 295, 298.

Versicherung in Form des „risk-pooling" ist zu akzeptablen Konditionen nur auf der Basis der großen Zahl - durch Zusammenfassung einer Masse vom Zufall gleichartig bedrohter Wagnisse - möglich[622]. Der Grundgedanke der Versicherung beruht nämlich darauf, daß sich erfahrungsgemäß die Risiken einer großen Zahl von Versicherungsverträgen nur bei einem geringen Prozentsatz verwirklichen. Das gilt nicht stets für jedes einzelne Jahr, wohl aber auf einen größeren Zeitraum gesehen, bei dem der Eintritt der Versicherungsfälle auf die einzelnen Jahre verteilt relativ niedrig angesetzt werden kann[623]. Indem der durch das Massenprinzip gewährleistete notwendige Risikoausgleich erst die Voraussetzung für einen kostengünstigen bzw. für einzelne bezahlbaren Versicherungsschutz schafft, könnte man geneigt sein, das Massenprinzip nicht als bloßes technisches Betriebsinternum[624] ohne jegliche Außenwirkung zu degradieren, sondern die Organisation dieses Risikoausgleichskollektivs unter Zugrundelegung des Massenprinzips als eine der Vertragspflichten des Versicherers anzusehen[625]. Letztlich verbirgt sich dahinter die von Prölss[626] aufgeworfene Frage,

---

[622] Vgl. Prölss in: Prölss, VVG, 26. Auflage, 1998, Vorbem. zu § 1 II 1.

[623] Vgl. Deutsch, Erwin, Versicherungsvertragsrecht, 4. Auflage, 2000, Rn. 4.

[624] So die Vertreter der sogenannten Geldleistungstheorie, wonach der Versicherer dem Versicherungsnehmer eine durch den Versicherungsfall aufschiebend bedingte Geldleistung schuldet. Der Ausgleich innerhalb des Inbegriffs aller vom Versicherer jeweils durch Einzelvertrag übernommenen Risiken ist nicht Gegenstand des Vertrags, sondern liegt dem Einzelvertrag voraus und ist allein Sache der unternehmerischen Entscheidung. Wohl h.M., siehe hier nur Prölss, in Prölss/Martin, VVG, 26. Auflage, 1998, § 1 Rn. 21 ff. m.w.N., der einen aktuellen Überblick über den Stand der Diskussion hinsichtlich der Pflichtenstruktur des Versicherungsvertrags liefert; OLG Karlsruhe VersR 1988, 129; LG Hamburg NJW 1988, 215, 216; Lorenz, Egon, Ausgewählte Fragen zur Unternehmenspolitik von Versicherungsvereinen auf Gegenseitigkeit, ZVersWiss 1984, 367, 373, 387.

[625] So die Vertreter der Gefahrtragungstheorie, vgl. Bruck/Möller, VVG, Band I, § 1 Anm. 40 ff. m.w.N.; Deutsch, Erwin, Versicherungsvertragsrecht, 4. Auflage, 2000, Rn. 156; OLG Celle VersR 1986, 1099. Ebenso die Vertreter, die den Versicherungsvertrag als Geschäftsbesorgungsvertrag mit Treuhandcharakter auffassen, vgl. OLG Nürnberg, VuR 1991, 274, 280; Schünemann, Wolfgang B., Rechtsnatur und Pflichtenstruktur des Versicherungsvertrages, JZ 1995, 430, 432 ff.

[626] Vgl. Prölss, Jürgen, Der Versicherer als „Treuhänder der Gefahrengemeinschaft" – zur Wahrnehmung kollektiver Belange der Versicherungsnehmer durch den

inwieweit der Versicherung in Form des „risk-pooling" auch die Funktion zukommt, mit Hilfe von Ausgleichskollektiven das Verhältnis des zu deckenden Schadens zur Prämie im Sinne einer möglichst geringen Prämie zu optimieren. Es kann dahinstehen, ob man das Bestehen einer Optimierungspflicht des Versicherers bereits mit Blick auf die Rolle des gegenseitigen Vertrages, als ein Institut von entgegenstehenden Interessen, die jeder Partner bis zur Akzeptanzschwelle auf der Gegenseite durchsetzen kann, verneint[627]. Auch eröffnet die Diskrepanz zwischen der Annahme des Bestehens einer derartigen Pflicht auf der einen Seite und den durch den Gesetzeswortlaut des § 81 Abs. 2 S. 1, 2 i.V.m. Abs. 1 S. 2 VAG dem BAV lediglich zugewiesenen Überwachungsbereich der „ausreichenden" - also gerade nicht der „optimalen Wahrung" der Belange der Versicherten - ein zusätzliches Gegenargument[628]. Jedoch erscheint es bereits fragwürdig, einen stetigen Bestandszuwachs als von einer gegenüber allen Versicherten bestehenden Optimierungspflicht umfaßt anzusehen. Zwar wirkt sich ein stetiger Bestandszuwachs guter Risiken seinerseits positiv auf die Risikostruktur des Tarifs aus, was sich wiederum positiv auf den tatsächlichen Schadensbedarf - insbesondere bei steigenden Gesundheitskosten - auswirkt[629] und sich somit mittelbar in der Höhe der

---

Privatversicherer, in: Claus-Wilhelm Canaris; Uwe Diederichsen (Hrsg.) Festschrift für Larenz zum 80. Geburtstag, 1983, S. 487, 491.

627 Vgl. Sieg, Karl, Anmerkungen zu: Prölss, Jürgen, Der Versicherer als „Treuhänder der Gefahrengemeinschaft" – zur Wahrnehmung kollektiver Belange der Versicherungsnehmer durch den Privatversicherer, in: Claus-Wilhelm Canaris; Uwe Diederichsen (Hrsg.) Festschrift für Larenz zum 80. Geburtstag, 1983, S. 487, 49, ZVersWiss 1983, 669.

628 Vgl. Müller, Bianca, Verbraucherschutz durch das BAV, 1997, S. 78.

629 Der Schadensbedarf ist zum einen von der Schadenshäufigkeit, zum anderen von der Schadensquote und dem Schadensdurchschnitt abhängig. Unter Schadenshäufigkeit versteht man den Prozentsatz versicherter Gefahren, die sich im Laufe eines Jahres verwirklichen. Als Schadensquote gilt der Prozentsatz der Prämieneinnahme, der für die Schadenszahlungen aufgewendet werden muß. Als Schadensdurchschnitt wird der mittelmäßige Aufwand pro Versicherungsfall angesehen, vgl. Deutsch, Erwin, Versicherungsvertragsrecht, 4. Auflage, 2000, Rn. 8. Diese drei Faktoren werden ihrerseits maßgeblich von der Risikostruktur des Tarifs bestimmt. Befinden sich vornehmlich kostenintensive Risiken in einem Bestand, ist der Schadensbedarf wesentlich höher als in einem anderartig zusammengesetzen Bestand. Ebenso ist ein

Prämie sowie etwaiger Prämienanpassungen niederschlägt. Es darf jedoch nicht übersehen werden, daß der privatwirtschaftlich organisierte Risikoausgleich nicht die Prinzipien der individualen Handlungsfreiheit und der ihr korrelierenden individualen Haftung und Risikoverantwortung eliminieren oder gar strukurell leugnen darf[630]. Gerade hierin liegt ein zentraler Unterschied zwischen dem auf hoheitlichen Zwang basierenden System der öffentlich-rechtlichen Solidarversicherung und dem auf Privatautonomie und Freiwilligkeit beruhenden System der privatrechtlichen und privatwirtchaftlichen Individualversicherung. Die letztere versichert das individuale Risiko nach Maßgabe von individualer Verantwortung, individualer Leistungsadäquanz und individualer Risikobestimmung, sogenanntes Äquivalenzprinzip. Sie versichert es gerade nicht entsprechend der Bedürftigkeit oder Leistungsfähigkeit. Folgerichtig muß auch der zwischen den einzelnen Versicherten herzustellende Risikoausgleich diese Prinzipien beachten[631]. Der Versicherte hat ein Recht darauf, daß sein - „gutes" oder „schlechtes" - Risiko in ebenso verantwortungs- wie haftungsadäquater Weise versichert wird; sein Risiko und sein Versicherungsbeitrag somit nicht zum kollektivierten, anonymen Teil einer undifferenzierten Mischkalkulation „guter" und „schlechter Risiken" wird, wie sie allein ein öffentlich-rechtliches Zwangssystem nach Art der Sozialversicherung und ihrer Solidarstruktur verfügen darf[632]. Dies bedeutet, daß keine Organisation des Versicherungsgeschäfts und keine staatliche Versicherungsaufsicht den versicherungsrechtlich zu organisierenden Risikoausgleich in Gestalt einseitig-kollektivierender oder zwangsweise verfügter Haftungs- oder Risikogemeinschaften suchen darf[633]. Eine Pflicht

---

Bestand mit prozentual schlechteren Risiken stärker von den Kostensteigerungen im Gesundheitswesen betroffen, was seinerseits Beitragsanpassungen nach sich zieht.

[630] Vgl. Scholz, Rupert, Verfassungsrechtliche Strukturfragen der Versicherungsaufsicht, ZVersWiss 1984, 1, 23.

[631] Vgl. Gärtner, Rudolf, Privatversicherungsrecht, 2. Auflage, 1980, S. 67-68.

[632] Vgl. Scholz, Rupert, Verfassungsrechtliche Strukturfragen der Versicherungsaufsicht, ZVersWiss 1984, 1, 24.

[633] Vgl. Bullinger, Martin, Verfassungsrechtliche Aspekte der Haftung, in: Hans Claudius Ficker u.a. (Hrsg.), Festschrift für Ernst von Caemmerer zum 70. Geburtstag, 1978, S. 297, 302-303.

der Versicherer zur Gewährleistung eines stetigen neuen Bestandszuwachses, vornehmlich guter Risiken, würde letztlich auf eine derartige Mischkalkulation hinauslaufen, indem ein Zwang zu einer bewußten versicherungswirtschaftlichen Verkopplung von sogenannten „guten“ mit sogenannten „schlechten Risiken“ bestehen würde. Dies würde über das Massenprinzip deutlich hinausgehen. Über die große Zahl sollen nicht die unterschiedlichen Gefährdungen der Einzelrisiken egalisiert, und somit die Erwartungswerte der jeweiligen Risiken nivelliert werden. Die Risiken sollen nur insofern ausgeglichen werden, als daß zufällige Abweichungen der Ergebnisse einer Risikosituation von ihrem Erwartungswert möglichst verringert bzw. beseitigt wird[634]. Vielmehr dient die Bildung eines Kollektivs versicherungstechnisch allein dem Zufallsausgleich zwischen den Einzelrisiken[635]. Der Solidargedanke der gesetzlichen Krankenversicherung würde in ein privatwirtschaftendes System transponiert, indem „schlechte Risiken“ einseitig bzw. übermäßig an entsprechend neue und „gute Risiken“ angebunden werden[636]. Das mündet in eine soziale bzw. wirtschaftliche Umverteilung[637], da entgegen des in der privaten Krankenversicherung herrschenden Äquivalenzprinzips eine systematische Umverteilung zwischen den Einzelrisiken durch Subventionierung der einen und Belastung der anderen erzeugt werden würde[638].

Daß dieses Ergebnis nicht gewollt ist, spiegelt sich auch in der Pflicht zur Berücksichtigung der Gesamtheit der beteiligten Interessen innerhalb der Prüfung hinsichtlich einer möglichen Betroffenheit der Belange der Versicherten wider. Als Orientierungsmaßstab für die „Belange der

---

[634] Vgl. Helten, Elmar, Das Risiko und seine Kalkulation, in: Walter Große u.a. (Hrsg.), Versicherungsenzyklopädie, Band 2 – Versicherungsbetriebslehre, 1984, S. 125, 268.

[635] Vgl. Helten, Elmar, Das Risiko und seine Kalkulation, in: Walter Große u.a. (Hrsg.), Versicherungsenzyklopädie, Band 2 – Versicherungsbetriebslehre, 1984, S. 125, 245.

[636] Vgl. Scholz, Rupert, Verfassungsrechtliche Strukturfragen der Versicherungsaufsicht, ZVersWiss 1984, 1, 24.

[637] Vgl. Bullinger, Martin, Verfassungsrechtliche Aspekte der Haftung, in: Hans Claudius Ficker u.a. (Hrsg.), Festschrift für Ernst von Caemmerer zum 70. Geburtstag, 1978, S. 297, 302.

[638] Vgl. Helten, Elmar, Das Risiko und seine Kalkulation, in: Walter Große u.a. (Hrsg.), Versicherungsenzyklopädie, Band 2 – Versicherungsbetriebslehre, 1984, S. 125, 245.

Versicherten“ ist anerkannt, daß von einem interessenmäßigen Durchschnittsmaßstab bzw. von einem für jene Gesamtheit typischen Durchschnittsinteresse auszugehen ist[639]. Gerade im Hinblick auf die im Krankenversicherungsrecht praktizierte Kalkulationsmethode des individuellen Äquivalenzprinzips einschließlich der Bildung von Alterungsrückstellungen kann unter Berücksichtigung des Durchschnittsinteresses eine Pflicht zu einem stetigen Bestandszuwachs - was letztlich auf eine Verpflichtung zum Offenhalten der Tarife hinauslaufen würde - nicht angenommen werden. Im Grundsatz ist nämlich davon auszugehen, daß jede Kohorte über ihren Beitrag und den darin enthaltenen Sparanteil zur Bildung der Alterungsrückstellungen innerhalb des Lebenszyklus ihre eigenen zu erwartenden Leistungsausgaben finanziert[640], so daß die Beitragsentwicklung im wesentlichen unabhängig von der Altersstruktur des versicherten Bestandes ist[641].

Ein Anspruch auf Erhalt einer bestimmten Bestandszusammensetzung als Anknüpfungspunkt für die Forderung nach einem stetigen Bestandszuwachs scheidet aus denselben Gründen aus[642], eine „Subventionierung“ der „schlechten“ durch die „guten Risiken“ ist dem System gerade nicht immanent. Eine andere Frage ist hingegen, inwieweit unter sozialpolitischen Aspekten - gerade in Zeiten explodierender Gesundheitskosten - es gesetzlicher Maßnahmen bedarf, um sicherzustellen, daß ein Altbestand auch in einem privatwirtschaftenden System nicht mit seiner eigenen Risikostruktur und seiner wachsenden Kostenbelastung im Alter alleingelassen wird[643].

---

[639] Vgl. Scholz, Rupert, Verfassungsrechtliche Strukturfragen der Versicherungsaufsicht, ZVersWiss 1984, 1, 14.

[640] Vgl. Wasem, Jürgen, Stand der Reformbestrebungen in der Krankenversicherung unter besonderer Berücksichtigung des Gutachtens der Kommission Krankenversicherung, Mannheimer Vorträge zur Versicherungswirtschaft Nr. 68, 1997, S. 26.

[641] Vgl. Präve, Peter, Aktuelle Fragen zum Recht der privaten Krankenversicherung, ZfV 1997, 354.

[642] Vgl. Präve Peter, Aktuelle Fragen zum Recht der privaten Krankenversicherung, ZfV 1997, 354, 355.

[643] Vgl. Heidemann, Jörg, Die Beitragsanpassung in der privaten Krankenversicherung, VP 1993, 82, 90.

Der Verlust eines stetigen Bestandszuwachses führt demnach zu keiner Betroffenheit der „Belange der Versicherten", ein Verbot der Ausgründung nach § 81 Abs. 2 S. 1, 2 i.V.m. Abs. 1 S. 2, 4 VAG scheidet demnach aus. Die Ausdehnung des Anwendungsbereichs des § 178 f Abs. 1 VVG auf den Konzern stellt somit eine erforderliche Maßnahme dar, um eine Umgehung des § 178 f Abs. 1 VVG durch Ausgründungen zu verhindern. Eine Aussage über die Angemessenheit der erstrebten gesetzlichen Maßnahme ist hiermit aber noch nicht getroffen.

(2) Angemessenheit

Hierunter verbirgt sich die Abwägung zwischen der mit der Maßnahme möglicherweise hervorgerufenen Beeinträchtigung sowie dem damit verfolgten Zweck. Diese Verhältnismäßigkeitsprüfung im engeren Sinne hat in zweifacher Hinsicht zu erfolgen: Zum einen aus rein nationaler Sicht, wobei dem Sinn und Zweck des § 178 f Abs. 1 VVG und seiner Sicherstellung durch eine Ausdehnung seines Anwendungsbereichs die durch diese Norm und eine mögliche Ausdehnung hervorgerufenen Belastungen für die Versicherer sowie das Versichertenkollektiv gegenüberzustellen sind. Zum anderen aus europarechtlicher Sicht - insbesondere unter dem Blickwinkel einer zunehmenden Einschränkung der Grundfreiheiten.

(a) Nationale Interessenlage

(1.) Herbeiführung einer Mischkalkulation durch § 178 f VVG

Mit Blick auf die Ausführungen in bezug auf die Verneinung einer Pflicht des Versicherers für einen stetigen Bestandszuwachs - insbesondere guter Risiken - zu sorgen, erscheint es problematisch, daß der Gesetzgeber über das Tarifwechselrecht nach § 178 f Abs. 1 VVG bewußt eine - allein vom Willen der wechselwilligen Versicherungsnehmer abhängige - Partizipation an einer unter Umständen besseren Risikostruktur eines anderen Tarifs ermöglicht. Letztlich läuft dies auf eine Mischkalkulation hinaus, obwohl ein derartiger „Solidargedanke" dem Kalkulationsmodell des privaten Krankenversicherungswesens grundsätzlich nicht immanent ist.

Eine Relativierung des Vorwurfs der Unterstützung einer Mischkalkulation durch die Regelung des § 178 f Abs. 1 VVG tritt aber insofern ein, als daß es durch die Schaffung des Tarifwechselrechts unter Mitnahme der bereits erworbenen Rechte und der Alterungsrückstellung für „gute" wie „schlechte" Risiken gleichermaßen möglich ist, an einer besseren Bestandszusammensetzung eines anderen Tarifs teilzuhaben. Es handelt sich gerade nicht um eine einseitig-kollektivierende Mischkalkulation[644]. Hingegen kann wegen des in § 178 f Abs. 1 VVG statuierten Kontrahierungszwangs nicht verhindert werden, daß möglicherweise vorwiegend „schlechte" oder „gute" Risiken in einen bestimmten Paralleltarif wechseln. Über derartige Wanderungsbewegungen können negative Risikoverschiebungen sowohl im Ausgangs- als auch im Aufnahmetarif auftreten, die zu einer Änderung des der Prämienberechnung zugrundegelegten Schadenbedarfs führen. Im Zusammenhang mit der Forderung nach einer risikogerechten Kalkulation gem. § 10 Abs. 1 KalV werden Beitragsanpassungen notwendig, die unter Umständen ein Ausmaß annehmen können, daß es zu Verwerfungen im Tarifgefüge kommen kann[645].

Wesentlich schwerer wiegt jedoch, daß es infolge des Wechsels zu einer unterschiedlichen Beteiligung der Versicherungsnehmer an in Zukunft notwendig werdenden Prämienerhöhungen kommt[646]. Soweit der wechselnde

---

[644] Vgl. Bullinger, Martin, Verfassungsrechtliche Aspekte der Haftung, in: Hans Claudius Ficker u.a. (Hrsg.), Festschrift für Ernst von Caemmerer zum 70. Geburtstag, 1978, S. 297, 302-303.

[645] Vgl. Gerwins, Theodor, Zu den Auswirkungen des Umstufungsrechts nach § 178 f VVG, ZfV 2000, 106, 107, der insbesondere auf Verwerfungen bei Tarifen mit unterschiedlichen Selbstbehalten hinweist. Danach hat sich in der Praxis gezeigt, daß die grundsätzliche Relation einer sinkenden Beitragshöhe mit steigender Selbstbehaltshöhe durch eine zunehmende Konzentration erschwerter Risiken in bestimmten Selbstbehaltsstufen in ihr Gegenteil verkehrt werden kann. Ausgelöst durch finanzielle Kompensationsbestrebungen infolge Beitragsanpassungen konnten aufgrund des Umstufungsrechts gem. § 178 f VVG Wanderungsbewegungen vornehmlich „schlechter Risiken" in Tarife mit höheren Selbstbehalt beobachtet werden. Der vorhandene Bestand konnte dies nicht ausgleichen, es entstand ein Beitragsanpassungsbedarf, der den Beitrag des Tarifs mit einer höheren Selbstbehaltsstufe größer werden ließ, als ein Tarif mit einem geringeren Selbstbehalt derselben Gesellschaft.

[646] Vgl. Gutachten der UEK BT Drucksache 13/4945 S. 47.

Versicherte ein durchschnittliches Risiko darstellt, wird er durch die in der Zukunft vorzunehmenden Prämienerhöhungen in gleicher Weise wie der Bestand innerhalb des neuen Tarifs, in den er gewechselt ist, an der Finanzierung der höheren Kosten beteiligt. Eine Belastungsverschiebung tritt weder im Ziel- noch im Ausgangskollektiv auf[647].

Für einen wechselnden Versicherten, der ein schlechtes Risiko darstellt, wird über die mitgenommene rechnungsmäßige Alterungsrückstellung - wie bei einem Wechsel eines durchschnittlichen Risikos - erreicht, daß der Nachversicherer in der Lage ist, auch diesen Neuzugang versicherungstechnisch so zu stellen, als hätte dieser im Zielkollektiv bereits eine Vorversicherungszeit von einer gewissen Anzahl an Jahren zurückgelegt. Es kann dann eine Tarifierung des Neuzugangs nach dem ursprünglichen Eintrittsalter vorgenommen werden[648]. Bei der Ermittlung der Alterungsrückstellung wird jedoch weder die aktuelle individuelle Risikosituation des Wechselwilligen noch zukünftige Kostensteigerungen berücksichtigt. Die Versicherten des neuen Tarifs werden daher an den vom gewechselten Versicherungsnehmer in Anspruch genommenen überdurchschnittlichen Leistungserhöhungen – aufgrund Kostensteigerungen - durch die für sie eintretenden Prämienerhöhungen beteiligt[649]. Denn der durch die negativen Risikoverschiebungen bedingte Überschaden muß von allen gleichermaßen gedeckt werden. Entsprechend werden die Versicherten des Tarifs, aus dem der Versicherungswechsler ausscheidet, bezüglich künftiger Prämienerhöhungen entlastet[650].

Als Rechtfertigung für die Transponierung derartiger Solidaritätsbausteine in das privatrechtliche Krankenversicherungssystem werden solzialpolitische Erwägungen angeführt[651]. Aus der Tatsache, daß die private Krankenversicherung in einem Bereich der Daseinsvorsorge tätig ist, der

---

647 Vgl. Gutachten der UEK BT Drucksache 13/4945 S. 47.

648 Vgl. Terhorst, Elmar, Wahlfreiheit und Wettbewerb in der privaten Krankenversicherung, 2000, S. 138.

649 Vgl. Gutachten der UEK BT Drucksache 13/4945 S. 47.

650 Vgl. Gutachten der UEK BT Drucksache 13/4945 S. 47.

651 Vgl. die amtliche Begründung zu §§ 12 a bis 12 d BT Drucksache 12/6959 S. 61.

wesentlich durch die existenzielle Bedeutung für den Einzelnen geprägt ist und für Teile der Bevölkerung[652] unter Umständen die einzige Möglichkeit zur Absicherung ihres Krankheitsrisikos darstellt, kann von einer Ausstrahlungswirkung des in Art. 20 Abs. 1 GG verankerten Sozialstaatsprinzips auch in die private Krankenversicherung hinein ausgegangen werden. Die daraus herleitbare Sozialbindung der privaten Krankenversicherung[653] führt zu dem rechtspolitisch motivierten Verlangen des Gesetzgebers, daß alte Bestände mit einer wachsenden Kostenbelastung im Alter nicht alleingelassen werden sollen, was sich einerseits im Tarifwechselrecht nach § 178 f VVG, andererseits in der Maßnahme zur Direktgutschrift nach § 12 a VAG manifestiert. Fraglich erscheint, ob man hieraus auch eine Sozialbindung der Privatversicherten untereinander herleiten kann, denn wie bereits oben gezeigt, haben vornehmlich die Versicherten eine durch § 178 f Abs. 1 VVG ausgelöste Risikoverschiebung bzw. eine möglicherweise auftretende Mischkalkulation über Prämienanpassungen abzufangen.

Es gilt jedoch zu berücksichtigen, daß den Versicherungsnehmern ein Anspruch auf Erhalt einer bestimmten Bestandszusammensetzung wie zuvor gesehen nicht zusteht. Über die dem Tarif zugrundeliegenden Annahmekriterien, z.B. eine strenge Gesundheitsprüfung, kann zwar sichergestellt werden, daß nur bestimmte Risiken in den Tarif aufgenommen werden, doch auf die weitere Entwicklung dieser Risiken kann keinerlei Einfluß mehr genommen werden. Sollten sich abermals gute Risiken im Laufe der Zeit zu schlechten Risiken entwickeln, die in Verbindung mit Kostensteigerungen im Gesundheitswesen eine höhere Schadensbelastung als zunächst erwartet auslösen, dann wären ebenfalls alle Versicherte des Kollektivs über Prämienanpassungen daran beteiligt. Nichts anderes kann dann in bezug auf Wagnisverschiebungen gelten, die durch die Einräumung des Tarifwechselrechts ausgelöst werden. Zumal eine Relativierung über die Einpassungsmöglichkeit des ursprünglich festgestellten Gesundheitszustands an die Risikoskala des Aufnahmetarifs erfolgt, indem der Kalkulationsansatz

---

[652] Hiervon sind alle diejenigen Gruppen angesprochen, die nicht von der Regelung des § 6 SGB V erfaßt werden, z.B. Selbstständige, und die außer über die begrenzte Möglichkeit des § 9 Abs. 1 SGB V auf privaten Versicherungsschutz verwiesen sind.

[653] Vgl. Schmidt in: Prölss, VAG, 11. Auflage, 1997, § 12 a Rn. 2.

in bezug auf die erhobenen Durchschnittsprämien dieses neuen Tarifs auch bei der Tarifierung der Tarifwechsler unter Anrechnung ihrer Alterungsrückstellung eingehalten werden kann.

Aus diesen Gründen verstößt die Gewährung eines Tarifwechselrechts nicht gegen schutzwürdige Versicherteninteressen, zumal das Tarifwechselrecht bei Erfüllung der tatbestandlichen Voraussetzungen von allen gleichermaßen in Anspruch genommen werden kann. Was durchaus auch den umgekehrten Effekt einer positiven Risikoverschiebung beinhaltet und eine Homogenisierung der Bestandsstrukturen herbeiführen kann.

(2.) Faktische Wettbewerbsbeschränkung durch eine ungleichmäßige Betroffenheit von § 178 f VVG

Als problematisch könnte sich aber die ungleichmäßige Betroffenheit sowohl der Versicherer untereinander als auch der Versicherten untereinander durch die Regelung des § 178 f Abs. 1 VVG erweisen, was womöglich als Verstoß gegen Art. 3 Abs. 1 GG zu werten ist.

Der Gleichheitssatz verbietet wesentlich Gleiches „willkürlich“[654] ungleich und wesentlich Ungleiches „willkürlich“ gleich zu behandeln. Nach dem Willen des Gesetzgebers sind Adressaten des Tarifwechselrechts gem. § 178 f VVG gleichermaßen alte wie neugegründete Krankenversicherungsunternehmen. Eine Differenzierung hinsichtlich des Adressaten hat er gerade nicht aufgenommen, so daß der § 178 f Abs. 1 VVG von seiner Fassung her eine unterschiedliche Behandlung vermeidet.

Faktisch stellt es sich nun so dar, daß insbesondere ältere Unternehmen, d.h. mit einem Bestand dessen Durchschnittsalter höher ist, von dem Tarifwechselrecht zumindest zum jetzigen Zeitpunkt sowie in den nächsten Jahren stärker durch die Regelung des § 178 f Abs. 1 VVG betroffen sind. Der Grund liegt darin, daß ein entscheidender Auslösungsfaktor für die vermehrte Inanspruchnahme des Tarifwechselrechts die Problematik steigender Beiträge infolge Kostensteigerungen im Gesundheitswesen ist.

---

[654] Vgl. zur „Neuen Formel“ des BVerfG bezüglich der Feststellung unzulässiger Ungleichbehandlungen u.a. Jarass, Hans D., Folgerungen aus der neueren Rechtsprechung des BVerfG für die Prüfung von Verstößen gegen Art. 3 I GG, NJW 1997, 2545 ff.

Insbesondere bei älteren Versicherten wird dies akut[655], was seinerseits Ausfluß des verwendeten Kalkulationsmodells und der mangelnden Mitnahme der Alterungsrückstellung bei einem unternehmensübergreifenden Wechsel ist[656].

Um einen dauerhaft konstanten Beitrag zu ermöglichen, werden bei der Kalkulation nach dem Anwartschaftsdeckungsverfahrens zwar die mit dem Alter steigenden Krankheitsrisiken berücksichtigt, ansonsten wird jedoch von gleichbleibenden Verhältnissen ausgegangen. Die allgemeinen inflationsbedingten Preissteigerungen und die darüber hinausgehenden speziellen Kostensteigerungen im Gesundheitswesen sollen erst durch Beitragserhöhungen aufgefangen werden, wenn sie nicht auf andere Weise finanziert werden können.[657] Dementsprechend ist im Rahmen der

---

[655] Vgl. Gutachten der UEK BT Drucksache 13/4945 S. 14-15.

[656] Letztlich hat dies auch die Expertenkommission und nun auch der Gesetzgeber erkannt. Er ist zwar nicht zu einem dynamischen Kalkulationsansatz übergegangen, jedoch wird dem durch die Einführung eines obligatorischen Beitragszuschlag auf die substitutive Krankenkostenversicherung von 10% in einem neuen Abs. 4 a des § 12 VAG, den alle Erwachsene bis zur Vollendung des 60. Lebensjahres zu zahlen haben, Rechnung getragen. Dieser Zuschlag soll nämlich der Aufstockung der Alterungsrückstellung dienen und zur Prämienermäßigung im Alter nach § 12 a Abs. 2 lit. a VAG verwendet werden. Für bereits Versicherte gelten Übergangsregelungen. Vgl. Gerwins, Theodor, Anmerkungen zur Prüfung der Zumutbarkeit von Prämiensteigerungen bei älteren Versicherten in der PKV, NVersZ 2000, 353.

[657] Vgl. Schmid-Grotjohann, Wolfgang, Das Änderungsrisiko in der Privaten Krankenversicherung, 1995, S. 100 ff., der der statischen, vom Änderungsrisiko abstrahierenden Betrachtungsweise im Zeitpunkt der Prämienkalkulation einen dynamischen Ansatz als Lösungsmodell für die steigenden Prämien gegenüberstellt. Wie aus den im Laufe eines Versichertenlebens mehrmals sich wiederholenden Prämienanpassungen ersichtlich ist, trifft seiner Ansicht nach „die Entscheidung für eine Leistungssteigerungsrate von Null die tatsächlichen Verhältnisse schlechter, als es die Annahme einer beliebig positiven Steigerungsrate tun würde. Dieser Ansatz ermöglicht die Einbeziehung einer prognostizierten Kopfschadensteigerung im Zeitablauf und ist damit realistischer als der statische Ansatz. Mit der Antizipation einer bestimmten Kopfschadensteigerung wird der Versicherer in die Lage versetzt, das gesamte versicherungstechnische Risiko über einen mehrjährigen Zeitraum zu tragen. Der Prämienverlauf im Zeitablauf ist umso ausgeglichenen, je genauer der Versicherer die tatsächliche Leistungsentwicklung prognostiziert. Damit käme der Prognostizierbarkeit von Versicherungsleistungen über einen mehrjährigen Versicherungszeitraum eine

Beitragsanpassung nicht nur eine Anpassung der Prämien an den tatsächlichen Schadensbedarf erforderlich, sondern es muß - im Hinblick auf die Gewährleistung eines trotz Älterwerdens konstanten Beitrags - zusätzlich eine Nachkalkulation der Alterungsrückstellung erfolgen. Diese führt dazu, daß die Beitragserhöhungen für die älteren Versicherten relativ höher sind als die aktuellen Preis- und Kostensteigerungen und zwar um so höher, je älter der Versicherte ist. Denn je größer die zurückgelegte Versicherungsdauer ist, desto größer ist die aufgrund der Beitragsanpassung auftretende Rückstellungsdifferenz, die der Versicherte anhand laufender Beitragszahlungen nachzuentrichten hat[658]. Indem bei der Anpassung der Prämien wiederum die aktualisierten Rechnungsgrundlagen zugrunde gelegt und als konstant unterstellt werden, wird der Anpassungsprozeß bei steigenden Gesundheitskosten wiederholt im Laufe eines Versichertenlebens notwendig, was die Verstetigung der Prämie zusätzlich unterstützt.

Aufgrund der bestehenden Konzeption der privaten Krankenversicherung kann die Alterungsrückstellung bei Wechsel zu einem anderen Versicherer nicht mitgenommen werden, so daß für ältere Personen, insbesondere mit lediglich durchschnittlichem Gesundheitsprofil, sowie für sogenannte „schlechte Risiken" faktisch keine Möglichkeit besteht, sich bei einem anderen Krankenversicherer zu moderaten Prämien zu versichern. Dies führt nicht nur dazu, daß diese Gruppen häufiger von ihrem Recht auf Tarifwechsel als einzige Möglichkeit des Wechsels zu moderaten Bedingungen Gebrauch machen werden, als dies „gute" und junge Risiken machen. Gerade die mangelnde Mitnahme der Alterungsrückstellung bei unternehmensübergreifendem Wechsel eröffnet den neugegründeten Unternehmen den Vorteil, daß vornehmlich junge Versicherte und sogenannte „gute Risiken" um Aufnahme begehren. Die dadurch entstehende günstige Risikostruktur bedingt eine moderate Schadensbelastung auch in Zeiten steigender Gesundheitskosten, da sowohl eine kostenintensive als auch häufige Inanspruchnahme erhöhter Leistungen mit zunehmendem Alter und einer

---

entscheidende Bedeutung zu. Diese nimmt in dem Maße zu, wie der Einfluß der PKV auf die die Versicherungsleistungen „produzierenden" relevanten Umweltelemente VN und ärztlicher Sachwalter steigt."

[658] Vgl. Terhorst, Elmar, Wahlfreiheit und Wettbewerb in der privaten Krankenversicherung, 2000, S. 82.

unterdurchschnittlichen Risikosituation der Versicherten einhergehen. Es können im Vergleich zu älteren Gesellschaften günstigere Kalkulationsansätze gewählt werden, was billigere Prämien bedingt. Dies macht sie wiederum für jüngere Risiken interessanter und unterstützt bei den älteren Versicherungsunternehmen die Stagnation und führt sogar zur Rückläufigkeit des Neugeschäfts. Der Kreislauf der Tarifvergreisung in hoch schadensbelastenden Tarifen wird begünstigt.

Darüber hinaus ergeben sich aus den differierenden Bestandsstrukturen der Unternehmen Verwerfungen im Zusammenhang mit der Direktgutschrift gem. § 12 a Abs. 3 VAG: Mit dem Dritten Durchführungsgesetz EWG/VAG[659], geändert durch das GKV-Gesundheitsreformgesetz 2000[660], wurde für die private Krankenversicherung eine Zinsüberschußbeteiligung als Direktgutschrift eingeführt. Da bei der Kalkulation der Beiträge ein Rechnungszins von höchstens 3,5 vH zugrunde gelegt werden darf[661], hingegen die zur Bedeckung der Alterungsrückstellung vorhandenen Kapitalanlagen in der Realität wesentlich höher rentieren, schreibt der Gesetzgeber insbesondere mit Blick auf die Realwertsicherung der Alterungsrückstellung vor, daß die Unternehmen der rechnungsmäßigen Alterungsrückstellung der Versicherten zusätzliche Kapitalerträge zuzuführen haben. Die Höhe dieser außerrechnungsmäßigen Zuführungen beträgt nach § 12 a Abs. 1 VAG 90 vH der auf die Alterungsrückstellung der betroffenen Versicherungen entfallenden durchschnittlichen, über die rechnungsmäßige Verzinsung von 3,5 vH hinausgehenden Kapitalerträge. Hinsichtlich der Zuteilung ist dabei eine Splittung vorgesehen: Während die eine Hälfte des Zuteilungsbetrages nach § 12 a Abs. 2 S. 2 VAG i.V.m. § 2 Abs. 1 ÜschV „anteilig" im Sinne von verursachungsgerecht der positiven Alterungsrückstellung jedes einzelnen Versicherten zugeführt wird, erfolgt die Gutschrift der anderen Hälfte nach § 12 a Abs. 3 VAG nur bei denjenigen

---

[659] BT Drucksache 12/6959.

[660] Der Deutsche Bundestag hat im Rahmen des Gesetzes zur Reform der gesetzlichen Krankenversicherung ab dem Jahr 2000 Änderungen des Versicherungsaufsichtsgesetzes beschlossen. Ein wesentlicher Bestandteil dieser Änderungen (Art. 14) betrifft Maßnahmen zur Begrenzung von Beitragserhöhungen für ältere privat Krankenversicherte, vgl. BGBl. I Nr. 59 zu Art. 14, vom 29. Dezember 1999, S. 2652.

[661] Vgl. die Ausführungen unter Teil 1, II 1 S. 16 ff.

Versicherten, die am Bilanzstichtag 65 Jahre und älter sind[662]. Besitzt ein Unternehmen wenig ältere Versicherte, so daß der Zuschreibungsbetrag gem. § 12 a Abs. 3 VAG nicht sinnvoll zur Begrenzung von Beitragsanpassungen bei dieser Versichertengruppe verwendet werden kann, weil dann die angepaßten Prämien der Altversicherten diejenigen zum ursprünglichen Eintrittsalter unterschreiten würden, dürfen die Unternehmen nach § 12 a Abs. 3 S. 3, 2. Halbsatz VAG diese Mittel insoweit der Alterungsrückstellung der unter 65-jährigen Versicherten gutschreiben[663]. Dies hat nicht nur zur Folge, daß ein der privaten Krankenversicherung an sich wesensfremdes Umverteilungselement zwischen jüngeren und älteren Versicherten eingeführt worden ist. Indem jüngere Versicherte Teile der Überzinsen, die bei verursachungsgerechter Zuweisung auf ihre Alterungsrückstellung entfallen würden, an die älteren Versicherten abführen, subventionieren sie die älteren Versicherten ihres Versicherungsunternehmens. Hat ein Unternehmen nun keinen nennenswerten Altbestand, weil es sich um ein junges oder neugegründetes Unternehmen handelt, kann es somit seinen jüngeren Versicherten wesentlich höhere Zinsüberschüsse gutschreiben als diejenigen Unternehmen mit einem gewachsenen Altbestand und einem entsprechend hohem Subventionsbedarf[664]. Letztlich führt dies dazu, daß sich die Wettbewerbsverzerrung und die Anziehungskraft von jungen und neugegründeten Unternehmen in bezug auf das Neukundengeschäft gegenüber den alten und etablierten Krankenversicherungsunternehmen noch verstärkt[665].

---

[662] Eine Ausnahme wird über § 12 a Abs. 3 S. 2 VAG gewährt, wonach „bis zum Bilanzstichtag, der auf den 1. Januar 2010 folgt, abweichend von § 12 a Abs. 3 S. 1 VAG 25 vom Hundert auch für Versicherte verwendet werden, die das 55. Lebensjahr, jedoch nicht das 65. Lebensjahr vollendet haben".

[663] Vgl. Gutachten der UEK BT Drucksache 13/4945 S. 22.

[664] Vgl. Gutachten der UEK BT Drucksache 13/4945 S. 22; Terhorst Elmar, Wahlfreiheit und Wettbewerb in der privaten Krankenversicherung, 2000, S. 115-116.

[665] Der Gesetzgeber hat auf die durch die Direktgutschrift bestehende Wettbewerbsverzerrung zwischen älteren und jüngeren Unternehmen reagiert und im Rahmen der GKV-Gesundheitsreform 2000 innerhalb von 25 Jahren den schrittweisen Abbau der Direktgutschrift für die älteren Versicherten beschlossen, § 12 a Abs. 2 S. 3 VAG.

Es stellt sich somit die Frage, wieweit eine Ungleichbehandlung durch die faktischen Auswirkungen einer rechtlichen Gleichbehandlung konstituiert werden kann[666]. Diese Problematik ist der Untersuchung einer ausreichenden Rechtfertigung von Ungleichbehandlungen vorgelagert. Sie betrifft vielmehr die erste Stufe, die Frage, wann im Schutzbereich des allgemeinen Gleichheitssatzes eine Beeinträchtigung vorliegt[667].

In Parallele zu der Diskussion um den Eingriffsbegriff im Rahmen der Freiheitsrechte, wonach nach moderner Auffassung als Eingriff jedes staatliche Handeln zählt, das dem einzelnen ein Verhalten, das in den Schutzbereich eines Grundrechts fällt, ganz oder teilweise unmöglich macht, gleichgültig ob diese Wirkung final oder unbeabsichtigt, unmittelbar oder mittelbar, rechtlich oder tatsächlich, mit oder ohne Befehl und Zwang erfolgt[668], erhält diese Entwicklung auch im Rahmen der Gleichheitsrechte Beachtung: Danach ist dem Gleichheitssatz nicht schon dann genügt, wenn die Betroffenen dem Gesetzeswortlaut nach gleich behandelt werden; entscheidend sind vielmehr der sachliche Gehalt der Vorschrift und ihre Wirkung[669]. „Ergibt sich aus der praktischen Auswirkung einer Norm eine sachlich nicht mehr zu rechtfertigende Ungleichheit und ist diese ungleiche Auswirkung gerade auf die rechtliche Gestaltung der Norm zurückzuführen, so widerspricht diese dem Gleichheitssatz“[670]. Im vorliegenden Fall ist die unterschiedliche Betroffenheit der Unternehmen und Versicherten aber nicht in der gesetzlichen Regelung selbst begründet, sondern hat ihre Ursache in den jeweiligen Bestandsstrukturen der Unternehmen. Diese sind aber ihrerseits Folge einer freien unternehmerischen Entscheidung, da es den Versicherern grundsätzlich freigestellt ist, ob sie ein Risiko aufnehmen, das

---

[666] Vgl. Jarass, Hans D., Folgerungen aus der neueren Rechtsprechung des BVerfG für die Prüfung von Verstößen gegen Art. 3 I GG, NJW 1997, 2545, 2546.

[667] Vgl. Jarass, Hans D., Folgerungen aus der neueren Rechtsprechung des BVerfG für die Prüfung von Verstößen gegen Art. 3 I GG, NJW 1997, 2545, 2546.

[668] Vgl. Pieroth, Bodo/Schlink, Bernhard, Grundrechte Staatsrecht II, 16. Auflage, 2000, Rn. 240; Bleckmann, Albert/ Eckhoff, Rolf, Der mittelbare Grundrechtseingriff, DVBl. 1988, 373 ff.

[669] Vgl. BVerfGE 49, 148, 165 = NJW 1979, 151, 153.

[670] BVerfGE 8, 51, 64 = NJW 1958, 1131-1132; BVerfGE 49, 148, 165 = NJW 1979, 151, 153; BVerfGE 92, 26, 51 = NJW 1995, 2339, 2342.

erstmals bei ihnen privaten Versicherungsschutz ersucht[671]. Ebenso ist es die persönliche Entscheidung der Versicherungsnehmer, welchem Unternehmen und somit welcher Bestandsstruktur sie beitreten. Eine Beeinträchtigung des Schutzbereichs des Art. 3 Abs. 1 GG durch die faktischen Auswirkungen des Tarifwechselrechts ist daher abzulehnen.

Auch der Einwand, daß über die Erstreckung des § 178 f Abs. 1 VVG auf den Konzern sich diese faktischen Auswirkungen noch verstärken könnten, stellt kein überzeugendes Argument gegen eine derartige Ausdehnung dar. Unter rein wirtschaftlicher Betrachtung ist es ein Wesensmerkmal des Wettbewerbes und des Marktes, daß junge Unternehmen zunächst einmal von den neuesten Innovationen sowie von den Fehlern der Vergangenheit in der Branche profitieren. Letztlich ist es aber nur eine Frage der Zeit, bis diese jungen Unternehmen genauso von den mit dem Tarifwechselrecht verbundenen Problemen heimgesucht werden, so daß sich die faktische Wettbewerbsbeschränkung mit Zeitablauf automatisch aufhebt. Zumal der Gesetzgeber innerhalb der GKV-Gesundheitsreform 2000[672] beschlossen hat, die durch § 12 a Abs. 3 VAG stattfindende Umverteilung eines Teils der Überzinsen zu Gunsten der älteren Versicherten über einen Zeitraum von 25 Jahren wieder abzubauen, um die dadurch eingetretene Wettbewerbsverzerrung zwischen jungen und etablierten Krankenversicherungsunternehmen schrittweise aufzulösen[673]. Darüber hinaus bedingt die Ausdehnung des Tarifwechselrechts auf den Konzern in Verbindung mit den zu beobachtenden zunehmenden Fusionbestrebungen innerhalb der Versicherungsbranche eine Relativierung der unterschiedlichen Betroffenheit von Unternehmen und deren Versicherten durch die Regelung des § 178 f Abs. 1 VVG sowie durch die Maßnahmen zur Direktgutschrift gem. § 12 a Abs. 3 VAG. Über die Fusionen gelangen nämlich auch vermehrt neugegründete Unternehmen in den Konzernverband etablierter Versicherungsunternehmen, die einem Wechsel der Versicherungsnehmer über einen infolge der Ausdehnung erweiterten Anwendungsbereich des § 178 f Abs. 1 VVG sodann offenstehen würden und zu einer

---

[671] Vgl. BVerfGE 92, 26, 51 = NJW 1995, 2339, 2342.

[672] BGBl. I Nr. 59, vom 29. Dezember 1999, S. 2626.

[673] Vgl. § 12 a Abs. 2 S. 3 VAG.

Homogenisierung der Bestandsstrukturen zwischen den etablierten und jungen Unternehmen des Konzernverbands beitragen würden.

(3.) Gefahr des Leerlaufens der Regelung des § 178 f VVG

Ohne eine Sicherstellung des in § 178 f VVG verankerten Tarifwechselrechts durch die Ausdehnung seines Anwendungsbereichs, droht es im Fall der Ausgründungen leerzulaufen, was seinerseits der durch den Gesetzgeber beigemessenen Bedeutung zuwiderlaufen würde. Seine Bedeutung spiegelt sich in der ausdrücklichen Erwähnung sowohl im Rahmen des Versicherungsaufsichtsrechts gem. § 12 Abs. 1 Nr. 4 VAG als auch im Versicherungsvertragsrecht wider. Gerade weil zu bedenken gilt, daß das Tarifwechselrecht nicht wie die übrigen Regelungen der §§ 178 a-o VVG bereits zuvor Bestandteil der Allgemeinen Versicherungsbedingungen (AVB) war. Es stellt zwar keine völlige Neuschöpfung dar, beruhte jedoch vor seiner gesetzlichen Fixierung lediglich auf einer freiwilligen Handhabung der Unternehmen. Ein Anspruch der Versicherungsnehmer hierauf bestand damals noch nicht.

(4.) § 178 f VVG als Korrelat zur Prämienanpassungsmöglichkeit gem. § 178 g VVG

Auch stellt das Tarifwechselrecht ein Korrelat zu der einseitigen Prämien- und Bedingungsanpassungsmöglichkeit des Versicherers nach § 178 g Abs. 2, 3 VVG dar. Aufgrund des Ausschlusses des ordentlichen Kündigungsrechts des Versicherers für den Bereich der substitutiven Krankenversicherung gem. § 178 i Abs. 1 VVG sowie der Prämisse, künftige Änderungen der Verhältnisse nicht schon vorgreiflich in der Prämienberechnung durch vage Schätzungen zu berücksichtigen[674], bedurfte es eines Eingriffsrechts des Versicherers in bestehende Versicherungsverhältnisse, um nachträgliche Abweichungen des tatsächlichen vom zunächst kalkulierten Schadensbedarf[675] berücksichtigen

---

[674] Vgl. Prölss in: Prölss/Martin, VVG, 26. Auflage, 1998, § 178 g Rn. 11.

[675] Wird auch als Kopfschaden bezeichnet. Man unterscheidet die tatsächlichen von den rechnungsmäßigen Kopfschäden. Als tatsächlicher Kopfschaden werden die Leistungen des Versicherers pro Versicherten in einem Geschäftsjahr bezeichnet. Dabei sind die Kopfschäden abhängig vom Geschlecht und Alter des Versicherten sowie vom

zu können. Dies gebietet sogar die ihm auferlegte Verpflichtung, die dauernde Erfüllbarkeit der Krankenversicherungsverträge zu gewährleisten[676]. Das Eingriffsrecht des Versicherers nach § 178 g VVG ist aber nicht in sein alleiniges Belieben gestellt. Die Einhaltung der Voraussetzungen und somit die Rechtmäßigkeit der Prämien- sowie der Bedingungsanpassung wird durch einen unabhängigen Treuhänder überwacht und sichergestellt. Dennoch birgt die Technik der Prämienanpassung die Gefahr in sich, das versicherungstechnische Risiko, d.h. das Risiko der Abweichung des tatsächlichen vom kalkulierten Schadensbedarf, insgesamt auf den Versicherten zu verlagern[677]. Eine Abweichung des tatsächlichen vom kalkulierten Schadensbedarf tritt nämlich nicht nur durch Änderungen der externen Faktoren ein, sog. Änderungsrisiko, sondern wird zusätzlich durch zufällige Abweichungen vom erwarteten Schadensverlauf, sog. Zufallsrisiko, sowie durch Abweichungen vom erwarteten Schadenverlauf durch Fehler in der Ermittlung des versicherungstechnischen Risikos, sog. Irrtums- oder Informationsrisiko, bestimmt[678]. Aufgrund der Unmöglichkeit, die Abweichungen der tatsächlichen von dem rechnungsmäßigen Schadensbedarf in den Alterskollektiven den dafür verantwortlichen Komponenten des versicherungstechnischen Risikos zuzuordnen, werden mit der Prämienanpassungsautomatik neben den beabsichtigten Änderungsrisiken auch die anderen Komponenten des versicherungstechnischen Risikos miterfaßt[679]. Dies gilt insbesondere für Zufallsschwankungen, zu deren Bewältigung der Risikoausgleich im Kollektiv vorgesehen ist[680]. Das dem

Leistungsversprechen des Tarifs. Der rechnungsmäßige Kopfschaden ist hingegen derjenige, den der Versicherer seiner Kalkulation der Prämien zugrundegelegt hat.

[676] Vgl. die Verpflichtung „zur Wahrung der Belange der Versicherten" gem. § 178 g Abs. 3 S. 1 VVG.

[677] Vgl. Schmid-Grotjohann, Wolfgang, Das Änderungsrisiko in der Privaten Krankenversicherung, 1994, S. 89-90.

[678] Vgl. Janott, Horst K., Zufallsrisiko – Änderungsrisiko, in: Fritz Reichert-Facilides u.a. (Hrsg.), Festschrift für Reimer Schmidt, 1976, S. 407, 408, 411, 415.

[679] Vgl. Lipperheide, Manfred, Prämienanpassungsklauseln, in: Dieter Farny u.a. (Hrsg.), Handwörterbuch der Versicherung (HdV), 1988, S. 541, 543.

[680] Vgl. Janott, Horst K., Zufallsrisiko – Änderungsrisiko, , in: Fritz Reichert-Facilides u.a. (Hrsg.), Festschrift für Reimer Schmidt, 1976, S. 407, 413: „Das Änderungsrisiko existiert nicht isoliert, sondern immer im Zusammenhang mit dem Zufallsrisiko. Gerade

Versicherungsnehmer im Zusammenhang mit einer Prämienanpassung gewährte Kündigungsrecht nach § 178 h Abs. 4 VVG ist mit Blick auf die existenzielle Bedeutung von Krankenversicherungsschutz für den einzelnen, einer sich mit zunehmendem Alter verschlechternden individuellen Risikosituation und dem Verlust der angesammelten Alterungsrückstellung bei Kündigung kein Mittel, um auf steigende Beiträge infolge Prämienanpassung angemessen reagieren zu können[681]. Das Tarifwechselrecht nach § 178 f VVG, das gleichermaßen wie die Anpassungsmöglichkeit des Versicherers nach § 178 g VVG ein einseitig wirkendes Eingriffsrecht gewährt, ist daher notwendig, um ein Gleichgewicht zwischen Versicherungsnehmer und Versicherer zu schaffen.

(5.) Bedeutung des Standardtarifs

Eine Sicherstellung des § 178 f VVG wird auch nicht durch das gesetzlich gewährte Recht auf Wechsel in den sogenannten brancheneinheitlichen Standardtarif nach § 257 Abs. 2 a S. 1 Nr. 2 SGB V hinfällig.

Im Rahmen des Gesundheitsstrukturgesetzes (GSG)[682] wurde als Voraussetzung für eine Zahlung des Arbeitgeberzuschusses zum Krankenversicherungsbeitrag u.a. die Bereitstellung eines brancheneinheitlichen Standardtarifs für versicherte Personen, die das 65. Lebensjahr vollendet haben und die über eine Vorversicherungszeit von mindestens zehn Jahren in einem substitutiven Versicherungsschutz verfügen, aufgestellt. Das Leistungsniveau des Standardtarifs entspricht in etwa dem Leistungsangebot der GKV und ist bei allen Unternehmen gleich. Die Versicherungsunternehmen unterliegen auch hier einem unternehmensinternen Kontrahierungszwang unter Anrechnung der bereits angesammelten Alterungsrückstellung, wobei jedoch Risikozuschläge, die

---

bei unregelmäßigen Schwankungen im Schadenverlauf ist es unter Umständen im Einzelfall unmöglich zu erkennen, ob es sich hier um zufällige Schwankungen handelt oder um solche, die auf zeitlich unregelmäßig manifest werdende Änderungen der externen Faktoren zurückzuführen sind".

[681] Vgl. Beckmann, Roland Michael, Auswirkungen des § 31 VVG auf die Zulässigkeitsvoraussetzungen von Prämienanpassungsklauseln in Versicherungsverträgen, VersR 1996, 540, 545.

[682] BGBl. I, vom 21. Dezember 1992, S. 2266.

bereits im Vortarif bestanden haben, auch im Standardtarif ihre Gültigkeit behalten, ebenso wie vorher bestehende Leistungsausschlüsse, die bei einem Wechsel in den Standardtarif aufgehoben und in einen Beitragszuschlag umgewandelt werden. Allerdings darf der vom Versicherungsnehmer zu zahlende Gesamtbeitrag einschließlich aller Risikozuschläge den GKV-Höchstbeitrag nicht überschreiten, sogenannte Höchstbeitragsgarantie[683]. Finanziert wird die Beitragsgarantie durch einen Zuschlag auf die Bruttoprämie der Tarife, bei denen ein Recht zum Wechsel in den Standardtarif besteht. Ferner schreibt der Gesetzgeber in § 257 Abs. 2 b SGB V einen finanziellen Spitzenausgleich[684] vor, der zwischen den Unternehmen zur Sicherstellung der Höchstbeitragsgarantie durchzuführen ist.

Diese den Versicherungsunternehmen faktisch auferlegte Verpflichtung wurde nun durch das GKV-Gesundheitsreformgesetz 2000 dahingehend erweitert, daß der Zugang zum Standardtarif auf Personen, die das 55. Lebensjahr vollendet haben, deren jährliches Gesamteinkommen die Jahresarbeitsentgeltgrenze nicht übersteigt und ebenfalls über eine zehnjährige Vorversicherungszeit verfügen, ausgedehnt wurde[685]. Unabhängig von dieser Altersgrenze können nach § 257 Abs. 2 a S. 1 Nr. 2 a SGB V auch Versicherte in den Standardtarif wechseln, die die Voraussetzungen für den Anspruch auf eine Rente der gesetzlichen Rentenversicherung erfüllen und diese Rente beantragt haben oder die ein Ruhegehalt nach beamtenrechtlichen oder vergleichbaren Vorschriften beziehen. Darüber hinaus sieht die Bestimmung des § 257 2 a S. 1 Nr. 2 b SGB V vor, daß die Unternehmen einen „beihilfekonformen“ Standardtarif anbieten, dessen Leistungen auf die Beihilfesätze abgestimmt sind.

---

683 Vgl. Berufsbildungswerk der deutschen Versicherungswirtschaft (Hrsg.), Versicherungslehre II, 2. Auflage, 1996, S. 568; Surminski, Arno, Sammmelbecken schlechter Risiken, ZfV 1995, 13.

684 Vgl. Terhorst, Elmar, Wahlfreiheit und Wettbewerb in der privaten Krankenversicherung, 2000, S. 157-167 zu dem Inhalt und der Berechnung des Spitzenausgleichs.

685 Vgl. § 257 Abs. 2 a S. 1 Nr. 2 a SGB V.

Ungeachtet dessen stellt der brancheneinheitliche Standardtarif nach wie vor lediglich eine Flankierung des Tarifwechselrechts nach § 178 f VVG dar, um das Problem steigender Beiträge insbesondere im Alter abzumildern. Indem der Gesetzgeber die Rückkehrmöglichkeit in die gesetzliche Krankenversicherung für Privatversicherte im Alter unterbunden hat, war es notwendig sicherzustellen, daß ältere Privatversicherte, die in finanzielle Not geraten, unabhängig von der Schwere ihres individuellen Krankheitskostenrisikos und ohne Verlust der bisher angesammelten Alterungsrückstellung den privaten Krankenversicherungsschutz aufrechterhalten können[686]. Diese Notwendigkeit ergibt sich daraus, daß für die Versicherten nach einem Tarifwechsel gem. § 178 f VVG nach wie vor die Gefahr der antiselektionsbedingten Bestandsverschlechterungen und daraus resultierende Prämienerhöhungen gegeben ist. Unter Umständen kann dann die fällig werdende Prämie nicht mehr aufgebracht werden. Wohingegen der Standardtarif die Gewähr bietet, daß auch infolge Prämienerhöhungen die zu zahlende Gesamtprämie niemals den Höchstbeitrag der GKV überschreiten wird. Wie sich aus dem notwendig werdenden Spitzenausgleich zwischen den privaten Krankenversicherungsunternehmen gem. § 257 Abs. 2 b SGB V ersehen läßt, kann die Beitragsgarantie des Standardtarifs nur aufgrund einer Quersubventionierung durch die einen derartigen Zuschlag zahlenden Versicherten gewährleistet werden. Finanziert werden die durch den Spitzenausgleich in den jeweiligen Unternehmen fällig werdenden Ausgleichspflichten nämlich über die Erhebung eines separaten Beitragszuschlags auf die Bruttoprämie derjenigen Versicherten, die noch keine 65 Jahre alt und die in den sogenannten „Optionstarifen" versichert sind, d.h. in Tarifen, die zu einem Überwechseln in den brancheneinheitlichen Standardtarif berechtigen. Bei Bedarf sind diese Zuschläge zu erhöhen, damit jedes Unternehmen seinen Ausgleichspflichten nachkommen kann[687]. Diese starke Implementierung von Solidarelementen rechtfertigt, daß über den Standardtarif lediglich ein Versicherungsschutz nur

---

[686] Vgl. Gutachten der UEK BT Drucksache 13/4945 S. 49; Terhorst, Elmar, Wahlfreiheit und Wettbewerb in der privaten Krankenversicherung, 2000, S. 157.

[687] Vgl. Vgl. Terhorst, Elmar, Wahlfreiheit und Wettbewerb in der privaten Krankenversicherung, 2000, S. 163 sowie die S. 157-167 allgemein zu der Berechnung des Spitzenausgleichs.

auf medizinisch ausreichendem Niveau nach Maßgabe der Leistungen der gesetzlichen Krankenversicherung genommen werden kann. Der Abschluß von Zusatzversicherungen zur Aufstockung des Standardtarifs kommt gerade nicht in Betracht. Andernfalls würde es zu nicht plausiblen Quersubventionen zwischen Versicherten im Standardtarif und Versicherten ohne Standardtarif bei im Ergebnis gleichen Leistungsansprüchen führen[688]. Auf längere Sicht würde dies zu einer sachlich nicht schlüssig begründbaren erheblichen Abkehr vom Äqivalenzprinzip führen. Auch wäre eine Honorarbegrenzung für Ärzte bei Versicherten im Standardtarif nicht nachvollziehbar durchsetzbar, wenn diese Versicherten im Ergebnis einen „vollen" privaten Versicherungsschutz besäßen[689]. Die gesetzgeberische Intention geht dahin, mit dem Standardtarif eine sozialpolitisch akzeptable Lösung - insbesondere nach Wegfall der Rückkehrmöglichkeit in die GKV - für hilfsbedürftige Versicherungsnehmer zu schaffen. An ein generelles „Auffangbecken" Standardtarif wird hingegen nicht gedacht. Wie sich aus der Einführung des 10 vH Beitragszuschlags zur Prämienermäßigung im Alter gem. § 12 Abs. 4 a VAG ergibt, steht die eigenverantwortliche Vorsorge der heute jüngeren Versicherten nach wie vor im Vordergrund[690]. Somit ist die Sicherstellung des Tarifwechselrechts über eine Ausdehnung seines Anwendungsbereichs auf den Konzern auch nicht infolge der durch die GKV-Gesundheitsreform 2000 erweiterten Wechselmöglichkeit in den Standardtarif hinfällig geworden.

(6.) Begrenzte Mitnahme der Alterungsrückstellung

Mit Blick auf die Empfehlung der Unabhängigen Expertenkommission könnte hingegen die durch eine Ausdehnung des Tarifwechselrechts auf den Konzern ermöglichte begrenzte Mitnahme der Alterungsrückstellung kritisch zu betrachten sein. Die von der Bundesregierung eingesetzte Unabhängige Expertenkommission hatte sich im Rahmen ihrer Untersuchung zur

---

[688] Vgl. Gutachten der UEK BT Drucksache 13/4945 S. 50.

[689] Vgl. Gutachten der UEK BT Drucksache 13/4945 S. 50.

[690] So auch schon die Forderung Weigels, wonach „die Aussicht auf ein Auffangbecken „Standardtarif" [...] die heute jüngeren Versicherten nicht daran hindern darf, eigenverantwortliche Vorsorge für eine Beitragsentlastung im Alter zu treffen", vgl. Weigel, Hanns Jürgen, Das GSG und seine Folgen für die PKV, VW 1993, 529, 530.

Problematik von steigenden Beiträgen der privat Krankenversicherten im Alter auch mit dem Wechsel des Versicherungsunternehmens unter Mitnahme der Alterungsrückstellung zu befassen[691]. Dabei gelangte sie zu dem Ergebnis, daß zum jetzigen Zeitpunkt dem Gesetzgeber das Modell eines völlig freien Wechsels der Vertragsunternehmen unter Mitnahme der Alterungsrückstellung nicht empfohlen werden kann[692]. Diskutiert wurde zum einen das Modell der Mitgabe der kalkulierten Alterungsrückstellung, wobei man rasch erkannte, daß ohne einen das Modell flankierenden Kontrahierungszwang es zu Risikoselektionen kommen würde, da andernfalls faktisch lediglich guten Risiken eine Wechseloption offenstehen würde. Ferner müßte nach Ansicht der Kommission die Höhe der zulässigen Risikozuschläge, die das zur Aufnahme verpflichtete Unternehmen mit Blick auf die Risikosituation des wechselwilligen Versicherungsnehmers zu erheben beabsichtigt, durch den Gesetzgeber begrenzt werden, da ansonsten wiederum nur gute Risiken wechseln könnten. Im Hinblick auf die Chancengleichheit im Wettbewerb ist eine gemeinsame Fianzierung der durch eine Kappung der Risikozuschläge notwendig werdenden Differenzbeträge notwendig. Auf diese Weise kann verhindert werden, daß diejenigen Unternehmen, die viele schlechte Risiken aufnehmen müssen, gegenüber anderen benachteiligt sind. Somit wäre ein unternehmensübergreifender Risikoausgleich die zwangsläufige Folge. Dieser könnte aber nur dann zu einer gerechten Verteilung der Belastung führen, wenn in der PKV eine Antragsbearbeitung und Schadenregulierung nach einheitlichen Grundsätzen erfolgen würde. Einheitstarife wären vorprogrammiert, was einer Intensivierung des Wettbewerbs diametral entgegensteht[693]. Weiter wurde das Modell der Mitgabe von individuellen Alterungsrückstellungen diskutiert. Die wechselnden Versicherungsnehmer nehmen nicht eine Alterungsrückstellung in der für sie kalkulierten Höhe mit, sondern in derjenigen Höhe, wie sie für den einzelnen Versicherten aufgrund seines Gesundheitszustandes erforderlich ist, um unter Hinzunahme der für ihn kalkulierten künftigen Beiträge die speziell bei ihm zu erwartenden

---

[691] Vgl. Gutachten der UEK BT Drucksache 13/4945 S. 42 ff.

[692] Vgl. Gutachten der UEK BT Drucksache 13/4945 S. 47.

[693] Vgl. Gutachten der UEK BT Drucksache 13/4945 S. 44.

Versicherungsleistungen finanzieren zu können[694]. Hierbei taucht als zentrales Problem die hinreichende Ermittlung der individuellen Alterungsrückstellung aufgrund fehlender Datengrundlagen auf, was die Realisierbarkeit auch dieses Modells in Frage stellt[695].

Obwohl es im Fall der Ausdehnung des Tarifwechselrechts auf den Konzern zu einer begrenzten Mitnahme der rechnungsmäßigen Alterungsrückstellung kommt , stellen sich die bei einer uneingeschränkten Wechselmöglichkeit zu beobachtenden Problemfelder nicht im gleichen Maße. Die Gefahr der Risikoselektion wird zum einen dadurch abgemildert, daß infolge des angeordneten Kontrahierungszwangs gleichermaßen „gute" wie „schlechte" Risiken von ihrem Wechselrecht Gebrauch machen können, da ihr ursprünglich festgestellter Gesundheitszustand der Einstufung in die Risikoskala des neuen Tarifs zugrundezulegen ist. Zum anderen stellt der Erhalt der erworbenen Rechte sowie der bisher angesammelten Alterungsrückstellung bei einem Wechsel innerhalb der Unternehmen des Konzerns einen Anreiz auch für „gute" Risiken dar, den Konzernverband nicht gänzlich zu verlassen, sondern wiederum nach günstigeren Alternativlösungen innerhalb des Konzernverbands Ausschau zu halten. Negative wie positive Bestandsstruktureffekte, die aus einer verstärkten Inanspruchnahme des Tarifwechselrechts resultieren, können sich daher nicht verfestigen, sondern befinden sich in einem stetigen dynamischen Prozess. Aus diesem Grund bedarf es keiner Flankierung durch gesetzlich festgeschriebene Ausgleichsmechanismen. Sollte für die Unternehmen innerhalb des Konzerns ein Bedürfnis nach einem finanziellen Ausgleich der „zugangsinduzierten" Überschäden bestehen, um die Wettbewerbsfähigkeit der Krankenversicherungsunternehmen des Konzerns trotz Zustroms bestandsverschlechtender Risiken untereinander aufrechtzuerhalten, kann dies privatautonom vereinbart werden. Darüber hinaus ist der häufig geführte Einwand der Nichtübertragbarkeit der Kollektivrückstellung, wie Terhorst in

---

694 Vgl. Gutachten der UEK BT Drucksache 13/4945 S. 44.

695 Vgl. Gutachten der UEK BT Drucksache 13/4945 S. 45 ff.; einen umfassenden Überblick sowie eine eingehende Auseinandersetzung mit der Problematik möglicher Modelle zum freien Wechsel der Versicherungsnehmer unter Mitnahme der Alterungsrückstellung findet sich bei Terhorst, Elmar, Wahlfreiheit und Wettbewerb in der privaten Krankenversicherung, 2000, S. 136 ff.

einer eingehenden Untersuchung[696] darstellt, nicht überzeugend. Zwar bestreitet auch Terhorst nicht, daß die der Prämien- und Rückstellungsberechnung zugrunde liegenden stochastischen Erwartungswerte nur innerhalb eines Kollektivs gleichartiger Risiken wahrscheinlichkeitstheoretische Bedeutung besitzen. Jedoch hält er die Verbindung von Rückstellungsteilwert und Ursprungskollektiv nicht für gänzlich unauflöslich, da einem einzelnen Rückstellungsteilwert auch außerhalb des Ursprungskollektivs stochastische Relevanz zukommt. Die Rückstellungsteilwerte zwischen Ausgangs- und Zielkollektiv weichen zwar meist voneinander ab, da die Rechnungsgrundlagen in quantitativer Hinsicht differieren. Dennoch behält diese Größe bei einer Übertragung auf ein anderes Kollektiv, zumindest dem Grunde nach, ihre ursprüngliche Funktion. Aus wahrscheinlichkeitstheoretischer Sicht ist nämlich lediglich entscheidend, daß auch im Zielkollektiv nach Art der Lebensversicherung kalkuliert wird[697].

Gegen die Übertragbarkeit der Alterungsrückstellung zwischen den Unternehmen des Konzernverbands spricht ebenfalls nicht, daß im Fall des Tarifwechsels nach § 178 f VVG keine Übertragung der Alterungsrückstellung zwischen zwei Kollektiven stattfindet, sondern daß der Begriff des Kollektivs vielmehr tarifübergreifend zu sehen sei[698]. Wie von Terhorst zutreffend herausgearbeitet[699], ist zwischen einer geschäftspolitischen und einer risikotheoretischen Betrachtungsweise zu unterscheiden. Stellt man auf die Bilanzdeckungsrückstellung nach § 341 f HGB bzw. § 25 Abs. 5 RechVersV, ist nur von einem Kollektiv

---

[696] Zu dem gesamten Themenkomplex der uneingeschränkten Mitnahme der Alterungsrückstellung bei Unternehmenswechsel, vgl. Terhorst, Elmar, Wahlfreiheit und Wettbewerb in der privaten Krankenversicherung, 2000.

[697] Vgl. Terhorst, Elmar, Wahlfreiheit und Wettbewerb in der privaten Krankenversicherung, 2000, S. 248. Dies zeigt sich auch darin, daß in der Unternehmenspraxis seit jeher einzelne Rückstellungsteilwerte zwischen verschiedenen Kollektiven hin- und hertransferiert werden, z.B. §§ 178 f VVG und 257 Abs. 2 a S. 1 Nr. 2 SGB V.

[698] Vgl. Bohn, Klaus, Die Mathematik der deutschen Privaten Krankenversicherung, 1980, S. 85.

[699] Vgl. Terhorst, Elmar, Wahlfreiheit und Wettbewerb in der privaten Krankenversicherung, 2000, S. 249.

auszugehen, nämlich das des jeweiligen Krankenversicherungsunternehmens. Dementsprechend läßt sich bei Betrachtung der Summe der Einzelalterungsrückstellung aller Versicherten des Unternehmens am Abschlußstichtag argumentieren, daß die Alterungsrückstellung im Falle des Tarifwechsels bei demselben Versicherer das (Gesamt-) Kollektiv überhaupt nicht verlassen habe, mithin von einer Übertragung auch nicht gesprochen werden kann[700]. Wie sich aus § 10 Abs. 1 S. 2 KalV ergibt, besteht das für die Berechnung der Bilanzdeckungsrückstellung maßgebliche Gesamtkollektiv jedoch aus zahlreichen Einzelkollektiven bzw. Wagnisgruppen, die jeweils getrennt zu kalkulieren sind und in denen sich der versicherungstechnische Risikoausgleich im Kollektiv und in der Zeit selbständig vollzieht. Dementsprechend ist bei der versicherungstechnischen Beurteilung der Frage nach der Übertragbarkeit der Alterungsrückstellung nicht auf das „Gesamtkollektiv" im Sinne der Bilanzdeckungsrückstellung abzustellen, sondern auf die einzelnen Beobachtungs- und Äquivalenzeinheiten der betroffenen Ausgangs- und Zieltarife. „Aus dieser Perspektive offenbart sich der Tarifwechsel nach § 178 f VVG als Wechsel zwischen zwei verschiedenen Äquivalenzeinheiten desselben Unternehmens. Folglich ist die Anrechnung der vorhandenen Alterungsrückstellung im Zieltarif nichts anderes, als die Übertragung der Rückstellung von einer Wagnisgruppe auf eine andere. Ist aber innerhalb des Unternehmens die Rückstellungsübertragung und –anrechnung auf alternative Wagnisgruppen möglich, kann derselbe Transfer zwischen unternehmensfremden Wagnisgruppen [innerhalb eines Konzerns] nicht plötzlich falsch sein"[701]. Zumal bei einer bloßen Wechselmöglichkeit unter Mitnahme der Rückstellung innerhalb des Konzerns die prämienmindernde Einrechnung der Storno- und Sterbewahrscheinlichkeiten weiterhin erfolgen kann. Die im Rahmen des Konzernverbandes ermöglichte Mitnahme der Alterungsrückstellung steht somit dem Untersuchungsergebnis der Unabhängigen Expertenkommission nicht entgegen. Sie stellt somit auch kein überzeugendes Argument gegen eine Ausdehnung des Anwendungsbereichs des § 178 f Abs. 1 VVG dar.

---

[700] Vgl. Terhorst, Elmar, Wahlfreiheit und Wettbewerb in der privaten Krankenversicherung, 2000, S. 249.

[701] Terhorst, Elmar, Wahlfreiheit und Wettbewerb in der privaten Krankenversicherung, 2000, S. 249.

(7.) Ergebnis

Unter Abwägung der oben näher dargelegten Argumente für und wider einer Ausdehnung des Anwendungsbereichs des § 178 f Abs. 1 VVG auf den Konzern wiegt die sozialpoltische Bedeutung, die dem Tarifwechselrecht zukommt, und die Gefahr des Leerlaufens dieser Regelung gegenüber einer bestehenden faktischen Wettbewerbsbeschränkung zwischen etablierten und neugegründeten Unternehmen deutlich schwerer. Es gilt nämlich zu berücksichtigen, daß sich die faktische Wettbewerbsbeschränkung sowohl mit bloßen Zeitablauf als auch durch die zu beobachtenden zunehmenden Fusionsbestrebungen in der Versicherungsbranche gerade in Verbindung mit der Befürwortung einer Erweiterung des Anwendungsbereichs des Tarifwechselrechts auf den Konzern deutlich relativiert. Über die Ausdehnung des Tarifwechselrechts auf den Konzern wird darüber hinaus für „gute und junge Risiken" der geschäftspolitisch nicht zu unterschätzende Anreiz geschaffen, bei einem angestrebten Wechsel zunächst nach günstigeren Alternativangeboten innerhalb des Konzernverbandes Ausschau zu halten. Ein Wechsel unter Inanspruchnahme des Tarifwechselrechts ermöglicht ihnen nämlich den Erhalt ihrer bereits erworbenen Rechte und der Alterungsrückstellung, so daß ein Verbleib innerhalb eines Krankenversicherungsunternehmens des Konzernverbandes eher wahrscheinlich ist. Die Angemessenheit der erstrebten Ausdehnungsmaßnahme ist aus nationaler Sicht zu bejahen.

(b) Europarechtliche Interessenlage

Trotz seines durch Art. 54 der Dritten Richtlinie Schadenversicherung eröffneten Anpassungsspielraums hat der nationale Gesetzgeber in die Abwägung hinsichtlich der Ausdehnung des Tarifwechselrechts auf den Konzern neben rein national widerstreitenden Interessen auch europäische Gesichtspunkte miteinzubeziehen. Dies ergibt sich aus der Pflicht der Mitgliedstaaten zur Gemeinschaftstreue und der Verwirklichung des Binnenmarktes gem. Art. 10 EGV.

Als vertragsausgestaltendes Element berührt die Verpflichtung zur Gewährung eines Tarifwechselrechts die Dienstleistungsfreiheit in Form der Produktgestaltungsfreiheit[702]. Für den Bereich der substitutiven

---

[702] Vgl. hierzu den Inhalt der Fn. 401.

Krankenversicherung ist die Beschränkung der Dienstleistungsfreiheit durch die Verpflichtung zur Gewährleistung eines Tarifwechselrechts innerhalb des Unternehmens über das „Allgemeininteresse“ gem. Art. 54 Abs. 1 der Dritten Richtlinie Schadenversicherung gerechtfertigt. Klärungsbedürftig ist, ob die Schutzwürdigkeit der Versicherungsnehmer auch noch die durch eine Ausdehnung des Anwendungsbereichs des Tarifwechselrechts sich verstärkende Beschränkung der Dienstleistungsfreiheit rechtfertigen kann. Aus Gründen des „Allgemeininteresses“ können nämlich nur Rechtsvorschriften erlassen oder beibehalten werden, sofern sie die Niederlassungs- und Dienstleistungsfreiheit nicht unverhältnismäßig einschränken[703].

Infolge der Ausdehnung wäre das Tarifwechselrecht nicht nur innerhalb des Unternehmens zu gewähren, sondern darüber hinaus innerhalb des gesamten Konzernverbandes. Dies führt dazu, daß der in § 178 f Abs. 1 VVG enthaltene Kontrahierungszwang, der eine Einschränkung der Privatautonomie bewirkt, sowie die Mitnahme der erworbenen Rechte, die sich auf die im Aufnahmetarif zu entrichtene Prämie auswirken, eine horizontale Ausdehnung erfahren. Dies könnte möglicherweise als Ausdruck eines überspannten deutschen Verbraucherschutzes zu werten sein, der zu einer nicht mehr hinnehmbaren Beschränkung der Dienstleistungsfreiheit führen könnte. Es wird nämlich in Anlehnung an die Judikatur des EuGH gefordert, Verbraucherschutz im Binnenmarkt müsse – jedenfalls soweit möglich – im Wege marktkomplementärer Schutzinstrumente verwirklicht werden[704]. Hierin spiegelt sich wiedereinmal die durch das Bild des aufgeklärten und informierbaren Verbrauchers geprägte europäische Verbraucherschutzpolitik, die vornehmlich den Einsatz von Instrumentarien befürwortet, die die privatautonome Entscheidungsfähigkeit des Verbrauchers sicherstellen[705]. Die Anordnung eines Kontrahierungszwanges kann hingegen

---

703 Vgl. Erwägungsgrund (24) der Dritten Richtlinie Schadenversicherung, ABl.EG Nr. L 228/3.

704 Vgl. Reich, Norbert, Europäisches Verbraucherschutzrecht, 2. Auflage, 1993, S. 399.

705 Vgl. Krämer, Ludwig, EWG-Verbraucherrecht, 1985, S. 113 ff.; Reich, Norbert, Privatrecht und Verbraucherschutz, 1995, S. 11-12. Auch das BVerfG versteht Information als Voraussetzung des paritätischen Verhandlungsgleichgewichts, das Privatautonomie erst ermöglicht, vgl. BVerfGE 89, 214, 231 ff. = NJW 1994, 36.

durch die dadurch bedingte Einschränkung der Privatautonomie nicht als ein mit dem Markt an sich im Einklang stehendes Schutzinstrument angesehen werden. Jedoch wird auch von den Vertretern dieser Ansicht ein Einsatz derartiger marktkomplementärer Schutzinstrumente nur gefordert, soweit sie möglich sind. Wie bereits innerhalb des zweiten Teils dargelegt[706], bietet das Instrumentarium der Information infolge der existenziellen und lebenslangen Bedeutung von Krankenversicherungsschutz sowie der – schon für einen Experten – schwierigen Prognostifizierbarkeit der zukünfigen Bestands- und Leistungsausgabenentwicklung keinen ausreichenden Schutz für die Versicherungsnehmer. Andernfalls hätte man gänzlich auf die Einführung eines Tarifwechselrechts verzichten und die Versicherungsnehmer darauf verweisen können, daß die Wahl ihres Vertragsunternehmens auf ihre eigene privatautonome Entscheidung zurückgeht. Darüber hinaus steht die Bedeutung des Tarifwechselrechts für den Versicherungsnehmer als Verbraucher - insbesondere in Zeiten explodierender Gesundheitskosten - außer Frage, und die Effektivität dieses Rechts wäre ohne einen flankierenden Kontrahierungszwang empfindlich gestört. Erst dieser ermöglicht gleichermaßen guten wie schlechten Risiken, die zudem gerade stärker von steigenden Gesundheitsausgaben betroffen sind, das Verlassen von hoch schadensbelastenden Tarifen.

Die Gefahr des Leerlaufens der Tarifwechselregelung gem. § 178 f Abs. 1 VVG durch Umgehungstendenzen auf Seiten der Versicherer und die damit einhergehende Gefahr, daß bestimmte Personenkreise die Beiträge für ihren Krankenversicherungsschutz nicht mehr aufbringen können, wiegt schwerer als die durch eine Anwendungsbereichsausdehnung dieses Rechtes hervorgerufende Beschränkung der Dienstleistungsfreiheit. Zumal von einem europäischen Interesse an der Erreichung und Gewährleistung eines „hohen“ im Sinne eines angemessenen Verbraucherschutzes innerhalb der EU, der die Sicherstellung eines bezahlbaren Krankenversicherungsschutzes, aber auch die Option der Teilhabe an einem bestehenden Markt impliziert, auszugehen ist. Das Tarifwechselrecht ermöglicht erst allen Versicherten auch nach einer gewissen bereits abgelaufenen Versicherungszeit und einer möglichen Verschlechterung der persönlichen Risikosituation die weitere Teilhabe am

---

[706] Vgl. Teil 2, B I 2 a) S. 96 ff.

Markt und damit an Produktinnovationen und einer größeren Angebotsvielfalt, was als ein wesentliches von den mit der Deregulierung verfolgten Zielen einzustufen ist. Somit ist die Angemessenheit der Anwendungsbereichsausdehnung des § 178 f Abs. 1 VVG auch unter Einbeziehung von europäischen Interessen zu bejahen.

(c) Ergebnis

Eine Ausdehnung des Anwendungsbereichs des Tarifwechselrechts auf den Konzern über eine Analogie zu § 178 f Abs. 1 VVG ist zu befürworten. Es liegt sowohl eine Regelungslücke als auch ein vergleichbarer Sachverhalt vor, da die Gefahr der Tarifvergreisung ganzer (Alt-)Unternehmen besteht. Die Maßnahme ist weiterhin geeignet und erforderlich. Zudem ist sie auch unter Einbeziehung nationaler wie europäischer Gesichtspunkte als angemessen zu bewerten. Die von der Anwendungsbereichsausdehnung ausgehende weitere Dienstleistungsfreiheitsbeschränkung ist über das „Allgemeininteresse" des Art. 54 Abs. 1 der Dritten Richtlinie Schadenversicherung als gerechtfertigt anzusehen. Dem deutschen Gesetzgeber steht daher über den durch Art. 54 der Dritten Richtlinie Schadenversicherung eröffneten Spielraum die Kompetenz zur Schließung der festgestellten Lücke zu.

Teil 4 Mögliche Vorschläge zur Neuformulierung des § 178 f Abs. 1 VVG

A. Rechtspolitische Handlungsempfehlung

Im Zusammenhang mit der Stellung der Regelung des Tarifwechselrechts im Spannungsfeld der Interessenpositionen von Versicherungsnehmerschutz sowie marktwirtschaftlichen Unternehmertum eröffnet die vorliegende Untersuchung und die damit einhergehende Befürwortung der Ausdehnung des Anwendungsbereichs dieser Regelung zugleich die Diskussion um inhaltliche Neuformulierungsvorschläge.

- *Zum Anwendungsbereich: Sollte man § 178 f Abs. 1 VVG auf Verträge der substitutiven Krankenversicherung im Sinne des § 12 Abs. 1 VAG beschränken?*

Einer ausdrücklichen Beschränkung des Anwendungsbereichs des § 178 f VVG auf Verträge der substitutiven Krankenversicherung bedarf es nicht. Ein derartiges restriktives Verständnis ergibt sich bereits aus der vorzunehmenden richtlinienkonformen Auslegung. Diese Einschränkung des Anwendungsbereichs stellt zum jetzigen Zeitpunkt auch kein unbilliges Ergebnis dar, da hierdurch keinerlei schutzwürdige Interessen der Versicherungsnehmer betroffen werden. Existenzielle Bedeutung kommt lediglich dem substitutiven Krankenversicherungsschutz zu, so daß die über das Tarifwechselrecht ermöglichte Sicherstellung eines auch im Alter bezahlbaren Krankenversicherungsschutzes nur in diesem Bereich die mit dem Wechselrecht einhergehenden Belastungen für Versicherer sowie das Kollektiv überwiegt. Dies kann natürlich nur solange Gültigkeit beanspruchen, wie dem nicht substitutiven Bereich lediglich eine Zusatzaufgabe zugewiesen ist. Sollten sich die im gesetzlichen Krankenversicherungssystem zu beobachtenden Tendenzen dahingehend verstärken, immer mehr Leistungen aus dem gesetzlich zugesicherten Katalog herauszunehmen, dann wäre letztlich nur noch von einer minimalen Grundabsicherung zu sprechen und alles darüber hinausgehende müßte über einen privaten Versicherungsschutz abgedeckt werden. In diesem Fall wäre dem heutigen „Zusatzversicherungsbereich"[707] durchaus existenzielle Bedeutung beizumessen, was zur Konsequenz hätte, daß ein extensives Verständnis des vertraglichen Anwendungsbereichs des Tarifwechselrechts erforderlich würde. Dies wäre im Hinblick auf die bestehende Sozialbindung der PKV denn durchaus gerechtfertigt.

Zu erwägen ist lediglich, ob man unter dem Aspekt der Klarstellung den Begriff des „Versicherungsverhältnisses" in § 178 f Abs. 1 S. 1 VVG durch einen ausdrücklichen Bezug auf die substitutive Krankenversicherung ergänzen sollte. Hierbei gilt zu bedenken, daß die Verwendung von

---

[707] In diesem Fall wäre dann auch nicht mehr von einer „Zusatzversicherung" zu sprechen. Vielmehr wären vielen Bereichen, die heute noch dem Zusatzversicherungsbereich zugeordnet werden, - mangels einer über das gesetzliche System bestehenden Basisabsicherung - originäre Sicherungsaufgaben zugewiesen.

unbestimmten Rechtsbegriffen zwar Auslegungsfragen aufwirft, und das Gesetz somit insgesamt an Eindeutigkeit einbüßt. Jedoch steht dem eine durch den Interpretationsspielraum derartiger Begriffe eröffnete flexible und unkomplizierte Einbeziehungsmöglichkeit sich verändernder Gegebenheiten für den Rechtsanwender gegenüber. Aus diesem Grund ist eine ausdrückliche Nennung der Substitutivfunktion des dem Versicherungsverhältnis zugrundeliegenden Krankenversicherungsschutzes abzulehnen.

- *Sollte das Tarifwechselrecht ausschließlich an den Fall der Tarifschließung geknüpft sowie auf bestimmte Gruppen von Versicherungsnehmern begrenzt werden?*

Mit Blick auf die amtliche Begründung zu § 178 f VVG stellt sich die Frage, ob eine Einschränkung des Tarifwechselrechts auf den dort genannten Fall der Schließung eines Tarifs in Verbindung mit einer dadurch bedingten Neueinführung eines Paralleltarifs zu erwägen ist.

In Betracht käme zunächst eine Anknüpfung des Wechselrechts an das Vorliegen bestimmter Situationen. Dies erscheint aber nur dann interessengerecht, wenn die Herbeiführung dieser Situationen nicht in das Belieben der jeweiligen Versicherungsunternehmen gestellt ist. Es besteht nämlich die Gefahr der Umgehung des § 178 f Abs. 1 VVG, denn die Unternehmen können die Anwendbarkeit des Tarifwechselrechts durch bewußte Verhinderung des Eintritts der Situation abwenden. Auf den Fall der Schließung eines Tarifs bezogen bedeutet dies, daß es einer Statuierung gesetzlich festgeschriebener Kriterien bedarf, bei deren Eintritt die Versicherungsunternehmen zur Schließung des Tarifs verpflichtet wären. Andernfalls könnten sie geneigt sein, den Tarif trotz des Bestehens eines Paralleltarifs offenzuhalten[708]. Jedoch darf hierbei nicht übersehen werden, daß dies abermals zu einem Stück mehr an gesetzlicher Reglementierung verbunden mit einer Abnahme der unternehmerischen Freiheit führen würde. Darüber hinaus würde eine Anknüpfung an einen bestimmten Fall die Anwendbarkeit des Tarifwechselrechts zu sehr einengen. Insbesondere vor dem Hintergrund des fehlenden Wettbewerbs mangels einer flexiblen

[708] Vgl. Züchner, Hermann Georg, § 178 f VVG - Chancen und Risiken für Versicherer und Versicherungsmakler, Vortrag des 4. PKV-Forum am 31.8.1995 in Würzburg, S. 3.

Mitnahme der Alterungsrückstellung stellt die extensiv gehaltene Fassung ein Zugeständnis von Seiten des Gesetzgebers dar, zumindest einen begrenzten Wechsel ohne Verluste bereits erworbener Positionen, insbesondere der Alterungsrückstellung, vornehmen zu können.

Auch birgt sich in einer Einengung des Anwendungsbereichs die Gefahr des Leerlaufens der Regelung. Augenscheinlich wird dies bei dem Vorschlag, das Tarifwechselrecht von der Voraussetzung der Neueinführung eines Tarifs in Verbindung mit einer zeitlichen Befristung abhängig zumachen[709]. Eine Inanspruchnahme des Umstufungsrechts könnte in derartigen Fällen nämlich bereits an der mangelnden Information der Versicherungsnehmer am Bestehens neuer Paralleltarife scheitern. Zwar wurde infolge der Gesundheitsreform 2000 die Informationspflicht der Versicherer dahingehend erweitert, daß der Versicherungsnehmer während der Laufzeit des Vertrages bei jeder Prämienerhöhung auf das Bestehen des Umstufungsrechts unter Beifügung des Textes der gesetzlichen Regelung aufmerksam zu machen ist. Aber lediglich bei Versicherten, die das 60. Lebensjahr vollendet haben, ist der Versicherungsnehmer konkret auf Tarife, die gleiche Leistungsbereiche enthalten wie die bisher vereinbarten Tarife und bei denen eine Umstufung zu einer Prämienreduzierung führen würde, hinzuweisen[710]. Bei einer zusätzlich streng bemessenen zeitlichen Befristung der Wechselmöglichkeit würde dies faktisch dazu führen, daß vornehmlich ältere Personen von dem Umstufungsrecht Gebrauch machen. Bei den übrigen Gruppen wäre eine Inanspruchnahme eher zufallsbedingt oder auf eine konkrete Eigenrecherche nach günstigeren Tarifen zurückzuführen. Letztlich würde dies auf eine Begrenzung des Tarifwechselrechts auf ältere Personen hinauslaufen, so daß man geneigt sein könnte, von vornherein eine ausdrückliche altersmäßige Begrenzung für das Tarifwechselrecht zu fordern.

---

709 Diesen Vorschlag befürwortet Zūchner, Hermann Georg, § 178 f VVG - Chancen und Risiken für Versicherer und Versicherungsmakler, Vortrag des 4. PKV-Forum am 31.8.1995 in Würzburg, S. 3.

710 Vgl. Anlage zum VVG Teil D Abschnitt II Nr. 4, BGBl. I vom 29. Dezember 1999 S. 2654.

Eine Einschränkung auf lediglich ältere Personen erscheint jedoch keinesfalls sinnvoll[711]. Zum einen stellt sich die Frage, wo man die Altersgrenze zieht, zum anderen wäre auf diese Weise der Effekt der negativen Risikoauslese unausweichlich. Werden hingegen alte wie junge Risiken gleichermaßen in das Recht auf Tarifwechsel miteinbezogen, wird zumindest die Möglichkeit geschaffen, daß sich die Zahl der Tarifwechsler mit schlechter sowie mit guter Risikostruktur die Waage halten und auf diese Weise den Bestand des aufnehmenden Tarifs nicht so sehr negativ belasten können. Demnach wäre eine zusätzlich Ausdehnung der Informationspflichten auf alle Altersgruppen bei der Bejahung der Voraussetzung der Neueinführung mit zeitlicher Befristung als Anknüpfungspunkt für die Gewährung des Tarifwechselrechts unausweichlich. Hiergegen läßt sich der für die Versicherungsunternehmen entstehende Verwaltungsaufwand anführen, der auch bei Abwägung der sozialen Verantwortung der PKV als unverhältnismäßig anzusehen ist. Gegen einen derartigen Vorschlag spricht jedoch vornehmlich die Tatsache, daß ein ehemals ausgeglichener Tarif erst nach Ablauf der Befristung zum Wechsel in den neueröffneten Paralleltarif notleidend werden kann. Infolge der schweren Prognostifizierbarkeit der Kosten- sowie Bestandsentwicklung kann man die Versicherungsnehmer auch nicht auf die Möglichkeit eines vorausschauenden Handelns verweisen. Die hinter der Einführung des Tarifwechselrechts gem. § 178 f VVG stehende gesetzgeberische Intention – die sich in steigenden Prämien niederschlagende Kostenexplosion im Gesundheitswesen abzumildern - würde leerlaufen, so daß die Einführung der Voraussetzung „bei Neueinführung“ mit zeitlicher Befristung und ggf. unter Verpflichtung des Versicherers, über das neue Produkt in geeigneter Weise zu informieren, abzulehnen ist.

Es könnte lediglich erwogen werden, inwieweit man ein zeitliches Element in der Weise in das Wechselrecht nach § 178 f VVG hineintransponiert, daß die Umstufung nur zu bestimmten Zeitpunkten innerhalb eines Jahres, z.B. am Ende eines Kalenderjahres, zulässig ist. Bei allen Überlegungen, denen eine Verringerung der Inanspruchnahme des Tarifwechselrechts immanent ist, gilt

---

[711] So äußert sich auch Züchner, Hermann Georg, in: § 178 f VVG - Chancen und Risiken für Versicherer und Versicherungsmakler, Vortrag des 4. PKV-Forum am 31.8.1995 in Würzburg, S. 3. Jedoch ohne nähere Begründung seiner Ansicht.

zu bedenken, daß das Tarifwechselrecht in der bestehenden Form sowie in Verbindung mit einer Ausdehnung auf den Konzern für die Versicherer die Chance bietet, gute Risiken innerhalb des Konzernverbandes zuhalten. Darüber hinaus können sich negative Risikoverschiebungen nicht verfestigen, da zeitlich unbefristete Umstufungsmöglichkeiten die Inanspruchnahme erleichtern. Zeitliche Wechselerschwernisse wirken sich letztlich in einem Verlust guter Risiken aus, da deren Übertrittshemmnisse zu anderen Unternehmen unter Verlust ihrer bereits erworbenen Rechtspositionen noch gering sind.

- *Sollte man das Tatbestandsmerkmal des „gleichartigen Versicherungsschutzes" restriktiver im Sinne einer Vergleichbarkeit der Annahmegrundsätze bzw. der Risikopolitik der Unternehmen fassen?*

Um eine Umgehungsmöglichkeit des Tarifwechselrechts durch die Versicherer zu verhindern, müßte auch in diesem Fall eine bestimmte Risikopolitik gesetzlich festgeschrieben werden. Dies würde nicht nur einen weiteren Eingriff in die Privatautonomie der Versicherer darstellen, sondern wäre darüber hinaus uneffektiv. Die unternehmerische Risikopolitik ist gerade nicht statisch, sondern infolge ihrer Abhängigkeit von externen Faktoren, wie den medizinischen Forschungs- und Behandlungsfortschritt und der damit verbundenen Kostenentwicklung, als dynamisch zu bewerten. Darüber hinaus ist eine derartige restriktive Fassung nicht notwendig, da – wie innerhalb des dritten Teils dargelegt[712] – den Unternehmen eine Berücksichtigung der für den Aufnahmetarif geltenden Annahmegrundsätze über die Einstufung des ehemals festgestellten Gesundheitszustands des Versicherungsnehmers in die Risikoskala des Aufnahmetarifs möglich ist. Darüber hinaus droht über eine restriktivere Fassung des Tatbestandsmerkmals des „gleichartigen Versicherungsschutzes" ebenfalls ein „Austrocknen" des Tarifwechselrechts, so daß eine derartige Maßnahme nicht empfohlen werden kann.

---

[712] Vgl. die Ausführungen unter Teil 3, A II 3 a) (3) (b) (1.) S. 191 ff.

- *Sollte bei einer Anordnung eines Kontrahierungszwangs für den Versicherer nicht eine Befreiungsmöglichkeit für besonders gelagerte Fälle bestehen?*

Ein derartiger Vorschlag ist abzulehnen. Einerseits wäre das mit dem Tarifwechselrecht verfolgte Ziel, insbesondere auch Personen mit einer schlechten persönlichen Risikostruktur die Möglichkeit zum Verlassen ihres Tarifs zu ermöglichen, in Frage gestellt. Der Kontrahierungszwang fungiert gerade als Korrektiv für das marktbedingte Fehlen einer zumutbaren Handlungsalternative für bereits länger versicherte Personen[713]. Andererseits beruht die erstmalige Aufnahme der Risiken auf einer privatautonomen Entscheidung der Versicherer, so daß es nicht unbillig erscheint, sie an dieser grundlegenden Entscheidung auch in bezug auf ein späteres Aufnahmebegehren in bestehende Paralleltarife festzuhalten. Nichts anderes kann für den Fall der Fusion in Verbindung mit einer möglichen Ausdehnung des Umstufungsrechts auf den Konzern gelten. In diesem Fall fällt eine differierende Annahmepolitik des übernommenen Unternehmens hinsichtlich der erstmaligen Aufnahme von „schlechten Risiken" in den Risikobereich des übernehmenden Unternehmens.

- *Wäre es nicht sachgerechter die in der Krankenversicherung gem. § 178 a Abs. 2 S. 2 VVG vorgenommene Verteilung der Gefahrtragung zu Lasten des Versicherers nur auf die substitutive Krankenversicherung zu beschränken?*

Dieses von Wriede[714] als unbillig empfundene Ergebnis resultiert aus seiner Ansicht, daß das Tarifwechselrecht gem. § 178 f Abs. 1 VVG gleichermaßen im substitutiven wie nicht substitutiven Bereich einzuräumen ist. Demzufolge entfällt nach seiner Ansicht auch im Rahmen des Wechsels über § 178 f Abs. 1 VVG innerhalb der nicht substitutiven Krankenversicherung eine erneute vorvertragliche Anzeigenobliegenheit. Eine Ausnahme bildet auch hier lediglich die erneut zu erfüllende Anzeigeobliegenheit in bezug auf

---

713 Vgl. Kilian,Wolfgang, Kontrahierungszwang und Zivilrechtssystem, AcP 180 (1980), 47, 52.

714 Vgl. Wriede, Paul, Überlegungen zum Abschlußzwang gem. § 178 f VVG, VersR 1996, 271, 272.

die Mehrleistung im Rahmen einer Höherstufung. Einer derartigen Beschränkung bedarf es hingegen nicht, da das Tarifwechselrecht restriktiv auf Verträge der substitutiven Krankenversicherung zu begrenzen ist. Darüber hinaus ist auch im Bereich der nicht substitutiven Krankenversicherung ein schutzwürdiges Interesse der Versicherungsnehmer festzustellen, daß im Rahmen des laufenden Vertragsverhältnisses eine Erhöhung der Prämie infolge einer nachträglichen Verschlechterung der persönlichen Risikosituation nicht möglich ist. Somit ist eine Abbedingung der Vorschriften über die Gefahrerhöhung gem. § 178 a Abs. 2 S. 2 VVG auch in diesem Bereich erforderlich.

- *Sollte nicht eine Einschränkung des weiten Tarifbegriffs zur Abmilderung der Auswirkungen von Risikoverschiebungen infolge des Tarifwechselrechts vorgenommen werden?*

Im Zusammenhang mit den durch die Regelung des § 178 f VVG verursachten negativen Risikoverschiebungen innerhalb einzelner Tarife und den dadurch notwendig werdenden Beitraganpassungen in den jeweiligen Tarifen, Tarifstufen etc. sind zum Teil Verwerfungen im Tarifgefüge zu beobachten[715]. Die Problematik rührt letztlich aus der Forderung nach einer risikogerechten Kalkulation gem. § 10 Abs. 1 KalV, wonach die Belange der Versicherten in nicht risikogerecht kalkulierten Tarifen als nicht mehr gewahrt angesehen werden können[716].

Zur Wahrung des Tarifgefüges und mit Blick auf entstehende Beitragsverzerrungen unterbreitet Gerwins[717] in bezug auf die Regelung des § 178 g Abs. 2 VVG i.V.m. § 8 b Abs. 2 MB/KK 94 den Vorschlag, „den Begriff des „Tarif“ als eine Zusammenfassung gleichartiger Tarife bzw. Tarifstufen anzusehen. Für den in diesem Sinne definierten Tarif wird (pro Beobachtungseinheit) ein auslösender Faktor bestimmt, der ggf. die Notwendigkeit einer Beitragsüberprüfung (für alle zu diesem Tarif gehörenden Tarifstufen) anzeigt. Eine derartige Beitragsüberprüfung würde

---

715 Vgl. die Ausführungen unter Fn. 645 (Gerwins).

716 Vgl. die amtliche Begründung zu § 10 Abs. 1 KalV BR Drucksache 414/96 S. 24.

717 Vgl. Gerwins, Theodor, Zu den Auswirkungen des Umstufungsrechts nach § 178 f VVG, ZfV 2000, 106 ff.

innerhalb des so bestimmten Tarifs dem Prinzip der Risikogerechtigkeit folgen müssen, d.h. für den über alle Tarifstufen dieses Tarifs versicherten Bestand muß der Nachweis erbracht werden, daß die Rechnungsgrundlagen ausreichend bemessen sind. Dabei kann in begrenzten Umfang hingenommen werden, daß in einzelnen Tarifstufen bedingt durch Ausgleichsverfahren aufgrund unterschiedlicher Risikostrukturen vorübergehende Über- und Unterkalkulationen anfallen. Mit diesen Ansatz würde erreicht, daß innerhalb der Tarifstufen ein „einleuchtendes“ Beitragsgefüge dargestellt werden kann. Außerdem wäre damit der erhebliche Vorteil verbunden, daß Beitragssprünge innerhalb der einzelnen Tarifstufen, die durch die geschilderten Risikoverschiebungen bedingt sind, weitgehend vermieden werden können“[718].

Die Einschränkung des Tarifbegriffs im Rahmen des § 178 g Abs. 2 VVG ist überlegenswert. In diesem Zusammenhang stellt sich als weitere Frage, ob nicht möglicherweise auch eine gesetzliche Festschreibung eines einheitlichen Verfahrens zur Feststellung der Erforderlichkeit einer Prämienanpassung[719] notwendig wird. Letztlich bedingt dieser Vorschlag jedoch keine automatische Einschränkung des weiten Tarifbegriffs im Rahmen des § 178 f Abs. 1 VVG. Vielmehr ist dies in bezug auf das Tarifwechselrecht abzulehnen, da damit zwangsläufig eine Einschränkung des Anwendungsbereichs der Regelung einhergehen und der gesetzgeberischen Intention zuwiderlaufen würde. Die Regelung des § 178 f Abs. 1 S. 1 VVG eröffnet nämlich ausdrücklich den Wechsel in jegliche Tarife, die gleiche Leistungsbereiche wie der Ursprungstarif aufweisen, und für die der Versicherungsnehmer versicherungsfähig ist.

B. Analyseergebnis

Wie die vorliegende Untersuchung einmal mehr zeigt, lassen sich die Spannungspole von Verbraucherschutz und Wettbewerb niemals vollständig auflösen. Hingegen besteht durchaus die Möglichkeit, die unterschiedlichen Positionen in der Weise aufeinander zuzuführen, daß zumindest ein

---

[718] Gerwins, Theodor, Zu den Auswirkungen des Umstufungsrechts nach § 178 f VVG, ZfV 2000, 106, 108.

[719] Vgl. hierzu die Ausführungen von Gerwins, Theodor, Zur Rechtsgrundlage einer Beitragsanpassung in der privaten Krankenversicherung, NVersZ 1999, 53 ff.

gegenseitiges Verständnis für die Notwendigkeit der Beschneidung auch eigener Interessen geweckt werden kann. Doch hierzu bedarf es nicht nur der Schaffung von Normen, die einen hinreichenden Auslegungsspielraum für einen Ausgleich von gegensätzlichen Interessenpolen zulassen, sondern es sind gerade auch die Rechtsanwender – insbesondere die Gerichte – gefordert, einer zwar gutgemeinten, aber zum Teil übersteigerten Verbraucherschutzgesetzgebung Einhalt zu gebieten.

Mit der vorliegenden Arbeit war daher der Versuch zu unternehmen, die in der Literatur und Rechtsprechung sich abzeichnenden extensiven Auslegungstendenzen in bezug auf das Tarifwechselrecht gem. § 178 f Abs. 1 VVG auf ihre Vereinbarkeit mit der Norm selbst, ihrer zugrundeliegenden gesetzgeberischen Intention sowie unter europäischen Aspekten zu überprüfen.

Hierbei zeigte sich, daß bereits eine Einbeziehung nicht substitutiver Versicherungsverhältnisse in den Anwendungsbereich des § 178 f Abs. 1 S. 1 VVG nicht im Einklang mit den europarechtlichen Vorgaben des Art. 54 der Dritten Richtlinie Schadenversicherung steht, zumal zum gegenwärtigen Zeitpunkt eine diesbezügliche Schutzbedürftigkeit der Versicherungsnehmer abzulehnen ist. An diesem Beispiel verdeutlicht sich, daß nach wie vor in bezug auf verbraucherschützende Maßnahmen eine die europäische oftmals außerachtlassende, einseitig nationale Betrachtungsweise vorherrscht. Infolge der Dritten Richtlinie Schadenversicherung ist jedoch auch für den Bereich der substitutiven privaten Krankenversicherung ein Kompetenzverlust des nationalen Gesetzgebers in der Weise zu verzeichnen, daß Einführungen und Änderungen von Vorschriften dieses Bereiches trotz eines durch die Rechtfertigungsfigur des „Allgemeininteresses“ sowie dem Mindestregelungsgehalt des Art. 54 der Dritten Richtlinie Schadenversicherung ausdrücklich eröffneten nationalen Anpassungsspielraums nicht losgelöst von europäischen Wertungen, z.B. zum Verbraucherschutz und der Verwirklichung der übrigen Ziele der Gemeinschaft – insbesondere den Grundfreiheiten – vorgenommen werden können. In diesem Zusammenhang kommt dem Grundsatz der Verhältnismäßigkeit als sogenannte „ungeschriebene Obergrenze“ Kontrollcharakter zu. Einer national übersteigerten Verbraucherschutzgesetzgebung kann auf diese Weise gegengesteuert werden, so daß eine kontrollierte Verbraucherschutzentwicklung im Einklang mit den übrigen Zielen der Gemeinschaft, aber dennoch unter Berücksichtigung von nationalen Besonderheiten möglich wird.

Einen Problemschwerpunkt des § 178 f Abs. 1 VVG bildet die konkrete Handhabung der Umstufung infolge der dort angeordneten Mitnahme der erworbenen Rechte. Hierbei steht nicht – wie man annehmen könnte – die Mitnahme der Alterungsrückstellung im Mittelpunkt, sondern die Bedeutung des ursprünglich festgestellten Gesundheitszustandes und seine Umsetzung anhand der Risikoskala des Ursprungstarifs auf die im Aufnahmetarif zu leistende Prämie.

Die hierzu ergangene Entscheidung des BVerwG v. 5.3.1999[720] läßt zwar in bezug auf die Zulässigkeit von individuellen Risikozuschlägen bei Wechsel aus einen Tarif mit pauschalierten Risikozuschlag durchaus restriktive Tendenzen hinsichtlich einer zu starken einseitigen Gewichtung der Versicherungsnehmerinteressen im Rahmen des Tarifwechselrechts erkennen. Widersprüchlich erscheint aber die Qualifizierung der Umsetzung des ursprünglich festgestellten Gesundheitszustandes des Versicherungsnehmers als ein vertraglich erworbenes Recht, das nach Ansicht des BVerwG bei einem Wechsel über § 178 f VVG erhalten bleibt. Hierin spiegelt sich eine zwar wünschenswerte sozialpolitische Motivation wider, die jedoch u.a. mangels eines bestehenden dynamischen Kalkulationsansatzes zur Prämienberechnung so nicht haltbar ist. Erst ein dynamischer Ansatz, der die prognostizierten Kopfschadensteigerungen im Zeitablauf miteinbezieht, würde zu einer Zuweisung des Risikos sich ändernder Verhältnisse, die sich gleichermaßen auf die Annahmegrundsätze auswirken, an den Versicherer führen. Demzufolge hätte dann dieses Argument, daß gegenwärtig gegen die Qualifizierung der Umsetzung des ursprünglich festgestellten Gesundheitszustandes als ein vertraglich erworbenes Recht vorgebracht werden kann, keine Gültigkeit mehr.

Diese die Interessen des Verbrauchers in den Vordergrund stellende Sichtweise sieht den Versicherungsnehmer lediglich als Einzelnen; sie verkennt, daß jeder Versicherungsnehmer zugleich Teil eines Kollektivs ist, dessen Interessen nicht stets mit den Einzelinteressen des

---

[720] Vgl. BVerwG NVersZ 1999, 378 ff.

Versicherungsnehmers kompatibel sein müssen. Darüber hinaus gilt zu bedenken, daß es sich um ein privatwirtschaftendes System handelt, dem Solidarelemente an sich fremd sind. Durch diese Entscheidung des BVerwG wird dem Tarifwechselrecht gem. § 178 f VVG eine Eingriffsintensität beigemessen, die zu einer nicht mehr gerechtfertigten Verschiebung des Kräfteverhältnisses zu Lasten der Versicherer führen würde. Dies würde die Effektivität der Norm auch mit Blick auf ihre Entstehungsgeschichte und einer differierenden europäischen Verbraucherschutzpolitik, die zwar das Ziel eines „hohen Verbraucherschutzniveaus“, aber im Einklang mit den übrigen Zielen des Binnenmarktes verfolgt, in Frage stellen. Dabei bietet das Tarifwechselrecht in Verbindung mit einer Ausdehnung seines Anwendungsbereichs auf den Konzern die Chance, verkrustete Strukturen – wie die mangelnde Mitnahme der Alterungsrückstellung – aufzubrechen und möglicherweise als ein Ausweg aus der Krise im Gesundheitswesen zu fungieren.

Eine Anwendungsbereichsausdehnung des § 178 f Abs. 1 VVG auf den Konzern ist infolge einer planwidrigen Regelungslücke und der sich abzeichnenden Umgehungsbestrebungen auf Seiten der Versicherer unausweichlich. Dies widerspricht keinesfalls einem vorwiegend restriktiven Verständnis hinsichtlich der anderen Tatbestandsmerkmale der Regelung. Vielmehr eröffnet ein derartiges Verständnis erst die Möglichkeit, die Angemessenheit der Ausdehnung gerade auch mit Blick auf die betroffenen Versichererinteressen zu bejahen. Die Regelung des § 178 f VVG weist das Potential auf, einen sinnvollen Versicherungsnehmerschutz im Ausgleich mit den ebenfalls schutzwürdigen Interessen der Versicherer durchzusetzen. Dies sollte genutzt werden, da es hierzu lediglich an Objektivität hinsichtlich der schutzwürdigen Interessen beider Parteien und keines unüberlegten zu stark sozialpolitisch motivierten Handelns bedarf.

Literaturverzeichnis

AHLFELD, MARTIN, Zwingende Erfordernisse im Sinne der Cassis-Rechtsprechung des Europäischen Gerichtshofs zu Art. 30 EGV – Anwendungsbereiche – Einzelstaatliche Regelungsspielräume - Quellen, Baden-Baden 1997. (Zugleich Univ. Diss. Göttingen 1996).

AICHER, JOSEF, Aushöhlung höherer Verbraucherschutzstandards durch Art. 30 EWGV, in: Wolfgang Schuhmacher (Hrsg.), Verbraucherschutz in Österreich und in der EG, Wien 1992, S. 89-124.

BACH PETER/MOSER HANS/WILMES JAN, Private Krankenversicherung – MB/KK – und MB/KT Kommentar, 2. Auflage, München 1993.

BAUER, ROLF, Die PKV, in: Rolf Bauer (Hrsg.), Die private Krankenversicherung auf dem Weg zur substitutiven Krankenversicherung: Auswirkungen auf die Produktentwicklung, Schriftenreihe Versicherungsforum Heft 17, Karlsruhe 1994.

BAUER, ROLF, Öffnet die nichtsubstitutive Krankenversicherung der privaten Krankenversicherung neue Marktchancen, in: ZfV 1996, S. 2-4.

BARBEY, GÜNTHER, Probleme einer strukturgerechten Rechtsprechung im Bereich der Versicherungsaufsicht, in: VersR 1985, S. 101-110.

BASTIANI, ADRIANO, Die Private Krankenversicherung in ausgewählten Ländern der Europäischen Union: eine vergleichende Analyse vor und nach der Deregulierung, Karlsruhe 1995. (Zugleich Univ. Diss. München 1995).

BECKMANN, ROLAND MICHAEL, Auswirkungen des § 31 VVG auf die Zulässigkeitsvoraussetzungen von Prämienanpassungsklauseln in Versicherungsverträgen, in: VersR 1996, S. 540-545.

BERUFSBILDUNGSWERK DER DEUTSCHEN VERSICHERUNGSWIRTSCHAFT (Hrsg.), Versicherungslehre II, 2. Auflage, Karlsruhe 1996.

BEUTLER, BENGT; BIEBER, ROLAND; PIPKORN, JÖRN; STREIL JOCHEN, Die Europäische Union: Rechtsordnung und Politik, 4. Auflage, Baden-Baden 1993.

BLECKMANN, ALBERT, Europarecht, 6. Auflage, Köln; Berlin; Bonn 1997. (Zitiert: Bearbeiter in Bleckmann, Europarecht).

BLECKMANN, ALBERT/ECKHOFF, ROLF, Der mittelbare Grundrechtseingriff, in: DVBl. 1988, S. 373-382.

BOETIUS, JAN, Thesen zur Podiumsdiskussion: Die Zukunft der Krankenversicherung, in: Verband der privaten Krankenversicherung e.V. (Hrsg.), Die Zukunft der Krankenversicherung – Veranstaltung anläßlich des 50-jährigen Bestehens des Verbandes der privaten Krankenversicherung, Köln 1997, S. 59-62.

BOHN, KLAUS, Die Mathematik der deutschen Privaten Krankenversicherung, Karlsruhe 1980.

BROCKHAUS Enzyklopädie in: 24. Bänden, Band 8, 19. Auflage, Mannheim 1989.

BROCKHAUS DIE Enzyklopädie in: 24. Bänden, Band 20, 19. Auflage, Leipzig, Mannheim 1998.

Bundesaufsichtsamt für das Versicherungswesen (BAV), Geschäftsbericht 1996, Teil B, Berlin 1997.

BUNDESMINISTERIUM DER FINANZEN, Gutachten der Unabhängigen Expertenkommission zur Untersuchung der Problematik steigender Beiträge der pivat Krankenversicherten im Alter: Bericht des Bundesministeriums der Finanzen – mit dem Bundesressorts abgestimmt – März 1998, Mimeo, Bonn 1998.

BRINKMANN, THEODOR, Die demographische Entwicklung in Deutschland und ihre Konsequenzen für die Versicherungswirtschaft: Vortrag, gehalten auf dem 8. Münsterischen Versicherungstag am 27.10.1990, Karlsruhe 1991.

BRECHMANN, WINFRIED, Die richtlinienkonforme Auslegung, München 1994. (Zugleich Univ. Diss. München 1994).

BRUCK-MÖLLER, Kommentar zum Versicherungsvertragsgesetz und zu den Allgemeinen Versicherungsbedingungen unter Einschluß des Versicherungsvermittlerrechts, begründet von Ernst Bruck, neubearbeitet von Hans Möller

Band I, §§ 1-48 VVG, Bearbeiter Hans Möller,

8. Auflage, Berlin 1961.

Band II, §§ 49-80 VVG, Bearbeiter Hans Möller (§§ 49-66) und Karl Sieg (§§ 67-80),

8. Auflage, Berlin; New York 1980.

BRUCK, ERNST, Das Privatversicherungsrecht, Mannheim; Berlin; Leipzig 1930.

BRÜNJES, CHRISTIAN, Technische Methoden der privaten Krankenversicherung in Deutschland, in: Hans Georg Timmer (Hrsg.) Technische Methoden der privaten Krankenversicherung in Europa; Marktverhältnisse und Wesensmerkmale der Versicherungstechnik, Karlsruhe 1990, S. 44-62.

BULLINGER, MARTIN, Verfassungsrechtliche Aspekte der Haftung, in: Ficker, Hans Claudius u.a. (Hrsg.), Festschrift für Ernst von Caemmerer zum 70. Geburtstag, Tübingen 1978 S. 297-312.

BYDLINSKI, FRANZ, Zu den dogmatischen Grundfragen des Kontrahierungszwanges, in: AcP 180 (1980), S. 1-46.

BYDLINSKI, FRANZ, Juristische Methodenlehre und Rechtsbegriff, 2. Auflage, Wien; New York 1991.

DAUSES, MANFRED A., Die Rechtsprechung des EuGH zum Verbraucherschutz und zur Werbefreiheit im Binnenmarkt, in: EuZW 1995, S. 425-431.

DEUTSCH, ERWIN, Versicherungsvertragsrecht, 4. Auflage, Karlsruhe 2000.

DIEHL, FRANK, Übertragung von Versicherungsbeständen im Konzern unter Beteiligung von VVaG, in: VersR 2000, S. 268-274.

DITTMANN, ARMIN ‚Vertragliche Abänderungen von Versicherungsverhältnissen durch Nachversicherung, in: VersWissArch 45 (1956), S. 55-75.

DREHER, MEINRAD, Der Verbraucher – Das Phantom in den opera des europäischen und deutschen Rechts, in: JZ 1997, S. 167-178.

DTV-Atlas zur Weltgeschichte, Von den Anfängen bis zur Gegenwart, 2000.

EHLERS, DIRK, Das Wirtschaftsverwaltungsrecht im europäischen Binnenmarkt, in: NVwZ 1990, S. 810-816.

EHRENBERG, VICTOR, Privatversicherungsrecht, Berlin 1923.

EHRENZWEIG, ALBERT, Deutsches-Österreichisches Versicherungsvertragsrecht Wien 1952.

ENGEL, CHRISTOPH, Europäische Konvention über grenzüberschreitendes Fernsehen, in: ZRP 1988, S. 240-247.

EVERLING, ULRICH, Zur direkten innerstaatlichen Wirkung der EG-Richtlinien: Ein Beispiel richterlicher Rechtsfortbildung auf der Basis gemeinsamer Rechtsgrundsätze, in: Bodo Börner; Hermann Jahrreiß; Klaus Stern (Hrsg.) Einigkeit und Recht und Freiheit, Festschrift für Karl Carstens zum 70. Geburtstag, Köln; Berlin; Bonn 1984, S. 95-113.

FAHR, ULRICH, Umsetzung der Versicherungsrichtlinien der dritten Generation in deutsches Recht, in: VersR 1992, S. 1033-1047.

FELDERER, BERNHARD, Demographische Entwicklung, Nettoprämie und Alterungsrückstellung in der privaten Krankenversicherung, in: ASP 1991, S. 30-35.

FELDERER, BERNHARD, Demographische Entwicklung und Versicherungswirtschaft, in: ZVersWiss 1992, S. 45-58.

FRÖHLICH, SIGRID, Die Soziale Sicherung bei Zünften und Gesellenverbänden, Berlin 1976.

GAEFGEN, GERARD, Gesundheit, Gerechtigkeit und Gleichheit: Distributive Aspekte der Gesundheitsversorgung, in: Gerard Gaefgen; Peter Oberender (Hrsg.), Verteilungsziele und Verteilungswirkungen im Gesundheitswesen, Baden-Baden 1989, S. 11-46.

GÄRTNER, RUDOLF, Privatversicherungsrecht, 2. Auflage, Neuwied; Darmstadt 1980.

GÄRTNER, RUDOLF, Zum Standort des Verbraucherrechts, in: JZ 1992, S. 73-79.

GEBAUER, CHRISTOPH, Grenzen der Ausgestaltung weicher Tarifmerkmale, in: NVersZ 2000, S. 7-14.

GEIGER, RUDOLF, EUV, EGV: Vertrag über die Europäische Union und Vertrag zur Gründung der Europäischen Gemeinschaft; Kommentar von Rudolf Geiger, 3. Auflage, München 2000.

GERMELMANN, CLAAS-HINRICH; MATTHES, HANS-CHRISTOPH; PRÜTTING HANNS, Arbeitsgerichtsgesetz-Kommentar, von Claas-Hinrich Germelmann; Hans-Christoph Matthes; Hanns Prütting (Hrsg.), 3. Auflage, München 1999.

GERWINS, THEODOR, Zur Rechtsgrundlage einer Beitragsanpassung in der privaten Krankenversicherung, in: NVersZ 1999, S. 53-56.

GERWINS, THEODOR, Zu den Auswirkungen des Umstufungsrechts nach § 178 f VVG, in: ZfV 2000, S. 106-109.

GERWINS, THEODOR, Anmerkungen zur Prüfung der Zumutbarkeit von Prämiensteigerungen bei älteren Versicherten in der privaten Krankenversicherung, in: NVersZ 2000, S. 353-361.

GESAMTVERBAND DER DEUTSCHEN VERSICHERUNGSWIRTSCHAFT E.V. (GDV) (Hrsg.), Die deutsche Versicherungswirtschaft im EG-Binnenmarkt – Ausgangslage, Strategien, Perspektiven, Bonn 1993.

GRABITZ, EBERHARD, Europäisches Verwaltungsrecht – Gemeinschaftsrechtliche Grundsätze des Verwaltungsverfahrens, in: NJW 1989, S. 1776-1783.

GREISLER, PETER, Die Abgrenzung zwischen gesetzlichen Krankenkassen und privater Krankenversicherung, in: VW 1998, S. 883-887.

VON DER GROEBEN/HANS; THIERSING/JOCHEN, EHLERMANN, CLAUS-DIETER, Kommentar zum EU-/EG-Vertrag, 5. Auflage, Baden-Baden 1997

Band 4 Art. 137-209 a EGV

(Zitiert: Bearbeiter in Groeben/Thiersing/Ehlermann).

VON DER GROEBEN, HANS/THIERSING, JOCHEN/EHLERMANN, CLAUS-DIETER, Kommentar zum EU-/EG-Vertrag, 5. Auflage, Baden-Baden 1999.

Band 1 Art. A – F EUV, Art. 1-84 EGV

Band 2 Art. 88-102 EGV

Band 3 Art. 102 a-136 a EGV

(Zitiert: Bearbeiter in Groeben/Thiersing/Ehlermann).

HAUCK, KARL/HAINES, HARTMUT, Sozialgesetzbuch Kommentar – Gesetzliche Krankenversicherung SGB V, von Karl Hauck; Hartmut Haines (Hrsg.), Band 1, Loseblatt Ausgabe, Berlin 2000. (Zitiert: Bearbeiter in Hauck/Haines)

HAUCK, FRIEDRICH, Arbeitsgesetzkommentar, München 1996.

HEIDEMANN, JÖRG, Die Beitragsanpassung in der privaten Krankenversicherung, in: VP 1993, S. 82-92; 108-112.

HEISS, HELMUT, Verbraucherschutz im Binnenmarkt: Art. 129 a EGV und die wirtschaftlichen Verbraucherinteressen, in: ZEuP 1996, S. 625-647.

HELTEN, ELMAR, Das Risiko und seine Kalkulation, in: Walter Große; Heinz Leo Müller-Lutz; Reimer Schmidt (Hrsg.), Versicherungs-enzyklopädie – Band 2 Versicherungsbetriebslehre, 3. Auflage, Wiesbaden 1984, S. 125-275.

HIPPEL, EIKE von, Verbraucherschutz, 3. Auflage, Tübingen 1986.

HOHLFELD, KNUT, Die deutsche Lebensversicherung im EG-Binnenmarkt unter aufsichtsrechtlichen Gesichtspunkten, in: Ulrich Hübner u.a. (Hrsg.), Recht und Ökonomie der Versicherung, Festschrift für Egon Lorenz zum 60. Geburtstag, Karlruhe 1994, S. 295-315.

HOMMELHOFF, PETER, Zivilrecht unter dem Einfluß europäischer Rechtsangleichung, in: AcP 192 (1992), S. 71-107.

HONSELL, HEINRICH (Hrsg.), Berliner Kommentar zum Versicherungsvertragsgesetz – Kommentar zum deutschen und österreichischen VVG, 1. Auflage, Berlin; Heidelberg; NewYork 1999. (Zitiert: Bearbeiter in Berliner Kommentar).

HÜBNER,ULRICH, Die Dienstleistungsfreiheit in der Europäischen Gemeinschaft und ihre Grenzen, in: JZ 1987, S. 330-335.

HÜBNER, ULRICH, Europa auf dem Weg zu einem gemeinsamen Versicherungsmarkt, Vortrag vor dem Europainstitut der Universität des Saarlandes Saarbrücken den 29. November 1990 in:Vorträge, Reden und Berichte aus dem Europa-Institut, Nr. 225, Saarbrücken 1990.

HÜBNER, ULRICH/Matusche-Beckmann, Annemarie, Auswirkungen des Gemeinschaftsrechts auf das Versicherungswesen, in: EuZW 1995, S. 263-273.

JANOTT, HORST K., Zufallsrisiko – Änderungsrisiko, in: Fritz Reichert-Facilides; Fritz Rittner; Jürgen Sasse (Hrsg.), Festschrift für Reimer Schmidt, Karlsruhe 1976, S. 407-432.

JARASS, HANS D., Richtlinienkonforme bzw. EG-rechtskonforme Auslegung nationalen Rechts, in: EuR 1991, S. 211-223.

JARASS, HANS D., Folgerungen aus der neueren Rechtsprechung des BVerfG für die Prüfung von Verstößen gegen Art. 3 I GG, in: NJW 1997, S. 2545-2550.

JÄKEL, HANS KARL, Die Beitragskalkulation der privaten Krankenversicherung, in: ASP 1996, S. 57-59.

JÜRGENS, ULRICH; RABE, THOMAS, Wozu dienen die Vorschläge für eine dritte EG-Richtliniengeneration?, in: VW 1992, S. 663-670.

KEMPER, RAINER, Verbraucherschutzinstrumente, Baden-Baden, 1994. (Zugleich Univ. Diss. Münster 1993).

KIENDL, DORIS, Haftungsfreizeichnung für Personenschäden in Verbraucherverträgen, in: ZfRV 1994, S. 138-142.

KILIAN, WOLFGANG, Kontrahierungszwang und Zivilrechtssystem, in: AcP 180 (1980), S. 47-83.

KISCH, WILHELM, Handbuch des Privatversicherungsrechts, Band 3 – Die Lehre von dem Versicherungsinteresse, München 1922.

KOCH PETER, Von der Zunftlade zum rationellen Großbetrieb – Kleine Geschichte der privaten Krankenversicherung, Karlsruhe 1971.

KOCH, PETER, Geschichte der Versicherung, in: Dieter Farny; Elmar Helten; Peter Koch; Reimer Schmidt (Hrsg.), Handwörterbuch der Versicherung (HdV), Karlsruhe 1988, S. 223-232.

KOCH, PETER/ULEER, CHRISTOPH, Verband der privaten Krankenversicherung e.V. (Hrsg.), Herausforderungen – Entwicklungslinien eines Versicherungszweiges von den Anfängen bis zur Gegenwart – Festschrift zum 50 jährigen Bestehen des Verbandes der privaten Krankenversicherung e.V., Köln 1997.

KORT, MICHAEL, Schranken der Dienstleistungsfreiheit im europäischen Recht, in: JZ 1996, S. 132-140.

KÖHLER, HELMUT, EG-Recht, nationales Wettbewerbsrecht und Verbraucherschutz, in: JuS 1993, S. 447-452.

KRAMER, ERNST A., Juristische Methodenlehre, München 1998.

KRÄMER, LUDWIG, EWG-Verbraucherrecht, Schriftenreihe Europäisches Recht, Politik und Wirtschaft: 118; Baden- Baden 1985.

KUGELMANN, DIETER, Der Rundfunk und die Dienstleistungsfreiheit des EWG-Vertrages, Berlin 1991. (Zugleich Univ. Diss. Mainz 1991).

LARENZ, KARL, Methodenlehre der Rechtswissenschaft, 6. Auflage, Berlin 1991.

LENZ, CARL OTTO/BORCHARDT, KLAUS-DIETER, EG-Vertrag: Kommentar zu dem Vertrag zur Gründung der Europäischen Gemeinschaften, in der durch den Amsterdamer Vertrag geänderten Fassung, von Carl Otto Lenz unter Mitarbeit von Klaus-Dieter Borchardt (Red. Koordinierung), 2. Auflage, Köln; Basel; Wien 1999.

LIPPERHEIDE, MANFRED, Prämienanpassungsklauseln, in:Dieter Farny; Elmar Helten; Peter Koch; Reimer Schmidt (Hrsg.), Handwörterbuch der Versicherung (HdV), Karlsruhe 1988, S. 541-547.

LORENZ, EGON, Ausgewählte Fragen zur Unternehmenspolitik von Versicherungsvereinen auf Gegenseitigkeit, in: ZVersWiss 1984, S. 367-388.

LORENZ, EGON, Zur Kontrolle der Lebensversicherungsverträge anhand der Rechtsvorschriften des Allgemeininteresses im freien Dienstleistungsverkehr innerhalb der EG, in: Versicherungen in Europa Heute und Morgen, Franz-Wilhelm Hopp und Georg Mehl (Hrsg.), Geburtstagsschrift für Georg Büchner, 1991, S. 89-95.

LUTTER, MARCUS, Die Auslegung angeglichenen Rechts, in: JZ 1992, S. 593-607.

LUTTER, MARCUS, Zum Umfang der Bindung durch Richtlinien, in: Marcus Lutter; Jürgen Schwarze (Hrsg.), Ole Due, Festschrift für Ulrich Everling I, Baden-Baden 1995, S. 765-782.

MAGIERA, SIEGFRIED, Die Rechtsakte der EG-Organe, in: Jura 1989, S. 595-606.

MAYER, HANSJÖRG, Beitragsfestsetzung nach Tarifänderungen in der Privaten Krankenversicherung, in: VW 1975, S. 359-363.

MALETZ, HERMANN H., Wandel des Morbiditätssprektums –Wandel der Medizin und ihrer Umfelder, in: ZVersWiss 1992, S. 59-71.

MEYER, ALFRED HAGEN, Das Verbraucherleitbild des Europäischen Gerichtshofs – Abkehr vom „flüchtigen Verbraucher“, in: WRP 1993, S. 215-224.

MICHAELS, BERND, Die Behandlung des sog. Mengengeschäft nach dem EuGH-Urteil, in: ZVersWiss 1987, S. 265-280.

MICHEL, ROBERT, Rechtsprobleme der vorvertraglichen Anzeigepflicht in der privaten Krankenversicherung, Münster (Westfalen) 1994. (Zugleich Univ. Diss. Münster 1994).

MICKLITZ, HANS W., Reich, Norbert, Verbraucherschutz im Vertrag über die Europäische Union – Perspektiven für 1993, in: EuZW 1992, S. 593-598.

MOSER, HANS, Private Krankenversicherung Teil 1, in: Walter Große; Heinz Leo Müller-Lutz; Reimer Schmidt (Hrsg.), Versicherungs-enzyklopädie, Band 5, 4. Auflage, Wiesbaden 1991, S. 237-307.

MOSER, HANS, Der Referentenentwurf der VVG-Novelle auf dem Prüfstand, Vortrag, gehalten auf dem 11. Münsterischen Versicherungstag am 27. November 1993, Münsteraner Reihe: Heft 19, Karlsruhe 1993.

MÜLLER, BIANCA, Verbraucherschutz durch das Bundesaufsichtsamt für das Versicherungswesen, Frankfurt a. M.; Berlin; Bern 1998. (Zugleich Univ. Diss. Hamburg 1997).

MÜLLER, HELMUT, Selbstversicherung, in: Dieter Farny; Elmar Helten; Peter Koch; Reimer Schmidt (Hrsg.), Handwörterbuch der Versicherung, Karlsruhe 1988, S. 781-784.

MÜLLER-GRAFF, PETER CHRISTIAN, Privatrecht und Europäisches Gemeinschaftsrecht: Gemeinschaftsprivatrecht, 2. Auflage, Baden-Baden 1991.

MÜLLER-GRAFF, PETER CHRISTIAN, Europäisches Gemeinschaftsrecht und Privatrecht, in: NJW 1993, S. 13-23.

MÜLLER-GRAFF, PETER CHRISTIAN, Binnenmarktauftrag und Subsidiaritäts-prinzip, in: ZHR 159 (1995) S. 34-77.

MÜNCHENER KOMMENTAR zum Bürgerlichen Gesetzbuch, Allgemeiner Teil, AGB-Gesetz - Band 1 (§§ 1-240), von Kurt Rebmann, Franz Jürgen Säcker (Hrsg.), 3. Auflage, München 1993. (Zitiert: Bearbeiter in Münchener Kommentar).

NIESCHLAG, ROBERT/DICHTL, ERWIN/HÖRSCHGEN, HANS, Marketing, 18. Auflage, Berlin 1997.

NIPPERDEY, HANS CARL, Kontrahierungszwang und diktierter Vertrag, 1920.

OHNE VERFASSER, Deutsch-französische Zusatzkrankenversicherung für Grenzgänger auf Euro-Basis: Gemeinsames Produkt der Union Kranken und der Les Mutuelles Mieux Etre, in: VW 1997, S. 725-726.

OPPERMANN, THOMAS, Europarecht, 2. Auflage, München 1999.

PALANDT, Bürgerliches Gesetzbuch, 61. Auflage, München 2002. (Zitiert: Bearbeiter in Palandt).

PETERS, NIKOLAUS, Krankenversicherungssysteme im Ausland III, in: VW 1998, S. 240-241.

PFAFF, MARTIN, Funktionsfähiger Wettbewerb innerhalb und zwischen den gesetzlichen und privaten Krankenkassen, in: ASP 1995, S. 12-20.

PIEROTH, BODO/SCHLINK, BERNHARD, Grundrechte Staatsrecht II, 16. Auflage, Heidelberg 2000.

POOL, BILL, Der Binnenmarkt für Versicherungen: Stand und Ausblick, Luxemburg 1991.

PRÄVE, PETER, Das Versicherungsrecht und der Schutz des Allgemeininteresses im Zeichen der europäischen Einigung, in: VW 1992, S. 8-15.

PRÄVE, PETER, Arbeitgeberzuschuß zur privaten Krankenversicherung und aufsichtsbehördliches Testat gem. § 257 Abs. 2 a SGB V, in: VersR 1997, S. 1301-1308.

PRÄVE, PETER, Aktuelle Fragen zum Recht der privaten Krankenversicherung, in: ZfV 1997, S. 354-360.

PRÄVE, PETER, Verbraucherschutz und Reformbedarf, in: NVersZ 2000, S. 201-207.

PRÖLSS, JÜRGEN, Der Versicherer als „Treuhänder der Gefahrengemeinschaft“ – zur Wahrnehmung kollektiver Belangs der Versicherungsnehmer durch den Privatversicherer, in: Claus-Wilhelm Canaris; Uwe Diederichsen (Hrsg.) Festschrift für Larenz zum 80. Geburtstag, München 1983, S. 487-535.

PRÖLSS/MARTIN, Versicherungsvertragsgesetz - Kommentar, begründet von Erich R. Prölss, fortgeführt von Anton Martin u.a.. Von Ulrich Knappmann, Jürgen Prölss, Helmut Kollhosser, Wolfgang Voit (Hrsg.), 26. Auflage, München 1998. (Zitiert: Bearbeiter in Prölss/Martin).

PRÖLSS/MARTIN, Versicherungsvertragsgesetz - Kommentar, begründet von Erich R. Prölss, fortgeführt von Anton Martin u.a.. Von Ulrich Knappmann, Jürgen Prölss, Helmut Kollhosser, Wolfgang Voit (Hrsg.), 23. Auflage, München 1984. (Zitiert: Bearbeiter in Prölss/Martin).

PRÖLSS, Versicherungsaufsichtsgesetz - Kommentar mit Europäischen Gemeinschaftsrecht und Recht der Bundesländer, von Reimer Schmidt (Hrsg.), 11. Auflage, München 1997.

REICH, NORBERT, Europäisches Verbraucherschutzrecht: Binnenmarkt und Verbraucherinteresse, 2. Auflage, Baden-Baden 1993.

REICH, NORBERT, Zur Theorie des Europäischen Verbraucherrechtes, in: ZEuP 1994, S. 381-407.

REICH, NORBERT, Privatrecht und Verbraucherschutz, Zentrum für Europäisches Wirtschaftsrecht – Vorträge und Berichte Nr. 45, Bremen, Hamburg 1995.

REICH, NORBERT, Verbraucherinteressen und Freiheit des Dienstleistungsverkehrs, in: Europäisches Verbraucherrecht: eine problemorientierte Einführung in das europäische Wirtschaftsrecht, 3. Auflage, Baden-Baden 1996, S. 91-117.

ROHR, WOLFGANG, Die vorvertragliche Anzeigenobliegenheit, Karlsruhe 1980.

ROTH, WULF-HENNING, Die Harmonisierung des Dienstleistungsrechts in der EWG, in: EuR 1986, S. 340-369.

ROTH, WULF-HENNING, Das Allgemeininteresse im europäischen Internationalen Versicherungsvertragsrecht, in: VersR 1993, S. 129-139.

SAHMER, SYBILLE, Chancen der privaten Krankenversicherung in Europa, in: ZfV 1994, 246-250.

SAHMER, SYBILLE, Strukturen und Probleme der Substitutiven Krankenversicherung, in: ZfV 1996, S. 483-487; 524-526.

SCHANZ, GERHARD, Private Krankenversicherung in der Regulierungsfalle, in: VW 1996, S. 961-963.

SCHERZBERG, ARNO, Mittelbare Rechtssetzung durch Gemeinschaftsrecht, in: Jura 1992, S. 572-578.

SCHIRMER, HELMUT, Private Krankenversicherung und das Gesundheitsrformgesetz, in: VersR 1991, S. 510-516.

SCHLAPPA, WOLFGANG, Die Kontrolle von Allgemeinen Versicherungsbedingungen im deutschen Versicherungsaufsichtsrecht und der freie Dienstleistungsverkehr im EG-Recht: zugleich ein Beitrag zu einem allgemeinen AVB-Regelungskonzept, Karlsruhe 1987. (Zugleich Univ. Diss. Bremen 1986).

SCHLUDE, HERFRIED, Die Regelung der Krankenversicherung im Gemeinschaftsrecht, in: Hans-Peter Schwintowski (Hrsg.), Deregulierung, Private Krankenversicherung, KfZ-Haftpflichtversicherung, Baden-Baden 1994, S. 80-85.

SCHMALZ, DIETER, Methodenlehre für das juristische Studium, 4. Auflage, Baden-Baden 1998.

SCHMID-GROTJOHANN, WOLFGANG, Das Änderungsrisiko in der Privaten Krankenversicherung, Schriftenreihe „Versicherung und Risikoforschung" des Instituts für Betriebswirtschaftliche Risikoforschung und Versicherungswirtschaft der Ludwig-Maximilians Universität, München Band 16, Wiesbaden 1995. (Zugleich Univ. Diss. München 1994).

SCHOLZ, RUPERT, Verfassungsrechtliche Strukturfragen der Versicherungsaufsicht, in: ZVersWiss 1984, S. 1-33.

SCHULENBURG, J.-MATTHIAS GRAF VON DER/KLEINDORFER, PAUL R., Wie stabil ist der Generationenvertrag in der sozialen Krankenversicherung? Zum Problem der Gerechtigkeit und Akzeptanz intergenerativer Umverteilung, in: Gerard Gäfgen (Hrsg.), Ökonomie des Gesundheitswesens, Berlin 1986, S. 413-434.

SCHÜNEMANN, WOLFGANG B., Rechtsnatur und Pflichtenstruktur des Versicherungsvertrages, in: JZ 1995, S. 430-434.

SCHUHMANN, HARALD, „Die Globalisierung", aus der Reihe „Spiegel des 20. Jahrhunderts", Spiegel Nr. 25/1999, S. 121-137.

SCHWARTZ, IVO E., Subsidiarität und EG-Kompetenzen: Der neue Titel „Kultur" Medienvielfalt und Binnenmarkt, in: AfP 1993, S. 409-421.

SCHWEITZER, MICHAEL/HUMMER, WALDEMAR, Europarecht: das Recht der Europäischen Union, das Recht der europäischen Gemeinschaften (EGKS, EWG, EAG) – mit Schwerpunkt EWG, von Michael Schweitzer und Waldemar Hummer (Hrsg.), 5. Auflage, Neuwied; Kriftel; Berlin 1996.

SCHWARZE, JÜRGEN, Europäisches Verwaltungsrecht: Entstehung und Entwicklung im Rahmen der Europäischen Gemeinschaft, Band 2, Baden-Baden 1988.

SIEG, KARL, Anmerkungen zu: Jürgen Prölss, Der Versicherer als „Treuhänder der Gefahrengemeinschaft" – zur Wahrnehmung kollektiver Belangs der Versicherungsnehmer durch den Privatversicherer, in: Claus-Wilhelm Canaris; Uwe Diederichsen (Hrsg.) Festschrift für Larenz zum 80. Geburtstag, München 1983, S. 487-535, in: ZVersWiss 1983, S. 669-671.

SURMINSKI, ARNO, Sammmelbecken schlechter Risiken, in: ZfV 1995, S. 13.

TERHORST, ELMAR, Wahlfreiheit und Wettbewerb in der privaten Krankenversicherung, Berlin 2000. (Zugleich Univ. Diss. Duisburg 1999).

TIMMERMANNS, CHRISTIAAN W. A., Die europäische Rechtsangleichung im Gesellschaftsrecht – Eine integrations- und rechtspolitische Analyse, in: RabelsZ 48 (1984), S. 1-44.

TRAUTMANN, HANS JOACHIM, Das Innenverhältnis zwischen Versicherungsnehmern und Versicherten bei der Versicherung für fremde Rechnung, Hamburg 1971. (Zugleich Univ. Diss. Hamburg).

UNABHÄNGIGE EXPERTENKOMMISSION (UEK) zur Untersuchung der Problematik steigender Beiträge der privat Krankenversicherten im Alter, Gutachten Bundestagsdrucksache 13/4945 vom 18.06.1996, Bonn 1996.

VERBAND DER PRIVATEN KRANKENVERSICHERUNG E.V., Die pivate Krankenversicherung im Jahr 1989, Rechenschaftsbericht, Köln 1989.

VERBAND DER PRIVATEN KRANKENVERSICHERUNG E.V., Die pivate Krankenversicherung im Jahr 1990, Rechenschaftsbericht, Köln 1990.

VERBAND DER PRIVATEN KRANKENVERSICHERUNG E.V., Die pivate Krankenversicherung im Jahr 1991, Rechenschaftsbericht, Köln 1991.

VERBAND DER PRIVATEN KRANKENVERSICHERUNG E.V., Die pivate Krankenversicherung im Jahr 1994, Rechenschaftsbericht, Köln 1994.

VERBAND DER PRIVATEN KRANKENVERSICHERUNG E.V., Die private Krankenversicherung, Zahlenbericht 1996/1997, Köln 1997.

VERBAND DER PRIVATEN KRANKENVERSICHERUNG E.V., Die private Krankenversicherung, Zahlenbericht 1999/2000, Köln 2000.

WASEM, JÜRGEN, Gesundheitsökonomie und Versicherung, in: ZVersWiss 1993, S. 123-160.

WASEM, JÜRGEN, Stand der Reformbestrebungen in der Krankenversicherung unter besonderer Berücksichtigung des Gutachtens der Kommission Krankenversicherung, Karlsruhe 1997.

WASEM, JÜRGEN, Die Ursachen der Ausgabenanstiege in der medizinischen Versorgung, in: Michael Arnold; Karl W. Lauterbach; Klaus Jürgen Preuß (Hrsg.), Managed Care: Konzepte und Wirkungen, Stuttgart 1997.

WEIGEL, HANNS JÜRGEN, Das Gesundheitsstrukturgesetz und seine Folgen für die private Krankenversicherung, in: VW 1993, S. 529-531.

WEYERS, HANS LEO, Versicherungsvertragsrecht, 2. Auflage, Neuwied; Kriftel; Berlin 1995.

DE WIT, WIM, Technische Methoden der privaten Krankheitskostenversicherung in den Niederlanden, in: Hans Georg Timmer (Hrsg.), Technische Methoden der privaten Krankenversicherung in Europa, 1990, S. 161-177.

WRIEDE, PAUL, Überlegungen zum Abschlußzwang gem. § 178 f VVG, in: VersR 1996, S. 271-274.

ZÜCHNER, HERMANN GEORG, § 178 f VVG – Chancen und Risiken für Versicherer und Versicherungsmakler, Vortrag zum 4. PKV-Forum am 31.8.1995 in Würzburg.

FSC
www.fsc.org
MIX
Papier | Fördert gute Waldnutzung
FSC® C083411

Kolibri 360 GmbH
Ferdinand-Jühlke-Straße 7
99095 Erfurt, Deutschland
produktsicherheit@kolibri360.de

Druck:
CPI Druckdienstleistungen GmbH
im Auftrag der
Kolibri 360 GmbH
Ferdinand-Jühlke-Str. 7
99095 Erfurt